いま甦《よみがえ》る遠藤三郎の人と思想

―陸軍高級エリートから反戦平和主義者へ―

学位論文◉目　次

推薦の辞

本書は、名城大学の中国人留学生、張　鴻鵬君が平成28年3月に学位を取得した博士論文「陸軍中将遠藤三郎と日中戦争―遠藤日誌を中心に―」を桜美林大学北東アジア総合研究所の支援を得て出版したものです。

張君は内モンゴル出身の留学生ですが、私は彼の1年間の研究生時代、及びその後の大学院生時代を通して、親しく指導してまいりました。彼は、言葉や経済の問題をはじめとする日常生活上の数々のハンディにかかわらず、日頃の旺盛な研究意欲と研究に対する真摯、且つ着実な取り組みにより、それら諸困難を克服し、博士の学位を取得するまでに至りました。

張君の研究は、これまで、日中関係、特に日中戦争に焦点が当てられてきましたが、本学位論文は、従来、未公刊資料であるためほとんど利用されることのなかった元陸軍中将遠藤三郎の「遠藤日誌」を手掛かりとして、遠藤三郎が日中戦争において果たした役割を彼の人物像とともに明らかにした大変ユニーク、且つ新規性に富む論文であり、学位審査においては、極めて高い評価が与えられました。

本書は、この学位論文をほぼそのまま踏襲したものでありますが、そこでは、満洲事変を含む日中戦争の各局面が「遠藤日誌」に含まれる各種作戦案等の新規資料によって丹念に活写されているだけでなく、彼が作成した作戦構想や戦争指導を、彼の性格の二面性、すなわちヒューマニズム的性格と軍人としての冷徹性、及び彼の生来の優しさやフランス留学により体得した国際感覚を分析視角として検討し、彼の人物像とともに彼が果たした役割を的確に評価しております。

本書をご高覧いただければ分かりますように、張君には、綿密な実証研究能力と高い論理的思考力が備わっており、今後の研究の飛躍的発展が大いに期待されるところでありますが、本書はその第一歩を印す記念すべき書であると言ってよいと思います。このたび、このような形で彼の学位論文に出版の機会を与えていただいた桜美林大学北東アジア総合研究所に対し、心より御礼申し上げます。

２０１６年10月8日

名城大学名誉教授

肥　田　進

前書き

「武器捨てて裸の日本、今の世に恐るる外国一つだもなし」

将軍遠藤三郎語録より

遠藤三郎研究者　吉田曠二

（1）留学生張鴻鵬君と私の出会い

本書の著者張鴻鵬君は中国内モンゴル自治区から来日した優秀な留学生である。彼は遠藤三郎研究者としての私に質問があったものか。私との最初の会話は、日本の将軍遠藤三郎とはどのような人物か、さらに遠藤三郎が深くかかわった「満洲国」についての質問であった。今から約9年前の春の夜、名城大学政治史講義の終了時間直後の質問であったと思う。

当時はまだ、日中関係に友好ムードが漂っていて、名城大学にも大勢の中国人留学生が在学していた。しかし中国人留学生の興味は国際経済・経営学などに集中して、中日戦争史を自分の研究テーマに選ぶ若者は珍しかった。私は半信半疑で、なぜ、貴君は旧敵国の日本の軍人に興味を持ったのか、と質問したところ、遠藤三郎は単なるエリート将軍であるばかりでなく、几帳面な性格の持ち主で、戦後その罪を深く反省し、中日友好と非戦平和論に転向した人物で、その人が記録した日記に興味があるからと彼は返答した。当時、私が担当する法学部の政治史の教室には夜間部だけでも、150人以上の若い学生が参加していたが、彼のような質問をする学生は殆ど皆無であった。その後は教室でも、張君と会話して、満洲事変と「満洲国」について、どこに焦点を見つけて、その歴史問題を追及したいのか、と質問したところ、関東軍の謀略の連鎖と田中メモランダム、さらに遠藤三郎の戦後の非戦平和思想を詳しく知りたいからという。それを耳にした私は正直言って、少し驚き、日本の若者の意識との違いを実感した。

張君が名城大学の大学院法学研究科（博士課程前期）に入学したのは、その翌年であった。今度は彼も昼間の政治史のクラスに登録し、修士論文のテーマも陸軍のエリート参謀遠藤三郎の人物像に焦点を絞り込んで、満洲事変直後の遠藤三郎の思想と行動を研究しはじめた。幸い彼は漢字が読めるので、西洋人の留学生とは違い、漢字の理解力が鋭かった。そこで私は別室でのマンツーマンの指導を思い付き、その指導を諦めなかったし、彼もまたその努力の結果、次第に遠藤日記の細かい文字や軍隊特有の専門用語まで、解読できるまでに上達した。勿論、遠藤日記の解読は我々二人が最初でなく、すでに作家の澤地久枝さん、角田房子さん、ジャーナリストの宮武剛氏ら、先人が難解な文字の解読に成功されていたことを知っていたが、その日記の原本は埼玉県狭山市博物館に保管されていて、外国人留学生の張君がそれを自分一人で閲覧できる機会はなかった。

そのような張君と私の人間関係のなかで、私が張君に助けられたのは、旧満洲、特に北満の雄大な大地を二人で旅行したとき、現地出身の張君が夜行列車の乗車券や宿泊施設の予約など、日本人ではできない手配と現地でのガイド役を彼が担当してくれたことである。私は日中戦争の研究に着手して以来、北京、上海を中心に南は湖南省、それから戦時下の中国紅軍の根拠地・保安と延安にも旅していたが、「満洲国」に隣接する内モンゴルや昔の東支鉄道の終着駅満洲里、ハイラルと東部の国境にあるウスリー江添いの虎頭、綏芬河から東寧までは旅した経験がなかった。日本人の私が歴史研究のため、その地方を旅する機会が到来したのは、２００９年初秋であった。

（2）張君のガイドで旅した北満の鉄道旅行

旧「満洲国」（現中国東北地方）、特に北満の風景は、空から見ても列車の車窓から眺めても雄大で、都市から一旦、郊外にでると満洲里から西方は桃源郷で、その雄大な空間地帯にポツンと姿を見せる都会の街並みがお伽噺に登場する絵のように印象的であった。しかしその空間こそが、「満洲国」時代に日ソ両軍が対峙する国境線であった。

そのころ、遠藤三郎は泣く子も黙るといわれた関東軍の作戦主任参謀で雲の上のエリート軍人として、この地方に君臨していた。張君と私の二人はその遠藤日記を読んでの旅であり、その風景から、大日本帝国陸軍の参謀肩章をつけた凛々しい軍服姿の遠藤三郎が司令部偵察機から地上に降り立ち、対ソ作戦に不可欠な軍用地図を手にして、郊外や市内の各所を視察する姿を想像することができた。張君と私の二人三脚の旅は旧満鉄の線路を辿るコースで、自然と宿泊するホテルも旧満鉄が経営したホテルとクラシックなロシア風のホテルに宿泊した。例えば奉天（現在は瀋陽）では、遼寧賓館（昔の大和ホテル）、ハルビンでは龍門賓館、またはロシア風のモデルンホテルという具合である。その写真をご覧になれば、「なんだ、君たち二人は贅沢だな」と言われそうだが、宿泊費はめっぽう安い、一泊ツインの部屋で、豪勢な朝食付きでも（日本円で一泊6千円内外という）手ごろな料金であった。なぜ、我々がこの種のホテルを選んだのか。「満洲国」時代の関東軍の高級参謀らが常駐するホテルであったからである。奉天では、1931年9月18日に関東軍が謀略で、鉄道線路を爆破後、遠藤三郎が中央参謀本部から暴走する関東軍の止め男として、奉天に派遣された。その時、彼の先輩の石原莞爾高級参謀に出会い、満洲事変を画策した板垣征四郎、土肥原賢二らと会談した宿泊所瀋陽館の場所も私は、張君の手助けで突き止めることができた。しかし見学する対象を遠藤三郎一人に絞っても、その足跡は雄大な満洲原野の各地に分散していた。

私の選ぶ見学対象は関東軍の永久地下要塞で、それはまたガイド役の張君の研究対象であったことも幸いであった。二人は旅の道中、宿泊したホテルで、全満洲17地点に分散している巨大な永久地下要塞の所在地を確認し、翌日もまた翌日も夜行列車に乗り込んで、各地方に分散する目的地に向かってその鉄路の旅を継続した。その距離は東西3000キロ、南北の距離も3000～4000キロに及んでいる。最初に旅先で驚いたのはハルビン郊外の第731部隊の司令部跡の建物に入ったときである。その第731部隊の陳列室の二階の入り口に、参謀肩章をつけた軍服姿の遠藤三郎の肖像写真が壁一面に張り付けられていた。遠藤の軍服姿はこの陳列館だけでなく、ノモンハンの草原に建築された戦争記念館やハイラルの関東軍地下要塞の記念館にも、その展示室の入り口にポート・レート（写真）が展示されていた。このとき、私は自分が研究する陸軍軍人遠藤三郎に再会した思いがしたが、今の日本では完全に忘れられた関東軍エリート参謀が、中国ではまだ記憶されている、という事実を発見したのである。この旅での遠藤三郎の肖像写真との出会いは、ガイド役の張君にとっても、大きな刺激となり、帰国後は、彼の修士論文とその後に執筆した彼の優れた歴史論考に反映された。しかし張君と私の二人旅は、これだけでは終わらなかった。

（3）嫩江橋で武装警官に職務質問された私と張君の機転

２０１０年の秋には、石原莞爾が１９３１年秋に画策した北満への武力侵攻の拠点となった嫩江橋とその周辺の広大な原野を自分の目と足で確認する旅に挑戦した。しかし、北満のチチハル駅からタクシーに乗っても、運転手がその場所を知らなかった。チチハル市内から約60キロ南下しても、フランスのバルビゾン派の画家ミレーの油画を見るような農村地帯が道路の左右に広がるだけで、関東軍の北満侵攻の口実にされた嫩江橋を見つけることができなかった。運転手は諦め、一旦もと来た道を北に引き返しはじめた。その時、私は張君に指示して、自動車を南にUターンさせ、目的の橋に到達するまで、南に進んで欲しいと要望した。すでに赤い太陽の夕日が西方の地平線に沈みかけたとき、前方に目指す嫩江橋とその上を走る鉄路を目視できたのである。私は興奮して、橋の袂から鉄道線路によじ登り、関東軍の武力行使の始まった第一鉄橋をカメラに納めようと準備したときである。その橋の周辺を警戒する中国の武装警官が一人、肩に自動小銃を掛けて橋の上から鉄道線路づたいに、こちらに向かってやってきて、職務質問をしたのである。それは咄嗟の出来事であったが、張君が自分のパスポートを武装警官にみせて、この日本人は日中戦争史の研究者で、日本に留学している自分の恩師であると説明してくれた。さらに張君は自分の先生は、あの戦争を反省する立場の研究者だ、と補足の説明をしてくれた。一時は万事窮すの思いで、この武装警官の判断次第では最寄りの武装警察部隊の詰め所で、事情聴書を書かされると覚悟したが、その警官は直ぐに私の顔をみて会釈し、一人で再び自分たちの仲間がいる詰め所に引き返してくれた。

その時、嫩江橋の武力発動から、すでに68年が経過していても、やはりあの戦争は忘れられていないことがわかった。私はその事実を現場で確認でき、嫩江橋の爆破という無謀な戦争の歴史を正確に歴史書に書き残す責任を自覚できたのである。しかしこれで、遠藤三郎の足跡を追跡する、張君と私の旅は終わりではなかった。遠藤日記を紐解けば、1940年から太平洋戦争が開幕するまで、遠藤は日本陸軍第三飛行団を指揮して、中国の奥地、戦時下の臨時首都・重慶を爆撃する体験を日記に残していたからである。

(4) 第三飛行団長遠藤三郎少将の重慶戦略爆撃

遠藤はその日記に重慶爆撃の無謀さを指摘する上司宛の建白書を書いて挿入していた。その内容は中央参謀本部が構想する重慶無差別爆撃が中国の広さを無視した軽はずみな戦略で、その無差別爆撃が中国住民の抗戦意欲を消滅させるどころか、その逆の効果を引き出し、日本軍は貴重な燃料を消費し、さらに爆撃機も消耗し、この戦争をさらに長期化させることに危惧の念を表していたのである。遠藤は緻密な頭脳を駆使して、爆撃機がその航空基地のある漢口から重慶まで一戦隊が一回往復すれば、5万リットルのガソリンを消費する。それを考慮すれば、爆撃で消耗する燃料対効果のバランスがとれないと、上司を説得したのである。しかし遠藤はやはり勇敢な陸軍軍人であった。彼は1941年8月30日には重慶政府の最高指導者である国民党軍事委員長の蔣介石官邸をピンポイント爆撃する作戦案を作成し、自ら爆撃機の操縦席に乗って実行したのである。遠藤は事前に蒋介石が重慶の官邸に滞在する日程を同盟国のイタリア大使から入手し、空から蔣介石官邸に爆弾を投下した。しかし蔣介石はその日、外出していて、蔣介石の代わりに部下のボディガード二人が死亡し、四人が負傷した。

張君は自分の博士論文を完成させるために、その現場を自分の目と足で確認したいと念願した。私も勿論賛成であった。そう考えた二人は天津から山東省の威海衛に移動し、威海衛から飛行機で重慶まで、フライトした。目指す重慶は揚子江と嘉陵江の流れが合流する丘陵地にある。約10年前、私は最初に重慶に来て、日本軍の爆撃を受け辛うじて生き延びた戦争被害者に面談していたが、それから10年後、重慶の街の風景はニューヨークのマンハッタンのような高層ビルが林立する超近代的な大都市に変貌していた。しかし今回の旅の目的は蒋介石の官邸跡を訪ねて、張君の博論を完成することにあった。

今も蔣介石官邸は、市内中心部から揚子江の対岸を目指して橋を渡り、くねくねと曲がる坂道をタクシーで登りつめると、重慶黄山蒋介石官邸博物館の標識が見つかった。その日はあいにく、その官邸記念館が休館日であったが、張君の交渉で門衛の服務員さんが、その中庭から内部に入る許可を与えてくれた。張君の博論（本書）の軍事的なクライマックスは、遠藤三郎の第三飛行団と重慶戦略爆撃を再現することにあった。重慶戦略爆撃の無謀さを確認するために、張君と私の二人三脚の旅はさまざまなハードルを乗り超え、ついに重慶までたどりついたのである。

歴史は象牙の塔や書斎にこもり、文献と資料を読むだけでは、臨場感のあふれる著作を書くことはできない。張君の博論は、この点、満洲事変から開幕した中国での日中両軍の戦いと関東軍とソ連軍が対峙する北満地下要塞の構造にも目を向けて書きあげた力作である。巻末には別稿として、張君の最初からの念願であった将軍遠藤三郎の戦後の非戦平和思想の形成と中日友好の足跡が収録されている。この論考は中国の留学生張鴻鵬君の初志を貫徹する作品で、幸いに東京の日中関係学会の論文審査で今年の1月に、優秀賞に選ばれた作品である。

なお、私は張君にもう一つの課題を研究してくれるように期待する。そのテーマは「将軍遠藤三郎とアジア太平洋戦争」である。中国大陸の陸地面積は日本列島の陸地面積の26倍になる。しかし日本の陸海軍が奇襲で誘発した太平洋戦争の海洋面積はそれよりも未だ広い。その広い海面を遠藤三郎は第三飛行団を指揮して、どのように戦い、彼は対米戦争に向けて如何なる戦略を構想したのか。私は、その歴史を研究すれば、中国大陸の一角に誕生した「満洲国」が、関東軍による関東軍のための国家であったことを立証できると考える。「満洲国」は最終的にソ連軍の北満侵攻を待たずして、太平洋の洋上とそこに点在する島々の密林のなかにその兵力が吸収され、その姿を崩壊させていた。中国人の視点から、張君がその現実を明らかに解き明かしてくれることを期待したい。名著は苦難と挫折を乗り越えて誕生する。私は張君と中国大陸の隅々まで旅しながら、あの不幸な時代の戦争遺跡を見学し、何故に元将軍遠藤三郎が戦争指導者から非戦平和思想に戦後180度転向したのか、その理由を突きつめることができた。元将軍遠藤三郎の最終的な結論は「軍備亡国」の四字に集約されている。

私は教え子の張君と二人、二人三脚で四川省重慶の住民が日本の陸海軍の戦略爆撃の下で、避難しその恐怖に打ち勝った地下壕の内部も見学した。その地下壕を眼下にして、日本の陸海軍の戦略爆撃機は毒ガス弾を含む爆弾と焼夷弾を投下したのである。攻撃する日本軍のパイロットの目には、地下壕や公園に逃げのびて身を潜める重慶市民の恐怖とその断末魔の悲惨さは見えなかった。しかし戦争とはそこに住む住民に悲惨な犠牲を強いるものであった。張君と私は、その地下壕の中に展示されている不発弾と逃げ場を失ってもがき苦しむ人々の彫刻を目にして、沈黙したまま、犠牲者の魂に黙祷を捧げた。元将軍遠藤三郎の思想的変革から誕生した「軍備亡国」の結論は間違っていない。その真理を張君のこの著作から沢山の読者に理解していただければ幸いである。

序論

一　研究目的

本論文の目的は第2次世界大戦中、日本陸軍の指導的立場にあった軍人で、最終的には陸軍中将まで上り詰めた遠藤三郎が、特に日中戦争に際し[1]、それにどのように関与したのか、を従来未公開資料であるため、歴史研究者の間であまり顧みられて来なかった「遠藤日誌」[2]を主たる手がかりとして、明らかにすることである。

その際、特に2つの点に注目したい。第一は、彼の人間性が戦争指導や作戦の面にどのように反映されたのか、という問題である。というのは、彼は主として参謀畑を歩み、日中戦争を指導したエリート陸軍軍人であったが、一方で優しい人間的な面を持ったユニークな軍人であった。より具体的に言えば、彼は軍の意思を忠実に実行に移す冷徹な作戦遂行者としての顔と、ヒューマニズムに裏打ちされた姿勢の両面を併せ持った人物であり、それら2つの特徴が時として異なる形で日中戦争中の彼の作戦構想や行動に反映されたからである。なお、彼の思想と行動について、戦後「非戦平和」主義の方向へ大きく転換したという見方があるが[3]、私はそれは「転換」というより、上に述べた彼のいわゆるヒューマニズムの延長線上のものであると考える。第二は、1930年代中頃から表面化しつつあった陸軍内部の派閥抗争（皇道派対統制派）[4]との関係である。もっとも遠藤は陸軍内のどの派閥にも属しておらず政治的に無色であり、この派閥抗争とは無関係の中立的立場にあったと言われており[5]、彼の作戦や行動にそれが直接影響を及ぼしたという証拠はない[6]。したがって、陸軍内部の派閥抗争と遠藤との具体的な関係については、本論文ではあまり言及されない。

遠藤三郎は、太平洋戦争期に陸軍中将まで昇進したとは言え、旧陸軍の最高位にあった軍人ではなかったが故に、最高レベルの日中戦争の戦略や戦術の決定に全体的な責任を負っていたわけではなかった。それ故、次に紹介するように、彼と日中戦争に関連する先行研究もあまり行われてこなかったと言って良い。しかし私は、名城大学法学部の政治史の講義で、上記戦争の遂行過程において、独自の戦争観や戦略・戦術観を持ちながら、帝国陸軍の一員として忠実に軍の意思を実行に移すと同時に、時に謀略に傾斜する陸軍上層部と衝突しながら自己の意見を貫徹し、各作戦の勝利に大きな役割を果たした遠藤三郎の存在を知り、大変興味をもった。それだけでなく、私は、彼が戦前から戦後にかけて、克明、且つ膨大な「遠藤日誌」を残していることを教えられ、それらを手掛かりとして、遠藤三郎の実像により接近したいとの思いに駆られ、学位論文のテーマとすることとした。

私は本論文で「遠藤日誌」や遠藤三郎の自伝などを活用しながら、遠藤自身の手になる意見書、作戦案、及び建白書などで陳述した作戦構想と、関東軍[7]や陸軍参謀本部の戦略及び作戦構想などを比較検討し、日中戦争において、多くの作戦を指導した遠藤が、戦争の各段階で立案した作戦案や作戦構想などの特徴、及び彼が軍事的に果たした役割の重要性について、上記の2つの問題に留意しながら考察したい。

二　遠藤三郎の略歴―人物像とともに

遠藤三郎については、一部の歴史家を除き今日の日本では知る人は少ない。そこで、本論文では、本論に入る前に、まず遠藤三郎のエリート軍人としての略歴[8]やその性格について、下記のとおり大まかに4つの時期に分けて簡単に紹介しておきたい。

（1）生い立ちから満洲事変前まで（自己形成期）

遠藤三郎は1893（明治26）年1月2日に、山形県東置賜郡小松町の呉服商家の三男として生まれた。1907（明治40）年3月に、地元の小学校を卒業後、元々商売嫌いであった遠藤は、家業が日露戦争後の経済不況の波を受け、家計を助けるために、同年9月から学費が免除される仙台陸軍幼年学校[9]に入学し、子供心に憧れた軍人の道を進むことになった。[10]その後、彼は中央の陸軍士官学校から陸軍大学校（第34期生）[11]まで、卒業時には成績優秀者に与えられる恩賜賞を連続して授与されるなど、いわば将来を約束され

写真１
1907年、仙台陸軍幼年学校に入学した遠藤三郎（14歳）

る学生であった。[12]なお、この間彼は、後に満洲事変を主導した関東軍の高級参謀石原莞爾とは同郷で、仙台幼年学校以来の先輩であり、幼少の頃から親しくしていたのである。[13]ただし、両者は後述するように、北満（筆者注、長春以北の満洲）への出兵（第二部・第四章を参照）から日中全面戦争までは、歩調を合わせたが、柳条湖事件及び錦州爆撃（第二部・第四章を参照）を巡っては一時見解を異にした。

　このように、遠藤は一直線に軍人への道を歩むことになるが、その一方で、彼は軍人のイメージには似合わない優しい人間的な性格を持っていた。[14]例えば、上記の脚注14で例示したような彼の生来の性格に加え、関東大震災時における彼の対応を挙げることができる。即ち、陸軍大学卒業後の１９２３（大正12）年9月には、彼は陸軍第3旅団の砲兵大尉として関東大震災に直面し、震災による混乱状態の中で、直ちに軍隊を率いて震災地区の救済と治安維持活動に積極的に従事するとともに、流言蜚語による迫害を受けていた多数の朝鮮人や中国人を保護する人道的な活動に尽力した。[15]その一方で、彼は震災の混乱に乗じて発生した中国人留学生王希天虐殺事件（第一部・第二章を参照）に対しては、陸軍上層部の命令に従い、その事件の隠蔽工作に関与した。

　震災後の同（１９２３）年12月、遠藤は参謀本部作戦課に配属される。ちなみに、彼の軍人としての生涯は、ごく大まかに言えば、一時期を除き盧溝橋事件までは参謀としての任務に就き、それ以後は主として現地部隊を指揮し、日中戦争に従軍する。参謀本部配属後、１９２６（大正15、昭和1）年3月には、彼はフランス駐在武官（在外公館に駐在して欧州における軍事情報収集を担当する武官）を拝命するとともに、１９２９（昭和４）年12月に帰国するまで、メッツ防空学校やフランス陸軍大学校に留学した。このフランス留学生活はその後の遠藤の視野を

写真２
1923年、参謀本部作戦課に勤務した遠藤三郎

大きく広げるとともに、西欧的な合理主義を身に着けることとなったと言って良いと思われる。この間、後述（第一部・第一章）するように、彼はジュネーブで開催された3国（イギリス、アメリカ、日本）海軍軍縮会議[16]に陸軍随員として参加し、世界の軍事情勢についての認識を深め、また、第1次世界大戦の戦場跡を視察するなど、近代戦の悲惨さをつぶさに観察し、戦争に対する否定的な見方を身に着けることとなった。さらには、政治学者クーデンホーフ・カレルギー（Coudenhove-Kalergi）の「欧州連合」構想に共鳴するとともに、国際平和に関する関心を一層強めた。その後フランス留学から帰国すると、彼は参謀本部作戦課に復帰し、１９３１（昭和６）年には国際連盟が開催予定の軍縮会議[17]に向けて、その準備委員の一人に任命され、最終的には世界から軍備を全廃するという「完全軍縮案」を立案した。[18]

（２）満洲事変[19]から盧溝橋事件前まで

この時期の遠藤は主として作戦参謀としての任務に従事した。

１９３１年９月に関東軍の謀略[20]による柳条湖事件が勃発すると、遠藤は参謀本部の「不拡大方針」に基づき、関東軍の暴走を止めるため、満洲[21]に派遣された。しかし、後述（第二部・第四章）するように、彼の初期の目的は達することができず、錦州爆撃を巡って関東軍の高級参謀石原莞爾の拡大路線に反対するが、漸次その流れに翻弄され、その北満出兵の渦の中に巻き込まれてしまった。その後、翌１９３２（昭和７）年１月28日、上海に駐屯していた日本海軍陸戦隊が謀略によって第1次上海事変を引き起こすと、遠藤は参謀本部の命令を受けて「七了口上陸作戦案」（第二部・第五章を参照）を立案し、さらに現地指導者として七了口逆上陸作戦を指導した。

1932年8月になると、遠藤は関東軍作戦主任参謀として再び満洲に派遣され、「満洲国」[22]の建設に尽力した。その間、彼は「満洲国」の首都新京（現長春）及び周辺の治安を安定化させるために、「匪賊」（抗日ゲリラ部隊）掃討作戦案（第三部・第一章を参照）を起案した。さらに翌1933（昭和8）年2月、関東軍司令部が熱河作戦の実施を決定すると、彼は「熱河作戦計画」（第三部・第二章を参照）を立案し、作戦の成功に貢献した。その結果、5月31日に日中両軍は塘沽で停戦交渉を行い、遠藤が策定した提案による「塘沽停戦協定」が締結され、これにより、関東軍の軍事的膨張は暫くの間停止されることとなった。

その後、1933年9月から翌1934（昭和9）年8月にかけて、遠藤は対ソ戦に向けて、北満国境要塞（第四部・第二章を参照）築城の計画立案と建設に重要な役割を果たした。またその築城工事とほぼ同時に、彼はハルビン郊外にあった第731部隊（第四部・第一章を参照）の運営にも協力し、化学兵器と細菌兵器の実験及び実験予算を管理するなど、指導的な立場から関与していた。

（3）日中全面戦争期

当該期間においては、遠藤は主として現地部隊の指揮官としての役割を果たした。

まず、1937（昭和12）年7月7日、盧溝橋事件が勃発した後、遠藤は9月初旬から11月中旬まで約2か月半の間、野戦重砲兵第5連隊長として華北に従軍し、12月には参謀本部第1課長（教育）となり、作戦参謀としての任務を離れた。翌1938（昭和13）年2月に、彼は華北の従軍体験に基づき、日本軍兵士が守るべき規律に関する20数頁の小冊子「従軍兵士の心得」（第五部・第一章を参照）を起草し、全軍に配布した。その1年後の1939（昭和14）年9月、彼は関東軍参謀副長兼駐満大使館付武官に抜擢され、ノモンハン事件の停戦指導のために再び満洲に渡った。対ソ戦について彼はその無謀さを指摘し、「対ソ戦継続不可論」（第四部・第三章を参照）

を力説した。その結果、彼は「対ソ恐怖症」にかかった軍人と上司（参謀本部作戦部長冨永恭二）から非難され、１９４０（昭和15）年3月、関東軍参謀副長の職を追われて帰国した。翌１９４１（昭和16）年春から彼は陸軍第3飛行団長として、重慶戦略爆撃を指導し、重慶の蒋介石官邸に対してピンポイント爆撃を実施したが、冷静な判断力で、その軍事作戦の効果に疑問を抱き、9月に重慶爆撃中止の建議、即ち「重慶爆撃無用論」（第五部・第二章を参照）を参謀本部の上司に建言した。さらに彼はこの時期に行われていた「関特演」（即ち「関東軍特種演習」）（第五部・第三章を参照）に対する反対の意見を参謀本部に具申した。

（4）太平洋戦争から戦後まで

１９４１年12月太平洋戦争開戦と同時に、遠藤は、陸軍中央部からの移動命令により日中戦争から離れ、陸軍第3飛行団を指揮して南方作戦に従事する。[23] 翌年には参謀本部に復帰し中将に昇進するとともに、敗戦時まで、航空機による種々の戦闘構想に知恵を絞った。[24] なお、彼は１９４５（昭和20）年4月、沖縄決戦を天王山とし、本土決戦を不可とする意見を鈴木貫太郎首相に建言したが、採用されなかった。[25] 太平洋戦争が終結すると、遠藤は軍籍から退き、１９４６（昭和21）年3月には開拓農民として埼玉県入間川町（現狭山市）に入植、開墾生活を始めた。[26] しかし、翌１９４７（昭和22）年2月には戦犯容疑のためＧＨＱの命令で、約1年弱の間巣鴨拘置所に入所した。[27] １９４８（昭和23）年1月に無罪放免され、その後はそれまでの生活を一変し、農業に従事することとなった。[28] その間彼は、入所中に戦争を反省するとともに、「非戦平和」運動を開始する。また、１９５５（昭和

写真３
1943年５月、陸軍航空総監部総務部長（大本営幕僚兼任）時代の遠藤三郎

30）年には片山哲元首相らと共に、戦後初めて中国を訪問し、北京で毛沢東や周恩来と会談するなど、その後の数回に亘る訪中を含めて独自の日中友好活動を展開した[29]。その後、１９８４（昭和59）年10月11日91歳で死去した[30]。

以上、遠藤三郎の略歴を便宜的に４つの時期に分けて時系列的に概観した。ここに示されている日中戦争のより具体的な展開と、それに関連した遠藤の作戦参謀や現地指揮官としての考え方や行動については、以下の本論で検討するが、総じて、彼の軍人としての生涯は、当時の時代状況を反映して波乱に富んだものであった。その間、満洲事変から日中全面戦争へと続く戦争の拡大過程において、彼は、多くの場合、軍、或いは戦争の論理に従って行動することが多かったが、上記の第1期、すなわち日中戦争に関与する以前の略歴に関連して、彼がヒューマニズム的性格を有し、且つ特にこの時期に西欧的な合理主義を身に着けたと推察されることは、彼が単純で冷徹な軍人ではなかったことを示していると言って良いと思われる。特に、彼は戦後、「非戦平和」運動を展開したり、日中友好活動に従事したりするが、それらは、前にも示唆した通り、彼が日中戦争に関与する前に体得したものの延長線上に位置づけることができると思われる。いずれにしても、軍人として戦争を指導する立場にあった遠藤ではあるが、その生涯には、軍人としての冷徹性とともに、ヒューマニズムと国際感覚が一貫して流れていたと言って良いと思われる。

三　先行研究

上述したように、日本においては、遠藤三郎と日中戦争に関する本格的な研究は非常に少ないが、「遠藤日誌」を主要参考資料として、遠藤三郎に主たる焦点を当てた2つの研究書とその他、遠藤三郎との直接インタビュー、或いは「遠藤日誌」の記録を参考にして書かれた3つの著書、及び2つの研究論文がある。なお、中国においては、日中戦争に関する研究は多く存在するものの[31]、本論文のテーマに関する論稿は皆無である。

そこで、以下では上記の日本側の先行研究を紹介することとする。まず、２つの研究書は次の通りである。

第１は元毎日新聞記者宮武剛が１９８６年に出版した『将軍の遺言―遠藤三郎日記―』である。本書はアジア太平洋戦争及び戦後における遠藤三郎の思想と行動について書かれたものである。特に本学位論文の第一部及び第二部で取り上げる関東大震災後の遠藤三郎の朝鮮人、中国人の保護活動、王希天虐殺事件に関する陸軍の隠蔽工作、及びフランス留学時代の遠藤の諸体験、さらに満洲事変後の遠藤の満洲出張などについては詳細に記載されている。しかし、盧溝橋事件以降の日中全面戦争や太平洋戦争及び戦後の「非戦平和」主義者としての遠藤の思想と行動については、詳しく言及されていない。なお、宮武は遠藤が陸軍内部の派閥抗争とは無関係であったことを指摘しているが、彼の軍人としての冷徹さとヒューマニズムという両面性を持ち合わせた人物像の特徴については、あまり言及していない。

第２は吉田曠二が２０１２年に刊行した『元陸軍中将遠藤三郎の肖像』である。本書は「遠藤日誌」、その他の第一次資料を含む膨大な諸文献を渉猟し、さらには現地調査やヒヤリングという手法を用いながら、幼少期からフランス留学を経て、ノモンハン事件、重慶無差別爆撃に至るまでの遠藤三郎の戦略と行動について、詳しく追跡し、分析を行ったものである。ここでは従来の日中戦争の研究ではあまり言及されていない次の３つの問題点を紹介しておきたい。第１は、吉田曠二はそれまであまり注目されていなかった「満洲事変中渡満日誌」[32]（第二部・第二章を参照）をベースにして、満洲事変を巡る関東軍の謀略性及び遠藤の作戦構想と行動について、詳細な考察を行っていることである。第２は、第一次上海事変において遠藤が作成した機密の作戦案「昭和七年七了口附近上陸作戦ニ関スル書類」（第二部・第五章を参照）を活用し、上海に駐屯していた日本海軍陸戦隊と陸軍参謀本部から派遣された増援部隊による上海逆上陸共同作戦についても詳述していることである。第３は、遠藤が１９３６（昭和11）年３月から６月にかけて陸軍大学で講義した「対ソ作戦講義録」（第四部・第三章を参照）を活用し、遠藤独自の「対ソ作戦論」や１９３９（昭和14）年のノモンハン事件後、彼の「対ソ戦不可論」（第四部・第三章を参照）に言及し、言わば遠藤の合理主義的な対ソ作戦構想を検討していることである。

なお、本書では、陸軍内部の皇道派と統制派との権力争いを巡る重要な事件、所謂2・26事件の発生の原因とその展開、及び事件後遠藤が反乱軍の青年将校を説得するなど、事件を終息させるための行動については、詳しく記述しているが、陸軍内部の派閥抗争ついてはあまり言及されていない。また、遠藤の性格の両面性やその作戦構想や行動に対する影響などについては、重点的に論じられていない。

その後、吉田曠二は続編として、2015年に『将軍遠藤三郎とアジア太平洋戦争』を出版した。本書はアジア・太平洋戦争及び戦後における遠藤三郎に焦点を当てて、エリート軍人でありながら、日本陸軍の好戦性と内部対立などを批判した遠藤の人物像を中心にして書かれたものである。特に、作戦面において、大本営幕僚及び陸軍航空兵器総局長官時代の遠藤の作戦構想にスポットライトを当て、サイパン決戦を持ってこの戦争の終結に努力し、沖縄作戦を天王山として、本土決戦に強く反対した遠藤の姿を詳しく追求している。さらに、戦後の遠藤の「非戦平和」思想の形成過程にも焦点を当て、それを遠藤の思想転換と認識している。


次に、遠藤三郎と日中戦争中、個別的な事件との関係を論じた著書や研究論文をそれぞれ列挙してみたい。

1　著書

（1）　角田房子『甘粕大尉』中公文庫、1979年
本書は遠藤とのインタビュー及び「遠藤日誌」をもとにして、書かれたものであり、関東大震災直後の遠藤の震災救助と治安維持活動、及び朝鮮人、中国人の保護活動などについて記録されている。

（2）　田原洋『関東大震災と王希天事件―もうひとつの虐殺秘史』三一書房、1982年
本書で田原洋は戦後遠藤三郎にインタビューし、その結果をベースにして、関東大震災後の在日中国人留学生王希天虐殺事件の真相に迫り、当時日本政府と陸軍が組織ぐるみでこの事件を隠蔽しようとしていたことをその真相

とともに初めて実証的に明らかにした。

（3）　菊池実編『ソ満国境関東軍要塞遺跡群の研究』六一書房、2001年

本書は菊池実が当時の「遠藤日誌」を引用して、旧「満洲国」に存在した関東軍国境要塞の遺跡について、中国側の研究者たちとともに共同調査を行い、その成果をまとめたものであり、北満の関東軍による対ソ地下軍事要塞のロケーションとその規模、構築方式、及び保存状態などが詳しく説明されている。

2　研究論文

（1）　東中野多聞「遠藤三郎と終戦―戦前から戦後へ（附）遠藤三郎関係史料目録」（東京大学大学院人文社会系研究科・文学部日本史学研究室『東京大学日本史学研究室紀要　第7号』、2003年、95～115頁）

東中野多聞は「遠藤日誌」を参考として、遠藤三郎と日本敗戦の関係、つまり、1945年の敗戦時における遠藤の作戦思想と行動などを解明し、独自の研究論文を公表した。また、文末には遠藤三郎の研究に役立つ「遠藤三郎関係史料目録」が添付されている。

（2）　吉田曠二「元日本陸軍将軍・遠藤三郎と第731部隊」（15年戦争と日本の医学医療研究会編『731日本軍細菌戦部隊』文理閣、2015年、336～360頁）

吉田曠二はこの論文で「遠藤日誌」をベースにして、「満洲国」建国後の1932年8月以降、関東軍作戦主任参謀としての遠藤三郎と第731部隊、特に第731部隊長・石井四郎との関係、関東軍の北満対ソ地下軍事要塞の築城計画の目的、及び細菌兵器を重視する遠藤三郎の対ソ戦略と構想などを論じている。

四　遠藤三郎関係一次資料

本論文で遠藤三郎に関係する文献、資料などについて、私は文末の主要参考文献「一、遠藤三郎関係文献・資

料」で詳しく列記しているが、以下に中心的な一次資料としての「遠藤日誌」と極秘資料（別冊資料）、及び遠藤三郎の自伝『日中十五年戦争と私―国賊・赤の将軍と人はいう』について、簡単に紹介しておきたい。

1　「遠藤日誌」

まず、最初に「遠藤日誌」について説明してみたい。

「遠藤日誌」は日中戦争と深く関わった遠藤三郎本人が少年期から軍人としての修学期を経て、戦争体験を通して、実体験した日本陸軍の内部事情などをつぶさに記したものである。それは軍組織の中にいる人間にしか分からない貴重な記録である。その種の重要な軍事機密が「遠藤日誌」には随所に多数含まれている。その「日誌」は1904（明治37）年8月1日から、最後の日付の1984（昭和59）年9月9日まで、明治から大正、昭和の年代にわたり、80年間一日も欠かさず書き続けられたものであり、その冊数は別冊を含めると、全部で93冊、1万5千頁に及んでいる。

2　極秘資料（別冊資料）

ここでいう極秘資料とは、遠藤本人の手元に残された「極秘」のスタンプが押された文書で、戦時下の関東軍と陸軍上層部の軍事機密書類、及び数十点に及ぶ遠藤自身の手になる意見書や訓示、陸軍大学の講義録、報告書などを指している。[33]一般的には「遠藤日誌」と呼ばれるものに含めることが多いが、「日誌」本体とは区別される戦後遠藤が自宅に保存した文書類である。これら資料の多くは他の文献、例えば公式の外交文書や参謀本部の文書などにはない独自の資料で、遠藤の周辺の人物から遠藤に直接手渡された文書も含まれる。それらをその内容とともに例示すれば、次の通りである。

（1）「昭和九年八月　対満要綱　遠藤参謀」

これは遠藤三郎所蔵の関東軍内部の軍事機密文書である。このファイルには、関東軍の最高秘密、即ち、「満洲国」皇帝溥儀と日本の天皇及び関東軍司令官との関係（支配と服従の関係）、さらに政治統治機構に関連して、「満洲国」では日本の天皇が最高支配者として君臨することなども記録されている。

（2）「満蒙計略計画」と「満蒙問題解決ノ為ノ戦争計画大綱」

この2つの極秘文書は上記の「昭和九年八月　対満要綱　遠藤参謀」に綴じられ、1931年9月下旬頃、関東軍高級参謀石原莞爾が渡満中の遠藤に手渡したものである。この2つの文書には関東軍の満蒙軍事占領の重要性と戦略性、及び「満洲国」建国の構想と、将来の世界戦争に対する予測の内容などが明確に示され、それについての遠藤の感想が欄外に鉛筆でメモされている。[34]

（3）その他

遠藤の1936年の陸軍大学での極秘「対ソ戦講義録」（即ち対ソ「防御と退却」、「遭遇戦及追撃」作戦案）と、軍上層部に対する建言書、例えばノモンハン事件後の「対ソ戦継続不可論」、重慶戦略爆撃時期の「重慶爆撃無用論」など、及び戦後遠藤が日中国交正常化の前に訪中した際、毛沢東主席と周恩来首相との会談記録なども含まれている。

なお、これらの極秘資料及び「遠藤日誌」は、日中戦争に関する公的な文献、資料、例えば、国立公文書館アジア歴史資料センターのホームページ（http://www.jacar.go.jp/）で公開された歴史資料や、日本国際政治学会太平洋戦争原因研究部編『太平洋戦争への道　開戦外交史（1～7巻）』、『現代史資料（6～13巻）』、外務省編『日本外交文書　満洲事変（第1、2巻）』、及び鹿島平和研究所編『日本外交史（18～25巻）』などと照合することによって、その事実関係の記述は正確であり、その信憑性は高いということが確認でき、日本近現代史の貴重な軍事歴史の一次資料となっている。

しかし、その資料的価値が高いにもかかわらず、日本の歴史研究者の間で従来あまり顧みられなかったし、現在までこれらの資料はそれを所蔵する埼玉県狭山市博物館でも未整理・未公開となっている。「遠藤日誌」の原本と極秘資料は現在埼玉県狭山市の遠藤家の遺族から同市の市立博物館に一括して寄託され、研究者は遺族の許可を得て初めて、閲覧が可能となる。[35]

3 遠藤三郎自伝

戦後、遠藤三郎は「遠藤日誌」の記述に基づいて、自分の生涯における各時期の行動、及び思想の変動の歴史を回顧しながら、『日中十五年戦争と私―国賊・赤の将軍と人はいう』という自伝を執筆し、公表した。この自伝の中で、遠藤は実体験した日中戦争において、彼自身が立案した各種の作戦案、建白書などと具体的な作戦指導行動と、彼自身の戦争に対する回想、告白、さらには、戦後の彼の開拓農民としての開墾生活体験、戦犯容疑者としての巣鴨入所体験、及び出所後の「非戦平和」主義の形成、日本国憲法擁護運動、世界連邦運動と日中友好活動などについても詳しく言及している。

五 論文の構成

本論文では、まず「序論」で、研究目的、遠藤三郎の略歴と人物像、先行研究及び遠藤三郎関係一次資料などについて紹介する。

次に本論は、5部構成になっており、各部はそれぞれ数章の各論からなっている。

第一部「日中戦争までに形成された遠藤三郎の2つの性格」は2章に分けられる。まず第一章では、「遠藤三郎のヒューマニズム的性格と世界観」というタイトルで、関東大震災時における遠藤三郎の朝鮮人、中国人保護活動と、フランス留学時代の彼の行動及び思想的影響などを考察するとともに、帰国後参謀本部に復帰した後、彼が立案した「完全軍縮案」の構想について紹介する。次に第二章では、「遠藤三郎の軍人としての冷徹性―王希天虐殺事件の隠蔽工作―」というタイトルで、関東大震災後、遠藤が王希天虐殺事件に対する隠蔽工作にやむを得ず関与した経緯と真相について解明する。

第二部「遠藤三郎と満洲事変―東方会議から第1次上海事変まで―」は5章に分けられる。まず第一章「満洲事変への引き金―東方会議と張作霖爆殺事件―」では、1927（昭和2）年東京で開催された東方会議と、翌1928（昭和3）年6月満洲の奉天（瀋陽）の郊外（皇姑屯）で発生した張作霖爆殺事件との関連性を分析する。次に第二章「満洲事変」では、関東軍高級参謀石原莞爾の「満蒙領有論」とその結果として勃発した満洲事変について説明し、その発生の原因をも分析し、第三章「満洲事変後参謀本部の動きと遠藤三郎の満洲出張」では、満洲事変後参謀本部の「事変不拡大」方針と、遠藤三郎が満洲へ派遣された後の行動と心境の変化について分析するとともに、第四章「満洲事変後関東軍の更なる謀略作戦」では、満洲事変をめぐって関東軍が展開した一連の謀略作戦、例えば、錦州爆撃から、宣統帝溥儀の天津脱出、及び北満出兵への謀略の手順と連鎖について、その因果関係を明らかにする。最後に第五章「遠藤三郎と第1次上海事変」では、第1次上海事変が何故発生したのか、その後どのようにしてその規模と戦域が拡大したのか、遠藤が立案した「七了口上陸作戦案」が第1次上海事変における日本軍の勝利に対して、どのような影響をもたらしたのか、などの諸問題を検討してみたい。

第三部「遠藤三郎と『満洲国』―『満洲国』誕生から熱河作戦まで―」は二章に分けられる。まず第一章「遠藤三郎の『満洲国』着任」では、遠藤が関東軍作戦主任参謀として「満洲国」に赴任した後の実体験を通して、「満洲国」の実態と本質を解明する。次に第二章「遠藤三郎と熱河作戦」では、「満洲国」建国後の1933（昭和8）年2月下旬関東軍が引き起こした熱河作戦及びその後の軍事行動を追跡するとともに、遠藤が立案した「熱河作戦計画」案が関東軍の熱河作戦の勝利に対して、どのような役割を果たしたのか、などを分析したい。

第四部「遠藤三郎の対ソ戦論と行動」は三章に分けられる。まず第一章「遠藤三郎と第731部隊」では、遠藤三郎と第731部隊とのかかわりを考察しながら、次に第二章「遠藤三郎と北満国境要塞」では、遠藤の北満地下軍事要塞築城の参画に触れ、これらの一連の活動がそれ以降の彼の「対ソ作戦論」にどのような関連性を持ったのか、どのような影響を与えたのか、などについて論じる。最後に第三章「遠藤三郎の『対ソ作戦論』と『対ソ戦不可論』」では、1936年遠藤が陸軍大学で極秘で講義した「対ソ作戦講義録」を通じて、遠藤の独自の「対ソ作戦論」を分析し、さらに1939年のノモンハン事件における関東軍の「対ソ戦強硬論」と、その後の遠藤の「対ソ戦継続不可論」について検討する。

第五部「遠藤三郎と日中全面戦争」は三章に分けられる。まず、第一章「遠藤三郎と盧溝橋事件—盧溝橋事件から大本営課長時代まで—」では、盧溝橋事件以降、遠藤が華北に派遣されていた間に記録した「遠藤部隊従軍報告書」と「日支事変ニ従軍シテ」をベースにして、遠藤の華北戦場での実体験と心情の変化を明らかにし、さらに、1938年大本営において教育課長を務めていた遠藤が執筆した「従軍兵士の心得」と「事変処理ニ関スル軍事上ノ意見」を考察する。次に第二章「遠藤三郎と重慶爆撃」では、1938年12月から日本の陸海軍が重慶戦略爆撃に踏み切った理由を検討するとともに、遠藤の「重慶爆撃無用論」(1941年9月)を論じる。最後に第三章「『北進』から『南進』への国策転換とアジア・太平洋戦争の終結」では、日本の国策が「北進」から「南進」へと転換する過程と要因を明らかにするとともに、太平洋戦争を巡る遠藤の考えと行動について簡単に言及する。

最後に、「結論」では、これまでの検討結果を集約し、軍人としての冷徹さとヒューマニズムという両面性を持っていた遠藤三郎は、日中戦争において、どのような役割を果たしたのか、その際、彼の上記の両面性はどのように反映されたのか、具体的には、彼が戦時中の各段階において立案した作戦案や作戦構想の特徴、果たした役割などについて、本論における考察を踏まえて総括する。

注

1　馬場毅編『多角的視点から見た日中戦争─政治・経済・軍事・文化・民族の相克─』（集広舎、2015年、3頁）によれば、「日中戦争史の時期については、1931年の満洲事変の時からとする説と1937年の盧溝橋事件の時からとするという説の2つ」が学界には存在する。本論文では、前者に従い、中国に対する領土的野心を本格的に進めた満洲事変を日中戦争の起点と考えた。なお、本論文では、1937年の盧溝橋事件に始まる日中軍事衝突については、日中全面戦争と定義した。

2　「遠藤日誌」は未だ一般に公刊されていないため、引用箇所、頁数を具体的に示すことができない。ただし、その「日誌」に日付が明記されているので、私は「遠藤日誌」そのものを本文で引用した場合は、日付を引用文の頭に付記したが、本文との重複を避けるため、引用文献の注記（「遠藤日誌」とその日付）を割愛した。

3　吉田曠二『将軍遠藤三郎とアジア太平洋戦争』ゆまに書房、2015年、2～5頁を参照。

4　京大日本史辞典編纂会編『新編日本史辞典』（東京創元社、1990年、339～340頁）によれば、昭和期において陸軍内部で、皇道派と統制派との派閥抗争が存在していた。「皇道派は荒木貞夫・真崎甚三郎・小畑敏四郎らの将官と2・26事件に参加した小・中隊長クラスの青年将校を中心とし、1931年（昭和6）12月荒木が陸相に、32年1月真崎が参謀次長に就任してから勢力を拡大した。その呼び名は荒木が国軍を皇軍と呼び、皇道主義を高唱したことに由来し、彼らは精神主義的傾向が強く、反面国家総力戦への理解が薄く、作戦面では対ソ主敵論を固守し、特に青年将校は北一輝の思想的影響を受け、下からのクーデターによる軍部独裁体制の樹立を主張した。これに対し統制派は永田鉄山・東条英機・武藤章ら陸軍省・参謀本部の幕僚からなり、軍部大臣を通じて内閣の政策を動かし、上からの合法手段による軍部独裁体制の樹立を目指した。そのため全軍の統制を強調し、青年将校の動きを統制を乱すものとして圧迫したため、青年将校から統制派と呼ばれた。統制派は軍の近代化と国家総力戦の重要性を主張して革新官僚や財界と結び、作戦面では中国・朝鮮の反日民族独立運動の鎮圧を先決とし、その後に対ソ・対米戦に進むべきであると判断していた。両派の対立は、34年3月永田が陸軍省軍務局長に就任してから激化し、35年7月の真崎教育総監罷免事件、8月の相沢事件、36年の2・26事件などを引き起こし、2・26事件後の粛軍により皇道派は陸軍から一掃された」。

5　宮武剛『将軍の遺言─遠藤三郎日記─』毎日新聞社、1986年、63頁。

6　ただし、後述（第三部・第二章）するように、熱河作戦時の遠藤の作戦構想と行動から推察すると、彼は心情的には皇道派に近いと言って良いと思われる。
7　島田俊彦『関東軍—在満陸軍の独走—』（講談社学術文庫、2005年、4頁）によれば、「日本は1905年日露戦争の結果として、その租借権をロシアから譲られると同時に、中国側の抗議を退けて、このいささか誇張的な呼び名をそのまま踏襲した。そして、やがてはこの租借地に根拠をおく、駐箚1個師団、独立守備隊6個大隊、計約1万の兵力を持つ日本軍にも『関東軍』という名を与えたのである」。
8　遠藤三郎の経歴については、私は遠藤三郎の自伝『日中十五年戦争と私—国賊・赤の将軍と人はいう』日中書林、1974年、514～516頁：宮武剛著『将軍の遺言—遠藤三郎日記—』毎日新聞社、1986年、239～243頁：吉田曠二著『将軍遠藤三郎とアジア太平洋戦争』ゆまに書房、2015年、503～512頁を参考にした。
9　遠藤三郎が仙台陸軍幼年学校に入学する以前、陸軍幼年学校はすでに改革済みであった。野邑理栄子『陸軍幼年学校体制の研究—エリート養成と軍事・教育・政治—』（吉川弘文館、2006年、30～31頁）によれば、「旧来の『陸軍幼年学校』（入校年齢15歳、3年制、東京に一校）を『陸軍中央幼年学校』（入校年齢16歳、2年制）と改称、改編し、新たにその下級学校として『陸軍地方幼年学校』（入校年齢13歳、3年制、東京、仙台、名古屋、大阪、広島、熊本の6校）を設立し、学校規模の拡大を図り、地方、中央合わせて5年間の長期教育を行うとともに、入校年齢を引き下げることで、更なる低年齢からの教育を行うことにしたのであった。注目すべきは、この改革を境に、陸軍幼年学校が『陸軍将校養成制度の中核』として位置付けられるようになったことである」。
10　遠藤三郎『日中十五年戦争と私—国賊・赤の将軍と人はいう』日中書林、1974年、508頁。
11　秦郁彦『日本陸海軍総合事典』東京大学出版会、1991年、542頁。
12　遠藤三郎は1910（明治43）年9月、東京の陸軍中央幼年学校に移り、1912（明治45、大正1）年5月、恩賜賞（皇太子から銀時計を授与される）を受けて同校を卒業した。同年12月、東京の陸軍士官学校に進学、1914（大正3）年5月に再び恩賜賞を受けて同校を第26期生として卒業し、さらに翌1919（大正8）年8月に、陸軍大学校に入学する。3年後の1922（大正11）年恩賜賞を受けて同校を第34期生として卒業した。吉田曠二、前掲書、503～504頁を参照。
13　遠藤三郎、前掲書、24頁。

14　この優しい人間的な性格はすでに遠藤の幼少時の行動に垣間見ることができる。例えば、彼は自分自身の性格の一端を次のように述べている。即ち、「……（私は）腕力を振って兄弟や友人と喧嘩したり父兄や友人から殴られたことは一度もありません。幼年学校に入ってからは上級生に殴られたことはありませんでしたが、私自身弟妹や同僚や下級生や部下を殴ったことは一度もありません……」同上書、508頁。
15　宮武剛、前掲書、20～23頁。
16「1927（昭和2）年6～8月ジュネーブの国際連盟本部で開かれたアメリカ・イギリス・日本の補助艦制限会議。ワシントン会議での主力艦軍縮をうけてアメリカから提議され、補助艦制限問題を協議したが、初頭から巡洋艦の小艦多数説をとるイギリスと大艦少数論のアメリカとが対立、またアメリカは日本に6割保有主張を固持し、7割に固執する日本海軍強硬派を刺激、3者対立のまま成果なく閉会し、30年ロンドン軍縮会議でようやく協定をみた」。京大日本史辞典編纂会編、前掲書、479頁。

17「……1932年2月～34年5月ジュネーブでの60カ国参加の一般軍縮会議。国際連盟軍縮準備委員会の軍縮案を基礎に連盟国・非連盟国を含めて開かれた軍縮本会議だが、フランスの保障組織、ドイツの軍備平等要求、アメリカの3分の1軍縮案を中心に論議が紛糾して一時中断。33年2月再開し、イギリス妥協案が提示されたが、3月満洲事変処理をめぐって日本が連盟を脱退、ドイツもこれに続き、34年5月会議は不得要領のまま閉会した」。同上書、479～480頁。
18　日中友好元軍人の会『遠藤語録』編集委員会『軍備は国を亡ぼす―遠藤三郎語録』日中友好元軍人の会、1993年、48～49頁。
19　江口圭一『十五年戦争小史（新版）』（青木書店、1991年、11頁）によれば、「……満洲事変は（19）33年5月31日の塘沽停戦協定を境として、狭義の満洲事変（31年9月18日～33年5月31日）と華北分離工作（33年6月1日～37年7月6日）という2つの小段階にさらに区分される」。本論文では狭義の満洲事変として扱う。
20　今井武夫『昭和の謀略』（原書房、1967年、262頁）によれば、「……関東軍が長期にわたり、各方面に対する連続した謀略は、決して孫子のいわゆる五事、即ち天地自然の理法に適ったものでなかったことも明らかで、結局中国の民族主義を急激に刺激して挙国的抗日を熾烈化し、世界輿論の総反撃を受けて国際的に孤立し、支那事変（筆者注、日中全面戦争）、大東亜戦争（筆者注、太平洋戦争）を誘発させる原因ともなった」。

21　新人物往来社戦史室『満洲国と関東軍』（新人物往来社、1994年、6〜7頁）によれば、満洲とは、「中国の版図では東北三省（遼寧省＝奉天省、吉林省、黒竜江省）と呼ばれ、万里の長城の東北に位置するので、満洲事変当時は『関外』『関東』『東北』とも呼ばれた」。なお、小林英夫『満洲の歴史』（講談社、1966年、16頁）によれば、「……普段は何気なく使っているこの満洲なる単語を、多くの人は地名だと考えている。したがって、しばしば満洲は満州と表記されることが多い。簡略化して満州と表記するのは間違いではないが、正確には満洲でなければならない。というのは、満洲は地名ではなく、民族名であり国名でもあるからである。満洲は清を興したアイシンギョロ・ヌルハチ（愛親覚羅努爾哈赤）が自国を『満珠』（マンジュ）と称し、民族名を『女真』から『満珠』と改めたことに始まるという。これがいつの間にか満洲として地名としても使われるようになり、満州と簡略化されていったのである」。これに従い、本論文には「満洲」に統一して表記している。

22　「満洲国」とは、「1932年3月1日から1945年8月18日まで、13年5ヶ月にわたって中国の東北部（現在の東北三省、遼寧省、吉林省、黒竜江省）を中心とした地域」である。川村湊『満洲国』現代書館、2011年、5頁。

23　この間、即ち1941（昭和16）年12月から翌1942（昭和17）年4月まで、遠藤はマレー上陸作戦（1941年12月）、シンガポール攻略戦（1942年2月）とパレンバン奇襲作戦（1942年2月）、及びジャワ上陸作戦（1942年3月）を指揮した。特にジャワ上陸作戦で、彼は1942年3月3日午前、自らカリジャチ飛行場に着陸し、オランダ機甲部隊（戦車、装甲車）を多数破壊するなどの戦果をあげ、太平洋戦争初戦（大本営の第一段作戦）の勝利に貢献した。吉田曠二、前掲書、71〜168頁を参照。

24　1943（昭和18）年5月に、航空本部総務部長としての遠藤三郎は、太平洋の島々を「航空要塞化」する構想、即ち「太平洋の作戦地域に飛行場が多数、しかも広域に分散している方式を改め、少数に集約設定する方針にすること」を最初に大本営に建言した。さらに、翌1944（昭和19）年7月、彼は小型の戦闘機を中心とする「対米航空決戦論」、即ち「米軍を深く本土へ誘い込み、背水の陣を敷いて敵上陸部隊を人質にとり、周辺に展開する敵機動部隊を一気に航空機で殲滅する」という作戦構想を陸軍大臣東条英機に提出した。しかし、当時東条は大型爆撃機の生産で、アメリカ本土を戦略爆撃する構想を主張した。遠藤は重慶爆撃で大型爆撃機の戦略爆撃が成功できないことを知っていたため、東条の提案に反対した。同上書、202〜236頁を参照。

25　遠藤三郎、前掲書、316〜320頁を参照。

26　吉田曠二、前掲書、508頁を参照。
27　遠藤三郎、前掲書、339~343頁を参照。
28　同上書、343~353頁を参照。
29　吉田曠二、前掲書、378~388頁を参照。
30　同上書、512頁。
31　日中戦争に関する中国側の先行研究については、本論文の文末の主要参考文献「二、その他の参考文献・資料　3、中国語文献」を参照。
32　遠藤三郎の「満洲事変中渡満日誌」については、吉田曠二著『元陸軍中将遠藤三郎の肖像』すずさわ書店、2012年、431~472頁の巻末付録1に全文が収録されている。
33　極秘資料の詳細は本論文の主要参考文献「一、遠藤三郎関係文献・資料　1、遠藤日誌」を参照。
34　満蒙とは、「中国の満洲（東三省即ち遼寧省、吉林省、黒竜江省）と内蒙古（熱河省、チャハル省、綏遠省）の地方を一括して指す、主に日本側の呼び方であるが、満蒙問題といわれたものの最大の焦点は、満鉄をめぐる鉄道問題であった」。江口圭一『昭和の歴史　第4巻　十五年戦争の開幕』小学館、1982年、21~22頁。
35　なお、本論文でここに示した遠藤三郎関係一次資料から引用する場合は、その所蔵先名（埼玉県狭山市立博物館）を割愛する。

第一部　日中戦争までに形成された遠藤三郎の2つの性格

序論で述べたように、陸軍軍人としての遠藤三郎の人物像には、ヒューマニズム的な面と作戦遂行者としての冷徹さという両面性が見られる。以下第一部では、日中戦争までに形成された遠藤のこの両面性をいくつかの具体的な事例を通じて明らかにしてみたい。まず、遠藤のヒューマニズム的な面に関して、関東大震災後における彼の朝鮮人、中国人の保護活動と、フランス留学時代における諸体験、例えば、第1次世界大戦の戦場跡の視察とそれによって得られた戦争観、3国海軍軍縮会議への列席、及びクーデンホーフ・カレルギーの「欧州連合」構想に対する共鳴など、さらには、参謀本部時代における「完全軍縮案」の立案などについて考察し、その後で、遠藤の作戦遂行者としての冷徹さに関して、関東大震災後、特に王希天虐殺事件に対する彼の隠蔽工作について詳しく検討する。

第一章　遠藤三郎のヒューマニズム的性格と世界観

第1節　関東大震災後の朝鮮人、中国人保護活動

(1) 朝鮮人虐殺事件

1923（大正12）年9月1日、神奈川県相模湾の海域を震源地とした関東大震災が発生し、それによって、東京都、千葉、神奈川県など関東周辺を含む広範囲にわたり、多数の住民が死傷するなど甚大な被害がもたらされた。[1]

震災直前の8月に、陸軍第1師団野戦重砲兵第3旅団（旅団長・金子直）第1連隊の第3中隊長（大尉）に昇進

した遠藤三郎は、休日の里帰りで山形県東置賜郡小松町の実家に滞在していたが、９月３日からこの大震災に対処するために、「戒厳令」[2]下の東京の深川区に出動するよう上層部から命じられた。[3]それ故、遠藤は直ちに第３中隊を率いて首都圏で治安維持活動の任務を遂行しながら、震災地区の救助活動を開始した。９月３日の「日誌」には、彼は当時の非常に混乱した状況と彼の出動の治安維持的な性格について、次のように記している。

（一九二三年）九月三日　月　晴

午前八時頃出勤ス　連隊ニハ避難民充満シ非常ナル混雑ナリ……予ハ連隊本部ニ出務ヲ命セラレ諸計画ニ参画ス……各中隊二十五名ヲ集結シ　予ハ第三中隊長トシテ出発ス　軍装ヲ完全ニナスベキヲ要シ　予ハ兵ヲシテ軍刀ヲ取リヨセタリ　出征スルノ感アリ

さらに、その翌４日の「日誌」には、出動後の被災状況と治安維持活動以外の救助活動、及び震災と相前後して発生した「朝鮮人暴動」[4]の噂について、次のように記録している。

（一九二三年）九月四日　火　晴

正午十二時　野重七連砲兵大隊　野重一ノ順序ニ屯営ヲ出発……中隊ハ最モ困難ナル深川区ヲ担任ス　天明後守備地ニ前進セントセシモ　各橋梁悉ク焼失シ前進困難ナリ　小名木川ニハ死屍充満ス　面ヲ向クヘカラス……地方人ヨリ酒米等ヲ寄送セラル　人情ノ温ミヲ知ルヘシ　又一面ニ於テハ親ヲ尋ヌル児　児ヲ尋ヌル親妻ヲ尋ヌル夫　号泣スルカ如ク聞ク其ノ悲惨云フヘカラス　コノ世ナガラノ生地獄ナリ　深川糧秣倉庫ニ米ノアルヲ知リ全兵力ヲ使用シ火中ヨリ引キ出シ其ノ数三百俵ニ及ヒ之レヲ岩崎邸ニ運搬シ分配セリ　夜間時々鮮民来ルトノ報アリ騒擾セリ……

上記9月4日の「日誌」の最後に、「夜間時々鮮民来ルトノ報アリ騒擾セリ」と記されているように、震災直後、早くも避難民の間には「朝鮮人暴動」という流言蜚語が被災地の至る所に広がっていた。

1920年代の日本国内においては、日本人以外のアジア諸民族に対する民族差別意識、特に朝鮮人、中国人などを蔑視する風潮が盛んになっていた。[5] この風潮の下で、日本の警察と軍隊は、日常から社会主義者及び朝鮮人、中国人を敵視していた。そのため、震災救助と治安維持を目的として出動した日本の軍隊、警察及び組織された「自警団」[6]は、その噂の真偽を確認せず、盲目的にそれを信じて多くの朝鮮人と中国人を迫害したり、虐殺したりした。[7] いわゆる朝鮮人虐殺事件と言われるものである。松尾章一によれば、「この震災を利用して今日まで判明しているだけでも6000名以上の在日韓国・朝鮮人と700名以上の在日中国人が虐殺され」[8]た。

勿論、この時期の朝鮮人暴動という流言は度々遠藤三郎の耳にも入った。しかし、角田房子によれば、遠藤は朝鮮人から直接被害を受けたと訴える者を見つけたこともなかったし、また朝鮮人の暴動などを自分の目で確かめたこともなかったため、この流言に対して強い疑問を抱いた。そこで、彼は避難民の食糧を確保するとともに、この流言の真偽性を確認するため、朝鮮人暴動についての情報を集め始めた。[9]

(2) 朝鮮人、中国人の保護活動

こうした大混乱の状況下で、遠藤は朝鮮人及び朝鮮人と並んで迫害を受けていた中国人の身の安全を保護するため、亀戸警察署長を説得し、朝鮮人及び中国人の保護を承諾させようと尽力した。[10] しかし、亀戸警察では、署長が「余りに多数の朝鮮人が集まり、収容する場所も食糧もない、また朝鮮人保護を知った周囲の住民が激昂しているので、いつ騒動が起るかもしれない」[11]という理由で、遠藤の依頼を断った。彼は仕方なく、「習志野（筆者注、千葉県北西部にある旧日本陸軍の演習場）に陸軍のバラックがあることを思いだし、そこへ朝鮮人（及び中国人）を収容しようと決心した」[12]。

それ故、彼は9月5日に、「習志野へ行って、中国人・朝鮮人を習志野へ送り届ける件を（筆者注、衛戍司令官[13]

と）交渉[14]」した。この交渉の経緯について、遠藤は当日の「日誌」に次のように記している。

（一九二三年）九月五日　水　晴
午前四時頃旅団ノ増加参謀トシテ招致セラレ　単身（野戦重砲兵第三）旅団司令部ニ向フ　途中路上死体累々ナルヲ見ル　旅団長（金子直）ノ命令ニヨリ習志野ニ至リ支鮮人ヲ習志野ニ送致スベキ件ヲ衛戍司令官ニ交渉スヘキヲ命セラル……

その結果、衛戍司令官（戒厳司令官・福田雅太郎大将）から移送の許可をもらった後、遠藤は直ちに部下に命じ、朝鮮人と中国人を習志野演習場に護送することになった。田原洋によれば、遠藤は「６日から始まった朝鮮・中国人保護収容のために習志野廠舎を開放すること、護送には総武線（国鉄）列車に特別の車両を連結することなどを提案し、段取りをつけた[15]」。この朝鮮人と中国人の保護活動について、遠藤は９月６日の「日誌」に、「汽車輸送（鮮人）ニ関スル業務ヲ監視ス　両国迄行キ情況ヲ視察ス　思ヒシ以上ノ災害ナリ」と記し、この問題の状況の深刻さを書き留めている。

こうして、遠藤は第３中隊を率いて朝鮮人と中国人たちを保護するとともに、朝鮮人虐殺事件の真相について戒厳司令部（所在地・東京）への報告に忙殺され、事件の正確な把握に務めた。その点について、９月９日と10日の「日誌」にはそれぞれ次のように書かれている。

（一九二三年）九月九日　日　晴
午前報告ノ調製ヲナシ　午後旅団長ト共ニ師団司令部戒厳司令部憲兵司令部等ニ行ク　岩波少尉ノ鮮人虐殺事件ノ真相ヲ報告センカ為ナリ……

（一九二三年）九月十日　月　降雨
午前中（戒厳司令部ヘノ）報告ノ調製ニテ多忙ナリ　午後雨ノ中ヲ師団司令部戒厳司令部ニ行キ　夕方帰ル
疲労ス

以上、震災時における遠藤の行動、特に朝鮮人や中国人に対する保護活動を検討してきたが、角田房子が指摘しているように、そこには、当時の日本国内の混乱した状況下において、「遠藤の理性が社会主義者と朝鮮人を敵とみなす狂気に立ち向かっている」[16]ことが示されていると思われる。前述したように、遠藤は偏狭な民族差別思想とそれに基づく朝鮮人暴動の噂に同調せず、全力を尽くして無辜な朝鮮人及び中国人を保護した。この一連の行動から、「序論」で言及したような彼のヒューマニズム的な性格を読み取ることができると思われる。

第2節　フランス留学時代の遠藤三郎

（1）第1次世界大戦の戦場跡の視察

写真4
1927年1月、フランス留学時代の
遠藤三郎

関東大震災後の1926（大正15、昭和1）年3月、遠藤三郎は、陸軍参謀本部の上層部からフランス駐在の命令を受け、同年9月13日に横浜港を離れ、フランスへ出発した。その後、10月26日にパリに到着し、それから約3年数カ月間（1926年9月～1929年12月）フランス駐在武官として留学生活を送ることになった。このフランス留学時代は遠藤の視野を広げる重要な一時期であったと言って良いと思われる。

例えば、フランスに滞在していた遠藤は、１９２７（昭和２）年4月21日、初めて第1次世界大戦の戦場跡ヴェルダン（Verdun）[17]を視察し、近代戦の惨状に強く心痛め、当日の「日誌」に次のように記している。

（一九二七年）四月二十一日　木　快晴
……昼食撮リ十二時稍過ギヴェルダン着　直チニ自動車二台ヲ駆リテ戦場ヲ視察ス　ヴェルダン其ノモノガ既ニ荒廃未ダ回復セス　震災後ノ東京ヲ見ルカ如シ　ポー堡塁ニ当時ノ苦戦ヲ偲ヒ……銃剣ノ壕ヲ見テ慄然タリ　今尚地中ヲ掘スレハ人骨鉄骨至ル所ニ散見シ得ヘシ　戦後十年ナルニ弾痕歴然トシテ　其ノ跡ヲ止メ草木悉ク枯死セルモノカ　春来リテ漸ク芽ヲ生セルモノヲ見ルニスギズ　当時ノ惨状ヲ回顧スルニ余リアリ……

さらに、翌１９２８（昭和３）年6月、遠藤は第1次世界大戦の戦史を正確に研究するため、パリを出発し、再度第1次世界大戦の戦場跡の視察旅行に向かった。6月6日に、遠藤はロッシニョル（Rossignol）に到着し、その附近の古戦場を見学した。そこで、彼は全滅したフランス軍の実情を知り、第1次世界大戦の恐ろしさとその惨禍を身を持って感じ取り、近代兵器が大きな被害をもたらす実状を認識することになった。その日の感想について、彼は当日の「日誌」に次のように記録している。

（一九二八年）六月六日　水　晴　夕方ヨリ雨
……更ニ軽鉄ニテRossignolニ行キ　布教士Quve氏ノ案内ニテ該地附近ノ古戦場及白耳義人ノ銃殺セラレン所等ヲ見学　更ニ北墓地ニテ佛植民地軍五千名ノ墓ニ詣ツ　独軍ノ死者数百名ニ過キズ佛師団ノ全滅セル所ナリ　教官ガ流涕セルヲ見ル　十数年前ノ戦場今ヤ牛羊平和ヲ謳フト雖モ　所々ニ散在スル墓地ヲ見ル時今尚感新ニシテ断腸ノ思アル故ナキニアラス　同情ノ念禁シ能ハザリキ　戦史旅行終了セルヲ以テ……

以上2回にわたった第1次世界大戦の戦場跡の視察は、遠藤にとって貴重な体験となった。これを契機に、彼は戦争の悲惨さと無意味さを痛感し、戦争を否定的に認識し始めたと言って良いであろう。そして、この経験はその後の日中戦争の各段階において、彼の種々の作戦案の構想と軍事行動に対し、大きな影響を及ぼした。

(2) 三国海軍軍縮会議の列席

在仏中の1927年6月に、メッツ防空学校に入学した直後の遠藤は、同月にスイスのジュネーブの国際連盟本部で開催された米・英・日三国海軍軍縮会議に、陸軍首席随員杉山元少将の補佐として参加した。この会議は第1次大戦後の平和を求める国際的風潮の中で、ワシントン軍縮会議に引き続き同会議で実現されなかった列強の間で急務と見なされていた補助艦(巡洋艦や潜水艦など)の制限を目的とするものであった。[18]上述した第1次世界大戦の惨状を観察した遠藤は、軍縮問題に関心を持ち、その研究に真剣に取り組むとともに、同会議の報告書(「寿府三国海軍軍備制限会議報告書」)を極秘資料として作成した。

その報告書で、遠藤はこの軍縮会議で米・英・日三国間が海軍の巡洋艦の保有数を巡って妥協できなかったことについて、次のように詳しく記録している。

……専門委員会ハ六月二十二日ヨリ七月七日ニ至ル間九回ニ亘リテ実施セラレ制限外艦船、巡洋艦、駆逐艦及潜水艦ノ順序ニ従ヒ研究討議シ巡洋艦以外ノ各種艦ニ就テハ其最大噸数、備砲口径、艦齢等技術専門事項ニ関シテハ概ネ各国委員ノ意見ノ一致ヲ見タルモ巡洋艦ニ於テハ艦型、備砲及制限法等ニ関シ遂ニ妥協点ヲ発見シ能ハサルノミナラス各艦種別ノ総噸数ニ関シテハ各国各其主張ヲ異ニシ殊ニ英国カ巡洋艦六十万噸説ヲ固持スルニ至リ専門委員会ノ議事進捗ヲ見サルニ至レリ此ニ於テ七月八日一先ツ本委員会ニ於テ討議協定セシ結果ヲ幹部会ニ報告シ同会ニ於テ改メテ討議協定スルコトニ決セリ……[19]

戦後、遠藤はこの会議で軍縮問題が世界の世論であったにもかかわらず、実現しえなかった原因について、次のように分析している。

……最大の原因は各国、ことにその為政者ないし指導的地位にある人々が互いに相手国を信用しあわないこと、ならびにこれらの人々があまりに偏狭かつ利己的な国家意識が強烈であるためだ……[20]

こうして、遠藤はこの体験から「軍隊というもの、ならびに近代国家というもの（国家主権が絶対であるという観念）に疑問を持ち始め[21]」、部分的な軍縮は抜け穴があるため価値がない[22]と認識し始めた。この認識が次の第3節で言及する「完全軍縮案」に結びつくことは言うまでもないであろう。

（3）「欧州連合」構想への共鳴

さらに、当時パリの陸軍大学校に在学中の遠藤三郎は、オーストリアの政治学者クーデンホーフ・カレルギー（Coudenhove-Kalergi）の「汎ヨーロッパ主義[23]」の理論を学び、「欧州連合」構想[24]の本質、即ち「独立国がその主権を絶対のものとして各国が独立の軍隊を持ち互いにいがみ合っていれば各国は必ず共倒れになるであろうから、各国は主権の一部を譲り合い連邦組織を作らねばならぬ[25]」という説（筆者注、主権の一部譲渡）に共鳴した。

それに加えて、遠藤は1929年9月12日の「日誌」において、欧州における連邦の必要性や関税障壁の問題などについて、次のように述べている。

（一九二九年）九月十二日　木　晴　暑し

クーデンオーエルノ汎欧州主義

……目下仏首相ブリアンノ唱エ居ル欧州連邦案ハ日墺ノ混血児クーデンオーエルカ既ニ唱ヘル所ニシテ　本年

春ブリアンニ建言セルモノナリト　仏国伊国ノ競争ハ独国ノ向背ニヨリ　其ノ勝負ヲ決セラルベク　三者カ欧州ニテ相争フ間　米ハ汎米主義ニヨリ英ハ其ノ大帝国主義ニヨリテ雄飛シアリ　之レ等二者ニ圧倒セラルヘキコト明カナレバ　此ノ際欧州各国ハ連邦ヲ作リテ関税ノ障壁ヲ打破スベシト云フニアリ……

このクーデンホーフ・カレルギーの「欧州連合」構想の影響を受け、遠藤は「従来の国家主権の（ママ）絶対であるという近代国家観は修正せらるべき」[26]という思いを強め、「東亜においても速やかに東亜連邦を作らなければ日本を含む東亜は世界の落伍者になる」[27]と憂慮し始めていた。

晩年、遠藤はクーデンホーフ・カレルギーの「欧州連合」構想について、主権の譲渡の必要性や日本の幕藩体制の問題に言及しながら、次のように語っている。

フランスに留学させられて、向こうに行って、俺が本当にありがたいことを習ったと思ったのが、クーデンフォーフ・カレルギーの世界連邦の汎ヨーロッパ思想、つまり独立国家がみんな独立の軍隊を持って、いがみあっていたら、必ずこれは滅亡する、共倒れだ。だから、主権の一部分をお互いに譲り合って連邦組織にしなくちゃいかんという思想です。私は非常にそいつに共鳴した。なるほど、そりゃいいや、日本だって徳川時代までは、何百という藩があって、みんな独立の軍隊を持って、それで喧嘩しておった。それを各藩に軍隊を持たせないようにして、中央に集めてうまくいったじゃないか。なるほど、これは連邦組織というのはいいなあと思って、それから連邦のことをうんと研究してすぐ中央にも報告したんだよ。しかし、だれもそんなものに共鳴する者なかったよ。[28]

フランス滞在中、遠藤は世界連邦こそ戦争を避けうる道と信じ、参謀本部の上司にそれを報告するとともに、その研究を進めるよう進言したが、その実現の目途は立たなかった。[29]この「欧州連合」構想は後述（第三部・第一章）するように、「満洲国」に赴任した遠藤三郎の「満洲国」の建国理想、即ち、「満洲国」を将来連邦国家として再建しようとする構想の形成に、大きな影響を与えていると思われる。

第３節　参謀本部復帰時代の遠藤三郎――「完全軍縮案」の立案

遠藤は１９２９（昭和４）年11月29日、３年にわたるフランス留学生活を終了し、航路米国経由で帰国の途上で、２年前の軍縮会議列席の経験に基づき、全世界で軍縮する必要性を認識し始めた。彼は当日次のような「日誌」を書き残している。

（一九二九年）十一月二十九日　金　曇
……本日新納氏ノ国防ト平和トヲ読ミ　軍備縮小ノ必要ナルヲ感ズ　然リ軍備縮小ハ理想ナリ　吾人ハ之レニ向ヒ努力セザルベカラズ　然リト雖モ　世界ノ現状ハ帝国ノ過激ナル縮小ヲ許サズ　予ハ軍人タルノ職責ニ対シ忠実ナラン　但シ予ハ軍隊ニ対シ軍備縮小論者又ハ拡張論者ノ唱エルモノト別個ノ意見ヲ有ス　即チ軍隊ハ国民教育ニ必要缺クベカラザルモノナリト信ズ……

この船中「日誌」に示されているように、遠藤は当時軍備縮小の必要性を感じながら、「軍備縮小ハ理想ナリ」と主張する。一方、「世界ノ現状ハ帝国ノ過激ナル縮小ヲ許サズ」と述べて、国際社会の現状を看破していた。しかし、彼はそのような現状認識を示しながら、軍縮に向け努力することを決心した。

即ち、彼は帰国後の１９２９年12月、再度参謀本部作戦課に復帰すると、「完全軍縮案」の作成に務めることになった。序論で言及したように、満洲事変勃発直前の１９３１年に、国際連盟で翌１９３２（昭和７）年に開催予定の陸海空全般にわたる軍縮会議が行われる予定の際、遠藤は参謀本部から会議に向けて、その準備委員の一人に任命された。[30] 彼はフランス留学時代の第1次世界大戦戦場跡への視察体験と、米・英・日三国軍縮会議への列席の体験を生かして、軍縮問題を研究し始めた。その結果、彼は部分的軍縮は意義が乏しく、比率による軍縮は実行困難であるという認識を持っていたため、[31]「平等逓減方式」という「完全軍縮案」を作成し、陸軍の上司に提案した。[32]

この「完全軍縮案」、特に完全軍縮に至る道筋について、遠藤は次のように説明している。

第一回会議においては、あえて軍縮せず、ただ各国が平等の権利として保有しうる軍備の最大限（天井）を各カテゴリーごとに決定するにとどめる。これがため、各国は現有兵力を各カテゴリーごとに報告し、その中の最大のものを各国が権利として保有しうる最大限として認め、いずれの国もそれ以上は保有しないことを約束し、かつそれを視察する機関を設定する、その後、恒例的に二年ないし五年ごとに同様の会議を繰り返し、次第に各カテゴリーごとの天井を低下させ、ついにゼロに到達する。[33]

しかし、遠藤のこの「完全軍縮案」は当時の日本陸軍上層部で物議を醸し出し、結局その案は容れられなかった。遠藤は1931年6月5日の「日誌」において、彼の主張が賛同を得られなかったことについて、次のように記している。

（一九三一年）六月五日　金　晴
午前軍縮準備委員会アリ　予ハ条約ノ制限ヲ緩ナラシメントシテアセルヨリハ寧ロ条約ノ制限ヲ逆用シ　予想敵国ノ帝国ニ対スル脅威ヲ減少スルノ着想必要ナリト主張セルモ　林少将ノ賛同ヲ得タルノミニシテ　他ノ同志ヲ得ザリシハ遺憾ナリ……

さらに、この理由について、遠藤は後年次のように分析した。即ち、「日本には国際会議をリードする力がないから、せめて今度の会議では現状維持を獲得してこようというような消極退嬰、卑屈姑息な考え[34]」であり、「陸軍は軍縮どころじゃない、軍拡を考えておった[35]」と。

いずれにしても、その結果、彼は全般軍縮会議の準備委員から除外されることになった。ただ、彼のこの「完全軍縮案」の構想は、彼の脳裏に後に主張される「非戦平和」という理想主義の種がすでに播かれたことを意味していたと言って良いであろう。

第二章　遠藤三郎の軍人としての冷徹性

―王希天虐殺事件の隠蔽工作―

第１節　王希天虐殺事件

王希天は、満洲の吉林省長春出身の在日中国人留学生で、「当時中国人労働者のための僑日共済会の会長であった[36]」。田原洋によれば、「彼は社会主義者ではなかったが、４年前（１９１９年）の『国恥記念日』デモでリーダーを務めて以来の要注意人物であり、警視庁外事課は『排日運動のリーダーの一人』と見ていた[37]」。それ故、関東大震災直後の１９２３年９月９日、王希天は不審者として野戦重砲兵第３旅団第７連隊に逮捕され、憲兵司令部に連行され、翌10日午後亀戸警察署に移された[38]。

第一章で述べたように、関東大震災直後、野戦重砲兵第３旅団第１連隊の第３中隊長であった遠藤三郎は、亀戸警察署及び憲兵派出所に収容されていた朝鮮人、中国人らを陸軍の習志野演習場へ護送する任務に従事していた。当時、遠藤は亀戸警察署に拘束されていた王希天の人望を利用し、拘束中にかかわらず9月10日、11日の両日、収容された中国人たちの説得役として、中国人受領事務や護送業務を手伝わせていた。[39] それと同時に、遠藤は戒厳司令部との連絡役を命じられ、王希天の処遇問題について相談するため、金子第3旅団司令部（所在地・千葉県市川市国府台）から戒厳司令部へ出かけた。[40]

そのことについて、11日の「遠藤日誌」に初めて「王奇（ママ）天」という名前が書き込まれ、この問題の重要性が暗示された。即ち、「（一九二三年）九月十一日　火　晴　午前ハ相変ラス（戒厳司令部への）報告ノ調製ニ忙殺セラル　午後ハ寸暇ヲ得テ警備区域ヲ巡察ス　王奇（ママ）天ニ就テ問題惹起ス……」と。それは王希天に関する事件、即ち、王希天虐殺事件の次のような経過によって明らかであると思われる。

遠藤と戒厳司令部との相談の結果、戒厳司令部は王希天を中国人収容者のリーダーとして収容者の秩序を維持させるため、中国人とともに習志野に送ることを決定した。[41] ところが、野戦重砲兵第3旅団の将校たちは反日運動のリーダーとしての王希天を危険人物と認め、もし王を習志野へ送るなら、収容者たちを煽動して暴動を起すかもしれないと憂慮していたため、これを契機として王を殺害することを企図した。[42]

その結果、宮武剛によれば、9月12日午前、野戦重砲兵第3旅団第1連隊第6中隊長であった佐々木兵吉大尉は、金子直旅団長から命令を受け、亀戸警察署から王希天を受領し習志野へ連行した。その途中、佐々木大尉は彼の部下であった垣内八洲夫中尉に指示し、王を斬殺した。[43]

この王希天虐殺事件の経緯と真相については、遠藤も戦後1967（昭和42）年10月3日に、この事件を記した1923年10月5日の「日誌」の「後記」として、次のように書き加えた。

後記（一九六七・一〇・三）

王希天は江東地区に於ける中国人のボスなり、野重第七連隊にて逮捕し亀井（ママ）戸警察署に拘留を依頼す。

鮮支人（朝鮮人と中国人）に対する住民の迫害より彼等の保護を同警察に依頼しありしも人員多数にて収容し得ず、予、戒厳司令部に連絡して習志野廠舎に収容するに決す。之れが実施に先立ち佐々木兵吉大尉、旅団長の許可を得て王奇（ママ）天のみを貰い受け、中川堤防上にて垣内中尉其の首を切り死骸を中川に流す……

第2節　王希天虐殺事件の隠蔽工作

この王希天虐殺事件は、第3旅団司令部内にその責任問題を巡って大きな対立を引き起こした。即ち、この事件の実行犯であった佐々木大尉と垣内中尉を刑事事件として処理するのか、或いは隠蔽するのか。その際、隠蔽する場合には、王希天は一般の中国人労働者と違うので、必ず国際問題になるはずであり、その覚悟を固め、厳重な緘口令をしかなければ、隠蔽はかえって問題を大きくする恐れがあるという意見もあった[44]。この問題を解決するために、9月12日に遠藤は金子旅団長から命令を受け、この事件についてその後の対策を相談するため、早速戒厳司令部に出頭した。

実は、遠藤はこの問題に関し、後述するような理由、特に軍の論理に従うことによって、初めから隠蔽すべきであると考えていた。戒厳司令部に出頭すると、遠藤は戒厳司令部において、彼自身が考え出した次のような隠蔽対策を佐々木と王希天との個人的関係も含めて、次のように明らかにした。即ち、「①王を目撃したものが多いので、知らぬ存ぜぬは通らない②護送事務を手伝ってもらったこと③佐々木が感謝の気持ちもあって一度昼食をふるまっている（十日）④以上の事実（目撃者もいる）から、佐々木は王に好意を抱き、本人の希望も強かったので、独断で釈放した⑤が、それ以降のことは軍としては不知[45]」という案であった。

さらに、その理由として、遠藤は「関係軍人、憲兵、警察官が口裏を合わせれば、表沙汰になるはずはないし、仮に中国政府から照会があっても、何とか言い逃れできるはずである。嘘はいいことではないけれど、国際世論の前に、日本陸軍の醜態をわざわざ公表する必要はない[46]」と付け加えた。

この遠藤の隠蔽案に対し、戒厳司令部に賛否両論があったが[47]、最終的に王希天虐殺事件を隠蔽するという結論に達した。その点について、10月3日の「日誌」には次のように、「秘密ヲ要スルヲ以テ詳述スルヲ得ス」と記されている。

（一九二三年）十月三日　水　曇
出勤早々戒厳司令部武田大佐ヨリ電報ニヨリ出頭ヲ命セラル　直覚的ニ支人（王希天）ノ事ナラント判断セラレ　旅団司令部ニ立チ寄リ　サイドカーニテ戒厳司令部ニ行ク　予想ノ通リナリ　秘密ヲ要スルヲ以テ詳述スルヲ得ス……

以上のように、戒厳司令部では、当時この事件の結末を「正式に発表すれば外交問題を起すに決まっている[48]」と危惧したため、「すべての事件について徹底的に隠蔽する、どういう事態があっても部内から刑事犯人は出させない[49]」との結論に決着した。

こうして、遠藤はこの事件の主犯格であった軍人とは全く関係がなかったが、職責として、この事件の処理とその後の隠蔽工作に積極的にかかわることとなった。なお、この隠蔽工作に陸軍法務部が関与していたと推測されることが、10月5日の「日誌」に次のように記録されている。

（一九二三年）十月五日　金　曇
午後佐々木（兵吉）大尉法務部ニ出頭ヲ命セラル　恐ラク例ノ事件（王希天虐殺事件）ナルヘシト想像セラレタルヲ以テ予モ亦同行ス……偶然阿部（信行）少将（戒厳参謀長）ニ会シ　参謀長ノ自動車ニ同乗シテ司令部ニ行キ　例ノ件ニ関シ熟議シタル後師団ニ行キ　更ニ師団参謀長ト協議シ法務部ニ行ク　事ハ極メテ円満ニ解決ス……

この「日誌」によれば、遠藤はこの事件の真相を法務部が隠蔽することによって、円満に解決されると考えていたと言うことができるであろう。

なお、遠藤がこの王希天虐殺事件の隠蔽工作に賛同した主な理由として、次の３つの点を指摘することができると思われる。

まず、第１は、元来軍部が持っている秘密主義が優先されたことである。そのため、王希天虐殺事件に対し、戒厳司令部を中心とする陸軍部は、この虐殺事件の実行犯の責任を追及せず、この隠蔽工作を積極的に進めた。第２は、当時陸軍は国際世論の非難をできる限り避けたいと考えていたことである。最後に、第３は、当時遠藤が陸軍軍人として、軍人仲間を保護し、陸軍の名誉を保つ必要があると考えていたことである。それ故、遠藤はやむなく陸軍の上層部と結託して、この隠蔽工作の片棒を担がされ、陸軍の謀略のしがらみに巻き込まれることとなった。

なお、上記の第1、第2の理由に関して、遠藤は上述した戦後１９６７年10月3日に、１９２３年10月５日の「日誌」の「後記」に次のように説明している。

後記（一九六七・一〇・三）

……王奇（ママ希）天は中国の大物と見え、其の存否を中国政府より日本政府に問合せあり、外交部長（王正廷）自ら捜索に来り外交問題とならんとす。警視庁の調べにより佐々木大尉の王奇（ママ希）天受領の証書、亀井（ママ）戸警察より出でしため疑惑の目は陸軍に向けらる。第七連隊長中岡（弥高）大佐も金子旅団長も本問題は全然関知せずと云う。止むを得ず江東地区戒厳参謀たりし予責任を取り阿部信行参謀長、和田高級参謀と図り、軍に於て（王希天を）受領せるも習志野へ輸送途中、本人の希望により解放し、其の後の消息不明と云う事にして殺害を秘匿するに決したるものなり。正力（松太郎）警備課長は其の秘密を察知しありしが如きも深く追及せず……

また、第3の理由に関して、遠藤は戦後、次のように述べている。

あのとき、私が妙な正義感など持たず、犯罪必罰の考えでいたら、どうだったろうかとは思うねえ。親しい同僚や後輩が放っておいては罪に問われる。あるいは、自分の属した部隊の汚名が喧伝される―それは防がなきゃならん、それを防ぐのが部隊参謀の正義だと思い込んでいたんだなあ……[50]

この隠蔽工作は、次の11月21日の「日誌」の通り、戒厳司令部の阿部信行参謀長、山下奉文少佐、及び石光真臣師団長、三者の間で合意され、最終的に陸軍に好都合な形で解決されることになった。

（一九二三年）十一月二十一日　水　晴

午前十時半頃　戒厳参謀長及ビ山下奉文少佐来団セラレ　師団長（石光真臣）佐々木大尉ト共ニ旅団司令部ニ行キ　王奇（ママ希）天ノ事ニ関シ種々協議スル所アリ　万事好都合ニ解決シ　午後二時頃解散ス……

以上、本第一部では、遠藤三郎の人物像、即ちヒューマニズム的な性格と軍人としての冷徹さという両面性を考察してきた。遠藤のヒューマニズムが具体的に表れた例として、本論で触れたように、関東大震災直後の彼の朝鮮人及び中国人の保護活動を挙げることができる。また、彼の初期のフランス留学時代において、オーストリアの政治学者クーデンホーフ・カレルギーの「欧州連合論」を学び、それに感銘を受けるとともに、それは彼の国際的な感覚と世界観の涵養に資することとなった。この「欧州連合論」に基づき、彼は若き日に、世界から軍備をゼロにする「完全軍縮案」を作成し、満洲事変の直前に参謀本部の上層部に提案した。

他方で、彼にはあくまでも軍人としての冷徹性があり、不本意ながらその職責上、言わば陸軍上司の命令に従って、例えば、王希天虐殺事件の隠蔽工作に積極的に関与した。それは軍隊という組織に属するエリート軍人の宿命だったと言っても良いと思われる。その結果、彼も陸軍中枢部の一員として戦争の拡大に翻弄され、時にエリート参謀として新しい作戦計画の立案に従事し、さらなる作戦の渦の中にその身を投じ、日中戦争の泥沼に巻き込まれてしまった。さらに付言すれば、後の作戦参謀や実戦指揮官としての活動の中で、現実主義的合理性に基づく対応がしばしば示された。

注

1　京大日本史辞典編纂会編『新編日本史辞典』（東京創元社、１９９０年、２２２頁）によれば、関東大震災の被害は膨大で、「被災者約３４０万人、死者９万９３３１人、負傷者１０万３７３３人、行方不明４万３４７６人、家屋全壊１２万８２６６戸、半壊１２万６２３３戸、全焼４４万７１２８戸、流失８６８戸に達し、物的損害は神社仏閣・書画骨董の損害や救済費用などを除いて約４５億７０００万円と推定されている」。

2　関東大震災が発生した当日（１９２３年９月１日）、「被害のひどさを知ると、警察力だけで帝都の治安は維持できない、民衆を煽動して事を起こそうと企てるものがいたら大変だ、兵力を借りて人心の安定を図り、不祥事の発生を未然に防ぐ必要があるとして、赤池警視総監は、午後四時三十分に、警視庁官制第四条第二項に基づいて、森岡近衛師団長に正式に出兵を要求した」。その結果、「戒厳令は良識派の反対を押えて９月２日、天皇の大権によって午後発せられた」。具体的には、「勅令３９８号、３９９号は、戒厳の範囲と、戒厳令第９条、14条の適用を公布した。９条とは、行政も司法も戒厳司令官の指揮下に入れということ、14条は、言論の統制、集会の禁止、信書の検閲、所持品、家屋の検査、退去命令などを合法化するものである」。なお、「戒厳令」発布に至るまでの議論の中に『鮮人暴動』という言葉は全く出てこない。彼らが危惧したのは『民衆の暴動』であった」。仁木ふみ子『震災下の中国人虐殺―中国人労働者王希天はなぜ殺されたか』青木書店、1993年、8～9頁。

3　宮武剛『将軍の遺言―遠藤三郎日記―』毎日新聞社、1986年、20頁。

4　当時、在京有識者の一朝鮮人の筆に成る論文「京浜地方震災に於ける朝鮮人の虐殺を論じ、其の善後策に及ぶ」には、「而も今回の震災は突発的にして、在留朝鮮人が仮令之に乗じて事を挙げ、亡国の恨を晴らさんとするも、時間に於て全く準備の余裕を有せず。然るに大地震のありし九月一日夕より、或は朝鮮人が放火すと称し、或は武装して襲来すと称し、或は井水に毒を投ずと称する流言伝播するや……」と記されている。姜徳相・琴秉洞編『現代史資料（6）関東大震災と朝鮮人』みすず書房、1972年、250頁。

5　仁木ふみ子、前掲書、215頁。

6　当時、「戒厳司令部は軍事行動を独自に推し進める一方、積極的に一般市民を組織して一定の自衛力を創設しようと画策した。すなわち、自警団設立の勧奨である。官憲は自警団を『不逞鮮人』の暴行、または流言の脅威に対処した自然発生的な民衆の自衛組織である、と主張してきた。しかし実際は、家財を焼失し飢餓に瀕した民衆の不平不満を恐れた官憲が、民衆の排外心から復讐心を引きずり出すべく組織した団体であった」。姜徳相『関東大震災・虐殺の記憶（新版）』青丘文化社、2003年、135頁。

7　姜徳相・琴秉洞編、前掲書、250頁。

8　松尾章一『関東大震災と戒厳令』吉川弘文館、2003年、2頁。

9　角田房子『甘粕大尉』中公文庫、1979年、12～14頁。なお、朝鮮人虐殺事件をめぐる遠藤の対応（脚注9～12）については、角田房子の遠藤へのインタビューの結果をまとめた本書によった。

10　同上書、14頁。

11　同上書、15～16頁。

12　同上書、16頁。

13　1923年9月2日に発せられた戒厳令によれば、「東京衛戍司令官は戒厳司令官の職を兼任した」。松尾章一、前掲書、17頁。

14　仁木ふみ子、前掲書、46～47頁。

15　田原洋『関東大震災と王希天事件―もうひとつの虐殺秘史』三一書房、１９８２年、32頁。

16　角田房子、前掲書、15頁。

17　「ヴェルダンの独仏攻防戦に象徴される一次大戦の凄絶は、フランスに戦死約１３０万人、負傷４２０万人の深い傷跡を刻み込んだ。砲弾の嵐、飛行機による爆撃の開始、戦車や毒ガスの投入……勝者もうずくまる総力戦の結末だった」。宮武剛、前掲書、17頁。

18　京大西洋史辞典編纂会編『新編西洋史辞典』東京創元社、１９８３年、２４２頁。

19　遠藤三郎「極秘　昭和二年八月　寿府三国海軍軍備制限会議報告書」（別冊資料）、5頁。

20　日中友好元軍人の会『遠藤語録』編集委員会『軍備は国を亡ぼす―遠藤三郎語録』日中友好元軍人の会、１９９３年、48頁。

21　同上書、48頁。

22　速記録「将軍は語る―遠藤三郎対談記」（草稿　昭和54年4月）（別冊資料）、41頁。

23　「汎ヨーロッパ主義」とは、統一欧州の形成を目指す思想及びその運動である。「当初、欧州の平和維持を主たる目的としていたが、第2次世界大戦後は、米ソの超大国の間で勢力を減少させた欧州の復興という目的が加わった。大戦前では、１９２３年に『パン・ヨーロッパ（Paneuropa）』を著したオーストリアのリヒャルト・クーデンホーフ・カレルギーを起源とするパン・ヨーロッパ運動が有名……」大学教育社編『現代政治学事典（新訂版）』ブレーン出版、１９９８年、８４６頁。

24　「……第1次世界大戦後、クーデンホーフ・カレルギーは『汎ヨーロッパ綱領』（１９２３年）を発表し、ヨーロッパ諸民族の結合、とりわけ独仏両国の和解およびヨーロッパ関税同盟の創設などを提唱し、これは当時の指導的政治家、エリオ（Herriot, Edouard）、ブリアン、シュトレーゼマン（Stresemann, Gustav）などの共鳴するところとなり、実践的な運動となった。しかしながら、世界恐慌、ファシズムの台頭はこのような国際協調の精神を枯渇せしめ、欧州統合の理念と運動は戦場の硝煙とともに消え去ったのであった……」同上書、99頁。

25　遠藤三郎『日中十五年戦争と私』日中書林、１９７４年、３７４頁。

26　日中友好元軍人の会『遠藤語録』編集委員会、前掲書、48頁。

27 同上書、48頁。
28 前掲速記録、37~38頁。
29 遠藤三郎、前掲書、14頁。
30 日中友好元軍人の会『遠藤語録』編集委員会、前掲書、30頁。
31 同上書、30頁。
32 遠藤三郎、前掲書、14頁。
33 日中友好元軍人の会『遠藤語録』編集委員会、前掲書、49頁。
34 同上書、49頁。
35 前掲速記録、49頁。
36 仁木ふみ子、前掲書、54頁。
37 田原洋、前掲書、21~22頁。
38 仁木ふみ子、前掲書、55頁。
39 田原洋、前掲書、33頁。
40 同上書、36頁。
41 同上書、37頁。
42 角田房子、前掲書、16頁。
43 宮武剛、前掲書、26頁。
44 田原洋、前掲書、96~97頁。
45 同上書、98頁。
46 同上書、98~99頁。
47 この遠藤の隠蔽案に対し、戒厳司令部において繰り返し議論されていた様子について、遠藤三郎は1923年9月12日の「日誌」に、次のように記録している。即ち、「(一九二三年) 九月十二日　水　晴　午前報告ニ忙殺セラレ　午後戒厳司令部ニ行ク　殺戮事件 (王希天虐殺事件) ニ関シ報告セルモ　師団司令部ニテハ腰弱シ　武田 (額三) 大佐ハ流石ニ武

士的ナリ　心地ヨシ……」と。なお、田原洋によれば、「武田（額三）は、若い大尉（筆者注、遠藤三郎）が早くも『全軍的視野』で、問題処理策を述べる様子を満足気に見詰め、大きく頷いた」。同上書、99頁。

48　宮武剛、前掲書、25頁。

49　田原洋、前掲書、97頁。

50　同上書、99～１００頁。

第二部　遠藤三郎と満洲事変

―東方会議から第1次上海事変まで―

日本政府は「明治維新」以降、「大陸政策」[1]を練り上げ、それを最高の国策として推進した。その基本的な内容を具体的に言えば、「朝鮮半島と満洲征服」、「満洲経営」を重点として広く「中国征服」を目指すという「大陸膨張政策」[2]である。1875（明治8）年9月の江華島事件後、日本は対朝（鮮）政策として二度にわたり、1882（明治15）年7月の壬午事変と1884（明治17）年12月の甲申政変という陰謀事件を引き起こした。その後1894（明治27）年7月に、日本の陸海軍は日清戦争を起こし、朝鮮半島から中国満洲への軍事侵入を開始した。それは日本の「大陸膨張政策」を遂行する手始めであったと言えるであろう。さらに1904（明治37）年から1905（明治38）年にかけて日本とロシアが中国満洲の領有を争った日露戦争では、日本軍の勝利によりロシアから東清鉄道[3]の長春以南の南部支線、即ち南満洲鉄道（満鉄）[4]及び旅順、大連の租借権を手に入れ、それらを含む遼東半島と満鉄付属地を勢力範囲とした。これによって、日本の「大陸政策」は遅ればせながら新しい帝国主義的段階を迎えることとなった。[5]

1926（大正15、昭和1）年～1928（昭和3）年当時、馬賊出身の張作霖は関東軍の庇護と支援を受け、満洲の実効支配を確立し、当時最も有力な軍閥指導者の頭目になっていた。この頃、関東軍は張作霖を首領とする奉天軍閥を育成し、現地の支柱として利用し、満洲の経済と政治上の特権を手に入れることを図った。なお、当時強硬外交を主張した田中義一首相の大陸支配の構想は、「蒋介石の中国統一を認める代わりに、蒋の側からも張作霖を東3省の主権者として認めさせ、その間に満蒙[6]における特殊権益をめぐる取引を行う」[7]という狙いであった。

しかし、中国大陸における権益を拡大したい欧米、特に大陸進出に出遅れていたアメリカ政府は張作霖に好意的な姿勢を取り、積極的な支援を張作霖に行った。当時、張も欧米列強からの支援を得るため、日本から欧米寄りに政策を転換した。[8]それ故、張作霖の勢力が強くなるにつれ、彼は日本にとって次第に制御しにくい存在となった。江口圭一によれば、1920年代中頃に、「関東軍は日本の意のままにならなくなった張作霖への不信と不満をつのらせ、張にかえて日本軍により柔順な協力者を擁立することを画策しはじめた」[9]。そして、

「1926年以降北伐[10]が急速に進展し、国民革命がいよいよ華北から東北に波及する形勢をみて、東3省を中国本部から分離・独立させようとする構想が関東軍を中心として抱かれるようになった[11]」。

第一章　満洲事変への引き金 ―東方会議と張作霖爆殺事件―

遠藤三郎がフランスに留学していた間に、時代と国際情勢が大きく変動し始めてきた。具体的にいうと、日本国内では、東京で1927（昭和2）年6月に東方会議[12]が開催され、「満蒙支配論」が今後の対中政策の方針として確定されることになった。一方、中国満洲では、この「満蒙支配論」に基づき、関東軍が謀略[13]手段を用いて、1928年6月に奉天（瀋陽）の郊外で張作霖爆殺事件を引き起こすこととなった。ただ、遠藤は当時フランスに留学していたため、このような中国大陸を巡る激動した状況については何も知らなかった。即ち、彼はその謀略事件に関しては、すべて蚊帳の外に居たのである。

第1節　東方会議―「満蒙支配論」

上述したように、遠藤のフランス留学時代において、国際情勢の変化に伴って、日本政府の対中政策には大きな変化が見られた。即ち、田中義一首相のいう「強硬外交」が従前の幣原喜重郎外相の「協調外交」（或いは「幣原外交」）に取って代わったことである。[14]田中義一をリーダーとする強硬路線派は「満蒙分離政策[15]」を中心とする「満蒙支配論」を唱え、積極的にそれを推進しようと考えた。こうした対中政策の変化の契機となったのは

1927年6月27日に東京で開催された東方会議であった。

この会議では連日（6月27日～7月7日）にわたって対中政策を巡って議論が展開され、その最終日に会議文書「対支政策綱領」[16]が決定・発表された。この「綱領」は満蒙を中国本土と区別し特別に位置づけ、中国本土から切り離して日本の支配下に置く（「満蒙分離政策」）という方針を確定し、これ以降の対中侵略政策の基礎を築いたものである。特に「満蒙分離政策」については第6項と第8項によって、次のように満蒙における日本の特殊利益の擁護が強調されている。

……六、満蒙殊ニ東三省地方ニ関シテハ国防上竝国民的生存ノ関係上重大ナル利害関係ヲ有スルヲ以テ我邦トシテ特殊ノ考量ヲ要スルノミナラス同地方ノ平和維持経済発展ニ依リ内外人安住ノ地タラシムルコトハ接壌ノ隣邦トシテ特ニ責務ヲ感セサルヲ得ス……

……八、万一動乱満蒙ニ波及シ治安乱レテ同地方ニ於ケル我特殊ノ地位権益ニ対スル侵害起ルノ虞アルニ於テハ其ノ何レノ方面ヨリ来ルヲ問ハス之ヲ防護シ且内外人安住発展ノ地トシテ保持セラルル様機ヲ逸セス適当ノ措置ニ出ツルノ覚悟アルヲ要ス……[17]

これらの条項は日本による満蒙支配の意図を明らかにしたものであり、この綱領は日本の対中侵略政策をより一層明確にしたものであると言うことができる。即ち、日本政府はこの時すでに武力を用いて中国の内政に干渉するという対中侵略政策を立てたと言って良いであろう。

いずれにしても、東方会議は日本の国策を決めた重要な会議であった。その開催は日本軍国主義者が利益線の焦点を中国の満蒙に移行させたことを意味し、武力で侵略行動を行うことを予言していた。即ち、それ以前には日本の統治集団の中にも意見の相違（幣原喜重郎の前記「協調外交」の一環としての「対中内政不干渉」論と田中義一の「対中武力強硬」論）が存在したが、東方会議を機に日本政府の対中政策はようやく1つの方向に収斂し始めた。

こうして、日本の軍閥は「満洲を日本の生命線[18]」とみなし、満洲での日本の権益を自国の生命維持にかかわるものとしてきた。これに基づいて、関東軍はスローガンとして「満蒙支配論」を煽り立てながら、軍事作戦計画を立案したのである。

第2節　張作霖爆殺事件―不発の満洲事変

上記のような「満蒙支配」の野心と構想に基づき、東方会議の後、1927年12月初め頃、関東軍の高級参謀河本大作大佐は「満洲を中国本土から一挙に分離・独立させることを狙って[19]」、張作霖を暗殺する計画を立てた。かつての遠藤三郎の参謀本部の同僚、今井武夫によれば、当時、河本は「……国策上必要とあれば、一身を犠牲にして、張作霖を暗殺せんと決意し、張の奉天帰還を好機として、満鉄、京奉（北京～奉天）両鉄道線路の交叉点で、列車を爆破しようと計画した……」その一方で、河本は「奉天駐屯の独立守備第二大隊の中隊長東宮鉄男大尉や、関東軍司令部付の川越守二大尉を同士として、着々張作霖暗殺の準備を整えた」。その後、「河本の委嘱で、京奉線とクロスして、その上を通っている、満鉄線の皇姑屯付近陸橋には朝鮮軍から関東軍に臨時増援中であった、工兵第26大隊の大槻中尉が、爆薬を装置した……[20]」

果たして、この謀略は1928年6月4日の早朝、満洲へ引き上げる途上、張作霖の乗る特別列車が奉天近郊皇姑屯の京奉線と満鉄連長線の立体交差地点を通過中実行され、その時上方を通る満鉄線の橋脚に仕掛けられていた爆薬が爆破した（次頁の地図1を参照）。列車は大破炎上し、交差していた鉄橋も崩落した。車中の張作霖は両手両足を吹き飛ばされ、瀕死に近い重傷を負って奉天城に運ばれたが、間もなく死亡した。

張作霖爆殺事件（中国では「皇姑屯事件」とも言う）は関東軍の高級参謀らが満洲を一気に占領するため軍事行動を拡大する手はずであった。この爆殺事件の首謀者河本大佐は、「この事件を国民党関係者の仕業に見せかけ、事件をきっかけとして、満洲を日本の軍事支配下に置こうと計画した[21]」。

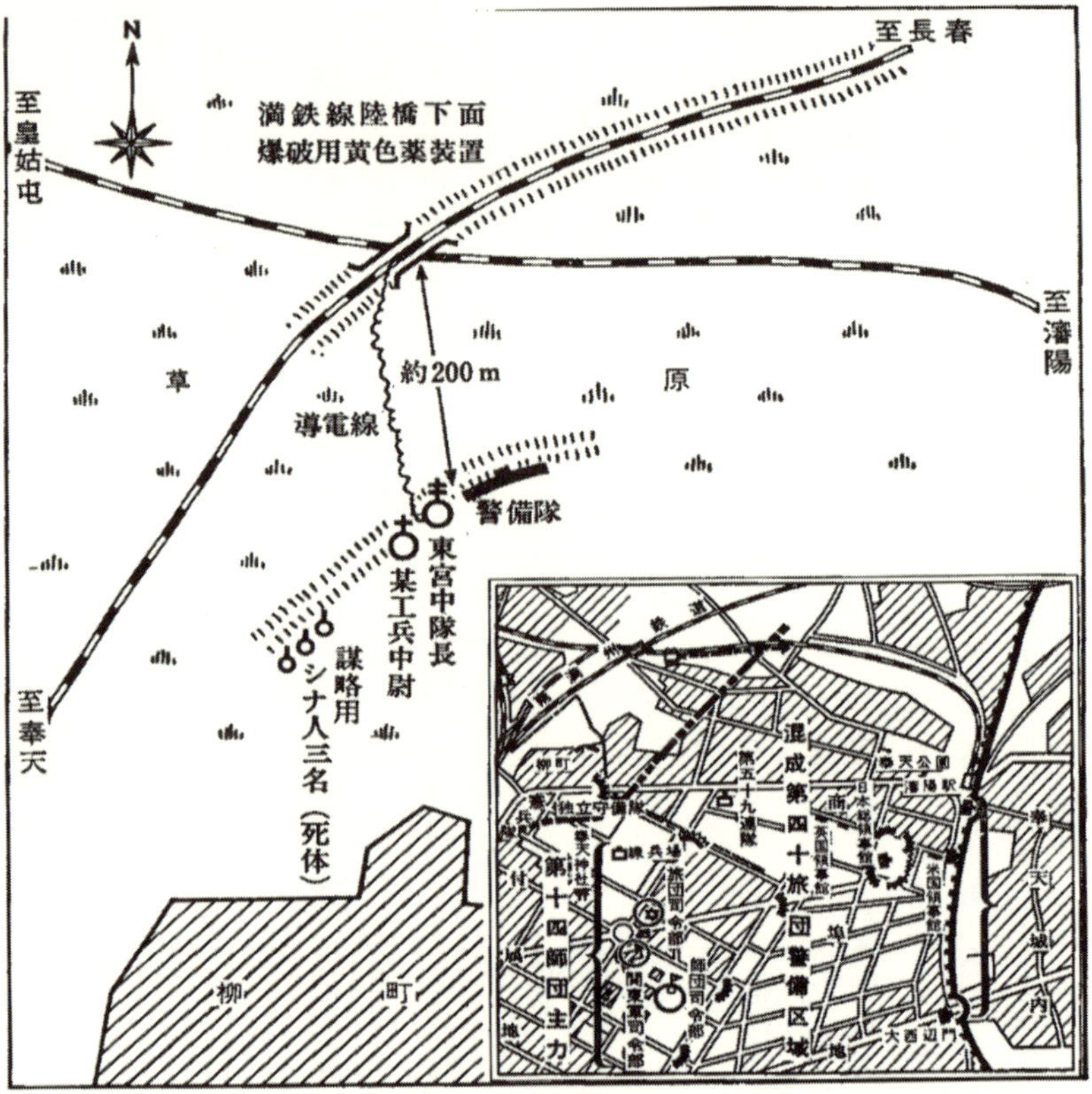

地図１　出所：日本国際政治学会太平洋戦争原因研究部『太平洋戦争への道　開戦外交史
1　満洲事変前夜（新版）』朝日新聞社、1987年、307頁。

しかし、上述したように、瀕死の重傷を負った張作霖が側近の部下の機転で自宅（張帥府）に運ばれ、その死亡が隠蔽されたため、関東軍は武力行使の機会を逃してしまった。こうして、爆破実行の首謀者河本大佐の狙いは挫折した。栗屋憲太郎によれば、河本は「張爆殺を機に満洲南部を占領する気であったが、これは失敗した。うまく行っていたら、後の満洲事変はこの時に起こっていたかもしれない[22]」。

なお、奉天軍閥を継いだ張作霖の息子張学良は北京から奉天に帰宅後、本事件の真相を知って激怒し、南京の蒋介石の国民政府と和解して、日本と対抗する政策に転換した。即ち、1928年12月29日に、張学良は日本政府と関東軍の反対を顧みず、中国統一へと動き出し、東北全土が使用していた五色旗を国民政府の青天白日旗に取替え、東北3省の「易幟[23]」（国民政府への服属を示すこと）を発表した。これにより、張学良は「蒋介石の国民政府と連携し、反日的姿勢を明瞭にした。中国の情勢は東3省の分離・独立ではなく、それと正反対の全中国の統一にむかって決定的にすすみ始めた[24]」。それは日本の満洲への影響力を弱める結果となった。やがて、この事件は「（後の）満洲事変を引き起こし、第2次世界大戦へと突入した悲劇の運命へのシグナルでもあった[25]」。

こうして、張作霖爆殺事件は関東軍が謀略手段で満洲を侵略する1つの重要な試みとなった。この流れは東方会議で決定された「満蒙支配論」を前提とするなら、日本政府が中国大陸で展開した軍事的陰謀の始まりであったと言って良いであろう。

第二章　満洲事変

第1節　石原莞爾の「満蒙領有論」

張作霖爆殺事件後の1928年10月10日、石原莞爾は関東軍作戦主任参謀として、旅順の関東軍司令部に着任した[26]。翌1929（昭和4）年7月5日に、石原は北満（筆者注、長春以北の満洲）への関東軍参謀演習旅行[27]の途中、車中討議において「満蒙領有論[28]」を基本にした「国運転回ノ根本国策タル満蒙問題解決案」を提出した。即ち、彼は同案で、「満蒙問題の解決は日本の活きる唯一の途であるとした。それはまず、（1）、国内不安を除去するための対外進出であり、（2）、当面の人口・食糧・資源問題解決のためのものであり、（3）、中国における排日を終熄せしめるためのものであった。そして、その解決は、日本が満蒙地方を領有することによってのみ完全に達成されるとした[29]」と主張した。

即ち、石原はすでに1928年10月に関東軍作戦主任参謀に着任して以来、「満蒙問題ノ解決ハ日本ノ活クル唯一ノ途ナリ[30]」との考えに基づき、「満蒙問題ノ解決ハ日本カ同地方ヲ領有スルコトニヨリテ始メテ完全達成セラル[31]」との思想を関東軍参謀部の中に浸透させていた。それは「満蒙問題ノ積極的解決ハ単ニ日本ノ為メニ必要ナルノミナラス多数支那民衆ノ為メニモ最モ喜フヘキコトナリ即チ正義ノ為メ日本カ進テ断行スヘキモノナリ[32]」といった発想を理論的根拠としながら、石原流の満洲事変への道を準備するものであった。

さらに、石原は1929年7月の北満への演習旅行の最終日に、満洲里で「第一、平定　第二、統治　第三、国防[33]」の3項目からなる「関東軍満蒙領有計画[34]」を作成した。この「計画」の中で、彼は「……帝国ノ国力之ヲ許スニ於テハ対露戦争ノ場合『チタ』又ハ『イルクーック』ニ向ヒ攻勢作戦ヲ行フコト固ヨリ可ナルヘキモ我満洲ノ力ヲ以テ露国ノ侵入ヲ阻止セントセハ竜門、墨爾根、海拉爾附近ニ作戦ノ拠点ヲ編成シ『ブラゴブェ』及『チタ』両方面ヨリ予想セラル、敵ノ攻勢ニ対シ内線作戦ヲ以テ其企図ヲ挫折セシム……」[35]という関東軍の将来の対ソ戦略を攻勢作戦と内線作戦の両面から構想した。この考えは石原自身の「世界最終戦論」[36]のアイデアを基本として、ドイツ留学時代のヨーロッパ戦争史の研究と日蓮宗の教義解釈からも着色し、最終的には日米決戦を前提とする「満蒙領有論」へと発展する内容であった。

石原の最終的な構想は「世界最終戦論」として完成するが、そこから導かれる彼の基本的な施策は、小林英夫が指摘しているように、「一つに東亜の連携であり、二つにはそれに備える日満一体の決戦戦争体制の構築」[37]であった。さらに、小林英夫は石原の基本的な構想は「……長城線以南の関内[38]は中国人の土地として彼らとは連携するが、満洲は日、朝、満、蒙の共有地として中国本土から分離、奪取して日本の領土とする」[39]ことであったと記している。

ちなみに、遠藤三郎の満蒙に対する考え方は、後述するように、親日政権を樹立して満洲を支配するというものであり、上に記した石原莞爾の関東軍の直接軍事占領による「満蒙領有論」とは異なっていた。また、対ソ戦略については、上記の石原の構想（即ち、攻勢作戦と内線作戦）を共有していた。

第2節　満洲事変の勃発

1920年代後半、満洲を完全に領有・支配する構想は日本の軍部にとって、「(中国の)国民革命と日本帝国主義との矛盾を解決するだけでなく、社会主義ソ連への反革命的対抗からも必要であった……軍部の中には、東北(満洲)を奪取し、その資源と地理的条件を利用して、強固な対ソ戦略基地にするという考えが台頭してくる」[40]。

この日本軍部の構想に基づいて、関東軍の満洲支配の謀略計画は1931（昭和6）年に入ると、一段と具体化していた。これを一気に促進したのが関東軍の理論家としての石原莞爾中佐と行動の人板垣征四郎大佐らの高級参謀であった。満洲事変はこの2人が首謀者となり、更なる陰謀的手段を用いて第2の鉄道線路爆破事件を画策し、秘密裏に陸軍中央部の好戦派の軍人永田鉄山、鈴木貞一らと連携しながら、新たな軍事行動のシナリオを作成し、それを実行した結果である。[41]

即ち、石原は彼自身の「世界最終戦論」のイデオロギーに基づいて、もう1人の関東軍幕僚板垣征四郎、それに奉天特務機関長の花谷正少佐とともに、上記謀略計画を内密に研究し、後に張学良の顧問今田新太郎大尉、奉天独立守備隊第2大隊の河本末守中尉を加えて細部の計画を画策した。[42]この謀略計画については、首謀者石原は彼の1931年5月31日と6月8日の「石原莞爾日記」にそれぞれ次のように記録している。[43]

一九三一年五月三十一日（日）
朝、花谷、今田両氏来リ　板垣大佐宅ニテ謀略ニ関スル打合セ……軍司令官ハ満鉄ノ保護ノ為ニハ兵力ヲ使用スルコトヲ得　軍主動ノ解決ノ為ニハ満鉄攻撃ノ謀略ハ軍部以外ノ者ニテ行フベキモノ也……
一九三一年六月八日（月）
……午後、中野琥逸氏来リ　板垣大佐モ来リテ会談ス　要ハ奉天謀略ニ主力ヲ尽スコトニ意見一致……

この石原「日誌」の内容は、関東軍の内部で満鉄線路の謀略、つまり柳条湖事件の謀略計画がまとまったことを証明するものと言って良いであろう。

その結果、次頁の地図2に示されているように、関東軍は1931年9月18日に柳条湖事件を起こし、これを張学良の東北軍の仕業として軍事行動を開始した。しかし、この事件は陰湿そのもので、事前に殺害した中国人3人の死体に東北軍の軍服を着せて、満鉄線路脇に放置し、その兵士が首謀者であるとみせかけたものであった。9月18日の夜間10時20分頃発動され、その爆破音を合図として東北軍の駐屯地北大営にも、事前に照準を合わせた関東軍の大砲から弾丸が撃ち込まれた。

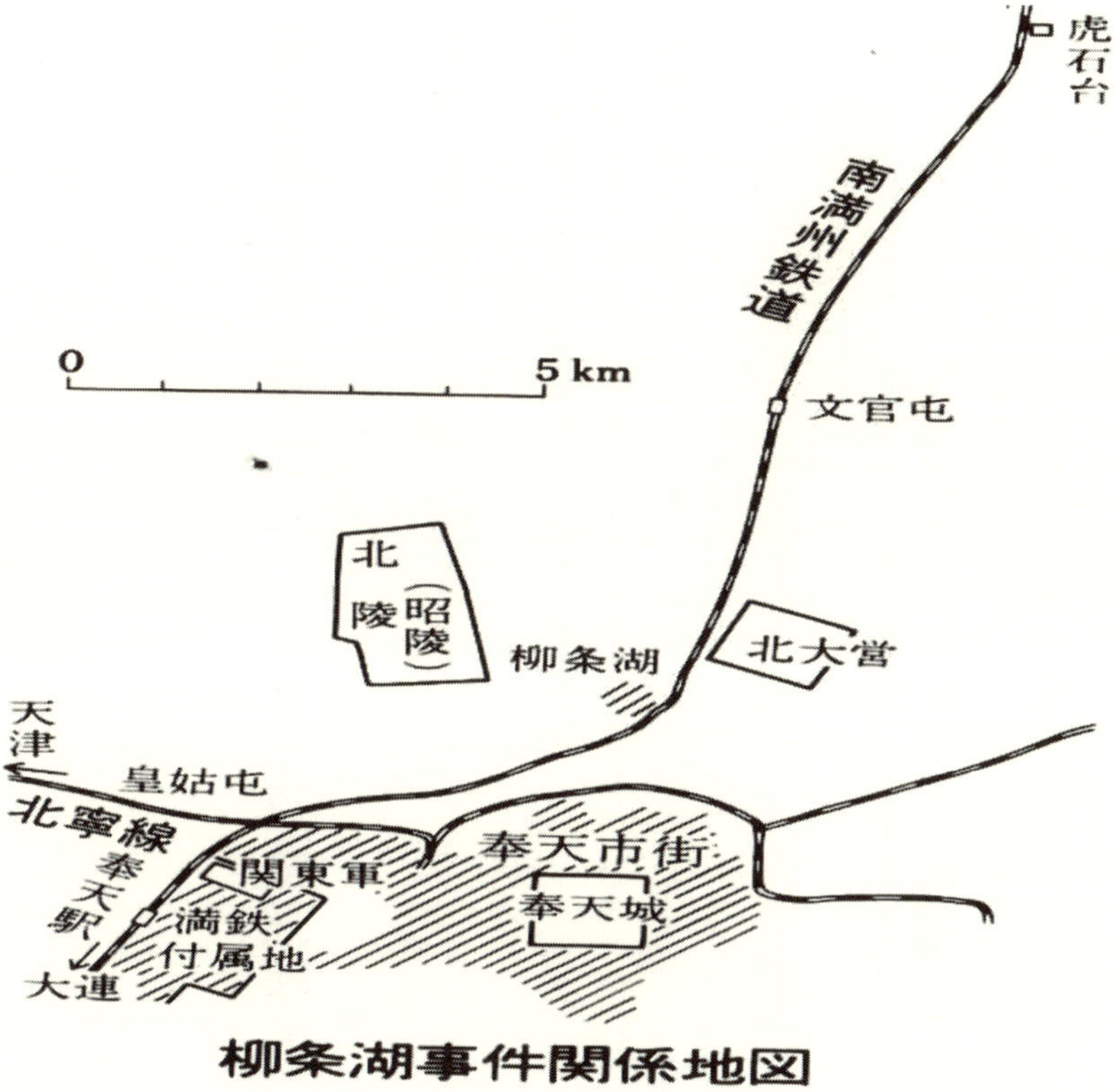

地図2　　出所：江口圭一『十五年戦争小史（新版）』青木書店、1991年、35頁。

この奇襲攻撃により、北大営はあっけなく関東軍に占領された。この柳条湖事件が満洲事変の発端となり、日中戦争の起点となったのである。

第三章　満洲事変後参謀本部の動きと遠藤三郎の満洲出張

第1節　満洲事変後参謀本部の動き

(1) 日本政府、参謀本部の「事態不拡大」方針と遠藤三郎

満洲事変勃発の情報は翌19日に奉天からはやくも東京の侍従武官長奈良武次、陸軍大臣南次郎、内閣総理大臣若槻礼次郎と陸軍参謀本部に伝えられた。当時の状況について、「昭和天皇実録」(巻18　昭和6年)には日本政府は事態を現在以上には拡大させないとの方針を決定したことが次のように記録されている。

(一九三一年)九月十九日　土曜日
午前九時三十分、侍従武官長奈良武次より、昨十八日夜、満洲奉天付近において発生した日支両軍衝突事件について奏上を受けられる……午後一時三十五分、御学問所において内閣総理大臣若槻礼次郎に謁を賜い、政府は今回の事件については、事態を現在以上には拡大せしめないよう努めるとの方針を決定した旨の奏上を受けられる。午後三時三十分、御学問所において参謀総長金谷範三に謁を賜い、本事件におけるこれまでの行動について奏上をお聞きになる。その際、金谷は朝鮮軍司令官(林銑十郎)から満洲の情勢危急により混成旅団並

びに飛行隊の一部を奉天方面へ派遣する旨報告を受けたが、かかる派兵は御裁可後に実行すべきものとして日下中止せしめつつあること、ただし飛行隊はすでに出発したためにこれを制止することができず誠に恐懼に堪えないなどと申し上げ、朝鮮軍司令官の独断的処置については事情を審議すべき旨を言上する。その後、参謀本部では総長の決意に基づき、関東軍司令官に対し、事件処理に関しては必要の度を超えないとの閣議の決定もあり、今後の軍の行動はこの主旨に則り善処するようにとの訓電を発する……[44]

上記の「昭和天皇実録」に見られるような満洲事変勃発後の日本政府、及び陸軍参謀本部の動き、特にその「事態不拡大」[45]方針について、当時陸軍参謀本部作戦課に配属されていた作戦課員遠藤三郎の以下の9月19日の「遠藤日誌」からも検証しておきたい。

（一九三一年）九月十九日　土　曇

新紙（新聞）ニ奉天付近ニテ（18日）日支両軍ノ衝突ノ報アリ　直チニ出勤セントセシモ……午前十時半出勤セルニ事態予想以上ニ大ナリ　朝鮮軍司令官モ又混成（第39）旅団ヲ出動スル準備ニアリ　既ニ出発ヲ命ゼルノ報ニ接シ速ヤカニ勅命ノ降下ヲ仰グ必要ヲ認メ　取リ敢エズ出発中止ヲ電報ス　但シ之レハ直チニ奉勅命令ノ降ルベキヲ前提トセルナリ　然ルニアニ図ランヤ奉勅命令ハ降ラズ　閣議ハ事態ヲ之レ以上拡大セザルニ決シ（参謀）総長（金谷範三）モ又之レニ賛同シ……

この「日誌」に示されている通り、事変の第一報を入手した参謀本部は昭和天皇の勅命を受けることを優先し、筋を通そうとした。しかしその奉勅命令が出されないまま、若槻内閣は、19日に開かれた閣議において、素早く「事態不拡大」方針を決定した。この内閣の「不拡大」方針は、同日陸軍参謀本部の参謀総長金谷範三と陸軍大臣南次郎からの停止訓令として現地の関東軍に伝達された。[46]それにもかかわらず、関東軍はそれを黙殺し、強引に満洲の全域へ戦場を拡大していったのである。
そのことは以下の9月21日の「遠藤日誌」に見られるように、朝鮮軍の独断越境軍事行動や「矢ハ弦ヲハナレタリ」という遠藤の当初の状況認識等に現れている。

（一九三一年）九月二十一日　月　晴
早朝出勤　本日モ又奉勅命令出デズ　遺憾ニ思イオル中　午後四時頃　突如トシテ朝鮮軍司令官ヨリ独断越境ノ報告アリ　直チニ上奏御裁可ヲ得ントセシニ陸軍省ヨリ邪魔ヲ入レラレ　余ハ遺憾其ノ極ニ達シ（永田鉄山）軍事課長以下ト目下ハ実行ノ機ナリ　矢ハ弦ヲハナレタリ議論ノ時期ニアラズ　速ヤカニ承認セラルナケレバ単独上奏スルノミト激論シ　漸ク一時間ノ後承認ヲ得タルモ（金谷参謀）総長ハ遂ニ帷幄上奏スルコトナク上聞ノミニテ帰ラレタリ……

上記のように、当初、遠藤は、一見関東軍の戦線拡大戦略に賛同するような姿勢を示したが、それは2つの点で関東軍のそれとは異なっていた。
第1は、関東軍の軍事行動は、満洲全土の支配を目指していたのに対し、遠藤の主張は、後述するように、関東軍は北満に侵攻すべきではないという、言わば彼の合理主義的戦略思考に基づくものであった。第2は、遠藤は、関東軍と異なり、上記の9月21日の「日誌」の通り、戦線拡大にしろ、「事態不拡大」にしろ、天皇の命令を忠実に遵守する軍人であったことである。さらに付け加えれば、後に検討するように、遠藤は、謀略を駆使する関東軍の戦略を強く批判したことである。

（2）遠藤三郎の満洲派遣

日本政府の「事態不拡大」方針が9月19日に閣議決定された後、22日には、次に示す侍従武官長・奈良武次の同

写真５
1931年９月、満州へ出張する直前の遠藤三郎（中央）

日の「日記」に書かれているように、戦争の事実上の不拡大を趣旨とする天皇の奉勅命令が下された。

（一九三一年）九月二十二日　火　晴
……午後陛下の御召に依り拝謁せしに、陛下は行動を拡大せざる様（参謀）総長（金谷範三）に注意したるやと御下問ありしを以て、注意も致したり……午後四時二十分金谷参謀総長拝謁、朝鮮軍より混成旅団派遣の追認御允許を内奏し、陛下より此度は致方なきも将来充分注意せよとの御諚を拝す……[47]

この奉勅命令が下された同日の夜、遠藤三郎は参謀本部作戦課長今村均から渡満の命令を受けた[48]。この命令の目的は関東軍の暴走を食い止めるために結成された「橋本ミッション」[49]の一員に加わり、陸軍参謀本部と関東軍司令部との連絡役を果たすことであった[50]。こうして、参謀本部は武力行使の成功に勇み立つ現地関東軍を当面抑制する策に出たことになる。

以下、１９３１年9月満洲事変直後、満洲の奉天

に派遣され、関東軍と深くかかわった軍人遠藤三郎が書き残した「満洲事変中渡満日誌[51]」を手掛かりにして、遠藤が陸軍参謀本部の「橋本ミッション」の一員として東京から満洲現地に出張するまでの行動、及び満洲事変を巡る関東軍の一連の謀略作戦の手順と事態の推移について、検討をしてみたい。

その理由は、遠藤が満洲事変勃発直後は陸軍参謀本部作戦課員として、関東軍の秘密を知る立場にあったからである。彼は関東軍が展開した一連の謀略作戦を観察しただけでなく、一時期不本意ながら、時代の流れに逆らえず、その謀略作戦に関与したのである。遠藤は、そのプロセスについても、興味深い記録をその「日誌」に書き残している。

ここでは、特に1931年9月の満洲事変以後、遠藤が陸軍参謀本部から満洲に渡ってから、現地で知りえた関東軍の秘密、具体的には奉天（瀋陽）から長春以北（北満）への軍事行動の拡大と謀略構想の展開などを経て、関東軍がいかなる手順で満洲を手中に治めたか、及び彼が関東軍のさらなる謀略作戦にどのように関与したのかについて、この「渡満日誌」を検証しながら明らかにしたい。

まず、遠藤は9月24日の「渡満日誌」に「橋本ミッション」に随行することになったことや、現地関東軍と中央陸軍部との意見の相違などについて、次のように書き記している。

（一九三一年）九月二十四日　木　晴

橋本（虎之助）第二部長連絡ノ爲満洲ニ派遣セラルコトナリ　軍事係西原少佐　第五課今井大尉ト共ニ随行ヲ命セラル……次テ今村課長ヨリ内報セラル　関東軍幕僚ノ空気ト中央部陸軍首脳部特ニ政府當局トノ思想上大ナル懸隔アリ　之ガ中間ニ立チ而モ法制上権威ナキ機関ガ能ク両者ヲ斡旋シテ宜キニ進マシムルハ難事中ノ難事ニシテ　小官等ノ能クシ得ザル所ナルヲ予感セラル　然レトモ何物カ予ヲ満洲ニ誘フ強キ力ヲ感スルモノアリ　今村課長ヨリノ注意　今村課長ヨリ本任務達成間絶対ニ怒ラサルコトヲ誓ハシメラル……

なお、東京から出発の日（9月25日）、橋本虎之助（「橋本ミッション」団長）少将に与えられた陸軍大臣（南次郎）及び参謀総長（金谷範三）の訓令と参謀次長（二宮治重）の指示については、遠藤の「渡満日誌」に次のように詳しく記録されている。

（一九三一年）九月二十五日　金　晴

……大臣及總長ヨリノ訓令

一、貴官ハ満洲ニ到リ　中央部ト関東軍司令官トノ連絡ニ任ズベシ　之ガ為左ノ人員ヲ附属ス　参謀本部々員　二　内一ハ暗号掛将校　陸軍省課員　一

二、細項ニ関シテハ参謀次長（次官）ヲシテ指示セシム

（参謀次長からの）指示

一、関東軍ノ行動ニ対シテハ能ク帝国ノ政策ヲ考慮シ　之ニ重大ナル影響ヲ有スベキ事項ニ関シテハ　単ニ軍當局ノ情況判断ニノミ拠ラシムルコトナク　中央部ニ請訓セシムル如ク努ムベシ

二、軍ノ行フ宣傳ニ関シテハ中央部ノ意図ニ合致セシムル如ク努ムベシ

行動要領

一、到着後　若干日ハ積極的ニ行動スルコトナク　寧ロ情況ヲ静観スルコト

二、意見ハ橋本少将ヨリ関東軍参謀長ニ述ヘ　効果ナキ時ハ軍司令官ニ意見ヲ具申ス而モ尚意見ノ一致ヲ見ザル時ハ請訓ス

三、軍ヨリ中央部ニ発セラル、電報ハ事前ニ閲覧ヲ要求シ　當方ノ発電ハ差支ヘナキ限リ軍ニ披見セシム

四、雑件　第三者ノ問ニ対シテハ　一行ノ任務ハ単ニ連絡ト説明スルコト……

この訓令と指示はいずれも関東軍が中央部から独立して勝手な行動をとることのないように注意して行動せよと

いうものであった。

以上のような任務を帯びて、橋本、遠藤ら一行４人のメンバーは、下関経由で海路釜山に行き、釜山から鉄道で満洲の奉天に向かった。「渡満日誌」によれば、その道中において、遠藤は橋本少将に次のような意見を述べ、同意を得て陸軍中央部に打電した。それらの意見を概略すれば、軍は速やかに本来の任務に戻るべきこと、関東軍を正面から掣肘しないこと、政府の「不干渉」方針に反し、東３省政権を秘密裏に樹立すべきこと等である。

（一九三一年）九月二十六日　土　暴風雨

……意見具申　満洲事件解決ノ為採ルベキ軍部ノ態度ニ関シ　橋本少将ニ意見ヲ具申ス　要旨　満洲事件ノ解決ハ国民ノ総意ニ依リ政府當局ヲシテ実施セシメ軍ハ速ニ軍本来ノ使命ニ立還リ国策遂行ノ支援タルノ高潔ナル態度ニ出ヅルヲ要ス　但シ軍部ノ意見並びニ希望ハ堂々政府當局ニ開陳スルハ勿論進ンデ輿論ノ善導ニ努力スルモノトス　而シテ万一関東軍カ右ノ態度ニ出デズシテ　悉ク自ラ其ノ衝ニ當ラントスル場合ハ正面ヨリ之レヲ掣肘スルコトナク時ト人トヲ見テ意見ヲ交換シ　関東軍ガ自発的意志ニ依リ前述ノ態度ニ出ヅル如ク導クヲ可トセン……橋本少将ノ同意ヲ得タルモ内閣ハ東三省政権ノ樹立ニ関シ不干渉ノ声明ヲナシタルヲ以テ　軍自ラ秘密裡ニ之ニ當ラザルヲ得ザルニ到レリ……

上記のような遠藤の意見を受け、参謀本部は、新政権の樹立方法等について次の「日誌」のように、新政権は中国人の発意によって設立されたように装うべきであると返電した。

（一九三一年）九月二十七日　日　晴

……参謀本部ヨリ暗号電報二通ヲ受領ス　一ハ（参謀本部）今村課長ヨリ予ニ対シ軍幕僚ノ意向ヲ示シテ　之レヲ激昂セシムルガ如キ言辞ヲ避ケヨトノ御説切ナル電報　一ハ政権ノ樹立ハ支那人ノ發意ニ依リ成立スル如

ク指導スベキ命令ナリ　予ハ好意ヲ謝ス旨返電シ置ク……朝鮮軍ノ獨断出兵ヲ最初セシメシニ関シ何ラ不平ヲ聞カザリシハ遠慮セラレタル為カ　朝鮮軍ハ間島方面ニ対スル出兵ヲ希望シ　之レヲ準備スルト共ニ出兵ノ機ヲ作ランガ為必要ノ謀略ヲ実施セラレタルモ　中央部及総督ノ意向之レニ反スルモノアリテ実現シ得ザリシハ頗ル遺憾トスル處ナリト述ベラレタリ　又予ガ編制問題ニ関シ第一課ト議論シテ軍司令官ニ委任セラル、ノ適当ナルヲ主張セルガ果シテ独断出兵後稍詳細ニ亘ル編制命令ヲ受領シ　朝鮮軍ニ於テハ大分迷惑セラレシ様ナリ……

第2節　関東軍の「満蒙支配」構想

(1)　遠藤三郎と石原莞爾との対立

1931年9月28日午後4時、「橋本ミッション」一行は4日がかりで目的地奉天（瀋陽）に到着した。橋本虎之助少将は直ちに関東軍司令官（本庄繁）に挨拶したい旨副官に希望を述べた後、奉天の軍幕僚の宿舎瀋陽館へ案内された。[52]以下、遠藤三郎の「渡満日誌」を検証しながら、9月28日の奉天到着以後の彼らの行動と関東軍の対応を遠藤と石原莞爾の主張を比較することによって見てみたい。

まず、石原は、9月28日の「渡満日誌」の通り、参謀本部から派遣された「橋本ミッション」に不快感を示した。それは同ミッションが天皇の統帥権に干渉するものであるとの一種の誤解に基づくものであった。これに対し、遠藤は統帥権に関する石原の意見に賛同したわけではないが、陸軍中央部と現地関東軍との微妙な関係に理解を示した。

（一九三一年）九月二十八日　月　曇

……石原中佐ヨリ参謀総長ヨリ参謀長宛敦化ノ兵ヲ撤シ吉林ノ兵ヲ最小限度トナスベシトノ命令来リタルモ

斯クノ如キ統帥ニ関スルコトニ干渉セラル、ハ甚タ不愉快ナリト苦情ヲ申出テタリ　如何ナル経緯ナリヤハ知ラズ　然レトモ干渉ニ過グルノ嫌ナキニシモアラザレバ　小官ニモ心當リアリ　中央部ニ職ヲ任スルモノノ大イニ注意ヲ要スル所ナルベシ　後軍司令部（東拓会社楼上）ニ軍司令官ヲ訪ネ　着奉ノ挨拶ヲナシ　次テ先遣セラレアリシ　松井中佐平田少佐ニ会シ　若干軍司令部内ノ情況及所感等ヲ聞ク　両氏共ニ最初ノインスピレーション極メテ悪キガ如ク或ハ某々幕僚ノ我儘、専断、各種ノ反目、不連携等不愉快ナル話多シ　結束セル関東軍ノ大事業ニ理解ナシト目セラレシ　中央部ヨリ突然入リ来リタル両氏ガ異分子扱セラレ悪印象ヲ受ケシハ當然ナルベシ……

次に、北満を如何にすべきか及び満洲の統治者を誰にすべきかという問題については、以下に示す28日の「日誌」の後段に記されているように、石原と遠藤には主として次のような見解の相違が見られた。

即ち、北満出兵に関連して、まず石原は①満蒙新政権の樹立　②そのための北満出兵の断行　③ソ連との衝突の不回避、を主張した。これに対し、遠藤は①石原と同意見　②北満出兵に反対、新政権を通じた全満洲の支配　③ソ連との衝突回避、という主張であった。

（一九三一年）九月二十八日　月　曇

（後段）……石原参謀ヨリノ質疑　満蒙ニ新政権ヲ樹立センカ為ニハ哈市（ハルビン）及齋々哈爾（チチハル）ヲ軍事占領ノ要アリ然ラザレハ露ハ北満ニ進入スヘク之レヲ駆逐セントセバ日露開戦ヲ避ク能ハサルヘシ　意見如何……

右ニ関シ研究セルモ政府ハ事態ヲ拡大セザル旨声明シ　軍部首脳者モ之レニ同意セル以上　日本ヨリ積極的ニ哈市斎々哈爾ノ占領ハ事実上不可能ナリ　故ニ樹立セラルヘキ新政権ヲ支援シテ蘇国ニ對セシメ　帝国ハ此政権ヲ通ジテ北満ニ勢力権益ヲ伸展スルヲ有利ナリトノ結論ニ達シ　橋本少将ニ意見ヲ具申ス……

以上のように、遠藤は日本政府と陸軍参謀本部の方針に従い、前記の通り、言わば合理主義的立場に立って、当時の石原の「満蒙領有論」に反対した。具体的には、関東軍のさらなる作戦の拡大、いわゆる北満出兵に反対し、満洲における親日政権の樹立を通して、ソ連に対抗するとともに、この新政権を通じて全満洲の支配を成功させたいとの考えを持っていた。

（2）柳条湖事件の謀略性の確認

満洲事変が関東軍の謀略によって惹起されたことはすでに述べた通りであるが、遠藤は、奉天（瀋陽）到着の翌29日早々、柳条湖事件について関東軍司令部付（奉天特務機関）花谷正少佐と会談し、事件の謀略的性格を察知した。そのことに関し、彼は「渡満日誌」に次のように記している。

（一九三一年）九月二十九日　火　曇

……花谷少佐談　夜花谷少佐来リ事件発生当時ノ情況ヲ話ス　言屡々予メ計画シテ実施セルカ如キ口吻ヲ漏シハラハラス　本回ノ事件ノ極メテ迅速ニ行キシモ板垣大佐ノ見上ゲタル態度ト石原中佐ノ作戦宜シキヲ得タル為ナリト……

また、遠藤は9月30日に、奉天の虎石台に駐留していた独立守備隊第2大隊長島本正一中佐に事件現場を案内され、爆破事件の首謀者が実は関東軍であったことを聞かされた時の印象を当日の「渡満日誌」に下記のように記載している。即ち、関東軍の謀略は遠藤の考え方に反するものであり、到底正当化される行動ではないと批判した。

（一九三一年）九月三十日　水　晴

……戦場見学　午後二時半ヨリ島本中佐ノ案内ニテ柳条溝（湖）ノ破壊点北大営等ヲ視察ス　島本中佐ノ弁説爽カナル説明ニテ実況ニ在ルノ思ヒス　但シ支那兵ノ屍ヲ永ク現地ニ放置スルカ如キハ吾人ノ組セザル所　又柳条溝鉄道ノ破壊ノ如キモ吾人ノ見（ママ）ヲ以テセハ本回事件発端ノ因トシテハ九牛ノ一毛ニ過ギズ　斯クノ如キモノニ力ヲ入レテ説明シ帝国陸軍ノ行動カ正当ナリトスル証拠タラシムルハ同意シ得ザル所ナリ……

この「日誌」の通り、遠藤は島本中佐の説明は「日本軍の行動の正当性を証拠立てようとしているのが見え透いて却って謀略によったことを告白している[53]」と確信した。上述のように、その謀略性については、遠藤の認められない点であったが、さらに彼が、中国人の屍の放置について人道的な観点から批判していることも注目される。

（3）関東軍の傀儡政権構想

当初、東京の陸軍参謀本部は「昭和6（1931）年度の『情勢判断[54]』の中で、満蒙問題解決策を3段階に分け、第1段階は国民政府主権下の親日政権樹立案、第2段階は独立国家建設案、第3段階は満蒙占領案と規定していた[55]」。この内、参謀本部の作戦部長建川美次は第3段階に反対して、第1段階を主張した。他方、「中央部の大部分は第1段階の主張者であったものの、金谷範三参謀総長、南（次郎）陸相の両首長などは、最初第1段階の採用にすら反対し、事変をたんなる偶発事件として処理することを主張する有様だったので、関東軍とのずれは大きかった[56]」。

ところで、満洲事変の初期において、日本政府の外相幣原喜重郎は「対中国不干渉」、「対英米協調」という政策を崩していなかった。陸軍首脳も、なお戦線拡大を躊躇い、上述したように、橋本や遠藤の役割は関東軍の暴走を抑えることと考えていた。ただし、満洲に日本の傀儡政権を樹立する構想は両者とも共有しており、その違いは関東軍が「今が絶好の機会」とするのに対し、陸軍中央部は「まだ時期尚早」とする、いわばタイミングの違いに過ぎなかった[57]。

その結果、関東軍は陸軍中央部の意向に反し、満洲各地で地域的傀儡政権の樹立にむけた謀略工作を開始した。やがて石原らの画策により、満洲各地に傀儡性を持っている自治委員会を相次いで設立し、かつ元清朝の廃帝宣統帝溥儀の強い復辟心理をも利用しながら、東北3省の政府要人に中国本土から「独立」すると宣言させた。

当時、遠藤はその一連の流れを興味深く「渡満日誌」に記録している。即ち、9月29日の「渡満日誌」で、彼は傀儡政権構想に関する関東軍司令官本庄繁から陸軍参謀総長金谷範三宛電文について、次のように記している。

（一九三一年）九月二十九日　火　曇

此ノ日（本庄）軍司令官ヨリ（金谷）総長宛満蒙経略ニ関シ

1、政権樹立ニ関シテハ形勢ノ推移ヲ静観シ　日本ニ依存スル適當ナル政権ニ奉天ヲ渡シ　同時ニ有利ナル辯法ヲ締盟セシムルコト

2、帝国ノ態度軟弱ナルニ於テハ　此ノ間蘇邦ノ為　北満ニ牢固タル勢力ヲ扶植セラル、恐レアルヲ以テ万一蘇国カ東支線ノ保護ノ名ヲ藉リテ　越境出兵スルカ如キ場合ハ　断固トシテ之ヲ排撃スルノ必要アルヲ以テ政府ヲ鞭撻シテ其旨声明セシムベキコト

3、日蘇戦争ニナルモ決シテ恐ル、ニ足ラス　又彼ヲ排撃スルノ決意アラハ　彼ハ立ツコトナカルヘシ　政府ニシテ肯セスンハ内閣ヲ瓦解セシムルモ亦可ナリ等ノ件ヲ電報セラレタリ……

この電文によれば、本庄関東軍司令官は「日蘇戦争ニナルモ決シテ恐ル、ニ足ラス」と強弁し、最後に日本政府が関東軍の意向を承認しなければ、内閣を打倒するとまで脅迫した。また、そこには本庄軍司令官の傀儡政権構想が如実に現れている。なお、本庄の構想は熱河省を含む東北4省及び内モンゴルを領域とし、宣統帝溥儀を首脳として擁立し、中国の中央政府の管轄から離脱して日本の支配の下で「独立政権」を作ること、満洲を日本の対ソ、対中の「国防第一線」とすることであったと言うことができる。

第四章　満洲事変後関東軍の更なる謀略作戦

第1節　錦州爆撃[58]

(1) 関東軍による錦州爆撃の実施

すでに述べたように、満洲事変直後の9月19日には、日本政府は「事態不拡大」方針を決定した[59]。その後の9月24日には、東京参謀本部は関東軍に対し軍事拡大行動の即時停止の命令を与えた。一方、張学良の東北軍は、「日本に抵抗せず、国際連盟に提訴して解決するという方針を採用した[60]」。

ところが、満洲事変の武力発動が成功したことは関東軍の自信を大いに助長した。彼らは満洲の戦略上の価値を認識していたため、日本政府の声明を無視して、引き続き謀略により作戦区域を拡大した。特に、「積極的な作戦を進め、満蒙問題を武力によって一挙に解決しようとする板垣、石原両参謀を中心とする関東軍参謀部は、西方からの圧力を阻止し、満洲中央部において軍事活動の自由を確保するため錦州爆撃の企図を捨てなかった[61]」。この時期において、錦州には奉天の本拠地を失った張学良の東北軍が集結しており、東北辺防軍司令官行政署及び遼寧省政府行政署もそこに設立されていた。それ故、関東軍は「……占拠地域内ノ治安ヲ確保シテ、満蒙問題解決ノ基礎ヲ固ムルタメ、及ビ自衛上ノ見地ヨリ錦州軍政権ヲ速カニ駆逐シテ策謀ノ根源ヲ除クコト絶対ニ緊要ナリシナリ[62]……」と発表した。

その結果、1931年10月8日に石原参謀が率いる関東軍飛行隊は、「88式偵察機6機と押収ポテー機5機で、8日正午奉天飛行場を離陸し、午後1時40分、高度1300メートルで錦州上空に達し、軍政権庁舎、第28師兵営、張作相私邸に25キロ爆弾75発を投下[63]」し、独断で錦州に爆撃を加えてしまった（次頁の地図3を参照）。

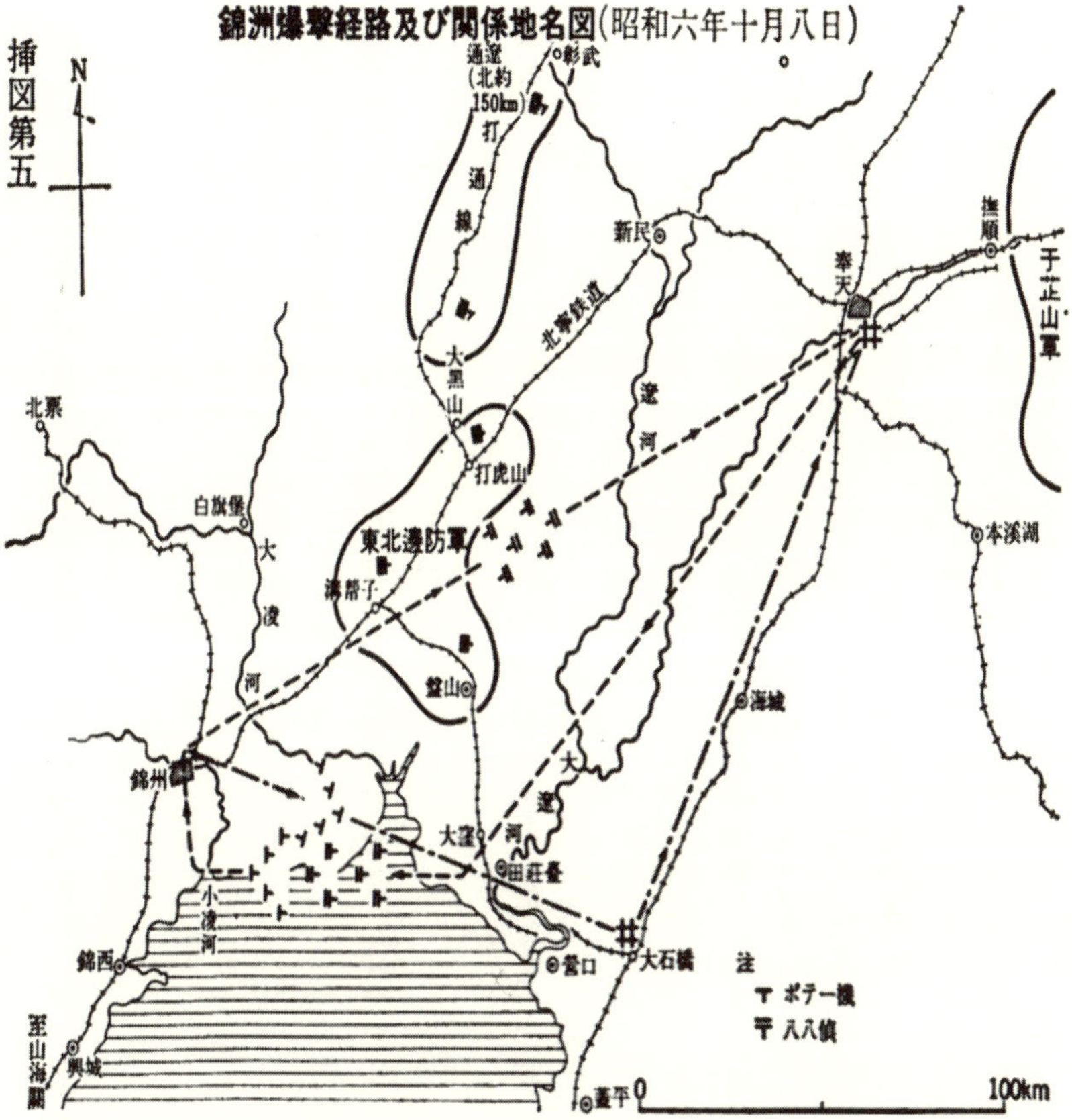

地図３　　出所：防衛庁防衛研修所戦史室編『戦史叢書　満洲方面陸軍航空作戦』朝雲新聞社、1972年、24頁。

（2）遠藤三郎と石原莞爾との論戦

当時、奉天に到着した遠藤三郎は早くも関東軍が爆撃機で張学良の錦州政権に対する爆撃を企図していることを知り、その可否を研究した。彼は１９３１年９月29日の「渡満日誌」にも次のように記し、錦州爆撃に反対した。

（一九三一年）九月二十九日　火　曇

……錦州政府ノ爆撃問題……（関東）軍ハ之レニ対シ飛行機ニテ爆撃ヲ企図スルトノ事故其ノ可否ヲ研究ス偵察機ヲ以テスル爆撃ハ効果充分ナラザルノミナラス無辜ノ民ヲ傷ケ為ニ帝国陸軍ノ威信ヲ損スル虞大ナルヲ以テ万一学良ガ政権ヲ樹立シ我ニ対シ積極的行動ニ出ツル場合寧ロ地上軍隊ヲ以テ堂々一戦ヲ交ヘテ之レヲ根底ヨリ撃滅スルノ有利ナルニ若カザル旨橋本少将ニ具申ス

また、錦州爆撃当日、遠藤はこの事態について注目し、関東軍の暴走に驚いた。当時の状況について彼は10月8日の「渡満日誌」に次のように記載し、「速ニ善後策ヲ講ズルト共ニ将来ヲ戒ムレバ可ナリ」と主張している。

（一九三一年）十月八日　木　曇

……錦州爆撃　錦州ニ於ケル張学良ノ新政権樹立ガ満洲ノ他ノ政権樹立ニ妨害スルコト多キノ故ヲ以テ本日飛行機十一台ヲ以テ爆撃セシメタリト　慎重ナル態度ニ出デザレハ寧ロ国際上不利ナル態勢ニ陥ルベキヲ虞レ曩ニ其ノ不可ナル意見ヲ具申シアリシヲ以テ夕方此ノ爆撃ニ同行セル石原参謀ノ帰着ヲ待チテ其ノ真相ヲ確メ之レカ善後処置ノ必要上橋本少将ニ報告スルモ　橋本少将以下一同之レヲ信ゼズ　予ガ石原参謀ニ嘲弄セラレアルモノト解サレシヲ以テ夜同行セル塚田参謀ノ来室ヲ求メ情況ヲ聴取セルニ　予ノ石原参謀ヨリ聴取セルモノト全然同様ニテ飛行機十一機カ二十五瓩弾七十五発ヲ投下セリトノコトナリ　一同色ヲナシテ驚キ断然奉天ヲ引キ上ゲ帰京スベシトノ論ヲナス人アリシモ　予ハ既ニ実施セラレタル以上感情問題ニテ引キ揚グルモ国家

ヲ益スル何モノモナシ　寧ロ速ニ善後策ヲ講ズルト共ニ将来ヲ戒ムレバ可ナリトノ論ヲ主張シ　橋本少将ノ同意ヲ得タリ……

この爆撃が誰の命令で、どのようなプロセスを経て強行されたのか。この問題を追及するために、遠藤は翌9日、錦州爆撃実施の経過を石原、塚田（攻）参謀らから詳しく事情聴取した。彼はその内容を「渡満日誌」に次のように詳細に記録している。

（一九三一年）十月九日　金　晴

錦州爆撃実施ノ経緯ヲ調査ス　去ル五日発第一次命令ニ依レバ　六日錦州附近ノ偵察及省政府及兵営ノ写真撮影ヲ実施スル如ク規定セラレアリ　上記任務ハ筆記セラレ且ツ軍司令官（本庄繁）ノ承認アリ　然レトモ口頭ニテ爆撃ヲ命ジ京奉線ニ損害ヲ与ヘザル如ク注意スベシト示サレアルモ口頭命令ノ所ハ軍司令官ノ承認アリシヤ否ヤ　主任参謀吉林ニ行キテ不在ナリシ故詳ナラザルモ一参謀ハ軍司令官ニ示シアラズト言明セリ　右命令ハ六日降雨ノ爲実施スルニ至ラズシテ立消トナル　飛行隊長ハ錦州附近ハ既ニ偵察シアルヲ以テ直チニ爆撃スルヲ可トストノ意見ヲ具申セリ　越テ七日午後　飛行中隊長ニ命令セラレタルモノハ錦州省政府根據地ノ覆滅ヲ任務トシ爆撃目標トシテ省政府官廳及第二十八旅団兵営ヲ示シ　其ノ使用機数ハ「成シ得ル限リ」ト示シアリ　又別ニ第二師団長ニ對シ其ノ飛行中隊ノ餘力ヲ以テ之レニ参加セシムル様命令シアリ（軍司令官ハ二三機以上ニ上ラザルヘシト思惟セラレアリシニ斯クノ如キ多数ヲ以テ爆撃セリトノ報ヲ得昨日ハ心配シテ眠リ得ザリシト）……　実施ノ結果命中弾極メテ少ク且ツ不発弾多カリシタメ効果大ナラズ　無辜ノ民ヲ傷ケザリシハ幸ナリシモ爆撃効果ノ少カリシハ国軍ノ威信ヲ損ケシモノト思惟ス……

上記の「渡満日誌」からは、錦州爆撃は当初本庄軍司令官の承認のもとに「錦州附近ノ偵察及省政府及兵営ノ写真撮影」から始まり、漸次限定目標に対する爆撃にまで拡大されたことが推定できる。

また、遠藤が石原参謀と関東軍の勝手な行動について論戦した内容を当日（10月9日）の「渡満日誌」から見てみたい。

……夕方　石原参謀ニ会シ　斯クノ如キ政策ト大ナル関係ヲ有スル事項ヲ橋本班ニ一言ノ予告なく実施セラレタルコトニ関シ遺憾ノ意ヲ述ベタルニ　彼ハ統帥権ヲ干犯スルモノナリトテ激怒セリ　彼ハ幕僚ノ任務職責ヲ知ラズ予ハ軍司令官ガ一度決セラレタル命令ニ干渉スルモノニアラズ　幕僚ガ画策セントスル際吾人ノ意見ヲ参酌セラレンコトヲ希望スルモノニシテ其ノ決定権ヲ云為スルモノニアラズ　軍司令官ノ決心ヲ制肘スルノ意志ヲ有セズ　然ルニ之レヲシモ統帥権ノ干犯ナリトシ而モ本人ハ軍司令官ノ意圖外ノコトヲ幕僚ノ権限ヲ超越シテ実施シ軍隊ヲ私用スルカ如キコトヲ敢テスルガ如キ吾人ノ同意ヲ得ザル所ノモノナリ

この「日誌」に見られるように、この頃関東軍はすでに日本政府と陸軍参謀本部の「事態不拡大」方針を無視するとともに、勝手に謀略手段で国策を決定して実行するようになったと言って良いであろう。

なお、関東軍による錦州爆撃は、日本政府に対する国際的信義を裏切った形となった。即ち、錦州爆撃は「欧米人に対しては、第一次欧州大戦当時の大都市爆撃を想起させ、日本軍の行動を侵略行為とする論調を醸成した。列国の世論は強い論調を持って日本を非難した。これによって、日本はさらに厳しい国際世論のもとに立たされる[64]」ことになった。

このようにして、1931年10月から11月にかけて満洲の政治情勢は大きく変貌していった。「政治的な変化は11月10日の夜、愛新覚羅溥儀（宣統帝）が亡命先の天津から関東軍の手配で、満洲に脱出したことであり、軍事的には10月中旬よりの関東軍の北満への本格的な攻撃であった[65]」。

第2節　宣統帝溥儀の擁立問題

（1）溥儀擁立方針の決定

上述したように、満洲事変推進に重要な役割を演じた関東軍高級参謀石原莞爾の構想によれば、彼は当初満洲直接占領を考えていた。しかし、満洲事変勃発直後の9月22日に（つまり柳条湖事件の4日後）、関東軍参謀長三宅（光治）少将が奉天特務機関長土肥原（賢二）、関東軍高級参謀板垣、石原、片倉（衷）らを奉天の瀋陽館に集めて今後の方針を討議した。その結果、「満蒙問題解決策案[66]」を作成し、陸軍大臣と参謀総長に具申することが決定された。

即ち、同案は「我国ノ支持ヲ受ケ東北四省及蒙古（内モンゴル）ヲ領域トセル宣統帝ヲ頭首トスル支那政権ヲ樹立シ在満蒙各民族ノ楽土タラシム[67]」との方針を打ち出していた。そして、「一、国防外交ハ新政権ノ委嘱ニ依リ日本帝国ニ於テ掌握シ交通通信ノ主ナルモノハ之ヲ管理ス　内政其他ニ関シテハ新政権自ラ統治ス　二、頭首及我帝国ニ於テ国防外交等ニ要スル経費ハ新政権ニ於テ負担ス……[68]」という要領も明確に定まった。

こうした新国家構想については、「席上、土肥原大佐は一案として日本人を盟主とする在満蒙五族共和国を策立すべき議を述べしが結局板垣、石原、片倉等交々の意見に基き目下の状勢は実質的に効果を収むるを実現容易なりとし[69]」、若干の意見の相違が見られたが、その国家の頭首に溥儀を擁立することについては異論がなく、新国家の国防と外交は日本帝国が掌握すると明記されていた。この「策案」によれば、関東軍が満洲を直接軍事占領する構想が姿を消して、すでに宣統帝溥儀擁立が明確にされていたことになる。

（2）溥儀の天津脱出

しかし、東京の参謀本部は関東軍の溥儀擁立案に反対した。さらに、「外務大臣の幣原喜重郎ら、外務省が反対で、溥儀が天津から脱出しないように外務省の監視網が張られていた」[70]。こうして、関東軍はさらなる謀略手段を行使し、溥儀を天津から脱出させる工作を進めることになった。この状況、特に外務省の姿勢について、遠藤は1931年10月6日の「渡満日誌」に次のように記録している。

（一九三一年）十月六日　火　雨

……三浦支那駐屯軍参謀の談話　宣統帝ハ日本ノ支持アラハ　満洲ニ君臨スルコト敢テ辞セザルモ　外務當局ノ監視頗ル厳重ニシテ　之レヲ脱出セシムルコト頗ル困難ナル事情ニ在リト　満鉄総裁（筆者注、内田康哉）ト軍司令官トノ会談ハ頗ル好結果ヲ以テ終了セルガ如シ　総裁ハ頗ル強硬意見ヲ保持シアリテ　積極的ニ満蒙問題解決ニ努力スベク　近く上京シテ要路ノ人々ヲ説得セントノ決意ヲ漏サレタリト……

こうして、1931年の秋、天津では日本の外務省役人が溥儀を監視し、一時はその脱出を防止した。しかし、この後、中央では参謀本部が溥儀擁立を容認する方向へ政策転換したことにより、10月17日に、遠藤は先に帰国する橋本少将から宣統帝の擁立が決定したことを次のように伝えられた。

（一九三一年）十月十七日　土　晴

橋本少将ヨリ残留中ノ任務ニ関シ指示セラル

一、軍ノ行動ニ関シテハ積極的ニ意見ヲ具申スルヲ避クルモ政権樹立問題ニ関シテハ軍ハ表面上ノ任務ナラザル関係上仲介トナリテ中央部ト連絡ヲ取ルヘキコト

二、宣傳ニ関シテハ特ニ統制連繫ニ努ムヘキコト

三、政権ノ中心人物ハ宣統帝に決定シアリ……

この方針によって、橋本少将は在満中の遠藤に溥儀擁立に協力するように念押しをしたことになるであろう。

なお、溥儀は11月2日に天津で密かに特務機関長土肥原賢二と会見した。土肥原は溥儀に対し、まず日本軍の行動について釈明し、それは張学良個人に対するもので、張学良が「満洲人民を塗炭の苦しみに落とし入れ、日本人の権益や生命財産をなんら保証しなくなったので、日本はやむを得ず出兵を行った[71]」と述べ、さらに、関東軍は満洲に対して領土的野心はまったくなく、ただ「誠心誠意、満洲人民が自己の新国家を建設するのを援助する[72]」ものであると主張した。その上で、土肥原は溥儀に対し、「あなた（溥儀）はこの国の元首として、すべてを自主的に行うことができる[73]」と述べ、日本軍に協力するよう説得した。それに対し、溥儀は「この機会を逃すことなく、速やかに祖先発祥の地に帰り、親しく新国家の指導に当たることを望んでいた[74]」ため、土肥原による「満洲国」元首就任の提案を受けて、「清朝の復辟」を条件に「満洲国」執政への就任に同意した。

その結果、溥儀はその誘いに乗って、11月10日の夜、土肥原が画策した第1次天津事件[75]の混乱に乗じて脱出した。当時の関東軍は溥儀の天津脱出について、溥儀が自発的に脱出し関東軍に保護を求めたので、その身柄を保護することになったと公表したが[76]、それは都合の良い口実に過ぎず、実際は関東軍が溥儀の身柄を安全のためという口実で拘束したのである。

第3節　満蒙問題を巡る遠藤三郎と本庄関東軍司令官との車中談話

この間、遠藤三郎は「橋本ミッション」の一員として、満洲に滞在していたが、満洲事変後の関東軍によるさらなる一連の謀略作戦については、ある場合には直接、またある場合には間接的にかかわりながら、その記録を「渡満日誌」に詳しく記した。

例えば、１９３１年10月16日に、渡満中の遠藤は折から四平街を視察した後、奉天に帰還するため列車に乗り込んだところ、偶然長春から奉天に帰還する本庄関東軍司令官に会い、満蒙問題の解決策について直接本庄軍司令官からその意見を聞くことができた[77]。彼は本庄軍司令官に自説を力説したが、それは本庄の考えと異なるものであった。この日の本庄軍司令官との車中談話について、遠藤は「渡満日誌」に次のように記録している。

（一九三一年）十月十六日　金　快晴

……軍司令官ハ（満蒙問題解決の）第一案トシテ北満出兵ヲ　第二案トシテ平津地方ノ謀略ニヨル撹乱（第一次天津事件）ヲ希望セラレアリ　予ノ提議セル新政権ヲ通シテノ北満発展ハ之レヲ第三案ニ置カレタリ　軍司令官ハ依然北満出兵ヲ断念セラレアラザルカ如キヲ以テ　此ノ際第三案ヲ以テ我慢スルノ必要ナルヲ力説シ略同意ヲ得タリ……

以上の談話の内容からは、この時期、本庄軍司令官はすでに関東軍による北満出兵と宣統帝溥儀の擁立工作を絡ませ、傀儡国家［満洲国］の骨組みを形成する行動を謀略によって実行しようとしていたと推察できるであろう[78]。なお、10月16日の「渡満日誌」に「時局収拾善後策ニ対スル軍ノ意見」と題する次のような極秘メモが挿入されている。

……時局収拾善後策ニ対スル軍ノ意見

一、交渉スベキ對象　東四省政府トス　但シ支那本部ニ於ケル外交ノ正調化ハ中央政府ヲ対象トシテ交渉ス

二、交渉ノ経過区分　軍事協定ヨリ一般外交々渉ニ移ル「満蒙既得権確立要領」ハ出来得ル限リ軍部ニ於テ合法的ニ行フ　新政府ノ樹立ハ軍部ノ要求ヲ承認シタルトキニ於テ許ス　但シ一般外交ニ任スル顔振ニ依リテハ新政府ノ樹立ヲ遅滞セシムルコトアルベシ

三、鉄道　前記「要領」中ノ鉄道ハ軍ノ要求スル最小限ナリ　満鉄ニハ別ニ希望スル数線アリ

四、駐兵　日本ノ軍隊（五師団）ヲ駐兵セシメ新国家ヲシテ経費ヲ負担セシム　鉄道守備ノ形式ニ依ル駐兵ハ

採ラス　新国家ヲ保護国トナスコトハ最小限ナリ
五、外交々渉　別ニ意見ナシ
予ハ概ネ同意見ナルモ第四項日本軍隊ヲ新国家ノ傭兵式トナスハ絶対ニ不同意ナリ

このメモの第二項の「新政府ノ樹立ハ軍部ノ要求ヲ承認シタルトキニ於テ許ス」こと、また第四項の「日本ノ軍隊（五師団）ヲ駐兵セシメ新国家ヲシテ経費ヲ負担セシム」と「新国家ヲ保護国トナスコトハ最小限ナリ」等の文言は、新国家「満洲国」の傀儡性を明確に示していた。

こうして、関東軍は溥儀擁立工作を進めながら、次節で言及する北満への出兵と合わせて、「傀儡国家『満洲国』建設の地固めをしていた[79]」と言うことができるであろう。

第4節　北満出兵

1931年9月末頃、北満出兵問題を巡っては、関東軍と参謀本部との間では繰り返し議論されていた。関東軍側の板垣、石原両参謀は「北満鉄道を制しチチハル及びハルビンを手中に収め、もってソ軍の満内侵攻を未然に封殺すべき[80]」と主張した。それに対し、「参謀本部側の判断は同様ながら、実行の段取りになると慎重となり、ソ連を刺激する東支鉄道（筆者注、中東鉄道）を越えての作戦には同意を示さなかった[81]」。

この状況について、遠藤は1931年9月29日の「渡満日誌」に次のように記録している。

（一九三一年）九月二十九日　火　曇
……今回ノ事件解決ニ関シ北満ヲ全然放棄スヘキヤ否ヤニ関シ研究セリ　北満ニ対スル軍事行動ハ中央部ニ於テ厳禁セリ　然レトモ北満ニ対スル政策ハ中央部ニ於テモ明示シアラス（第二松花江ヲ以テ日露勢力範囲ノ境

界トナストノ説ヲナスモノ参謀本部内ニモアリタルモ）殊ニ満洲ニ来リテ満洲ノ空気ヲ吸ヒ在満ノ人々ニ接シテ感ジ得タル所ニヨレバ　此ノ際北満ヲ放棄スルカ如キハ到底忍ビ難キモノナリ……尤モ最初在洮南張海鵬ガ該地ニ於テ新政権樹立ノ企図ヲ有シ彼ガ其勢力ヲ北方ニ伸展スルニ於テハ斉斉哈爾政権ト衝突シ露軍ヲ誘発スルノ因トナルヘキ旨ヲ書キシモ　軍ニ於テ張海鵬ノ件ハ未定故削除ヲ希望セラレシ故抽象的ニ洮南新勢力トセリ……

こうして、1931年10月下旬になると、関東軍は「満蒙問題解決ノ根本方策[82]」の戦略方針に基づき、「東は吉林を奪い、北はハルビンを攻めることを第2次作戦の主要目標とした。吉林、ハルビンを占領することにより、南満（筆者注、長春以南の満洲）の軍事占領を堅固なものとし、これによって北満全体の奪取も可能と考えた[83]」。

この満蒙経略問題に関して、遠藤は1931年10月24日の「渡満日誌」に次のように記述している。

（一九三一年）十月二十四日　土　奉天　雨　長春以北吹雪

……満蒙経略問題　片倉大尉ト満蒙問題解決ニ関シ約一時間意見ノ交換ヲナス　大尉ハ東四省ヲ獨立国家トナシ全ク南京政府ト絶縁スルノ必要ヲ力説ス　之レカ爲相當ノ時日ヲ要スルモ其ノ工程ハ絶縁セル政府ヲ樹立スルト同様ナリト其ノ研究ハ相當深遠ナルモノアリ　吾人ノ一般常識論ノ比ニアラス　支那ノ国民性等ニ関シテモ研究ノ結果ノ論故敬意ヲ表スヘキモノナリト思惟ス　兎角頭ノ良キ中央部ノ人々ハ自己ノ獨断的常識論ニテ直接當事者若クハ出先ノ意見ヲ否定スルモノアリ　勿論局地ノ情況ニ捕ハレ眩惑シ易キ出先ノ意見ハ一応大局ヨリ観察シテ検討ノ要アルモ徒ラニ否定スベキモノニアラズ　寧ロ経験者ノ意見トシテ尊重スベキモノナリト信ズルガ故ニ　予ハ曩ニ獨立政権ヲ以テ満足スルヲ可トスル意見ナリシモ　片倉ノ意見トノ間ニ共通点ヲ見出シ得　且ツ更ニ徹底セル意見ナルニ故ニ出先ニ於テ之レニ直接関与スル人々ノ意見トシテハ適當ナルヘキヲ以テ同意ヲ表ス……

このような状況の中で、渡満中の遠藤が直面した軍事行動のハイライトが関東軍による北満への出兵であった。

（1）チチハル出兵

関東軍は、まず9月25日には、北満の交通要地洮南を占領した後、さらに北満の中心都市チチハルへ作戦を展開することとなった。江口圭一によれば、関東軍は「10月15日洮南の軍閥張海鵬をそそのかし、黒竜江省の省都チチハルへ進軍させた」。それに対し、「（黒竜江）省主席万福麟は、張学良に呼ばれて関内に出動中であったため、黒河警備司令馬占山を総指揮に任命し、張海鵬軍に対抗させた」[84]。その結果、張海鵬軍の北上を阻止するため、馬占山軍が10月15日には洮昂（洮南―昂昂渓）線の嫩江鉄橋を爆破・破壊して、関東軍に反意を示した。それ故、関東軍は10月24日には「その修理を馬占山に要求し、聴き入れなければ実力を以て修理するといって兵を進める準備をしていた」[85]。

当時、関東軍にとって「満洲問題の解決で最も心配されたことはソ連軍との衝突であった」[86]。それ故、遠藤三郎は、北満のソ連の軍事状況を確かめるため、白川義則大将の同意を得て１０月２２日から北満視察に出発した[87]。24日に北満視察途中の遠藤は、長春の大和ホテルに折から同ホテルに宿泊していた今村均大佐（参謀本部作戦課長）を訪問した[88]。そこで、今村大佐から次のような軍事機密を伝えられた。即ち、もし馬占山軍が上記の嫩江鉄橋を修理しない場合には、関東軍はチチハルに出兵するという機密情報であった。

（一九三一年）十月二十四日　土　奉天　雨　長春以北吹雪

……今村大佐ヨリ関東軍ガ洮南ニ出兵ストノ企圖アルヲ聞知ス　江橋ガ馬占山ノ軍隊ニ依リテ爆破セラレ　之レヲ修理スルヲ肯ゼザル以上　武力ヲ以テ之レヲ膺懲スベキハ當然ノ事ナルヲ以テ　予ハ更ニ積極的ニ出ヅルヲ妥當ト考アリ　今村大佐モ洮南出兵ニハ異存ナキガ如キ口吻ヲ漏サレタリ……

なお、この軍事作戦を促進するため、1人の「密使」林義秀少佐が新設のチチハル特務機関長として、10月26日に奉天の関東軍司令部から北満に派遣された。林少佐はこの時、関東軍司令官から馬占山を説得するため派遣された「密使」という身分であった。同日、遠藤はチチハルに到着した後、初めて林少佐からその「密使」としての任務のあらましを聞かされた。その日の「渡満日誌」に次のように記録されている。

（一九三一年）十月二十六日　月　曇

……林少佐ハ奉天出発ニ際シ（本庄繁）軍司令官ヨリ馬占山ニ對シ嫩江鉄橋ヲ破壊セルコトニ関シ抗議ヲ申込ムベキ任務ヲ受領シ来リ　哈市（ハルビン）ニ於テ其ノ抗議文ヲ作製セリ　當時林ハ二十八日ヨリ十一月三日迄一週間以内ニ修理完了ヲ要求シ　若シ（馬占山が）肯ンゼザルカ又ハ修理未完ノ際ニ　帝国ハ自ラ修理スベク之レヲ援護ノ爲必要且有効ナル手段ヲ採ルベシトノ意味ヲ云フコトニ決シ　予ニ相談セリ　予ハ関東軍ノ要求ガ眞ニ馬占山ヲシテ橋梁ヲ修理セシムルニ在リヤ　若クハ修理要求ハ口実ニシテ彼ニ一撃ヲ与フルニアルヤヲ確ムルノ要アリ　一撃ヲ与フルノ理由ヲ作ランガ爲ナラハ　一週間ハ適當ナリヤ偵察セル技術家ノ意見ヲ徴スル必要アリ又一撃ヲ与ヘンガ為メニハ最終日迄ニ与ヘ得ル準備ノ必要モアリ　一応其ノ期日ハ軍司令官ニ報告シ認可ヲ得タル後ニアラザレバ決定シ得ズト思惟シ　電報ニテ問合シタルニ（三宅光治関東軍）参謀長ヨリ同意ノ返電アリシ故　予ハ之レニ同意ヲ表シタリ……

この記録に示されている通り、北満の嫩江橋梁の修理が関東軍にとっては北満への武力行使の口実であった。関東軍司令部は秘密のうちに馬占山にこのような趣旨の文書を林少佐から伝達させたのである。

また、遠藤は10月27日の「渡満日誌」にもう1人の日本人の「密使」の名（須本という）を記している。

（一九三一年）十月二十七日　火　降雪
此ノ日須本氏ニ会ス　氏ハ志士気取リ居ル人ニシテ関東軍司令官ニ依頼セラレタル馬占山ニ渡スベキ手紙ヲ有スト　此ノ手紙ハ大矢進計ナル者ガ所持シ来リタルモノナルモ誰人モ相手トナラズ　高塚ニ依頼シテ洮南ニ帰リタルモノニシテ　須本氏ハ高塚ヨリ更ニ托サレシモノナリ　果シテ軍司令官ノ手紙ナリヤ否ヤ不明ナルモ河野某ニ依リテ作ラレタルモノナリトノ風評モアリ　之レ等策士連中ノ活躍ハ度の何處迄信用シテ可ナリヤ全ク疑問ナリ……

その後、遠藤は北満の視察旅行を継続し、ソ満国境地帯のソ連軍の動向に対して詳細な調査を行った後、10月30日に奉天に帰還した。彼は当日の「渡満日誌」に次のように記録している。

（一九三一年）十月三十日　金　晴
……馬占山ハ主戦論ヲ唱ヘアルモ弾薬ニ窮シ第一線部隊ニ之レガ浪費ヲ厳ニ戒メアリト　張（海鵬）ノ軍隊ノ馬ニヨリテ買収セラレタリト云フガ如キハ一ノ宣傳ノミト称シ事毎ニ清水領事及影山巡察ノ言ト反対ノ情報ヲ報セリ　林少佐ヨリ悲壮ナル手紙ヲ届ケラレアリ……情報ノ交換ヲナス　外務省モ亦全ク軍部ト意見ヲ同ウ（ママ）シ江橋ノ修理ニ関シ強硬ナル通牒ヲ出セリト国家意志ヲ発表セル此ノ電報ヲ見テ欣快ニ不堪　午前八時五十分発長春ニ向フ松花江南岸ハ北方ニ對シ絶好ノ防衛陣地ヲ自然ニ構成シアリ　午後三時半長春着直チニ第二師団司令部ヲ訪ネ　情報ノ交換ヲナシ　四時半徳江大尉ニ導カレテ帰奉ノ途ニツク……

この記述を読む限り、この時期にはもはや遠藤1人で関東軍の北満出兵にブレーキをかけることなどが不可能になっていた。むしろ、最初参謀本部から満洲事変の拡大を防止する役目で渡満し、関東軍の暴走を食い止めようと努力した遠藤も、結局石原参謀らに翻弄され、関東軍の北満出兵の渦の中に巻き込まれてしまった。

即ち、遠藤はこの北満視察旅行に基づき、「ソ連の勢力は一向に北満には及んで居ないことを確認したので、今こそ北満経営の好機[89]」と判断し、翌31日には参謀本部第1部長建川美次少将宛に「北満旅行ニテ感シタル斎々哈爾（チチハル）出兵ノ必要ト對露作戦準備及其ノ決意ノ必要ニ関シ」（「渡満日誌」1931年10月31日付）打電した。参謀本部は遠藤が石原参謀と共謀して北満出兵を策したものと疑い、建川少将から「速かに帰還すべし」と遠藤に帰国命令を出した[90]。それ故、遠藤はやむなく帰国し、11月3日に直ちに参謀本部に出勤した。彼は当日の「渡満日誌」に次のように記載している。

（一九三一年）十一月三日　火　晴

……着京後直チニ役所ニ行キシモ出勤シ……満洲ノ緊張セル空気ヨリ急ニ帰京シテ其ノ平時気分ノ濃厚ナルニ驚ク　間モナク浅川大尉来リ　予ノ斉斉哈爾出兵ノ意見具申ガ関東軍ト協議セルモノナリヤ否ヤヲ上司ニ於テ心配シ居ラル、ト聞キ唖然タルモノアリ

その結果、遠藤は参謀本部の上司・第1部長建川少将から咎めを受け、暫く謹慎を命じられた[91]。しかし、この時期において、ソ連は「黒竜江省軍（馬占山軍）を援助しつつあるという一切の風説を否認し、さらに日本軍が北鉄（北満鉄道）の権益を軍事的に犯さないかぎり、少しも干渉する意志のないことや、嫩江鉄道橋修理は日中両国のどちらが実施するとしても関心を持たない[92]」と表明した。これによって、従来関東軍のチチハル出兵に反対した陸軍参謀本部は、政策を転換し、関東軍のとるべき行動について次のような「臨参委命・第三号命令」を発し、関東軍のチチハル出兵を事実上容認した。

一、馬占山軍ニシテ、我ガ提議ヲ承諾実行シタル場合ニオイテハ、嫩江支隊ヲシテ主力ヲ以テ鄭家屯以東ニ集結セシムベシ。ニ、馬占山軍ニシテ、我ガ提議ヲ受諾セザルカ、マタハ受諾スルモ実行セザル場合ニオイテハ、

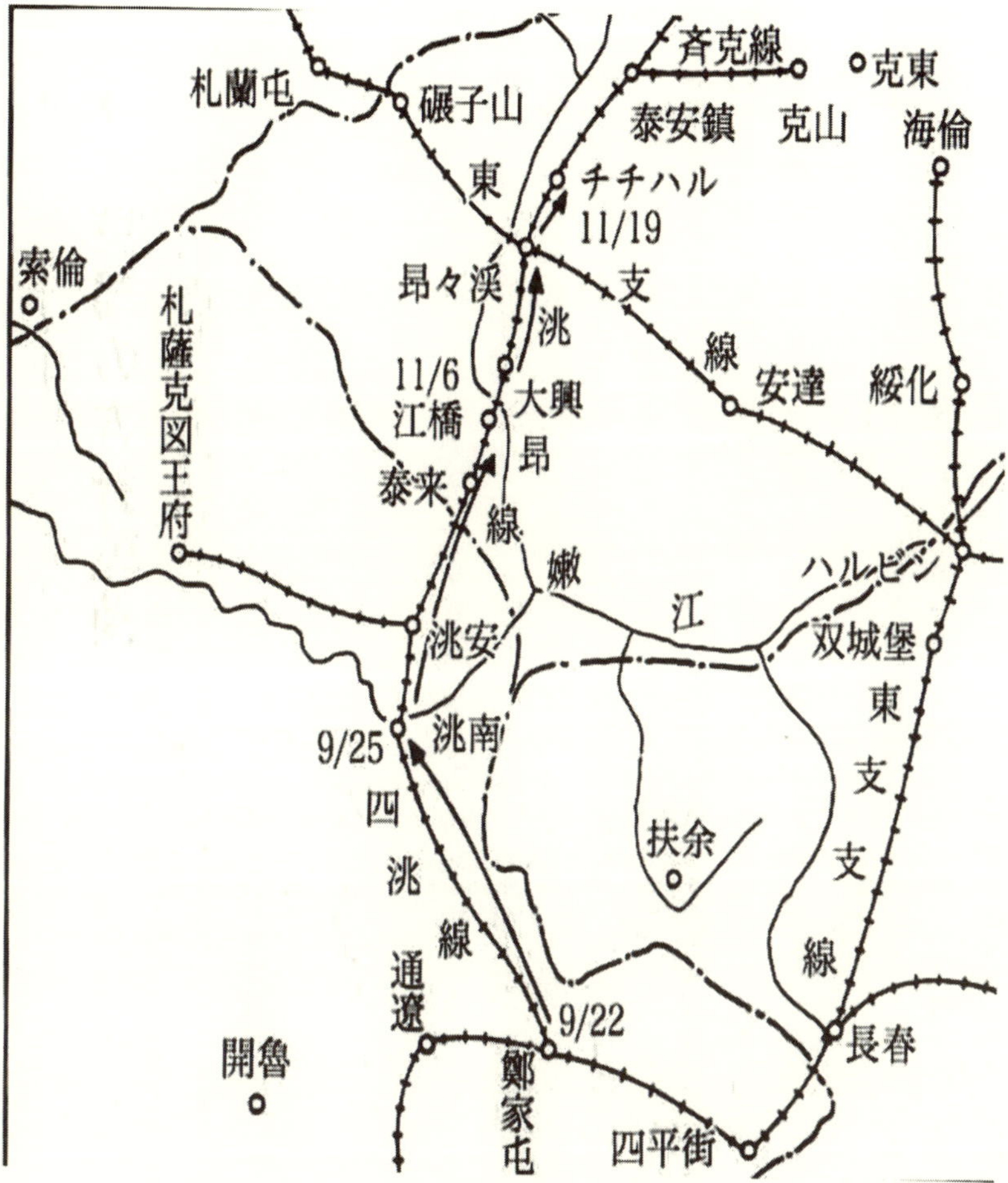

チチハル進軍図

地図４　　出所：島田俊彦『満洲事変』講談社学術文庫、2010年、288頁。

貴軍（関東軍）ハ自衛上必要ト認ムル自主的行動ニ出ヅベシ。三、細項ニ関シテハ追ッテ参謀次長ヲシテ指示セシム。[93]

こうして、北満では関東軍が思いのままに暴走を始めていた。果たして前頁の地図4に示されているように、1931年11月6日、関東軍はすでに北満出兵の条件を完備したため、突然チチハル方面の江橋に進軍し、馬占山軍と衝突した。[94]その結果、関東軍第2師団は嫩江橋梁を巡る馬占山軍との約2週間の戦闘（中国では「江橋抗戦」という）で勝利を収め、さらに11月19日にチチハルに入城した。[95]

（2）ハルビン出兵

これより前、北満の主要都市ハルビンでは、1931年9月20日の夜、中国人街で排日ビラが撒かれるようになり、さらに翌21日の夜には、日本総領事館、ハルビン日日新聞社などに爆弾が投ぜられた。これらの排日行為は、すべてハルビン特務機関長百武晴吉中佐や元憲兵大尉甘粕正彦、及び予備役中尉吉村宗吉たちによる謀略であった。[96]ところが、当時日本政府と陸軍中央部はソ連側の反応に懸念を抱いたため、ハルビン出兵に反対した。そのため、関東軍によって計画されたハルビン出兵はいったん中止されることになった。[97]

それにもかかわらず、翌1932（昭和7）年1月下旬になると、「本庄関東軍司令官は……関東軍出動の時機到来と判断した」[98]。そこで、彼は「在長春歩兵第3旅団長・長谷部照俉少将にハルビン方面への出動準備を命ずるとともに、中央部に対し、歩兵2大隊以内を基幹とする部隊をハルビンに派遣して、居留民保護に当たらせることにしたい[99]」と具申した。

これに対し、陸軍中央部は直ちに関東軍のハルビン出兵を承認し、1月28日にそのむねを関東軍に打電した。[100]この陸軍中央部の方針は、上記前年（1931年）のハルビン出兵反対と比べて、明らかに違いがあった。その理由は上記の（1）で述べたチチハル出兵に成功したため、対ソ戦略に関する状況判断がより楽観的になり、[101]ハルビンに出兵したとしても、ソ連の積極的な介入はないとの判断に到達したからである。

なお、ハルビン出兵問題については、『太平洋戦争への道　開戦外交史2　満洲事変』によれば、当時満洲から東京参謀本部に帰任した遠藤三郎も次のように述べている。

……日ソ衝突ノ場合、戦略関係ニオイテ我ニ必ズシモ有利ナラザリシ。昨冬十一月ニオイテ、ナオカツ、チチハル占拠ヲ敢行セリ。イマヤ北満ニオケル彼我ノ形勢一変シ、日ソ衝突スルモ必ズシモ我ニ不利ナル態勢ニアラズ。シカモ、ソ連軍ノ内情ホボ明白トナレル今日、シカモ、帝国臣民ノ危急ヲ救ワントスル極メテ正当ナル理由ノモトニ、ハルビンニ派兵スル何ノ躊躇スルノ理アランヤ……[102]

この遠藤の主張によれば、「ソ連に対する観測気球の一面を持つチチハル出兵に成功したことは、対ソ楽観論への拍車となった[103]」と言って良いと思われる。

このようにして、関東軍はようやく直接出兵してハルビンを占領することに決定した。その結果、1932年2月3日、関東軍第2師団はハルビンに対して総攻撃を開始し、2月5日ハルビンを占領した[104]（次頁の地図5を参照）。

上述したように、満洲事変後、関東軍は日本政府と陸軍中央部の「事態不拡大」方針を無視し、更なる謀略手段を用い、1931年11月から大挙して北満に侵入した。その結果、次頁の地図6に示されているように、関東軍はさらなる一連の謀略作戦を通して遼寧、吉林、黒竜江の三省及び内モンゴルの東地域を含む満洲全土（熱河省を除く）を5ヶ月間で占領し、満蒙支配という目的を達成することとなった。

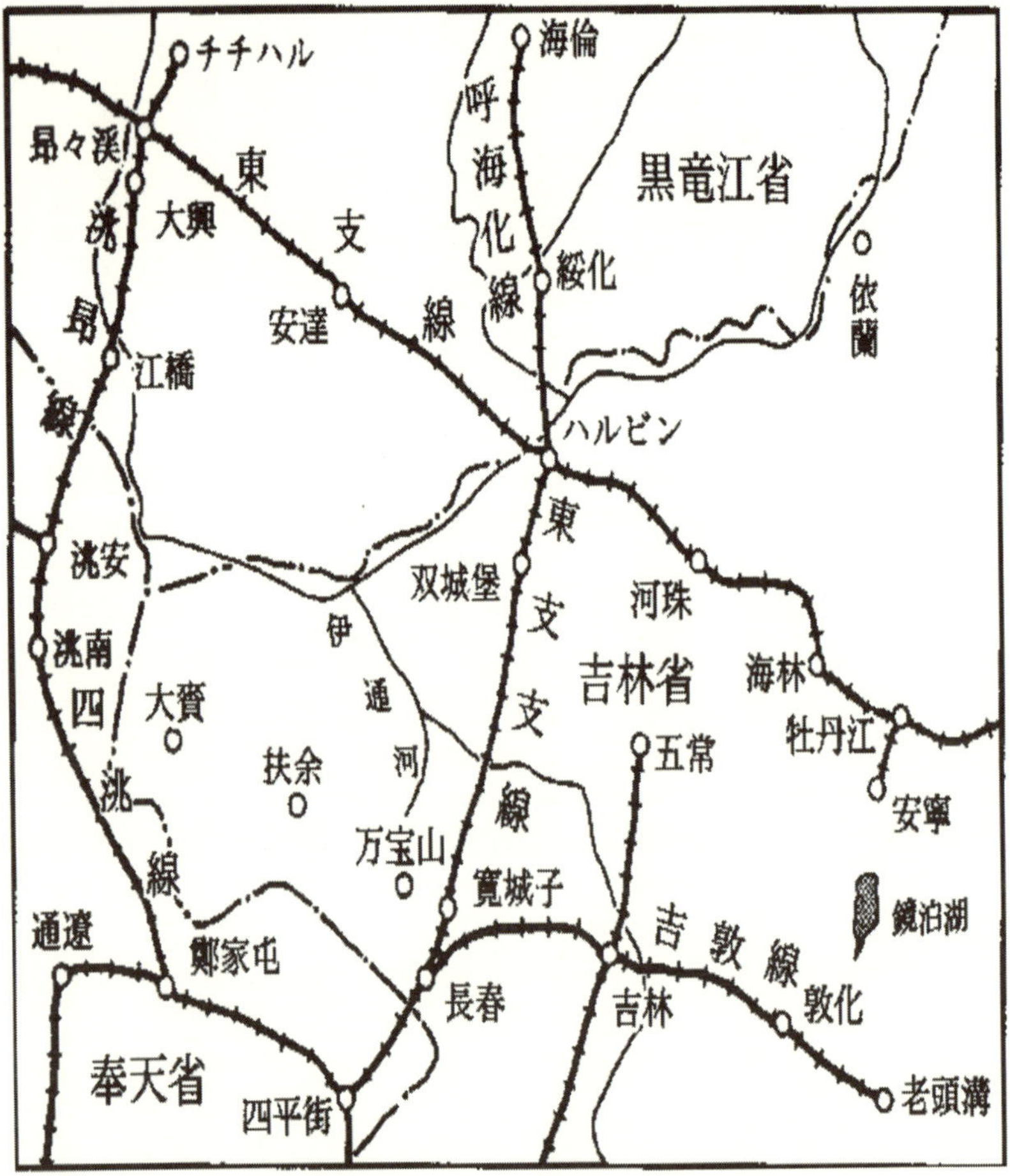

ハルビン付近図

地図５　　出所：島田俊彦『満洲事変』講談社学術文庫、2010年、317頁。

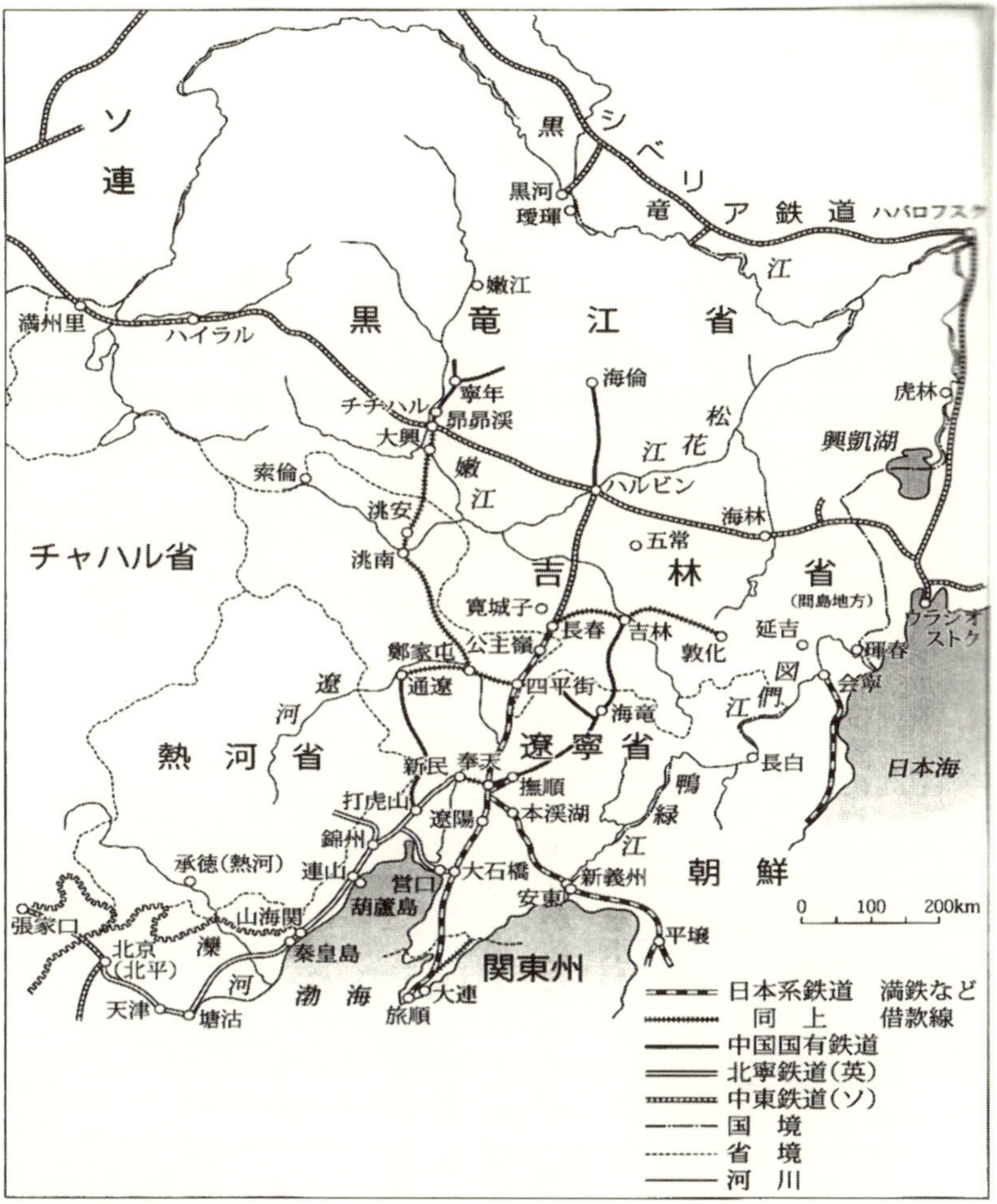

満州事変関係地図

地図６　　出所：川田稔『昭和陸軍全史１　満州事変』講談社現代新書、2014年、７頁。

第五章　遠藤三郎と第1次上海事変

第1節　第1次上海事変の発生原因

（1）上海の対日ボイコット運動

周知のように、日本では、陸海軍の根底に相互対立、競争意識が長い間存在していたため、海軍側は面子の問題を考慮し、柳条湖事件で権威を高めた陸軍に対抗して、次は上海で何かを起こして戦功を立てようと考えていた。例えば、島田俊彦は「……満洲[105]における陸軍の活躍を羨んでいた海軍にとって、上海の事端はまさに天与の好機であり、これを利用して第19路軍を粉砕し、帝国海軍の存在を赫々たる武名でかざろうと試みたのである[106]」と指摘している。

次頁の地図7に示されているように、当時上海の租界地は「共同租界[107]」と「フランス租界」によって支配され、世界列強に膨大な経済利益を与えた。ところが、日本は英米仏などの列強より上海市場に乗り込んだのが遅かったにもかかわらず、他の列強と同じように経済利益の分け前を強く要求し、上海で繊維の権益を獲得しようと狙っていた。

しかし、前述したように、柳条湖事件が勃発した後、関東軍が展開したさらなる一連の軍事侵略行動は中国人民の生活権を侵害するもので、多くの中国住民が容認できるものではなかった。その結果、中国大陸での抗日運動は北京や上海などの大都市を中心に始まり、やがて中国全土に拡大した。

特に、上海では「抗日救国委員会[108]」が設けられ、学生や一般労働者と大勢の市民は団結して、対日ボイコット運

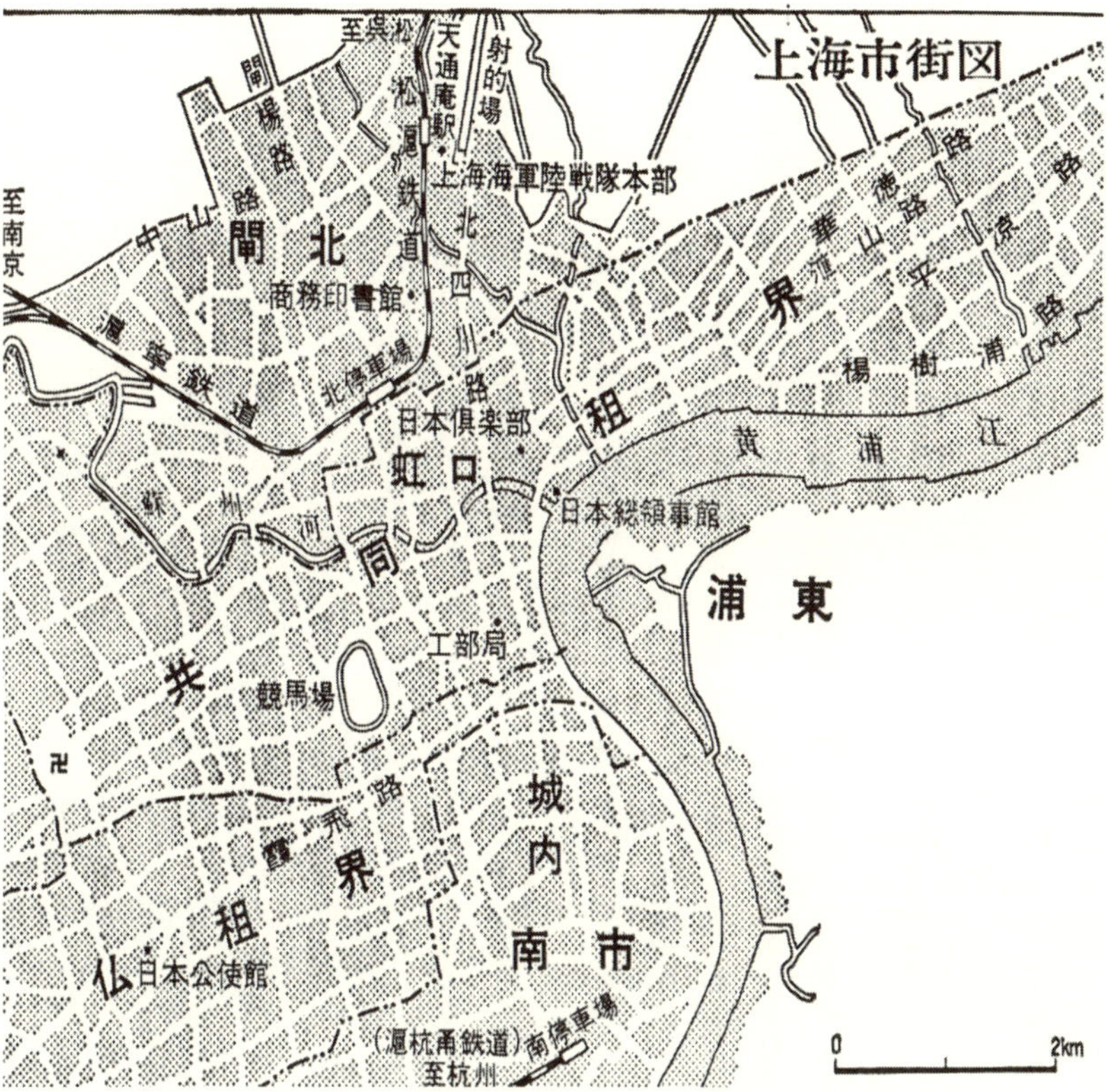

地図７　　出所：児島　襄『日中戦争　2』文芸春秋、1984年、13頁。

動を引き起こした。また、「抗日救国委員会」は1931年10月3日の会議において、対日経済絶交を徹底的に実行させるため、次のような対日ボイコットの具体案を決定した。即ち、「一、日本貨を買はず、売らず、運ばず、用ひず　二、原料及び一切の物品を日本人に供給せず　三、日本船に乗らず、積荷せず　四、日本の銀行紙幣を受け取らず、取引せず　五、日本人と共同せず　六、日本人に雇はれず　七、日本新聞に広告せず、支那紙に日本貨の広告を掲載せず　八、日本人と応対せず[109]」というものである。

さらに、日貨取扱者に対する懲戒方法として次のような3項目が掲げられた。「一、本会に懲戒委員会を置く　二、違反者の罪重きものは売国奴として極刑に処す　三、其他懲戒方法としては、貨物の没収、警告、財産没収、拘禁して公衆に示す、街を引廻す、売国奴の衣服を着せて曝し物にする[110]」。

この懲戒方法により、日本貨を取り扱った中国商人が拘禁され、日本製品が押収されることとなった。当時、全国的に展開された抗日運動は、「自らを対日ボイコットだけに拘束せず、さらには対日敵対運動にまでこれを高めた[111]」のである。

こうした対日ボイコット運動が高揚している状況下で、上海に在留する日本人の官民は、村井倉松上海総領事を委員長とする官民合同の時局委員会を組織し、前後4回にわたり、上海居留民大会[112]を開催した。この大会で上海の対日ボイコット運動に対決するため、日本人居留民団は「速に断乎として強硬且有効なる手段を講ぜられたし……[113]」という調子の強い決議文を立案し、日本の軍、官、政党の首脳部に送り、対中強硬手段、いわゆる武力行使を要請した。こうした日本人居留民団の活動は間接的ながら第1次上海事変を惹起する要因の1つになったと言えるであろう。

(2) 日本人僧侶襲撃事件

柳条湖事件勃発後、南満から漸次北満に広がった関東軍の軍事行動は中国人の反発を強めたのみでなく、国際世論も関東軍の満洲侵略行為に対して厳しく批判し始めたため、日本は国際的にも孤立するようになった。

それに対処するため、日本側は世界列強の目を満洲問題から上海に転換させる目的で、関東軍高級参謀板垣征四郎らにより、今度は上海で戦争を引き起こす計画を促進し始めた。その結果、板垣の依頼を受けた上海駐在公使館付武官補佐官の田中隆吉[114]は、「関東軍から運動資金2万円、さらに鐘紡の上海出張所から10万円を借り、これによって上海に事をおこす準備工作をおこなった」[115]。この時、田中は「男装の麗人」とうたわれた女スパイ川島芳子[116]と結託し、中国人の暴徒を買収、教唆して、1932年1月18日午後、上海の馬玉山路で日本山妙法寺の僧侶ら五人を襲わせた。これがいわゆる謀略による上海日本人僧侶襲撃事件であった。「田中はこの事件を契機に、日本人の反中国人感情に火をつけ、第1次上海事変を誘発する機会をつくろうとした」[117]のである。

その結果、田中の狙い通りに、この事件は上海日本人居留民の怒りを爆発させ、さらに三友実業社襲撃事件[118]を誘発した。

こうして、謀略的日本人僧侶襲撃事件は第1次上海事変が勃発する起爆剤の一つになったと言って良いであろう。即ち、上海に駐屯していた日本海軍陸戦隊は上海の対日ボイコット運動と日本人僧侶襲撃事件をきっかけに、上海日本人居留民の保護と治安維持を口実として、1932年1月28日に第1次上海事変を引き起こした。

第2節　第1次上海事変の勃発

(1)　日本海軍陸戦隊の武力発動

こうした緊迫した状況下で、上海の日本人居留民団は1932年1月20日に、第2回の居留民大会を開き、「帝国政府は最後の肚を決め、直ちに陸海軍を派遣し、自衛権を発動して、抗日運動の絶滅を期すべし」[119]という決議を採択し、「自衛権」発動の名で日本の上海領事館及び海軍陸戦隊に請願し、直ちに兵力を増強して中国に対する強硬措置を取るよう要請した。

この要請を受けて、上海に駐屯していた海軍第一遣外艦隊司令官塩沢少将は、1月20日と21日に早々海軍軍令部に次のような内容の電文を発し、上海で武力を行使する決意を明らかにした。

一九三二年一月二十日……日本僧侶傷害事件ニ関シ本日総領事ヨリ厳重抗議ノ予定、要スレバ兵力ヲ行使シテモ当方ノ要求ヲ貫徹スル決心ナル旨電報セリ　翌二十一日午前……今回ノ事件ヲ機トシテ抗日運動ニ徹底的弾圧ヲ加フル最適ノ機会ナリト信ズ（上海）総領事ヨリ期限附厳重抗議提出ニ際シテハ、司令官ノ名ニ於テ自衛権発動ニ関スル声明ヲ発スル予定　同時ニ水雷戦隊一、特別陸戦隊約四百及航空母艦一ノ増派ヲ得度キ旨発電ス[120]

塩沢の発電を受け取った海軍軍令部は、その要請を受け、塩沢の上海で武力を発動する計画を暗黙裡に容認することになった。[121] 一方、1月27日、上海工部局[122]市参事会は日本側、特に塩沢の要請を受けて共同防備会議を開き、列国が分担して「共同租界」内を警備することを決めた。[123] さらに翌28日、工部局市参事会は塩沢の希望に沿って非常事態宣言を採択し、「戒厳令」を布告した。[124]

この「戒厳令」の発布は日本海軍第一遣外艦隊司令官塩沢幸一の描いた謀略で、これら一連の流れは塩沢の思い通りに進行したものと思われる。[125] その結果、1月28日午後5時より、列国の軍隊は各自の担当警備区域に到着するとともに、上海海軍陸戦隊も工部局防備委員会が発布した「戒厳令」の名目で、最も利害関係のある北四川路の警備に当ることとなった。[126] このようにして、塩沢は租界（閘北）の秩序維持と居留民の保護を口実として[127]上海で武力行使に踏み切ったことになる。

当時、満洲から帰国後、東京参謀本部作戦課に勤務していた作戦参謀遠藤三郎は、この段階において上海での日中両軍の一触即発の緊急事態について、1月28日の「遠藤日誌」に次のように記している。

（一九三二年）一月二十八日　木　晴

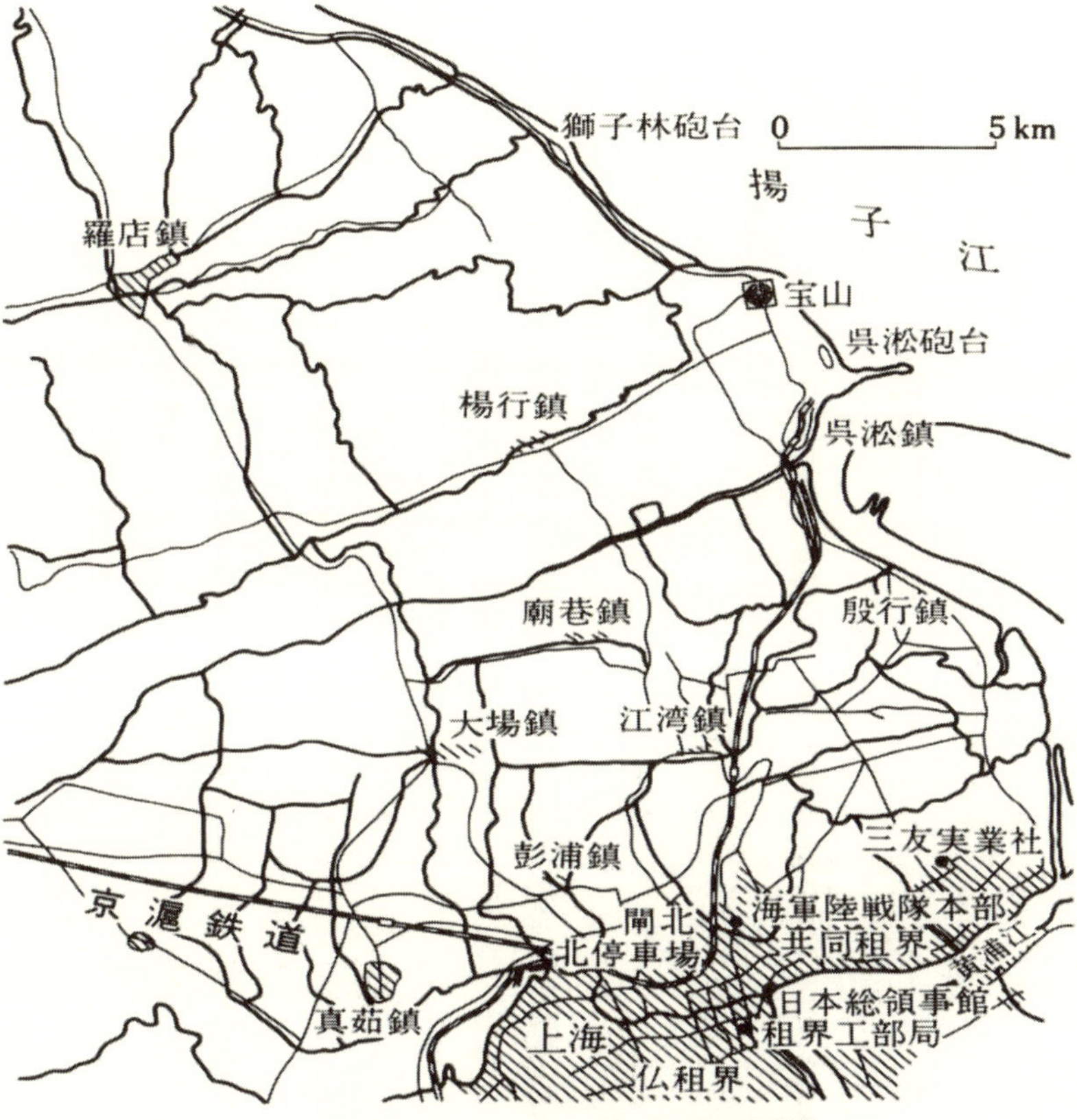

第１次上海事変関係地図

地図８　　出所：江口圭一『十五年戦争小史』（新版）青木書店、1991年、51頁。

……上海方面ノ情況逐次険悪　本夜半ヲ期シテ最後通牒ヲ……塩沢第一遣外艦隊司令官ヨリ発セラレタリトノ事故恐ラク本夜ハ日支ノ衝突アルベシ　陸軍部隊ノ派遣ヲ要スルヤモ知レズ之レガ準備シ……

その結果、遠藤の予想した通り、1月28日の夜半、日本海軍陸戦隊は北四川路一帯の防備を口実として、閘北の北停車場を占拠しようとして、国民政府軍の第19路軍と衝突した（前頁の地図8を参照）。これを契機に日中両軍は激しい市街戦に突入した[128]。

この衝突で日本海軍陸戦隊に頑強に抵抗した中国軍第19路軍は、上海附近に駐留していた「鉄軍」と呼ばれたほどの精強部隊であった。さらにそれに加えて、上海の中国人住民らも救護隊、通信隊、輸送隊などを次々と組織し、前線の第19路軍の作戦を援護するとともに、ゲリラ戦法を実施していた「便衣隊[129]」が日本軍の背後に入り込んで当時の日本軍を大いに悩ませた。そのため、日本海軍陸戦隊は予想もしなかった苦戦に巻き込まれた。

この苦戦の状況について、遠藤は1月29日の「日誌」に「……上海ニ於ケル彼我ノ衝突モ亦支那側意外ニ頑強ニテ海軍ノ死傷百ヲ超エ憂慮スベキ情態ニアリ……」と記している。これ以後、日中両軍は上海の戦場において膠着状態に陥ってしまった。

（2）日本軍による一般住民の虐殺と無差別爆撃

1932年1月28日の夜、上海では日中両軍の激しい市街戦が展開されるとともに、日本海軍陸戦隊による上海の一般住民に対する虐殺も始まった。当時、上海の戦争現場で取材をしていたアメリカのジャーナリスト、エドガー・スノーは、日本兵の暴行について彼の著書『極東戦線』において、次のように記録している。

……彼ら（日本兵）は中国地区の北四川路の向うにある住宅に押し入り、中国人を引きずり出して逮捕していたが、「襲撃」した疑いありとみられた者はその場で射殺された。午前一時頃には、虹口の境界線から先の街路上にたくさんの中国人の死体が転がっていた[130]。

なお、上海現地の日本人居留民団が組織した自警団は日本軍の先兵となり、在郷軍人や日本の大陸浪人[131]らも加わって、日本軍を大いに悩ませた「便衣隊」狩りを強行した。また日本海軍陸戦隊や在郷軍人は、「便衣隊」狩りを名目として上海の住宅街に押し入り、上海の民衆を無差別に拘束して理由もなく処刑した[132]。この暴行について、外務省編纂の公式外交文書である『日中外交文書　満洲事変（第2巻第1冊）』は、次のように記述している。

……陸戦隊及在郷軍人ハ……便衣隊員ノ所在ヲ突キトムル為メ戸別的家屋内捜査ヲ行ヒタルカ其ノ際家屋ニ多大ノ損害ヲ与ヘ便衣隊員ヲ戸外ニ逐出ス為ニ放火ヲサヘ為シタリ……陸戦隊在郷軍人及壮士（日本大陸浪人）ハ即決処刑ヲ含ム多クノ暴行ヲ行ヒタルカ……[133]

さらに、上海の日本人居留民団が編纂した『昭和七年上海事変誌』は、当時の日本の大陸浪人の非行について、次のように非難している。

……然し其の自警団員の中には往々必要の程度を超えた行為をした者がある……欧米人中に、今度は「日本浪人」の態度に感情を害するものが続出して、その為に外人社会に於ける対日輿論を不利に導いたことが尠くない[134]。

ここに見られるように、第1次上海事変において日本軍と日本の大陸浪人たちが行った中国の一般住民に対する行き過ぎた蛮行は、世界の世論からも厳しい非難を浴びた。さらに、この蛮行は日本軍隊に中国の一般住民虐殺の後遺症を残し、その後の「南京大虐殺[135]」事件でも、日本軍が「便衣隊」狩りといった名目で多数の中国一般民衆を捕らえて虐殺した[136]。

しかも、こうした状況下においては、もはや上海市内の安全は保障されなくなった。中国の一般住民の虐殺に加え、1月29日からは日本海軍航空隊の飛行機が上海市街に猛烈な爆撃を実施した。即ち、日本海軍航空部隊は限定爆撃を口にしながら、実際には無防備の中国住民の住宅密集地閘北に向け、無差別爆撃を行ったのである。そうした無差別爆撃について、前田哲男は次のように記している。

……1932年1月29日、能登呂の水上偵察機は北停車場を爆撃し、馬路大通りを機銃掃射した。この空襲によって商務印書館および東方図書館が破壊され、中国古代からの貴重な文書多数を焼失した。2月に入ると、上海沖30キロの海上に陣取った空母2隻の艦載機も地上軍の作戦に策応して、市街地の無差別爆撃に加わってきた。[137]

なお、こうした種類の日本海軍航空部隊による無差別爆撃は、上海市内に限定したものではなく、「日本軍は上海戦場から100キロも離れている杭州の飛行場にも爆撃を加えた」[138]。この無差別爆撃により、何千人という一般市民が命を失い、「総勢25万の避難民が閘北から共同租界へ逃れた」[139]と言われる。

この無差別爆撃は非道な犯罪的行為であったが、1937年7月7日の盧溝橋事件をきっかけに日中全面戦争が始まると、日本陸海軍はさらに相次いで中国の各地、例えば南京、武漢、重慶などに対する大規模な無差別爆撃を行った。即ち、日本軍が上海で実施した無差別爆撃は、後述するような重慶での戦略無差別爆撃にも発展し、「重慶爆撃[140]」の前奏曲になったと見ることもできるであろう。その意味では、第1次上海事変はまだその被害の規模は小さかったとはいえ、戦争の無残さ、近代戦の恐ろしさについて、その萌芽を見せていたことになるであろう。

第3節　遠藤三郎と第1次上海事変

（1）第1次上海事変の拡大

1）陸軍増援部隊の第1回目の派遣

前節で述べたように、日本軍による中国の一般住民の虐殺や無差別爆撃にかかわらず、上海の戦場の有様は日本軍にとっても厳しい状況にあった。一旦武力が発動されると、事態は予想以上に混乱し始め、上海北四川路界隈は日中両軍の激しい戦いで一進一退の膠着状況に陥り、最初に出動した海軍陸戦隊は苦戦に陥った。その情報が逐次東京の陸軍参謀本部に伝達された結果、陸軍の上層部は満洲問題から急遽上海方面にその関心を移行し始めた。即ち、2月1日から東京の参謀本部は上海戦に対応するため、その打開策として、陸軍増援部隊第9師団と第12師団の混成旅団を上海現地に派遣することを計画した。[141]

この頃、東京の参謀本部に勤務していた作戦参謀遠藤三郎は、再び上司から新しい任務を与えられ、上海への陸軍部隊派遣計画を立案することになった。[142] それを含む上海における緊迫した様子について、遠藤は2月1日と2日の「日誌」にそれぞれ次のように記している。

（一九三二年）二月一日　月　晴

上海附近ノ情勢逼迫シ各方面ヨリ連絡ニ来ル者多ク応接ニ暇ナシ……上海便衣隊ニ対スル方策　先遣部隊ノ指揮権問題　上海ニ陸軍部隊派遣計画　在満兵力ノ決定等幾多ノ問題ニテ忙殺セラル……

（一九三二年）二月二日　火　降雨

閣議ニ於テ第九師団及之レニ伴フ部隊第十二師団ノ混成旅団ノ動員及編成ヲ可決シ午後四時上奏御裁可アラセ

ラレタルモ未ダ上海派遣ヲ決セズ　海軍ト密接ナル連繋ヲ採リツ、出兵ノ場合ヲ準備シ午後十一時半帰宅ス
多忙ヲ極ム……

しかし、このように軍事情勢が緊迫した時期に至ると、陸海軍の間に元来存在していた競争意識と相互牽制、対立している状況が鮮明になり始めた。海軍は「第九師団ノ派遣ハ暫ク見合セ取リ敢ス混成旅団ノミノ派兵」を陸軍参謀本部に要請した。これに対し、参謀本部は「其ノ兵力ノ多寡ハ陸軍自体ニ於テ決定スベキモノナリ」との理由で海軍の要請を拒絶した。[143]

この問題の交渉が難航している状況下で、陸海軍間の連絡係にあたっていた遠藤は、海軍軍令部側の作戦課長近藤信竹大佐を説得し、ようやく陸軍の計画通りに第9師団と混成第24旅団を共に派遣することが決定された。その経過については2月4日の「遠藤日誌」に次のように詳しく記載されている。

（一九三二年）二月四日　木　晴

……突如課長ヨリ第九師団ノ派遣ハ暫ク見合セ取リ敢ス混成旅団ノミノ派兵ヲ海軍ヨリ要求シ来レリトノ報ヲ得直チニ海軍ニ其ノ真偽ヲ訪ネシニ作戦課ヨリ然ル旨回答アリ　再度軍令部ヲ訪ネテ其ノ不可ナルヲ論ジ　海軍ハ陸軍ノ要否ト其ノ派遣ノ時期ノミヲ要請スベキモノニシテ其ノ兵力ノ多寡ハ陸軍自体ニ於テ決定スベキモノナリ況ンヤ混成旅団ノ如キハ最初ヨリ単独ニ派遣スル為メニ編成セラレタルモノニアラス九師団ノ派遣ヲ前提トシタルモノニシテ偵察機関ハ本ヨリ後方機関モ頗ル不備ニシテ到底任務達成不可能ナルニ於テ然リ　海軍ニ於テ従来ノ協定ヲ破リ斯クノ如キ要求ヲナスニ於テハ陸軍トシテ承諾シ得ザル旨強硬ニ論説ス　海軍側ハ目下ノ国際状態上大ナル陸軍ヲ派遣スルハ……事態拡大ノ恐アリトノ理由ニテ同意セズ　協定不調ニ終リテ帰リ其ノ旨ヲ報告スルト共ニ午後五時ヨリ開カルベキ海陸首脳部ノ会議ニ於テハ第一部長代理タル今村大佐ヨリ主義上及事実問題トシテ混成旅団ノミノ派遣ヲ第一部トシテ絶対ニ承認シ得ザル旨ヲ主張セラル、故具申ス幸ニ

シテ午後七時予ノ主張ヲ貫徹シ得テ第九師団混成旅団ヲ共ニ派遣スルコトニ決セラレ……

2）陸軍増援部隊の第2回目の派遣

このようにして、上海の戦局が泥沼状態に陥った状況下で、日本海軍の要請を受けた陸軍参謀本部が増援部隊の派遣を昭和天皇に上奏し、その裁可を得て、先遣部隊の陸軍混成第24旅団と第9師団（師団長植田謙吉）を続々と上海に派遣し始めた。その後2月20日になると、いよいよ陸軍増援部隊は海軍とともに江湾鎮方面に指向する攻撃を開始し、陸海軍の協同作戦が展開された[144]。ところが、日本軍を迎え撃つ中国の第19路軍と後に国民政府から派遣された増援部隊第5軍[145]は強固な防衛線を構築し、日本軍の激しい攻撃を食い止めた。

当時日中両軍の激戦の状況について、参謀本部編『満洲事変作戦経過ノ概要―満洲事変史―』は次のように書いている。

……敵ノ抵抗予想外ニ強靭ニシテ遂ニ敵陣地ノ全縦深ニ亙リ之ヲ瓦解ニ導クニ至ラス　而モ師団ハ連日ノ戦闘ニ依リ人員ノ損耗大ナル……迅速ナル作戦進捗ハ望ミ難キ状況トナレリ……[146]

この頃、スイスのジュネーブでは、国際連盟が日本政府の上海への更なる増兵計画を懸念し始め、日本に対して警告し、圧力を掛けて積極的に日中両国に停戦交渉を働きかけた。しかも、ジュネーブから参謀本部宛てに「国際連盟は三月三日に日支両軍に停戦を勧告する」[147]という極秘電報が発信された[148]。それを知った遠藤参謀は日本軍の取るべき行動について、後に次のように記している。

三月三日、停戦勧告が発せられる前に支那軍を蘇州附近の湿地帯迄撃退し、日本軍勝利の下で自主的に停戦し得れば問題はないが、戦況不利な状態で停戦すれば支那軍の勝利が宣伝され、日本軍の名声は失墜し塁を満洲問題の解決にも及ぼす恐れがある。さればと言って勧告を受け入れず三月三日以降も戦闘を継続すれば、日本は国際連盟を敵にすることとなり少なくとも国際的村八分にされる恐れがあり、全く窮地に陥ったわけだ。[149]

遠藤と同じように、参謀本部でも、「この戦争を局地的な範囲に限定して、戦闘では日本軍が有利という態勢で停戦に持ち込みたい考えであった。しかも期限は3月3日の国際連盟決議以前に勝敗を決すること、増派する兵力は2個師団とすることが参謀本部作戦課の小畑（敏四郎）課長の考え[150]」であった。

この新たな増兵問題については、遠藤は2月23日の「日誌」に次のように記している。

（一九三二年）二月二十三日　火　晴
上海方面ノ情況楽観ヲ許サズ　閣議ニ於テ増兵問題ヲ議セラレ……午後二時半二師団以内ノ増兵可決セラレ今迄準備セル第十一師団出発ノ場合ノ奉勅命令ヲ変更シ十一十四両師団ノ場合ノモノヲ起案ス　午後七時半動員ハ裁可セラレ即時発セラレタルモ……

この「日誌」の通り、参謀本部は第11師団（師団長厚東篤太郎中将）と第14師団（師団長松木直亮中将）及び軍直属部隊を増派し、以前上海戦場に派遣された第9師団と混成第24旅団を合わせて上海派遣軍（司令官白川義則陸軍大将）を編成することを決めた。遠藤はその作戦計画、即ち、すぐ後の七了口上陸作戦につながる上海上陸作戦案を極秘裡に立案するよう参謀本部の上司（小畑敏四郎作戦課長）から命じられた。[151]

（2）遠藤三郎と七了口上陸作戦

1）遠藤三郎の「七了口上陸作戦案」

当時、参謀本部作戦課は「……（筆者注、中国軍は上海の）北方には呉淞鎮、中央に廟行鎮と大場鎮、西方に羅店鎮と堅固な防塞を築いて徹底抗戦の構えを見せている。到底短時日に撃破できそうにない……殊に揚子江下流附近のような低湿地帯では、よほどの場所を選ばなければ大部隊を上陸させても、その威力を発揮しない」[152]と認識していた。それ故、上海の上陸作戦において、上陸地点の選定は日本軍にとって一番重要な問題と考えられた。

そうした中で、上司から重要な任務を受領した遠藤は、昼夜問わず熟慮を重ね、最後に上海市北側の郊外にある七了口[153]（次頁の地図9を参照）を上陸地点として選定し、「七了口上陸作戦案」を立案した。

当時、遠藤はこの作戦案の構想について次のように説明した。

新たに派遣される部隊を上海埠頭から上陸さして第9師団の戦線に注ぎ込んだのでは、上陸は安全でも上陸後第19路軍の強い抵抗と戦場の地形から見て到底3月3日迄に敵を撃退し得ないと判断したので、第11師団を極秘裡に揚子江を遡航して江口から20数浬上流の七了口に上陸せしめ敵の背後を衝くのであった。[154]

次頁の地図9に示されているように、七了口は揚子江の下流域にある低湿地帯で、名もない僻村である。しかし、遠藤はそこが日本軍にとって上海逆上陸作戦を実施する絶好の場所であると判断した。その理由について、彼は次のように詳述している。

……敵ノ配備最モ薄弱ナル地点ニ選定シ　作戦目標ニ進出スル為ノ不便ハ上陸後ノ軍隊ノ神速果敢ナル行動ニ依リ補フ如クスルヲ有利トス……七了口ハ瀏河以北江岸中最モ上陸ニ適スルモ　一般ノ地形特ニ潮流河岸及陸上道路及クリークノ状況ハ大部隊ノ上陸及爾後ノ行動ニ相当ノ困難ヲ伴フ　然レトモ若シ茲ニ一部隊ヲ上陸シ　遠ク太倉昆山方面ニ行動セシムルハ軍全般ノ作戦ヲ極メテ有利ナラシメ得ヘシ……[155]

しかし、海軍第3艦隊司令官野村吉三郎は「揚子江口から七了口迄の水路には標識が取り外され、かつ沿岸の敵

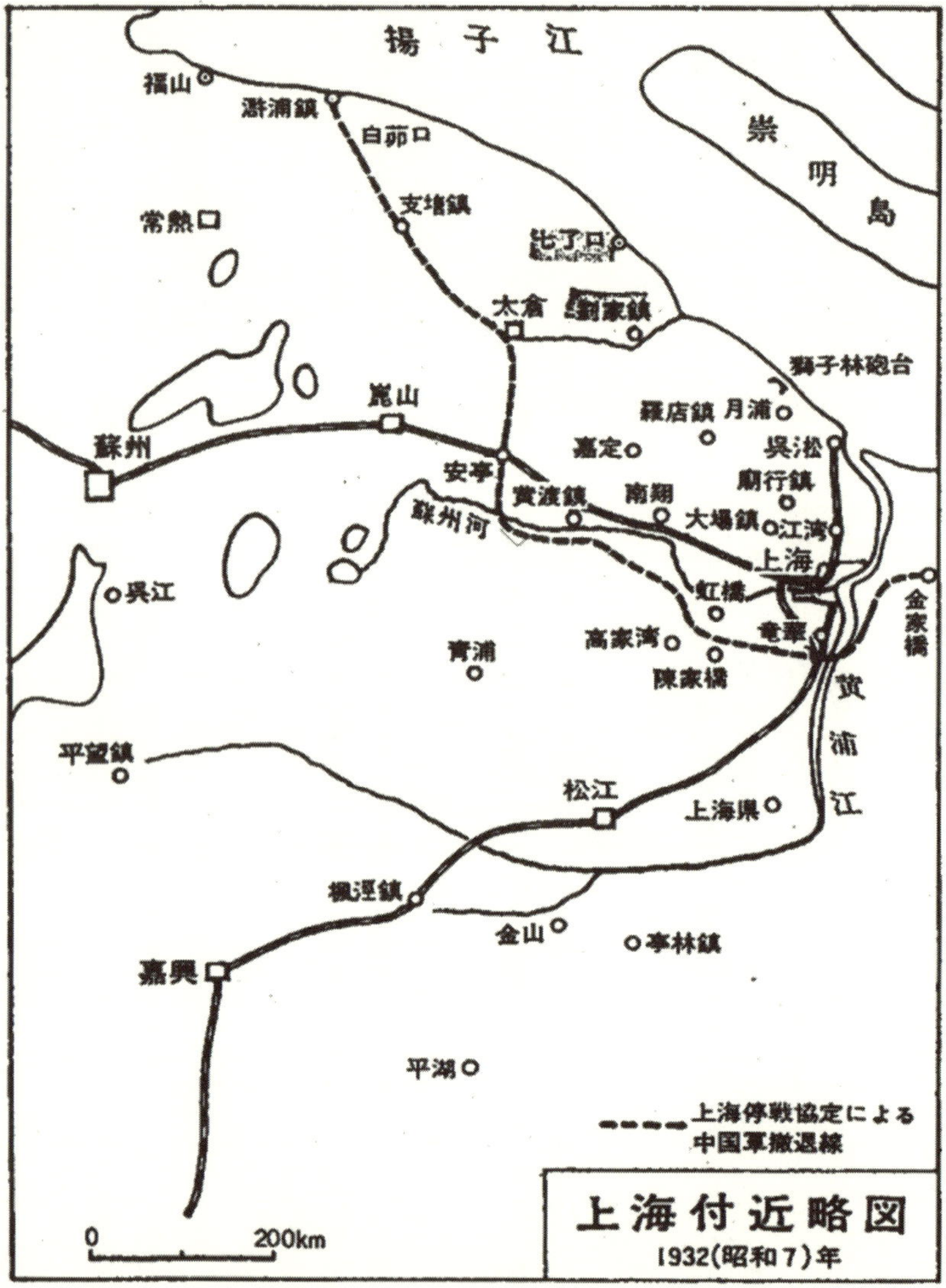

地図９　出所：遠藤三郎『日中十五年戦争と私』日中書林、1974年、37頁。

砲台が厳存しているから陸兵輸送の護衛は不可能[156]」という理由で、遠藤のこの作戦案に反対した。

こうして、2月24日になると、遠藤は参謀本部作戦課長から第11師団の上陸を見届けるべく同師団と共に出発すべきとの命令を受け取った。2日後の26日に、彼は白川軍司令官一行とともに上海へ出発した。翌27日午後3時半、白川司令官一行は徳島県小松島に到着した早々、海軍第2艦隊の旗艦・巡洋艦「妙高」に乗艦し、出港して上海に向かった。「妙高」が出港した直後、艦上で作戦会議が開かれた。[157]

この会議では、まず、遠藤が立案した「七了口上陸作戦案」について協議された。「第二艦隊司令官末次信正中将は、七了口上陸を不適当とみなす第3艦隊司令長官野村中将の具申電を提示したが、自身は七了口でもどこでもかまわぬと述べた。参謀たちも、第11師団長厚東中将も七了口上陸を主張した[158]」。遠藤はこの作戦会議で上陸点について海軍側と交渉した経緯について、当日の「日誌」に下記の通り詳しく記録している。

（一九三二年）二月二十七日　土　晴

……第三艦隊司令長官ヨリハ七了口附近ハ天候及潮流ノ関係及水路ノ敵砲兵ニ脅威セラレアル関係上　従来呉淞砲台前二里ノ間ニ於テサヘ全力ヲ尽シ警戒シアルニ　二十数里ノ間ヲ警戒スルハ殆ンド不可能ナリト電報シ来リタルモ　陸軍側ハ全般ノ戦況上七了口上陸ノ必要ヲ述べ　且ツ軍司令官ハ拝謁ノ際ノ聖旨及御言葉ヲ伝達ス　特ニ第十一師団長ノ如キハ万難ヲ排シテ敵前上陸ヲ敢行スルノ決意アル事　将兵一同モ亦其ノ宣揚ニアルヲ述べラレタリ　第二艦隊司令官モ亦若干ノ危険ノ如キ戦争ニハ当然ナレバ敢行スルヲ可トスベシトノ意見ナリキ　誠ニ心強シ　夕食後海軍側ヨリ予ニ希望アリ　第三艦隊司令官ヲシテ真面目ニ上陸作戦ヲ準備セシメンガタメ陸軍ノ決意ヲ電報シタキ故　幕僚首脳陣ト会談シタレトノ事故　之レヲ軍幕僚ニ通ジテモ亦立会ヒテ協議スル所アリ　陸軍ハ既ニ田代少将参電報ニテ陸軍自ラ偵察スベキヲ以テセル電報案ヲ示シ　且ツ七了口附近上陸ノ必要ヲ説キ　之レガタメ若干日ヲ待ツモ可ナリトモ……海軍モ之ヲ諒トシ　明日更ニ研究ノ上第三艦隊司令官ニ電報スルコトニ決セリ……

その結果、上海派遣軍司令官白川義則は慎重を期して、決断は揚子江に到着するまで保留された。その2日後の29日の早朝、日本艦隊がようやく上海の揚子江河口に到着し、早速第2回目の作戦会議が艦上で開かれた。[159] この席上、遠藤の上司、元参謀本部作戦課長今村均大佐は、遠藤の立案した「七了口上陸作戦案」を全面的に支持し、さらに彼はこの作戦案を成功させるため、事前に自ら七了口附近で偵察を行い、詳しい実景図を作成した。[160] この作戦会議で、今村は事前に掌握した七了口附近の偵察情報について次のようにまとめている。

一、艦隊側ノ偵察及航空写真ニヨレハ　楊林口瀏河鎮附近一帯ニハ第九師団ノ到着以前ヨリ防禦工事アリ　一部ノ守備兵ヲ見ル七了口附近ノ写真上ニハ防禦工事ヲ見サルモ　実際ノ場合ニハ之レ亦敵前上陸トナルヘキハ之ヲ予期セサルヘカラス……

二、第三戦隊ハ第九師団ノ攻撃開始ト同時ニ之ト協力スル目的ヲ以テ　二十日以来揚子江上流地区ニ行動シ時ニハ一部ノ陸戦隊上陸ノ気勢ヲ示ス等ノ陽動ニ依リ　又ハ獅子林砲台及其他ノ沿岸砲撃ニヨリ極力師団前面ノ敵ヲ牽制スルニ努メ……

三、第三戦隊ノ右陽動中ニ行ヒタル偵察ノ結果ニヨレハ　沿岸守備兵ハソレ程有力ナルモノニ非ス　我砲撃毎ニ陣地ヲ飛ヒ出シテ後退スル有様ナリシ如ク　又獅子林砲台ハ時々我軍艦ヲ射撃セルモ　我砲撃ニヨリ直ニ沈黙スルヲ例トセリ……

四、……一般ノ戦略関係上小官（今村）ハ依然同方面（七了口）ニ一師団ヲ上陸セシムルコトヲ有利ナリト判断シアリ　然レトモ前述ノ如キ事情アルヲ以テ緊密ナル海軍ノ協力ト　揚陸機関及器材ノ周到ナル準備トハ絶対ニ必要ナリト考フ……[161]

以上の説明から推して、上海の上陸作戦に重要な軍事情報を提供して、遠藤の「七了口上陸作戦案」を実行させたのは今村大佐であった。[162] この今村の偵察情報により、ようやく白川軍司令官は遠藤の「七了口上陸作戦案」を採用した。

次いで、七了口に上陸する日時の問題（3月1日説と2日説）について議論された。軍司令部員からは「急いで3月1日に上陸するよりは、準備期間も見込んで2日にした方が得策だ[163]」との意見が広まりだした。これに対し、遠藤は「3月3日にジュネーブで開かれる国際連盟総会で停戦要求が決議されそうなこと、その前に戦果をあげて日本側の立場を有利にするのが派遣軍の使命であること、それには3月1日の上陸が必須であること[164]」を出席者一同に力説した。その議論の有様については、当日の「遠藤日誌」に次のように詳しく記載されている。

（一九三二年）二月二十九日　日　荒天

……八時田代少将ヲ初メ田尻運輸部出張所長今村大佐等上海ヨリ来ル軍司令官ニ対シ情況ノ報告アリ　七了口方面ノ上陸ハ頗ル困難ナルヲ伝ヘラレ然レトモ不可能ニアラザル旨特ニ田尻大佐ヨリ其ノ準備ハ明朝ノ上陸可能ナルヲ報告セルモ　軍司令官ハ準備ノ完全ヲ期セルニガタメ三月二日ト決定セル　曩ニ国際聯盟ノ関係上攻撃開始ノ迅速ナルヲ要シ且ツ上陸作戦ノ能否ハ準備ノ如何ヨリモ　天候ノ如何ニ作用セラルルコト多キヲ以テ予メ海軍ニ依頼シアル気圧配置要図ヲ差出シ……明朝天候ハ略上陸可能ナルモ漸次悪化ノ徴アルヲ以テ　軍司令官ノ決定ニハ天候ヲ重要要素トセラレタキ旨意見ヲ具申ス　此ノ時恰モ今村大佐海軍側ノ意見ヲ明一日ニ決心シタキ旨伝ヘ……

こうして、白川軍司令官はようやく遠藤の「七了口上陸作戦案」に納得し、第11師団が3月1日の早朝七了口に上陸作戦を敢行することに決定した。

2）七了口上陸作戦

1932年2月29日午後10時、第11師団の上陸部隊は小型の艦船に移乗して、第3艦隊の護衛の下に揚子江を遡航し、3月1日の午前1時半頃七了口沖に到着し、5時25分頃上陸作戦を開始した。[165]
この七了口上陸作戦の経過について、遠藤は当日の「日誌」に次のように詳しく記述している。

（一九三二年）三月一日　火　快晴　無風
午前一時半頃七了口沖ニ到着投錨ス　第一隊ニ駆逐艦四、第二隊ニ那珂（巡洋艦）長陽宜陽陸兵ヲ満載シ……午前五時頃ヨリ移乗開始逐次完了ノ報告来ル　午前五時二十五分那珂艦橋上ニ舟艇出発ノ信号揚ル　東天漸ク白シ初ムル頃舟艇ノ陸岸ニ近ツキツヽアルヲ微カニ見ユ　突如陸岸ニ機関銃声ノ起ルヲ聞ク成否ヤ如何ニト一同固唾ヲ飲ム　間モナク望遠鏡中ニ陸岸ニ取リツク陸兵ヲ見其ノ成功ヲ確信シツヽモ不安ノ十数分ヲ経過シアリシガ　六時稍過ギ誘導ニ任シタル海軍大尉帰艦シテ成功ノ報告ヲモタラス　一同歓喜ニ満ツ間モナク機関銃ノ音モ絶エ　午前八時ニハ第三四上陸部隊ト共ニ師団長上陸　予モ亦七了口東方河岸ニ上陸ス……午前九時頃ニハ全陸兵ノ揚陸完了……

このようにして、遠藤が立案した上陸作戦案に従い、第11師団は七了口上陸作戦に成功した後、附近の瀏家鎮を奪取し、さらに引き続き南方に進出し、大場鎮、真茹鎮方面に向かって作戦を展開した。それとともに、第11師団の七了口上陸成功のニュースを耳にした第9師団は、戦果を拡大するため、中国第19路軍に対する総攻撃を開始し、廟行鎮から江湾鎮西側にわたる全線で第19路軍の陣地を占領した。この時、腹背に日本軍からの攻撃を受けて苦境に追い込まれた第19路軍は、やむを得ず3月2日午後11時に総退却を開始した。[166]中国軍の退却報告を確認した上海派遣軍司令官白川大将及び第3艦隊司令長官野村大将は3月3日午後、それぞれ戦闘行為の中止命令を下達し、直ちに内外に声明した[167]（次頁の地図10を参照）。
こうして、日本軍は第1次上海事変において、遠藤が立案した「七了口上陸作戦案」に基づき、陸海軍の協同作戦の下で遂に勝利を収めた。[168]

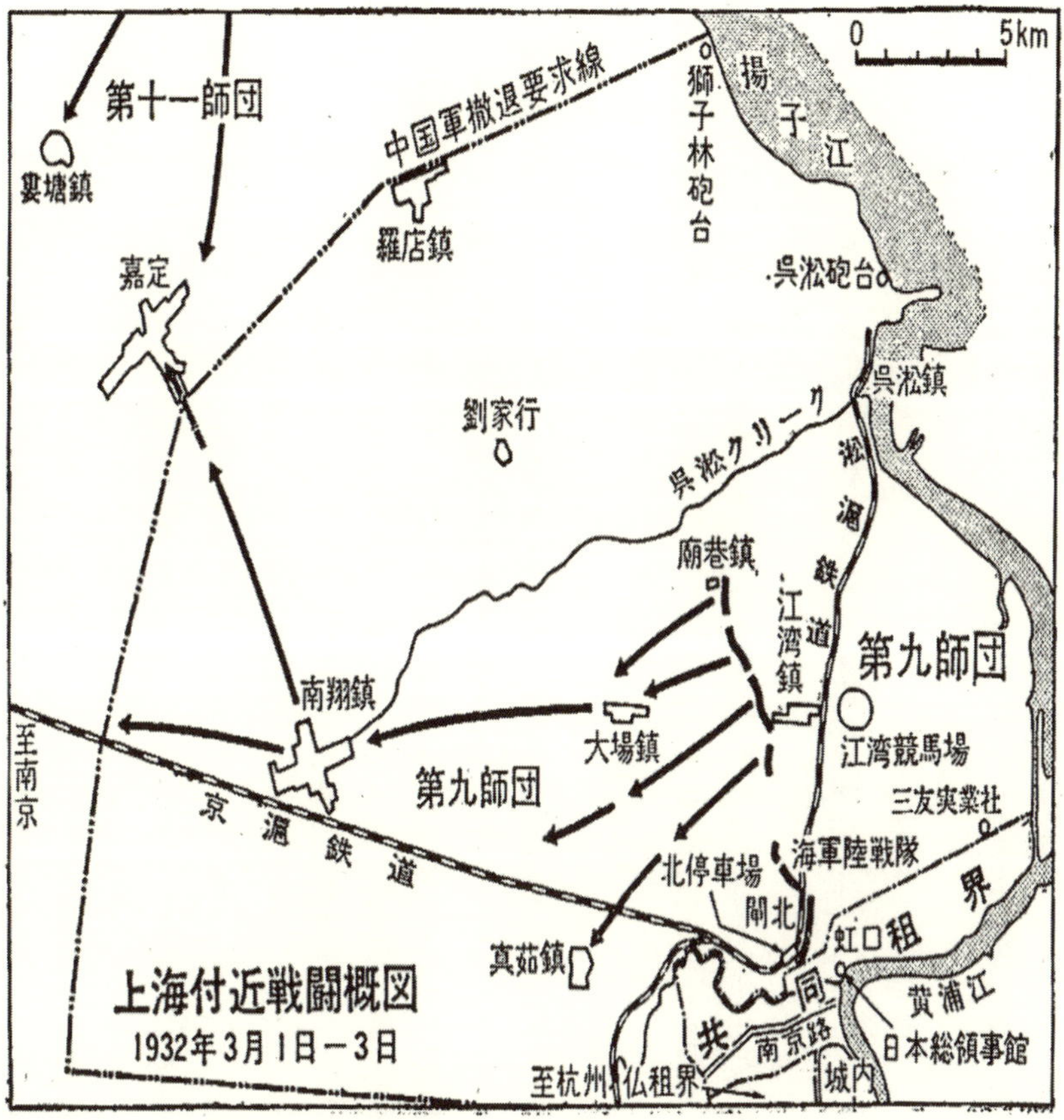

地図10　　出所：臼井勝美『満洲事変―戦争と外交と―』中央公論社、1974年、193頁。

以上のように、第1次上海事変における日本軍の勝利には遠藤の功績が大きかった。遠藤は参謀本部の一作戦参謀に過ぎなかったため、ただ1人の力と一作戦案だけではあの大作戦の最終結果を左右することにはならない。しかし、軍人としての遠藤はその任務を忠実に執行し、当時の上海周辺の地理的状況とそれに対応する彼我の軍事情報の的確な把握を基礎として、「七了口上陸作戦案」を立案し、最終的に軍上層部の支持を獲得するとともに、膠着した上海の戦局を日本軍に有利な状況に転換させたのである。したがって、遠藤の「七了口上陸作戦案」は第1次上海事変におけるターニングポイントであったと言って良いであろう。

ただ、日本軍はこの第1次上海事変において、表面上は軍事上の勝利を収めたが、撤退した第19路軍は全面的に敗北したわけではなく、実は戦略的に日本軍との決戦を避け、上海奥地の第2防衛線まで退却して、戦域を奥地へ拡大させ、戦争を長期化させることを考えていた。[169]その理由は、近代的戦争は局地的な勝利で決着がつくとは限らない、特にスペースの広い中国大陸には奥地があるという考え方によるものであった。

ちなみに、当時上海にあった内山書店に避難した中国の文豪魯迅[170]は、その後直ちにこの戦いを総括して、中国の抗日戦争は時間と空間との戦いとなると予言し、「中国の領土的な広さを活用すれば、敵を深く懐に誘い込む」[171]という抗日戦略論を発表した。

しかし、当時の日本軍の指導者はその戦略構想の中に、中国の空間と時間の概念を位置づけることができなかったため、短期決戦で中国を屈伏させると予測した。この点では、当時の遠藤三郎もまた例外ではなかったと考える。

第4節　上海「天長節」爆弾事件から「上海停戦協定」へ

(1) 上海「天長節」爆弾事件

第1次上海事変は、上記の七了口上陸作戦により、日本軍の勝利に終わったが、日本軍の残虐行為は中国国内の反日感情をさらに激化させた。その一例として、第1次上海事変停戦交渉の最中の1932年4月29日に、韓国独立運動家尹奉吉[172]によって決行された上海「天長節」爆弾事件を挙げることができる。

即ち、昭和天皇誕生日の当日、日本の上海派遣軍と上海日本人居留民は、上海虹口公園（現魯迅公園）で「天長節」祝賀会を執り行った。その折、手榴弾2個を持って会場に潜入した尹奉吉が式場内の要人群の席に手榴弾を投げつけて爆発させた。その結果、上海派遣軍司令官白川大将と上海日本人居留民行政委員会長川端貞次が死亡し、第3艦隊司令長官野村中将、第9師団長植田中将、上海駐在総領事村井倉松ら多数が重症を負った。

この爆弾事件は当時の戦勝ムードが盛り上がっていた日本軍国主義の首脳部に大きな打撃を与え、交渉難航中の「上海停戦協定」の調印を加速させた。

（2）「上海停戦協定」の調印

こうして、英米の停戦勧告という政治的制約[173]により、日中両軍の間の正式の停戦交渉は3月24日から上海に停泊していた英国の軍艦上で開かれ、5月5日に至って日中双方は「上海停戦協定」に調印した。[174]

この「協定」は、下記の通り、全5条によって構成され、条文の後に説明するように、実質的に、日本軍の軍事的優勢を認めるものであった。

第一条　日本国及中國ノ当局ハ既ニ戦闘中止ヲ命令シタルニ依リ昭和七年五月五日ヨリ停戦ガ確定セラルルコト合意セラル双方ノ軍ハ其ノ統制ノ及ブ限リ一切ノ且有ラユル形式ノ敵対行為ヲ上海ノ周囲ニ於テ停止スベシ……

第二条　中國軍隊ハ本協定ニ依リ取扱ハルル地域ニ於ケル正常状態ノ回復後ニ於テ追テ取極アル迄其ノ現駐地点ニ止マルベシ……

第三条　日本国軍隊ハ昭和七年一月二十八日ノ事件前ニ於ケルガ如ク共同租界及虹口方面ニ於ケル租界外拡張道路ニ撤収スベシ尤モ収容セラルベキ日本国軍隊ノ数ニ鑑ミ若干ハ前記地域ニ隣接セル地方ニ当分ノ間

駐屯セシメラルベキモノトス……

第四条　相互ノ撤収ヲ認証スル為参加友好国ヲ代表スル委員ヲ含ム共同委員会ヲ設置スベシ右委員会ハ又撤収日本国軍ヨリ交代中国警察ヘノ引継ノ取運ニ協力スベク右中国警察ハ日本国軍ノ撤収スルトキ直ニ引継ヲ受クベシ……

第五条　本協定ハ其ノ署名ノ日ヨリ実施セラルベシ……[175]

上で述べたように、この停戦協定は日本軍に有利なものであった。例えば、第三条では、日本軍が「共同租界」及び虹口における租界外の拡張道路、さらにはそれらに加え、上海周辺地域に駐屯することが認められた。また第四条では、中国軍に関連して、日本軍の撤収後の租界を含む外国人居住地域の治安維持は中国の軍隊ではなく、中国の警察によって行われることとされた。その結果、中国の軍隊は「租界周辺を駐兵制限区域とされた形となり、34（昭和9）年以後にはその区域を通過することすら日本側への事前通告の下に行わざるを得なくなった[176]」。

このようにして、「第1次上海事変は上海での日本軍のプレゼンスを強化する結果をもたらし[177]」、日本軍に優越的地位を与える結果となった。この「上海停戦協定」により、中国の主権はさらに日本軍に侵害され、日本軍は上海での勢力範囲と権限をより一層拡大することとなった。

なお、「上海停戦協定」が成立した翌6日に、日本軍は協定線まで後退し[178]、5月31日までに陸軍部隊混成第24旅団と第11師団は上海から日本本土に帰還したが、第14師団は上海から直接満洲に転用され[179]、後の第3部で言及するように、熱河作戦の準備にあたった。

この第1次上海事変を通じて、日本軍の更なる野望が刺激された。これ以降、日本軍は中国大陸の広いスペースを無視し、さらに軍事作戦を展開し、熱河省から内モンゴルへその支配領域を拡大した。それ故、第1次上海事変は満洲事変を含め、その後に続く日中戦争において、日本軍によって惹起された多くの軍事衝突の1つに過ぎなかったと言って良いであろう。

以上、本第二部の第一章から四章までは、満洲事変を巡る関東軍の一連の謀略作戦に注目し、関東軍の拡大路線と陸軍参謀本部の非拡大路線の相克を中心に検討するとともに、それに対する遠藤三郎の考え方や行動などを考察してきた。

満洲事変直後、東京参謀本部作戦課員であった遠藤三郎は、最初関東軍の満洲事変の拡大を防止する役目を持って満洲に派遣され、関東軍の暴走を食い止めようと努力したが、それは不可能であった。ただ、北満視察によって、ソ連に干渉意図がないことを確認すると、彼は関東軍の北満出兵を支持し、ソ連の介入を懸念する参謀本部と対立した。しかし、最終的には参謀本部もソ連の真意を確認し、遠藤に同調した。即ち、遠藤の現実的認識に基づくいわゆる「対ソ楽観論」が、関東軍と参謀本部の北満出兵を巡る戦略決定に一定の影響を与えたと言うことができると思われる。

次に、最終章の第五章の遠藤三郎と第1次上海事変との関係について、簡単にまとめておきたい。

１９３２年1月に、第1次上海事変が勃発し、戦局が泥沼状態に陥ると、東京の参謀本部に勤務していた作戦参謀遠藤三郎は、当該事変を解決するために、上海に派遣されることとなった。遠藤は現地の軍事情勢や地理的条件などを的確に分析し、居ながらにして、「七了口上陸作戦案」を立案した。それに基づいて、陸軍の増援部隊第11師団は七了口上陸作戦を開始し、最終的に勝利を収めた。ここには、遠藤の軍人としての合理性や作戦能力の高さが示されていると言って良いと思われる。

注

1　当時、日本の対外政策には地域ごとにいくつかの政策が存在した。それらの中に、「……また発展の方向についても、東北アジア、東南アジア、南米等、様々な方向が指し示されていた。しかしながら、これらの主張のうち最も有力かつ重要な主張は、中国大陸に対する領土・権益・政治的影響力等の拡大を説く主張（この主張および実践を『大陸発展政策』ないし『大陸政策』と呼ぶ）であったといって良い」。北岡伸一『日本陸軍と大陸政策』東京大学出版会、1978年、1頁。

2　米原謙『徳富蘇峰―日本ナショナリズムの軌跡―』（中公新書、2003年、119～121頁）によれば、日本の「大陸政策」の形成については、日本の民間の代表的な文化人徳富蘇峰や民間右翼の「大陸政策」も日本政府の「大陸政策」と関連性があり、むしろ、民間人の方が日本政府に影響力をもっていた可能性を否定できないと述べられている。その代表例は徳富蘇峰の『大日本膨張論』と民間右翼の川島浪速や頭山満の玄洋社、内田良平の黒龍会の思想と行動などである。特に、明治を代表する文化人徳富蘇峰は日清戦争が勃発したとき、広島の大本営に駐在して、日本政府と陸海軍の行動を取材し、『国民新聞』に日清戦争を正義の戦争とする積極的な論陣を張った。その論説は単行本として『大日本膨張論』（民友社、1894年）と題して発刊された。蘇峰は同書で遼東半島の旅順を日本の「大陸政策」を推進する重要な軍事拠点（戦略基地）と位置づけている。また、E. H. ノーマン著（陸井三郎訳）『日本における兵士と農民―日本徴兵制度の諸起源―』（白日書院、1947年、176～178頁）によれば、頭山満は日露戦争を誘発するため、元老院に乗り込み、伊藤博文を殴りつけても、伊藤に日露戦争を決断させると意気込んでいる。なお、「遠藤日記」にも川島浪速の養女川島芳子の名前が登場するし、無名の大陸浪人の名前も多数登場する。したがって、本論で考察する日本の「大陸政策」の概念の中には、日本の民間右翼の「大陸政策」も含めることになる。

3　東清鉄道とは、「ロシアが中国東北部に建設した鉄道で、現在の中国長春鉄路である。もと中東（中国東北）鉄道と称し、日本では東支鉄道、北満洲鉄道と呼んだ。1896年の『露清同盟密約』により、ロシアは北満洲を横断してシベリア鉄道とウラジオストクを結ぶ敷設権を獲得した。96年露清銀行・清国間の契約に基づき、97年ロシア政府の全額出資による中東鉄道会社が創立され、98年から着工した。98年にはハルビン～旅順間の南部線敷設権も獲得し、1901年全線開通、03年営業を開始した……」下中直也編『世界大百科事典（20）』平凡社、1988年、67頁。

4　日本は明治39（1906）年11月に、南満洲鉄道株式会社（満鉄）を設立した。「満鉄は、関東州の大連から奉天（現在の瀋陽）を経て長春にいたる延長701キロメートルの鉄道を中心とする半官半民の、というより事実上国営の大コンツェルンである」。江口圭一『昭和の歴史　第4巻　十五年戦争の開幕』小学館、1982年、22頁。

5　日本の帝国主義的「大陸政策」について、中国側の文献にも次のような解釈がある。日本は日露戦争の講和条約ポーツマス条約によって、ロシアからの租借地であった「関東州」と南満洲における鉄道権益を譲渡され、若い帝国主義国家として、その発展の方向を隣接するアジア大陸に求めることとなった（訳文は筆者、以下同様）。沈予『日本大陸政策史』社会科学文献出版社、2005年、138頁。

6　満蒙とは、「中国の満洲（東3省、即ち遼寧省、吉林省、黒竜江省）と内蒙古（熱河省、チャハル省、綏遠省）の地方を一括して指す、主に日本側の呼び方であるが、満蒙問題といわれたものの最大の焦点は、満鉄をめぐる鉄道問題であった」。江口圭一、前掲書、21～22頁。

7　日本国際政治学会太平洋戦争原因研究部『太平洋戦争への道　開戦外交史1　満洲事変前夜（新版）』朝日新聞社、1987年、288頁。

8　郭富純主編『「九・一八」事変策源地―旅順日本関東軍司令部』大連出版社、2011年、87頁。

9　江口圭一『十五年戦争小史（新版）』青木書店、1991年、32頁。

10　島田俊彦『関東軍―在満陸軍の独走―』（講談社学術文庫、2005年、70～71頁）によれば、辛亥革命の父・孫文の残した「国民党が、彼（孫文）の遺志にしたがって蒋介石の統率下に国民革命軍を組織し、大正15（1926）年7月北伐（北方軍閥討伐を目指す統一戦争）を開始して、随所に北軍を撃破しつつあったし、軍閥混戦に倦いた中国人民は歓呼してこれを迎えたからである。呉佩孚・孫伝芳・張宗昌らの華北軍閥将領は、張作霖を総司令に推して安国軍を結成し、防戦につとめたが、南軍の進撃をささえることはできなかった」。

11　江口圭一『十五年戦争小史（新版）』、32頁。

12　田中内閣は、「昭和2（1927）年の6月末から7月はじめにかけて、満洲、中国、朝鮮に駐在している日本官憲首脳部の全員を外務省に集めて、大陸問題を討議した。これが内外に大きな反響を呼んだ『東方会議』である」。島田俊彦

『満洲事変』講談社学術文庫、２０１０年、89頁。

13 「この『謀略』こそ、関東軍の政治行動の基本であり、関東軍によるその成功が、この言葉を広く流通させることになったと考えることができる……この時期の関東軍の場合には、自らは背後に隠れて、中国人（或いは中国人に見せかけた日本人）に一定の行動を起こさせ、それを利用して、次に関東軍自身が行動を起こす、というのが『謀略』の基本的パターンであった」。古屋哲夫『日中戦争史研究』吉川弘文館、１９８４年、82頁。

14 緒方貞子『満洲事変―政策の形成過程―』（岩波書店、２０１１年、23頁）によれば、「幣原の対中政策は輸出を中心とした経済発展と内乱不干渉主義との二原則に基づいていたが、これに対し田中の所謂『強硬外交』はいくつかの著しく対照的な特徴を有していた。まず一言で言えば、田中は軍事手段の行使と権益の積極的な開発を中心として大陸発展を試みたと言えよう」。

15 東方会議に先立って、参謀本部作戦課の鈴木貞一少佐、関東軍参謀の河本大作大佐は、「満洲を支那本土から切り離して、そうして別個の土地区画にして、その土地、地域に日本の政治的勢力を入れる」という「満蒙分離政策」を主張した。歴史学研究会編『太平洋戦争史1満洲事変』青木書店、１９７１年、１３７頁。

16 外務省編『日本外交年表並主要文書（下）』原書房、１９６６年、１０２頁。

17 同上書、１０２頁。

18 「政友会の衆議院議員松岡洋右は、昭和６（１９３１）年1月、帝国議会で演説し、『満蒙は特に我が国にとっては国防上からも、わが民族の経済的存在の上からも、じつにこの生命線をなす』とぶち上げた。そして、この松岡の演説などをきっかけとして、いわゆる『満蒙生命線論』が盛んに呼ばれるようになるのである」。ＮＨＫ〝ドキュメント昭和〟取材班編『ドキュメント昭和7　皇帝の密約』角川書店、１９８７年、54頁。

19 同上書、52頁。

20 今井武夫『昭和の謀略』原書房、１９６７年、18頁。

21 伊香俊哉『戦争の日本史22　満洲事変から日中全面戦争へ』吉川弘文館、２００７年、4頁。

22 粟屋憲太郎『ドキュメント昭和史（普及版）２　満洲事変と二・二六』平凡社、１９８３年、74頁。

23 歩平・栄維木主編『中華民族抗日戦争全史』中国青年出版社、２０１０年、49頁。

24　江口圭一『十五年戦争小史（新版）』、32頁。
25　猪瀬直樹監修、平塚柾緒編集『目撃者が語る昭和史　第3巻　満洲事変―昭和3年の張作霖爆殺事件から満洲建国―』新人物往来社、1989年、28頁。
26　日本国際政治学会太平洋戦争原因研究部『太平洋戦争への道　開戦外交史1　満洲事変前夜（新版）』、362頁。
27　1929年5月1日、関東軍高級参謀板垣征四郎は、関東軍情報会議を主催した。この会議では、「東三省軍との間に『全面的軍事行動』となる恐れがあるので、そのための徹底的研究が必要であるとの結論が出され、『対ソ作戦計画の研究』を目的とする関東軍参謀演習旅行を実施する決定も行われた」。その後、「関東軍の参謀演習旅行は計画通り、7月3日から12日間にわたって行われた。この旅行での研究項目には、ハルビン攻撃やハイラル防御の問題までが含まれていた」。同上書、366頁。
28　石原莞爾は「すでに河本大作が張作霖を爆殺する半年前の1927年12月の時点で『満蒙を領有せざるべからざるは絶対的』（『現在および将来における日本の国防』）との結論に達し、さらに中国本土の領有をも視野に入れた研究準備の必要性を強調していた」。山室信一『キメラ―満洲国の肖像（増補版）』中公新書、2006年、28頁。
29　鹿島平和研究所編『日本外交史　第18巻　満洲事変』鹿島研究所出版会、1973年、59頁。
30　角田順『石原莞爾資料　国防論策篇』原書房、1967年、40頁。
31　同上書、40頁。
32　同上書、40頁。
33　稲葉正夫ほか編『太平洋戦争への道　別巻　資料編』朝日新聞社、1963年、87～88頁。
34　同上書、88頁。なお、中山隆志『関東軍』（講談社、2000年、81頁）によれば、「関東軍満蒙領有計画」は、「軍閥官僚、中国軍隊を掃蕩、処分し、最も簡明な軍政を布き確実に治安を維持する以外努めて干渉を避け日本、朝鮮、中国の三民族の自由競争による発達を期することを方針とし、陸軍大（中）将の総督を置く行政、司法、国防の基本と研究すべき問題を示した」。
35　稲葉正夫ほか編、前掲書、88～89頁。
36　石原莞爾は「戦争史の科学的研究に基づく独創的な戦争進化論から最終戦争による世界の統一を予言し、文明論的な日米対決の必然を確信し、この対決に勝利するための戦略として日本のみならず、満蒙、さらに東亜を含めて壮大な戦略を構想した。この『世界最終戦論』(後に『最終戦争論』と改題)は石原理論の集大成である」。中山隆志『戦略論大系(10) 石原莞爾』芙蓉書房、2007年、4頁。なお、この『世界最終戦論』は1940(昭和15)年5月に京都で行われた「人類の前史終わらんとす」の講演内容が元になっている。立命館大学教授田中直吉によって筆記され、9月に立命館出版部より出版された。

37 小林英夫『満洲の歴史』講談社、1966年、88頁。

38 関内とは、「古くは河北省の山海関以西今の四川省康定以東の地区、甘粛省嘉峪関以東の地区を関内と称したが、いずれも関外に相対して言ったもの」である。塩英哲編訳、鵜野恰平編集『精選中国地名辞典』凌雲出版、1983年、146～147頁。

39 小林英夫、前掲書、88頁。

40 岡部牧夫『満洲国』講談社学術文庫、2007年、30～31頁。

41 川田稔『昭和陸軍全史 1 満洲事変』講談社現代新書、2014年、109～113頁。

42 この奉天(瀋陽)柳条湖の満鉄線路爆破事件にかかわった軍人の役割については、「関東軍の板垣征四郎、石原莞爾の両参謀らが策を練り、今田新太郎大尉が爆薬を用意し、河本末守中尉の仕掛けとされる」。宮武剛『将軍の遺言―遠藤三郎日記―』毎日新聞社、1986年、50頁。

43 角田順、前掲書、21～22頁。

44 宮内庁書陵部編修『昭和天皇実録』巻18(昭和6年)(筆者注、全体は60巻)、90～91頁。なお、『昭和天皇実録』は東京書籍で全19冊のうち、2015年3月には第1巻(明治34年～大正2年)と第2巻(大正3年～大正9年)、また同年9月には第3巻(大正10年～大正12年)と第4巻(大正13年～昭和2年)が刊行された。

45 鹿島平和研究所編、前掲書、104頁。

46 加藤陽子『満洲事変から日中戦争へ シリーズ日本近現代史⑤』岩波新書、2007年、112頁。なお、吉田曠二『元陸軍中将遠藤三郎の肖像』(すずさわ書店、2012年、101～102頁)によれば、当日(1931年9月19日)、「南次郎陸軍大臣を中心にする強硬派が次第に関東軍の軍事行動を追認していく」ことになった。「その後の情勢の推移は若槻（禮次郎）首相や金谷（範三）参謀総長、奈良（武次）侍従武官長ら不拡大派と南（次郎）陸相ら拡大派が対決しながら、事態は次第に拡大容認派の求める方向に推移していった。そして、最終的には閣議でも関東軍の独断出兵が追認され、さらに天皇も朝鮮軍の独断越境を追認する方向へと進展する」。そのことが、戦後GHQの極東国際軍事裁判（東京裁判）で明らかになり、南次郎は満洲事変の責任者でA級戦犯に指名され、終身禁固刑を宣告されることに繋がったと思う。

47　波多野澄雄・黒沢文貴編集、奈良武次著『侍従武官長奈良武次　日記・回想録　第三巻（昭和三年～八年）』、柏書房、2000年、359頁。

48　「（一九三一年）九月二十二日　火　晴　午後四時半漸ク奉勅命令降ル……夜（今村均作戦）課長ヨリ軍司令部ト連絡ノ為渡満スベキヲ命セラル八時半帰宅シテ之レガ準備ヲナス……」「遠藤日誌」（1931年9月22日付）。

49　満洲事変後、参謀本部から満洲に派遣されたのは、「参謀本部第二部長（情報担当）橋本虎之助少将を長とし、作戦統帥関係から私（遠藤三郎少佐）、軍政関係から陸軍省軍事課課員西原一策少佐（遠藤三郎と陸大同期）が随員となり、ほかに暗号係として支那班の今井武夫大尉を同行することに決定した」。遠藤三郎『日中十五年戦争と私―国賊・赤の将軍と人はいう』日中書林、1974年、22頁。

50　同上書、22頁。

51　遠藤三郎は満洲へ出発の1931年9月24日から通常の日記帳に換えて、満洲事変の重大性を意識し、新たな表題「満洲事変中渡満日誌」を書き始める。遠藤三郎「満洲事変中渡満日誌」（自昭和六年九月二十四日至同昭和六年十一月三日）（別冊資料）。

52　遠藤三郎、前掲書、23～24頁。

53　同上書、27頁。

54　1931年4月に、陸軍参謀本部は「昭和六年度情勢判断」を作成し、「満蒙問題解決策を3段階に分けた。即ち「まず、『条約又ハ契約ニ基キ正当ニ取得シタル我ガ権益ガ支那側ノ背信不法行為ニ因リ阻害セラレアル現状ヲ打開シ我ガ権益ノ実際的効果ヲ確保シ更ニ之ヲ拡充スルコトニ勉ム』る段階であり、これがため張学良政権に代わる親日政権を満洲に樹立する（第1段階）、次に第2段階としては、けだしこれを中国主権下から切り離した独立国家たらしめるものであり、第

3段階において満蒙占領（領有）を実現する、というものであった」。鹿島平和研究所編、前掲書、63～64頁。
55 島田俊彦『関東軍―在満陸軍の独走―』、146頁。
56 同上書、147頁。
57 宮武剛、前掲書、48頁。
58 『満洲事変』と呼ばれるようになったこの軍事行動のなかで、早くも関東軍航空部隊は中国東北部・錦州に対する都市爆撃に出動し、戦乱の拡大に一役買った。したがって、戦略爆撃の起源を日本の軍事史に求めようとすると、満洲事変の際の錦州爆撃を見落とすわけにはいかない」。その理由は、「錦州爆撃は日本軍による初めての都市爆撃であったばかりでなく、第一次世界大戦後におけるやはり初めての都市への空襲であり、国際的反響の面でも日本軍機の行動に手厳しい非難の集中する最初の事例となった」からである。前田哲男『戦略爆撃の思想 ゲルニカ―重慶―広島への軌跡』朝日新聞社、1988年、53頁。
59 1931年9月24日に、「二宮（治重）参謀次長から関東軍に、吉林を除いて、鄭家屯、新民屯、敦化、洮南などから撤退し、軍の主力を満鉄沿線外から沿線内に引き揚げよ、との指示がなされた」。川田稔、前掲書、132頁。
60 植民地文化学会・中国東北淪陥14年史総編室共編『満洲国とは何だったのか』小学館、2008年、36頁。
61 防衛庁防衛研修所戦史室編『戦史叢書 満洲方面陸軍航空作戦』朝雲新聞社、1972年、23頁。
62 鹿島平和研究所編、前掲書、192頁。
63 日本国際政治学会太平洋戦争原因研究部『太平洋戦争への道 開戦外交史2 満洲事変（新版）』朝日新聞社、1987年、87頁。
64 防衛庁防衛研修所戦史室編、前掲書、26頁。
65 吉田曠二『ドキュメント日中戦争（上巻）（増補改訂版）』三恵社、2008年、66頁。
66 小林龍夫・島田俊彦編『現代史資料（7） 満洲事変』みすず書房、1972年、189頁。
67 同上書、189頁。
68 同上書、189頁。
69 同上書、189頁。

70　吉田曠二『ドキュメント日中戦争（上巻）（増補改訂版）』、67頁。
71　愛新覚羅溥儀著（小野忍ほか訳）『わが半生―「満洲国」皇帝の自伝―（上）』築摩叢書、1985年、282頁。
72　同上書、282頁。
73　同上書、282頁。
74　同上書、282頁。
75　1931年11月8日に、「奉天特務機関長土肥原賢二によって第一次天津事件が点火された。反張（学良）を唱える中国人の救国便衣隊が、土肥原の指図で、天津市内で中国公安局保安隊を襲撃したのである。この謀略を通じての土肥原の狙いは、よく知られているように天津市内の銃声を煙幕に、清朝の廃帝溥儀を近く成立予定の満洲国の元首とするために連れ出すことにあった」。島田俊彦『満洲事変』、302~303頁。
76　新人物往来社戦史室編『満州国と関東軍』新人物往来社、1994年、54頁。
77　吉田曠二『元陸軍中将遠藤三郎の肖像』、134頁。
78　当時の遠藤三郎と本庄軍司令官との車中談話について、吉田曠二は次のように指摘している。「……その後の満蒙問題の発展の推移を検討してみると、本庄軍司令官が車中で遠藤に提起した三つの案件はすべてが謀略によって実現している」。同上書、115頁。
79　同上書、136頁。
80　防衛庁防衛研修所戦史室編『戦史叢書　関東軍（1）　対ソ戦備　ノモンハン事件』朝雲新聞社、1969年、97頁。
81　同上書、97頁。
82　関東軍司令部では1931年10月24日に「満蒙問題解決ノ根本方策」を作成し、参謀本部第2課長今村均大佐に手渡した。この文書に「支那本土ト絶縁シ表面支那人ニ依リ統一セラレ其ノ実権ヲ我方ノ手裡ニ掌握セル東北4省竝内蒙古ヲ領域トスル独立新満蒙国家ヲ建設スルコトヲ目的トシ此間政権ノ神速ナル推移ヲ促進スルト共ニ実質的ニハ諸般ニ亘リ我方ノ経営ヲ進メ確固不抜ノ基礎ヲ確立ス」という方針が規定されている。稲葉正夫ほか編、前掲書、147頁。
83　易顕石ほか著（早川正訳）『九・一八事変史―中国側から見た満洲事変―』新時代社、1986年、215頁。
84　江口圭一『十五年戦争小史（新版）』、44頁。

85 遠藤三郎、前掲書、28頁。
86 同上書、28頁。
87 同上書、28頁。
88 「遠藤日誌」（1931年10月24日付）。
89 遠藤三郎、前掲書、28頁。
90 同上書、28頁。
91 同上書、29頁。
92 日本国際政治学会太平洋戦争原因研究部『太平洋戦争への道　開戦外交史2　満洲事変（新版）』、53頁。
93 同上書、71頁。
94 島田俊彦『満洲事変』、280頁。
95 同上書、293頁。
96 日本国際政治学会太平洋戦争原因研究部『太平洋戦争への道　開戦外交史2　満洲事変（新版）』、39頁。
97 同上書、45～49頁。
98 同上書、112頁。
99 同上書、112頁。
100 同上書、112頁。
101 同上書、112頁。
102 同上書、112頁。
103 同上書、112頁。
104 島田俊彦『満洲事変』、321頁。
105 上海に駐屯していた国民革命軍第19路軍（総指揮蒋光鼎、軍長蔡廷鍇、淞滬警備司令官戴戟）は、3個師団（第60師団、第61師団、第78師団）からなり、総兵力は約33500人である。中国抗日戦争史編纂組『中国抗日戦争史』人民出版社、2011年、65頁。

106　島田俊彦『満洲事変』、332頁。

107　1930年代において、上海の租界地は当時の中国政府が主権を行使できない外国居留民の生活区域で、英米日三国の「共同租界」と「フランス租界」に大別されていた。その内、「共同租界」は蘇州河を中心とする旧英租界を軸点にして、その東方の黄浦江沿いに日本人街が付属し、実権が英国人の手中に握られた。解学詩『偽満洲国史新編（修訂本）』人民出版社、2008年、130頁。

108　1931年7月13日に、上海で「反日援僑大会」が開かれ、「反日援僑委員会」が結成され、委員の構成は資本家、知識人、労働者各階層からなり、対日ボイコットの火蓋が切られた。9・18事件後の9月22日の反日市民大会は、「反日援僑委員会」を改めて、「上海抗日救国委員会」とし、徹底した対日ボイコットの嵐がこの国際都市の上を吹きまくった。島田俊彦『満洲事変』、321頁。

109　上海居留民団編『昭和七年上海事変誌』上海居留民団、1932年、13～14頁。

110　同上書、14頁。

111　日本国際政治学会太平洋戦争原因研究部『太平洋戦争への道　開戦外交史2　満洲事変（新版）』、117頁。

112　この上海日本人居留民大会は、その第1回と第4回が上海居留民大会であり、第2回が長江流域日本人聯合大会、第3回が全支日本人居留民大会であった。上海居留民団編、前掲書、16頁。

113　同上書、21頁。

114　当時上海に勤務していた田中隆吉少佐は、遠藤三郎の中央幼年学校以来の友人であり、士官学校、砲工学校、陸軍大学も共に同期で、参謀本部にも同時にしかも同じ第1部（遠藤は作戦課、田中は演習課）に勤務していた。遠藤三郎、前掲書、342頁。

115　村瀬興雄『世界の歴史（15）―ファシズムと第二次大戦―』中公文庫、1962年、278頁。

116　川島芳子は清朝の皇族・粛親王の娘で、漢名は金壁輝である。6歳の時、清朝復辟運動、満蒙独立運動などを策謀した日本の大陸浪人・川島浪速の養女となり、後に中国国内で日本の諜報活動に従事する著名な女スパイとなった。そのため、終戦後中国政府に処刑されたという。中国抗日戦争史編写組編『中国抗日戦争史』人民出版社、2011年、64頁。

117　吉田曠二『元陸軍中将遠藤三郎の肖像』、153頁。

118　この事件も田中隆吉の謀略によることが明らかである。即ち、「田中の配下にあった青年同志会会員らは19日夜半、土砂降りの雨をおかし三友実業社に押しかけて問責し、らちがあかないとみると、工場内の物置小屋に放火してこれを半焼させた。これは20日午前2時半頃であった。一行がここを引き揚げ華徳路にさしかかったとき、駆けつけた共同租界中国人巡査と衝突した。同志会会員は日本刀で1名を斬殺し、2名に重傷を負わせ、会員側も1名が射殺され、2名が負傷した」。上海居留民団編、前掲書、50頁。

119　同上書、37頁。

120　田中宏巳・影山好一郎『昭和六・七年事変海軍戦史　戦紀巻二』緑蔭書房、2001年、18頁。

121　吉田曠二『元陸軍中将遠藤三郎の肖像』、156頁。

122　当時、上海の「共同租界」に市参事会が設立され、治安維持と行政が特設された工部局によって担当されていた。工部局は「租界管理理事会」という存在であり、「その最高機関は、これまた英国人が就任する工部局市参事会議長であり、租界内の行政、司法、立法を掌っている。また、工部局は租界を防衛するため、各国軍隊の協議機関である防衛委員会を管理下においた」。児島襄『日中戦争（第2巻）』文芸春秋、1984年、10頁。

123　この時期の上海で外国人の大多数が居住していた共同租界及びフランス租界は、中国の内戦に影響されない中立地帯として長く認められており、列国間には各自の駐屯部隊を持って租界の防備にあたるために区画分担主義に基づく軍の配置の取り決めが成立していた。緒方貞子、前掲書、262頁。

124　「（一九三二年）一月二十八日……（英国）フレミング少将ヨリ二十九日ノ我ガ軍（日本軍）予定行動ニ関シ、午前七時半第一遣外艦隊司令官ヨリ予告ヲ接受セル旨報告スル所アリ……工部局ハ一般ノ空気険悪ナルト、二十八日午後六時迄ニ支那側日本ノ要求ヲ容レザル場合ノ事態ヲ憂慮シ、防備会議ニ諮リ其ノ同意ヲ得テ、同日午後四時ヲ以テ租界ノ戒厳ヲ布告スルニ決セリ」。田中宏巳・影山好一郎、前掲書、29～30頁。

125　「今回の武力行使は、塩沢少将の狙い通り、日本海軍の単独行動でなく、むしろ英米伊など国際的な共同出兵の形式で、日本海軍が出動できることになった」。吉田曠二『元陸軍中将遠藤三郎の肖像』、159頁。

126　「……工部局ハ遂ニ戒厳令ヲ発布シ列国ノ軍隊ハ午後五時ヨリ各自ノ担当区域ノ警備ニ着ケリ我陸戦隊ハ当時千人ニ過キサリシヲ以テ九時半頃更ニ軍艦ヨリ千七百名ヲ上陸セシメ合計二千七百名ヲ以テ北四川路両側ノ我警備区域ノ部署ニ着

カムトスル……」枢密院「上海事件ニ関スル報告会議筆記」（大角海軍大臣発言より）（昭和七年二月十日）。

127　日本国際政治学会太平洋戦争原因研究部『太平洋戦争への道　開戦外交史2　満洲事変（新版）』、126頁。

128　中国抗日戦争史編纂組、前掲書、65頁。

129　当時、中国側の「便衣隊」とは平服で日本軍の占領地区に潜入し、狙撃したり、襲撃したりするゲリラ隊である。無論、「便衣隊」には、変装した国民党の正規軍の兵士も含まれていたが、「便衣隊」員の全員が兵士ではなかった。その「便衣隊」のうちには上海の市民からの志願者も混じっており、多くの者は当時上海のフランス租界のアル・カポネと呼ばれた杜月笙配下のギャングたちであった。エドガー・スノー著（梶谷善久訳）『極東戦線』築摩書房、1987年、173頁。

130　同上書、151頁。

131　エドガー・スノーによれば、「日本浪人」とは、「日本人のやくざ、暴力団、刺客、若い好戦的な愛国者などあまり芳しくない連中の通り名」であり、こうした連中が第1次上海事変の最中に多数の中国人市民を虐殺し、また中国人家屋・商店などを略奪・放火するといった暴虐行為のかぎりを尽くしたと指摘している。同上書、153~154頁。

132　これら「便衣隊」の容疑で自警団に連行された中国人は殆ど処刑され、不幸な運命を辿った。即ち、「……同人（『便衣隊』の容疑で逮捕された中国人）ヲ逮捕セシ部隊ハ……軍神ノ血祭ニト、某将校ハ同人ノ背後ニ廻リ、三尺ノ秋水（軍刀）ヲ以テ斬リ付ケタル処、身体ハ一度前カヾミトナリ、頭ハ前ニガクリト垂レ、深紅ノ血汐ヲ噴キツ、今度ハ反リ身トナリ、両手ハ虚空ヲ掴ンデ、背後ニバッタリ倒レタ……」と。喜多村貫二『昭和七年上海事変　明華日誌』明華糖廠、1932年、57頁。

133　外務省編『日中外交文書　満洲事変（第2巻第1冊）』外務省、1979年、144~145頁。

134　上海居留民団編、前掲書、811~812頁。

135　北村稔『「南京事件」の探求—その実像をもとめて—』（文藝春秋、2001年、7頁）によれば、「日中戦争が勃発して5カ月をへた1937年12月13日に、国民政府の首都であった南京は日本軍に占領された。そして、このあと3カ月間にわたる日本軍の軍事占領が続いたが、『南京事件』とは、この軍事占領期間中に日本軍により行われたと言われる組織的な大虐殺事件であり……被害者であった中国側は『南京大屠殺』と呼び、日本では『南京大虐殺』と言い習わされている」。

136 笠原十九司『南京事件』岩波新書、1997年、144頁。
137 前田哲男、前掲書、58頁。
138 伊香俊哉、前掲書、148〜149頁。
139 黄顯光著（寺島正・奥野正己訳）『蒋介石』日本外政学会、1956年、175頁。
140 「1938年年末から1943年にかけて日本の陸海軍による中国の臨時首都重慶に対する爆撃は、戦政略爆撃（政戦略爆撃とも表記）なる名称を公式に掲げて実施された世界最初の意図的・組織的・継続的な空中爆撃であった」。戦争と空爆問題研究会編『重慶爆撃とは何だったのか―もうひとつの日中戦争』高文研、2009年、17頁。
141 遠藤三郎、前掲書、32頁。
142 同上書、32頁。
143 当時、「陸軍としては、上海に陸兵を派遣する以上、任務達成に必要な兵力は、陸軍自ら決定すべきであり、しかも第9師団の応急動員による兵力は、必要の最小限度であって、混成旅団の派遣などは、単に第9師団到着までの時間稼ぎに過ぎないという見解であったから、海軍が混成旅団の派遣だけを要請するというのはまことに心外であった」。日本国際政治学会太平洋戦争原因研究部『太平洋戦争への道　開戦外交史2　満洲事変（新版）』、128頁。
144 同上書、132頁。なお、この段階における作戦の具体的な目的として、「租界境界線から20キロ外に中国軍を撤退させる方針が確定された」。伊香俊哉、前掲書、40頁。
145 1932年2月14日、国民党政府は新たに張治中を軍長とする第5軍を編成して上海の第19路軍を増援し、第19路軍の総指揮蒋光鼎によって統一指揮された。第5軍は当時国民党中央軍の直系精鋭部隊であり、所轄第87、88両師団及び中央陸軍軍官学校教導総隊、総兵力23000人で、抗日意識も強かった。中国抗日戦争史編纂組、前掲書、66頁。
146 参謀本部編『満洲事変作戦経過ノ概要―満洲事変史―』巌南堂書店、1972年、414頁。
147 「（1932年）2月27日、第19路軍参謀長黄強は、羅（文幹）外交部長の私的代表として上海に駐在している顧維鈞とともに、イギリス中国艦隊司令長官ケリーと会見、第十九路軍は平和交渉の用意があるとし、もし日本軍が撤退するならば、中国軍も二十キロ外の地点まで撤退する、ただし撤退は第三国人が監視することを条件とすると申し出た。ケリー提督は、同夜野村第三艦隊司令長官をケント艦に招き、中国側申出の要点を伝え、三月三日の国際連盟総会の前になんらかの諒解が成立することが望ましいと語り、予備交渉をケント艦上で行ってはどうかと勧告した」。臼井勝美『満洲事変―戦争と外交と―』中央公論社、1974年、189頁。

148 遠藤三郎、前掲書、35頁。

149 同上書、35頁。

150 吉田曠二『ドキュメント日中戦争（上巻）（増補改訂版）』、99頁。

151 遠藤三郎、前掲書、35頁。

152 須山幸雄『作戦の鬼小畑敏四郎』芙蓉書房、1983年、263頁。

153 「七了口」（日本側の表記）は地名で、正しい表記は「七丫口」であり、現在は中国江蘇省太倉市瀏河鎮に位置している。2000年に入ると、中国国内において大規模なインフラ整備が始まり、この所の土地は地元の政府に徴用され、火力発電所が建設された。以前この村に住んでいた農民は別の所に移住したため、「七丫口」という地名はすでに消失している。そこで、本論文では便宜上、「七了口」と統一して表記した。

154 遠藤三郎、前掲書、36頁。

155 遠藤三郎「昭和七年七了口附近上陸作戦ニ関スル書類」（別冊資料）。

156 遠藤三郎、前掲書、36頁。

157 同上書、36～37頁。

158 児島襄、前掲書、72頁。

159 遠藤三郎、前掲書、38頁。

160 今村均大佐は、「上海方面に事の生じた場合の陸海共同作戦計画には、七了口附近に陸兵を上陸せしめることが協定され、これは上聞にも達している事柄、数年間に亘る陸海両軍偵察員の中央に報告された調査書は、共に技術的にも揚陸は可能と認めたものと考えなければならない」と力説し、海軍艦隊の参謀とともに、事前に海軍の発動艇に搭乗して上海付近黄浦江を出発し、揚子江を遡航の上、七了口附近一帯を偵察した。今村均『続・今村均回顧録』（改題『続・一軍人六十年の哀歓』）芙蓉書房、1980年、134頁。なお、この今村大佐の七了口偵察報告書は遠藤三郎所蔵の極秘資料「昭和七年七了口附近上陸作戦ニ関スル書類」（別冊資料）に収録されている。

161　遠藤三郎「昭和七年七了口附近上陸作戦ニ関スル書類」（別冊資料）。

162　遠藤も今村大佐らが七了口で事前に実施した偵察活動に対して次のように高く評価した。「上陸点ノ偵察　作戦上ノ要求ニ基ク上陸点ハ概定シ得タルモ技術上ヨリスル上陸地点細部ノ研究ハ調査資料全クナク海軍側ニ於テスラ正確ナルモノヲ求ムルヲ得ス師団トシテハ事前ノ準備ニ百方苦心セリニ……陸軍運輸部上海臨時派出所ニ於テ上陸点附近ノ現地偵察ヲ遂ケ実景図ヲ調製シアリシヲ以テ大ニ参考トナスヲ得タリ将来予想上陸点附近ニ対シテハ十分ナル平時調査ヲ遂ケ必要ニ応シ直ニ師団ニ正確ナル資料ヲ与ヘ得ルノ準備ヲナシ置クコト絶対ニ必要ナリ……」同上（九、上陸作戦ニ関シ得タル教訓）（別冊資料）。

163　児島襄、前掲書、74頁。

164　同上書、74頁。

165　同上書、77〜78頁。

166　日本国際政治学会太平洋戦争原因研究部『太平洋戦争への道　開戦外交史2　満洲事変（新版）』、138頁。

167　同上書、138頁。

168　この七了口上陸作戦で海軍側からの協力作戦活動に対して遠藤は次のように評価している。「……上陸直後ニ於ケル海軍ノ協力上陸点防備ノ為陸戦隊約四百名ヲ上陸セシメ又海軍假設通信隊ヲ第二回部隊ト共ニ上陸セシメ掩護射撃海軍飛行機ノ偵察爆撃等ハ凡テ適時師団ノ希望ニ応シ行ハレ極メテ積極的ニ活動ヲ終始セリ……」遠藤三郎「昭和七年七了口附近上陸作戦ニ関スル書類」（九、上陸作戦ニ関シ得タル教訓）（別冊資料）。

169　蔡廷鍇『蔡廷鍇自伝』人民出版社、1985年、290頁。

170　「（1932年）1月30日、魯迅の自宅には『便衣隊捜索』の日本軍警備兵が姿を見せた。そのとき、素早く魯迅は妻と幼い息子・周海嬰を連れて、近くの内山書店に避難した。老板は徹底して魯迅一家を庇って、2月6日には、イギリス租界の内山書店支店に移らせ、停戦後の三月中旬まで約一か月半の間、一家に隠れ家と食料を提供した」。吉田曠二『魯迅の友内山完造の肖像―上海内山書店の老板―』新教出版社、1994年、133頁。

171　吉田曠二『ドキュメント日中戦争（上巻）（増補改訂版）』、166頁。

172　尹奉吉は「1908年に農民の子として生まれ、文盲退治と農村改革を通して民族復興運動を繰り広げた後、中国に亡命した。上海の義挙は韓国独立運動において牽引車の役割を果たし、その上に大韓民国が成立したとも言える。彼は日本軍国主義の首脳部に鉄槌を下し、韓国人の気概を世界に広く知らしめた誇るべき殉の先烈である」。金学俊著、李琇恒編（朴淳仁訳）『評伝尹奉吉―その思想と足跡―』彩流社、２０１０年、３頁。

173　「(「１９３２年」３月４日の国際連盟総会は、日中両国に対しては停戦商議の開始を、上海租界に特別の利害を持つ第三国に対しては、その援助を要請するという決議を行った。日中両国がこれを受諾したので、英・米・仏・伊の四カ国は日・中両国を含めて共同委員会を構成し、協議を進めて、19日にはともかくも基本協定を成立させることができた」。日本国際政治学会太平洋戦争原因研究部『太平洋戦争への道　開戦外交史２　満洲事変（新版)』、１４５頁。

174　「上海停戦協定」の調印者は次のとおりである。「(日本側）植田（謙吉）中将、重光（葵）公使、第三艦隊参謀長嶋田繁太郎少将、田代（皖一郎）少将。(中国側）郭（泰祺）次長、黄強参謀長、戴戟警備司令。この内、植田中将、重光公使、郭次長は入院中なので、協定文はそれぞれの病院を持ちまわって署名を得た。ほかに『友好国代表』として、英国公使M・ランプソン、米国公使N・ジョンソン、フランス公使H・ウィルダン、イタリア代理公使G・チアノが署名した」。児島襄、前掲書、89頁。

175　外務省編『日中外交文書　満洲事変（第２巻第１冊)』、３３１～３３２頁。

176　伊香俊哉、前掲書、41頁。

177　同上書、41頁。

178　上海の協定線まで撤退した日本軍は、「実際に今後長期にわたって呉淞、閘北、江湾及び引翔港などに駐留できることが認められていた。中国軍隊はかえって上海周辺防備のための駐留ができなくなり、さらに『共同委員会』の名の下に、長江沿岸の福山から太倉、安亭及び白鶴江、そして蘇州河に至る広大な地区を日本及び英、米、仏、伊など列強の共同管理に委ねる結果になった」。易顕石ほか著（早川正訳)、前掲書、２７７頁。

179　日本国際政治学会太平洋戦争原因研究部『太平洋戦争への道　開戦外交史２　満洲事変（新版)』、１４７頁。

第三部　遠藤三郎と「満洲国」

―「満洲国」誕生から熱河作戦まで―

第一章　遠藤三郎の「満洲国」着任

第1節　「満洲国」の実態

第二部で言及したように、1932年1月末から2月にかけて、第1次上海事変が世界列強の注意を引き付けている最中、中国満洲では、関東軍が満洲全域を支配する政治工作を着々と進めていた。即ち、1932年3月1日には「満洲国」の建国が宣言され、首都には長春が選ばれ、新京と改名された。また3月9日には、その傀儡国家の執政として清朝最後の皇帝愛新覚羅溥儀が就任し、国務総理（首相）には鄭孝胥（後に張景恵）が任命された。その2年後の1934年3月1日には溥儀は皇帝として即位し、「満洲国」は帝政に移行した（元号は康徳）。「満洲国」が建国された当初、溥儀は「満洲国建国宣言」[1]を発表した。それによると、「満洲国」は表面上は「五族協和、王道楽土」[2]を建国理念として掲げ、より具体的に次のような「満洲国」の経綸が示された。即ち、「……露国の極東攻勢を断念せしめ、大陸資源の技術開発を図るのみならず、東亜諸民族を統合してこの大事業に当たる抱負経綸なかるべからず。故に満洲国の経綸はいたずらに眼前の勝利のみに走ることなく、東亜各国家親善の基礎たるべき民族協和に根本着眼を置かざるべからず」[3]と。

しかし、その新国家「満洲国」の実態はどのようなものであったのか、本当の支配者は誰であったのか、またそれは関東軍のさらなる軍事行動（熱河作戦）とどう関わっていたのかなどについて、当時の関東軍作戦主任参謀として「満洲国」に赴任した遠藤三郎の「日誌」から明らかにしてみたい。

（1）遠藤三郎の「匪賊」掃討作戦案

1932年1月3日、関東軍が錦州占領を果たした後、「錦州一帯に展開していた（張学良の）東北軍が長城線南側、関内に撤退すると、関東軍支配地域と東北軍支配地域の間に一定の空白地域が生まれ、『土匪』が跋扈する情況が生じてきた」[4]。

こうした軍事状況下において、遠藤三郎は1932年8月に参謀本部作戦課部員から関東軍作戦主任参謀に転任した。遠藤が再度奉天に着任して、早速前任者石原莞爾参謀（陸軍歩兵大佐に昇任し、陸軍兵器本廠附、ジュネーブ会議随員に転任）から申し送りされたことは、「満洲の治安の回復には今後20年はかかるだろう」[5]ということであった。遠藤は8月18日に奉天に到着したが、石原莞爾が警告したように、その日の夜から9月初旬にかけて、彼は頻繁に抗日ゲリラ部隊の来襲を受けた。

このような不安定な軍事状況の下で、「満洲国」に赴任した遠藤はいわゆる「匪賊」（東北軍の残存兵力と地方の抗日ゲリラ部隊）の来襲について、次のように8月29日の「遠藤日誌」に記録している。

（一九三二年）八月二十九日　月　曇

夜半銃声頻リナク　電話アリ　奉天東飛行場兵匪ニ襲ハレ飛行場火災ヲ起シ　又南大辺門ニモ兵匪来ルト　警備担任ノ部隊アル故別ニ処置スル処ナシ　支那側警部司令部ヨリ兵匪ハ渾河堡ノ村長林某ノ部下ニシテ渾河ノ渡河点ヲ経テ退却スベシトノ事故之ヲ第二十九連隊ニ通報シ兵力ヲ許セバ道路ヲ遮断スベキヲ進言セリ　零時半頃次第ニ銃声止ミシ故ニ床ニツク　朝ニ至リ諸事情ヲ総合スルニ渾河堡ノ郷団ノ実施セルモノナルコト略明カナリ　而シテ本件ハ昨日既ニ諜報ニヨリ明ラカナリシ事ナリ……本日初メテ見シ兵工廠守備隊ノ戦闘要報中ニハ其ノ計画明記セラレアリシナリ　故ニ此ノ諜報アリナガラ警戒不十分ナリシハ確ニ士気ノ弛緩アリシ証査ニテ甚ダ不快ナリ　押収飛行機六戦闘機二機ヲ焼失セリ

この「日誌」が示しているように、関東軍は「満洲国」を建国したが、周辺の軍事状況はまだまだ安定していなかった。そのため、関東軍にとって、「満洲国」の各地に群雄割拠する「匪賊」の軍事拠点を殲滅することが最重要課題であった。

このような情勢下で、遠藤は本務として「満洲国」の「匪賊」掃討作戦案、即ち「治安維持計画」の立案に取り掛かっていた。当時遠藤が立案した「治安維持計画」の大綱は6項からなり、それぞれ次の通りである。

一、駐満戦略単位部隊（師団）はなるべく分散を避け、それぞれ常駐地と治安維持担当区域を定め、まず常駐地を中心としてその周囲の行政単位毎に治安維持組織を確立し、逐次その地域を周辺に拡大する。

二、治安維持組織は努めて満洲国政府機関を以てこれに充て、なるべく日本軍の直接介入を避ける。

三、強大なる反満抗日勢力を討伐する必要がある場合のほかは、日本軍はなるべく武力行使を避け治安維持機関の後楯となる。

四、強大なる反満抗日の勢力を討伐する必要のある場合は軍において統一し、各方面より所要の兵力を集めて実施する。

五、私的武装団の存在は認めない。

六、兵器の散逸を防ぐため兵器の密輸入を厳重に監視するとともに、既に散逸した兵器は死馬を高価に買い上げて良馬を得た伯楽の故事に倣って軍経理部において高価に買い上げさせる。[6]

以上の「治安維持計画」の方針に基づき、遠藤は関東軍の兵力を常駐地と治安維持担当区域に集中させるという「匪賊」掃討作戦を遂行することによって、満洲の治安維持に主導的な役割を果たした。ただし、それにより抗日ゲリラ部隊の活動は一時的に衰退したが、各種ゲリラ部隊による反日活動は完全には鎮圧されなかった。

こうした現実の軍事状況においては、関東軍は抗日ゲリラ部隊の襲撃に対応するのが精一杯であった。このような苦境から脱却する方策として、関東軍はすでに軍事に絡めて政治と外交の面でも解決策を検討していた。それは、後述するように、「政治的には日満軍事同盟を早急に締結し、その条約締結と引き換えに、日本政府が『満洲国』を承認するという外交・政略活動と、いま一つは軍事的に関東軍が全満洲を制圧する本格的な匪賊掃討作戦であった」[7]。

(2)　遠藤三郎の北満視察旅行

1932年9月初旬になると、遠藤は北満視察旅行に出発した。その目的は「駐兵する各部隊の状況を視察し、特務機関からも最近の軍事情勢を聴取して、今後の作戦計画立案の参考にする」[8]ことであった。この時期の北満では、日本軍に帰順しない抗日武装勢力が北満の各地を支配していた。

こうして、遠藤はハルビンに到着した早々、特務機関の現状と第10師団（ハルビンを中心に担当する、師団長広瀬寿助中将）の状況を聴取した。その結果、9月3日には、彼は満洲問題の軍事的な総括として、軍事戦略や風紀問題を中心に次のように「日誌」に列記している。

（一九三二年）九月三日　土　晴

……午後七時師団長官会シ　広瀬中将ヲ訪ヒ　夕食後十一時迄第十師団ノ情況及各種意見ヲ聞ク

一　討伐ト宣撫トヲ併用シ　討伐ハ政治的色彩濃厚ナルモノ勢力大ナルモノヲ目標トシ　地域的ニハ政治経済交通ノ要点ヲ目標トナス　宣撫ハ無条件トナス　王徳林及馬憲章ハ最モ害アリ

二　師団ノ編制ニ於テ　輜重ノ不足ハ忍ビ得ルモ　通信機関及衛生機関ノ不足ハ忍ビ難シ　鳩通信ハ好マズ

三　風紀上遺憾ノ点多シ　殊ニ通過部隊ニ於テ然リ

四　鹿児島ヨリ来レル屯墾軍五〇〇名ノ如キ最モ甚ダシ

五　従来軍ト師団トノ関係円満ヲ欠キアリシハ軍司令部内ノ協同一致ヲ欠キ下克上ナリシコト　軍ガ過去ノ功

績ヲ自負シテ威力ヲ乱用セシコト等ニ起因センカ

以上の遠藤の総括によれば、関東軍においては風紀の乱れがすでに顕著な問題として浮上していた。しかも、この矛盾点は関東軍の内部にとどまらず、「満洲国」全体に広がっていた。この点について遠藤は同日（9月3日）の「日誌」に次のようなメモを残している。

満洲国ニ対スル観察
一　日本人官吏顧問ノ数過大ナリ
二　官吏ガ功名ニアセル為満洲国人及外国人ノ神経ヲ刺激ス
三　資本家排撃ノ声ハ悪感情ヲ与ヘタリ
四　不良日本人多シ
五　協和会友朋会ノ暗闘アリ
六　協和会ノ総裁ニ溥儀氏ヲ拝戴セシハ不適当ナリ
結論
一　軍事ハ親裁ニ依ルコト
二　兵力ヲ増加スルコト（二師団）
三　給料ノ未払ハ満洲国軍隊不良ノ因
四　討伐後ハ要点ニ配兵ノ要アリ
五　指導将校等ハ師団ニ配属ヲ希望ス
六　屯墾軍ハアセルベカラズ

この12カ条の指摘によれば、「満洲国」は発足に当たって、建国の理想たる「民族協和」を謳い、「一国楽土」を実現すると称したが、その実態はこれらのスローガンとは大きくかけ離れたものであった。

要するに、「満洲国」に赴任した遠藤は、当初関東軍の高級参謀板垣征四郎と石原莞爾らが掲げていた「五族協和・王道楽土の理想境を作る」[9]という「満洲国」の建国理念に共鳴し、また満洲の碩学・于沖漢の「真に満洲国を理想の国としようとするならば、軍隊のない独立国家にせよ」[10]との訴えに多大の感銘を受けた。そのため、遠藤はこの「満洲国」の建国理想を実現するため、「一先ずこれら（満洲の旧軍閥等がかかえる数十万の軍隊）を満洲国の軍隊として収容し、これらに生業教育を施して自活の能力をつけてから帰郷せしめることとして、次第に軍隊のない国を作る方針を確立したのである。かくして理想の国を樹立すれば、これに近接する諸民族は日本が指導せずとも、もちろん武力を行使することなく、自らこれによって、第二、第三の満洲国を作るに違いない。日本はこれら諸国とともに連邦を組織しよう」[11]と構想し、熱心に研究を進めたのである。このような構想は、第一部で述べたように、遠藤がフランス留学時代に学んだクーデンホーフ・カレルギーの「欧州連合」構想に啓発されたものであると言えるであろう。

しかし、「満洲国」の実態はその「五族協和、王道楽土」という理念とはまったく異なる方向に進み始めていた。

第2節　「日満議定書」

（1）「日満議定書」の調印

こうして、「満洲国」の政治的な矛盾はさらに「日満議定書」の調印によって最終的に確定することになった。即ち、１９３１年9月に勃発した満洲事変の後、関東軍は１９３２年2月には東北3省（黒竜江省、吉林省、遼寧省）を占領し、そして3月1日には、「満洲国建国宣言」が出された。この「満洲国」と日本の間で調印されたものが「日満議定書」であった。その調印は１９３２年9月15日に、日本国の代表関東軍司令官兼駐満特命全権大使の武藤信義陸軍大将と「満洲国」の代表鄭孝胥国務総理の間で、「満洲国」の首都・新京（長春）の勤民楼において行われ、日本は「満洲国」を正式に承認した。

この「日満議定書」は以下2つの条項によって構成され、さらにそれに4つの付属秘密文書が付けられていた。この真の目的は、結論から言えば、日本による「満洲国」の承認と同時に、日本（関東軍）による「満洲国」の政治、外交、軍事的支配であったと言うことができ、それは次に示す2つの条項により明らかであろう。

一、満洲国ハ将来日満両国間ニ別段ノ約定ヲ締結セザル限リ満洲国領域内ニ於テ日本国又ハ日本国臣民ガ従来ノ日支間ノ条約、協定其ノ他ノ取極及公私ノ契約ニ依り有スル一切ノ権利利益ヲ確認尊重スベシ

二、日本国及満洲国ハ締約国ノ一方ノ領土及治安ニ対スル一切ノ脅威ハ同時ニ締約国ノ他方ノ安寧及存立ニ対スル脅威タルノ事実ヲ確認シ両国共同シテ国家ノ防衛ニ当ルベキコトヲ約ス　之ガ為所要ノ日本国軍ハ満洲国内ニ駐屯スルモノトス[12]

上記の第1条は「満洲国」は日本及び日本国民が「満洲国」建国以前から満洲に有していた一切の権益、契約等を確認し、それを尊重するというものであり、いわゆる日本の既得権益の維持を認めたものである。また、第2条は日本国と「満洲国」は共同で国家の防衛に当たるとの名目で、「満洲国」は自国の軍隊を保持せず、建国以前から駐留していた関東軍の駐屯を引き続き認めるというものである。

いずれにしても、「日満議定書」の正文はわずか2カ条であるが、「満洲国」の住民の利益を害するところは非常に大きかった。なぜなら、上述の通り、第1条は「満洲国」が日本の満洲でのすべての特権を承認することを意味し、第2条は「満洲国」が日本の満洲における駐軍権と占領権を承認したものだからである。この2カ条は明らかに日満共同の経済・軍事同盟であり、それに基づいて、関東軍は引き続き満洲に駐屯することが認められ、「満洲国」の国防を関東軍に委託する形式で、その軍事権を関東軍が一手に掌握したことを意味していた。

このようにして、「満洲国」は完全に日本の植民地の地位に落とされることになったと言って良いであろう。

(2)　4つの付属秘密文書

この「日満議定書」には、なお上記2カ条以外に、(1)で紹介したように、以下のような4つの付属秘密文書がつけられていた。

①　1932年3月10日付の「溥儀・本庄繁密約[13]」

これは「日満議定書」を調印する前に、関東軍司令官本庄繁と「満洲国」執政溥儀との間で交わされた秘密の往復書簡で、後の「日満議定書」の基礎となったものである。この秘密書簡によれば、「満洲国の治安維持及び国防は関東軍に委ねる。国防上必要な鉄道、港湾、水路、航空路の管理、並びに新設は、すべて日本に委ねる。日本人を満洲国参議に任じ、中央、地方の官署にも日本人を任用する。その選任、解任は関東軍司令官の同意を必要とする[14]」。

②　1932年8月7日鄭孝胥と本庄繁が調印した「満洲国政府の鉄道港湾航路航空路線などの管理と鉄道の敷設管理に関する協定及びこの協定に基づく附属協定」

③　1932年8月7日鄭孝胥と本庄繁が調印した「航空会社設立に関する協定」

④　1932年9月9日鄭孝胥と武藤信義が調印した「国防上必要と確定される鉱業権に関する協定[15]」

これらの協定により、「満洲国」の国防上必要な鉄道・港湾・水路・航空の管理と設立、及び鉱業権等はすべて日本に委託するということになった。

以上、「日満議定書」及び4つの付属秘密文書の締結によって、日本は「日露戦争以来の対満蒙問題に一つの決着をつける」こととなったが、同時に、「それは日本の孤立化への大きな一歩となった[16]」と言うことができる。

折から国際連盟は数か月に亘って実施した満洲事変や「満洲国」に関する調査結果を1932年10月2日に公表

した。それはよく知られているように、「リットン報告書」[17]（「Report of the Commission of Enquiry into the Sino-Japanese」）と呼ばれるものであるが、日本の満洲事変を巡る一連の軍事行動や「満洲国」の独立性などを批判するものであった。日本はそれを不服として、特に国際連盟において日本の満洲撤退案が採択されると、１９３３年3月には国際連盟を脱退してしまい、国際的な孤立化をさらに深めることとなった。

（3）遠藤三郎と「日満議定書」

ところで、関東軍の上層部は決して楽観的な気分で１９３２年9月15日の「日満議定書」の調印式に出席したわけではなかった。この間、「満洲国」での中国軍（張学良の東北軍）の残存兵力や地方軍閥軍、その他の反満抗日ゲリラ部隊の活動は休むことなく継続していた。

第1節の（1）で言及したように、当時、遠藤三郎は「匪賊」討伐のための作戦命令の起案と決済に忙殺されていた。９月15日の「遠藤日誌」によれば、調印式当日の様子は次の通りである。

（一九三二年）九月十五日　木　晴

午前五時爆音勇シク爆撃機ノ出発スルヲ聞ク　磐石ノ騎兵小隊長ノ運命如何ニト打チ案ズ　早朝ヨリ第十師団ノ辺境討伐計画ニ対スル意見ヲ起案シ　上司ノ決済ヲ受ケテ発電ス　午前八時十五分朝暾ヲ浴ビツ、全権一行十数台ノ自動車ヲ連ネ厳重ナル警戒裏ニ執政府ニ入リ　九時ヨリ（武藤）全権ノ執政（溥儀）ニ対スル謁見続イテ　諸条約ノ調印　乾杯アリ記念撮影ヲナシテ帰還　執政代理鄭総理ノ答礼ヲ大和ホテルニ受ク　正午軍事協定ノ調印アリシモ　予ハ業務（作戦関係の任務）ノ関係上宿ニ在リテ諸命令ヲ起案及情報ノ整理等ヲナス

この日の「日誌」によれば、「日満議定書」の調印式にもかかわらず、新京の周辺を取り巻く抗日ゲリラ部隊の活動が最高潮の状況になっていた。そのため、遠藤は終日多忙を極め、「日満議定書」の調印式に参加した後も、

すぐにホテルに戻って抗日ゲリラ部隊の討伐命令の起案及び情報の整理等に従事した。

以上のように、当時関東軍作戦主任参謀としての遠藤三郎は、「日満議定書」の起案、調印等には直接関与していなかったが、樹立された当初の「満洲国」の治安維持、及び建国理想の実現のため、関東軍の満洲支配に抵抗していた「匪賊」集団、即ち抗日ゲリラ部隊の掃討作戦に専念していたのである。

第3節　「満洲国」皇帝と天皇及び関東軍司令官との関係

1932年3月の「満洲国」の建国に伴い、その執政に迎えられていた溥儀は、1934年3月に「満洲国」の皇帝に祭り上げられたが、それによって、彼の政治上の権限が認められたわけではなく、従来の傀儡の立場に変化はなかった。関東軍の歴代司令官らはその時代、国家の統治機構としての「満洲国」における支配と服従関係、つまり、天皇及び関東軍司令官と「満洲国」皇帝溥儀との関係をどのように規定して、それを実行していたのか。

この問題に対して、当時「満洲国」に赴任した遠藤三郎が保存していた関東軍司令部作成の極秘内部資料、即ち、「満洲国ノ根本理念ト協和会ノ本質」[18]という文書は、「満洲国」皇帝と天皇及び関東軍司令官との関係に関して、「満洲国」皇帝溥儀は天皇及び関東軍司令官に従属する旨を次のように記している。


満洲国ハ敍上ノ建国精神並建国ノ歴史ニ鑑ミ　天皇ヲ大中心トスル皇道連邦内ノ一独立国家ナリ　満洲国皇帝ハ天意即チ（日本国ノ）天皇ノ大御心ニ基キ　帝位ニ即キタルモノニシテ皇道連邦ノ中心タル天皇ニ仕へ　天皇ノ大御心ヲ以テ心トスルコトヲ在位ノ条件トナスモノナリ　永久ニ天皇ノ下ニ於テ満洲国民ノ中心トナリ建国ノ理想ヲ顕現スル為設ケラレタル機関ナリ（其状宛モ月カ太陽ノ光ニ依リテ光輝ヲ発スルニ似タリ）従ッテ　万一皇帝ニシテ建国ノ理想ニ反シ　天皇ノ大御心ヲ以テ心トセザルニ至ルガ如キ場合ニ於テハ　天意ニヨリ即時其地位ヲ失フベキモノナルト共ニ　他面民意ニヨル禅譲放伐モ亦許サレザルモノトス

満洲国ガ日本ト不可分ノ独立国ナル真義上述ノ如シ　従ツテ満洲国ノ宗主権ハ実質上皇道連邦ノ中心タル日本天皇ニ在リ　皇帝ハ皇道連邦内ニ於ケル一独立国家ノ主権者タルベク　関東軍司令官ハ天皇ノ御名代トシテ皇帝ノ師傅タリ後見者タルベキモノナリ　日満両国ノ間固ヨリ条約其他ノ関係ニヨリ律セラルル所アルモ　満洲国ノ育成ハ本質上　天皇ノ大御心ヲ奉シタル軍司令官ノ内面的指導ニ依ルヘキモノニシテ　日本政府ノ国務大臣カ輔弼上ノ責任ヲ以テ　之ヲ指導スルカ如キハ独立国トシテ育成スベキ理想ニ反スルモノナリ

この極秘文書によれば、溥儀は「満洲国」の皇帝になっても傀儡の皇帝として、「満洲国」の中心には存在していなかったことが明らかである。こうして、「満洲国」はその事実上の皇帝に代わり、日本の天皇の名代としての関東軍司令官がその独裁権を行使することになったのである。つまり、「満洲国」の実際の支配者は大日本帝国の天皇であり、その実権は天皇の名代として「満洲国」に駐在していた関東軍司令官兼大日本帝国特命全権大使にあった。当時の「満洲国」皇帝溥儀は日本国天皇の弟であり、その兄である天皇に従順で、その支配に服従する存在であった。

したがって、関東軍が唱えた「満洲国」の「王道政治」とは、「日本の天皇の王道にしか過ぎなかった。その王道を満洲国で実現する人物が関東軍司令官、その人であった[19]」。要するに、「満洲国」は関東軍司令官によって支配される日本の「傀儡国家」であると言って良いであろう。

第二章　遠藤三郎と熱河作戦

第1節　熱河占領の戦略性

上述したように、「満洲国」建国後、満洲の各地で反日軍事活動を展開したゲリラ部隊は、「地理的条件に精通した武装集団で、補給基地や活動範囲は華北から熱河省にまで広がっていた[20]」。その抗日勢力の策源地が熱河省に存在したことがこれ以後の熱河作戦の背景の1つであると考えられる。

その結果、翌1933年1月になると、関東軍は「満洲国」の領土的骨格を固めるために、「満洲国」に隣接する領域で抗日ゲリラ部隊を粉砕する軍事作戦が求められた。その手始めが抗日ゲリラ部隊の策動拠点となっている熱河省を関東軍が攻略する動きへと結びついていった。

次頁の地図1に示されているように、熱河省は奉天省、河北省と察哈爾（チャハル）省との中間にあり、「満洲国」と中国本土の間の楔のような存在である。この山間地は北京を含む中国北部を威圧する場所として戦略上で重要であり、熱河省の向背と帰属は政治的にも重大な意味を持っていた。

したがって、熱河省の戦略上の重要性を認識していた関東軍司令部は、「満洲国」建国直後の1932年4月4日に作成した「対熱河政策」の中で「熱河省に対して暫く湯玉麟（熱河省主席）を支持し速に満洲国の統制に服せしむるを第一義とし……[21]」と主張していた。

さらに、同年4月24日、関東軍参謀部第1課が立案した「満洲平定方略」にも次のように熱河省の重要性が示されている。

……四　対支関係上熱河ノ領有ハ満洲国独立ノ為最モ重大ナル要件ナルモ今直ニ之レヲ断行スルノ力不十分ナルヲ以テ北支政変ノ機会ヲ利用ス　而シテ熱河確保ノ為ニハ約二師団（目下錦州ニアル兵力ヲ合シ）ヲ使用シ得ル準備ト錦州又ハ開魯方面ヨリ赤峯ナシ得レハ更ニ熱河ニ向ヒ鉄道ノ敷設止ムナクハ良好ナル自動車道ノ開

地図１　　出所：児島襄『日中戦争（第１巻）』文芸春秋、1984年、234頁。

設ヲ必要トス[22]

また、特産品であるアヘンの栽培による収益が熱河省の経済価値を高め、当地の財源として絶大な魅力も持っていた。[23] このように、その地理上の位置が熱河省の戦略的、政治的、経済的に重要なものとなっていた。

なお、関東軍の熱河攻略の野望に対して、当時の日本政府はどう考えていたであろうか。その点について、下記の電報「昭和7年8月26日　内田外務大臣より在北平（北京）中山書記官宛」から考察してみたい。

熱河問題ニ関シ調査委員ニ対スル申入ノ件

吉田大使へ　貴電第三五二号ニ関シ……熱河ハ満洲国ノ一部ニシテ之カ治安維持ハ満洲国ノ内政問題ナルト共ニ同方面ノ治安擾乱セラルル場合ハ満蒙全般ニ対シ重大ナル影響アルヲ以テ目下事実上満蒙ノ治安維持ニ付重要ナル役目ヲ務メ居ル我方トシテハ熱河ノ事態ニ関シ無関心ナルヲ得サルモノアリ点ヲ委員側ニ対シ印象セシムル様申入レ置カレタシ[24]

上記の電報の内容からは、当時の日本政府も熱河省を「満洲国」の一部と看做し、その治安の維持は「満洲国」の内政問題として力を尽くすべきと主張していた。こうして、柳条湖事件以来、関東軍、陸軍中央部と日本政府は意見が多少相違したが、「満洲国」建国後、熱河占領の問題に対して、3者は遂に合意に達することになった。

第2節　遠藤三郎と熱河作戦

（1）遠藤三郎の「熱河作戦計画」案

1932年秋、関東軍は「満洲国」と「日満議定書」を締結した直後、さらに「満洲国」南部の国境と接している熱河省を軍事攻略、支配することを次の作戦目標とした。この点について、関東軍作戦主任参謀としての遠藤三郎は、1932年10月2日の「日誌」に次のように記している。

（一九三二年）十月二日　日　降雨

……第八師団ヨリ山海関附近ニテ国境警備隊ト（張学良系の）何柱国軍トノ衝突セル為山海関駐屯軍ノ救援の為独断出兵ノ準備シ在リトノ電報来ル　コレヲ好機トシテ北支及ビ熱河問題ヲ解決セントスル意見等アリシモ……予ハ本衝突ハ局部的ノモノトシテ近ク解決スベク又自ラ進ンデ事態ヲ拡大スルハ不利ナルヲ思ヒ第八師団ノ山海関ヲ超エテ前進スルハ軍命令ニ依ルベキモノナリトノ意見ヲ有シ上司ノ同意ヲ得テ其ノ旨電報ス　果シテ情況緩和シ……

この「日誌」によれば、当時関東軍の第八師団は山海関付近の日中両軍の衝突事件を「好機トシテ北支及ビ熱河問題ヲ解決セントスル」と企図し、「山海関駐屯軍ノ救援の為独断出兵ノ準備」にも取り掛かっていたが、遠藤は「本衝突ハ局部的ノモノトシテ近ク解決スベク」と力説した。

ところが、前述したように、関東軍司令部は熱河省については柳条湖事件直後より、満洲の領域に含まれると対外的に主張していた。この熱河作戦はその見解を実現しようとするものであったと言って良いであろう。

こうして、遠藤は関東軍作戦主任参謀として、その任務に従事し、数回にわたる空中偵察の上、概ね次のような「熱河作戦計画」を立案した。

熱河作戦計画

一、第八師団、朝陽－凌源－平泉－承徳－古北口道を前進、当面の敵を掃蕩して長城の線を確保する。

二、第六師団（長・坂本中将、第二師団の交代として新着）は騎兵第四旅団を併せ指揮し通遼方面より赤峰、囲場方面に前進し、熱河省北部を戡定する。

三、混成第十四旅団は綏中方面より凌源、平泉を経て喜峰口に前進、当面の敵を掃蕩して長城の線を確保する。

四、混成第三十三旅団（第十師団より抽出）、山海関より長城南側を経て建昌営に前進、敵の退路を遮断するとともに長城北側への兵站路を開通する。

五、軍司令部戦闘指揮所を錦州に進める。

六、行動開始は二月二十日とする。

七、謀略及び土匪軍には期待せず。[25]

上記の「熱河作戦計画」案は、後に検証することになる前段の熱河作戦遂行手順と後段の作戦主体に分けられるが、後者については、遠藤の謀略及び土匪軍（「満洲国」軍）[26]を使わず、関東軍のみで作戦を実行するという考え方が反映されていた。また、第四項「敵の退路を遮断するとともに長城北側への兵站路を開通する」からして、遠藤は敵の退路を断つため、一部の兵力を中国側の心臓部、即ち長城の内側へ進出させる意図を持っていたと言って良いと思われる。

しかし、どのような方法で熱河省を攻略するのか、関東軍内部には、次のような3つの意見があった。第1は、主として関東軍司令部の見解で、例えば、軍司令官武藤信義と参謀長小磯国昭が謀略手段によって、「日満共同出兵」という見せかけの下で、実は関東軍が熱河省を攻撃するというものであった。[27]第2は、関東軍参謀部第2課の見解で、関東軍を使わず、新土匪軍という関東軍に帰順した地元の部隊を母体とする「満洲国」軍のみを編制して熱河省を攻略するというものであった。[28]第3は遠藤三郎の見解であった。前述の通り、彼は元来謀略や土匪軍の使用を好まず、純粋に関東軍のみで熱河作戦を展開することを主張した。

これらの見解の違いについて、遠藤は10月23日の「日誌」に次のように記録している。

（一九三二年）十月二十三日　日　曇

……北満方面ノ形勢益々急ナリ　第二課ニ於テ新土匪軍ヲ編制シ之ヲ以テ熱河省ヲ攻略セシメ　次テ北支ニ殺到スルノ計画ヲ立案シアリ……編制下命第一ヶ月ニテ作戦行動ヲ開始スルト斯ノ如キハ造匪ノ結集ヲ招来スルモノニシテ絶対ニ賛同シ得ズ　明春ニ至レバ皇軍ヲ以テ堂々熱河作戦ヲ実施シ得ルヲ以テ斯ノ如キ土匪ヲ利用スルノ必要毛頭之ヲ認メズ……

以上の「日誌」によれば、当時の関東軍は新土匪軍（「満洲国」軍）を活用するという謀略手段を用いて、熱河作戦を通して、「熱河省ヲ攻略セシメ」るのみならず、「次テ北支ニ殺到スル」との野望をも持っていた。それに対し、遠藤は関東軍の「満洲国」軍を活用する見解に難色を示し、作戦の発動を謀略によって実行しようという関東軍参謀長の姿勢に反対していた。その理由は以下の2つであると考えられる。

第1は、昭和天皇の統帥権を貫徹するためである。なぜならば、関東軍は天皇の統帥の下で行動できるが、「満洲国」軍はその天皇の統帥権には及ばないため、コントロールされ難いと判断した。[29]

第2は、関東軍の持っていた武器が日本のやくざ集団（日本の民間右翼浪人集団）に流れることを防止するためである。[30]万が一、その武器が日本のやくざ集団に流れると、どうなるのか。遠藤はそれを心配していたため、実際に右翼浪人集団から武器を回収したことがある。この点について、彼は1932年10月6日の「日誌」に次のように記載している。

（一九三二年）十月六日　木　晴

……酒井栄蔵ノ正義団（当時大阪市西成区に存在した右翼浪人の暴力団体）ノ武装問題ニ関シ参謀長ノ下ニ関係者集合シ議ス　予ハ国軍ニモアラズ満洲国軍警ニモアラザル武装団体ハ絶対ニ認ムヘカラズ　正義団ガ真ニ正義ノ為奮闘セントセハ徒手空拳ニテ匪賊団中ニ入ルベキモノナルヲ主張セルモ　参謀長ハ既ニ何等カノ言質

ヲ与ヘアリシモノト見ヘ然カク明確ニ武装団体ヲ否定セズ青年団学校教練ノ意味ニ於テ之レヲ認メ単ニ其ノ武力行使ヲ認メズトセラレタリ……

ところが、当時の関東軍では、前記の通り、武藤司令官も小磯参謀長も謀略手段による「日満共同出兵」という名分で熱河省を攻略しようとしていた。「満洲国」軍を利用する理由としては、当時熱河省近辺の軍事情勢を挙げることができると考えられる。即ち、熱河省には「戦意のない湯玉麟」と「抗日意識の強い張学良軍」が混在しており、政治的な謀略を実行しやすい状況にあった[31]。さらに付言すれば、関東軍司令部は関東軍が単独で熱河省を攻略するとすれば、国際連盟からの批判を免れないとの懸念も抱いていた[32]。

こうして、遠藤の「熱河作戦計画」にかかわらず、熱河作戦の実行部隊に関しては、遠藤は関東軍司令部の考え方に妥協することを余儀なくされた。即ち、前記「作戦計画」を修正し、「満洲国」の防衛を前面に押し立てて、関東軍指揮官の統一指揮の下[33]、「満洲国」軍を支援するという「日満共同出兵」案を新たに導入した。

しかし、当時、陸軍中央部は関東軍の謀略による熱河攻略作戦には反対であるとの意見を表明した[34]ため、遠藤は次の「日誌」の通り、上記の「日満共同出兵」案を再度修正することになった。

（一九三二年）十一月一日　木　晴

……東辺道討伐後ノ用兵計画（熱河作戦計画）ヲ各関係方面ニ配布ス　十月十七日ニ起案セルモノナルモ参謀長等熱河ノ謀略的占領ヲ企図シアリ（予ハ造匪ノ結集ヲ招来スベク且人道上組ミシ得ザリシモノナリ）為メニ　本計画ハ昨日迄同意ヲ得ザリシモノナリシガ中央部ヨリ熱河謀略的占領ニ不同意ノ意見ヲ示シ来レル為カ其大部ヲ修正シ直接予ノ起案セル用兵計画ニ影響ヲ有セザルニ至リシ故昨日同意ヲ得軍司令官ノ決裁ヲ経タルモノナリ……

この「熱河作戦計画」案の再度の修正は、後に遠藤と陸軍中央部の真崎参謀次長と荒木陸相との面談の後、再び関東軍の戦略に沿って修正されることになったが、この間、遠藤三郎は最初の「熱河作戦計画」及び上記の「日誌」に示されている通り、関東軍の謀略に反対し、「満洲国」軍（土匪軍）を利用することにも人道上、問題があるとして、反対した。しかし、彼は最終的には陸軍軍人として、関東軍司令部と陸軍上層部の方針に従うこととなった。

（2）山海関事件―熱河作戦の前哨戦

翌1933（昭和8）年1月1日、熱河省と河北省の秦皇島との境界に位置し、中国の古代から「天下第一関」と言われた山海関において、支那駐屯軍（天津軍[35]）山海関守備隊と山海関守備の任に付いていた張学良直系の何柱国中将の東北軍第9旅との軍事衝突、即ち山海関事件が起こされた[36]（次頁の地図2を参照）。山海関事件は天津軍山海関守備隊長落合甚九郎少佐の謀略によって惹起されたものであったが[37]、日本軍（天津軍と関東軍）はこれをきっかけに、1月3日に山海関を完全に占領した。

この事件について、遠藤は1933年1月2日と3日の「日誌」にそれぞれ次のように記録している。

（一九三三年）一月二日　月　晴

……夜再ヒ山海関附近彼我両軍衝突ノ電報アリ　事態ノ拡大ハ目下ノ情勢上不得策ナルヲ以テ濫リニ渦中ニ投ゼザル如ク指導スベキ旨　第八師団長ニ電報ス……

（一九三三年）一月三日　火　晴

……午後六時頃第八師団ヨリ山海関占領後ノ処置ニ関シ指示ヲ求メ来リ　之ヲ以テ第二課ト研究ノ上　方針変化ナキ旨電報スルニ決シ　参謀副長、参謀長、軍司令官ノ決裁ヲ受ケ発電ス　夜櫛ノ如ク電報来リ多忙ナリ

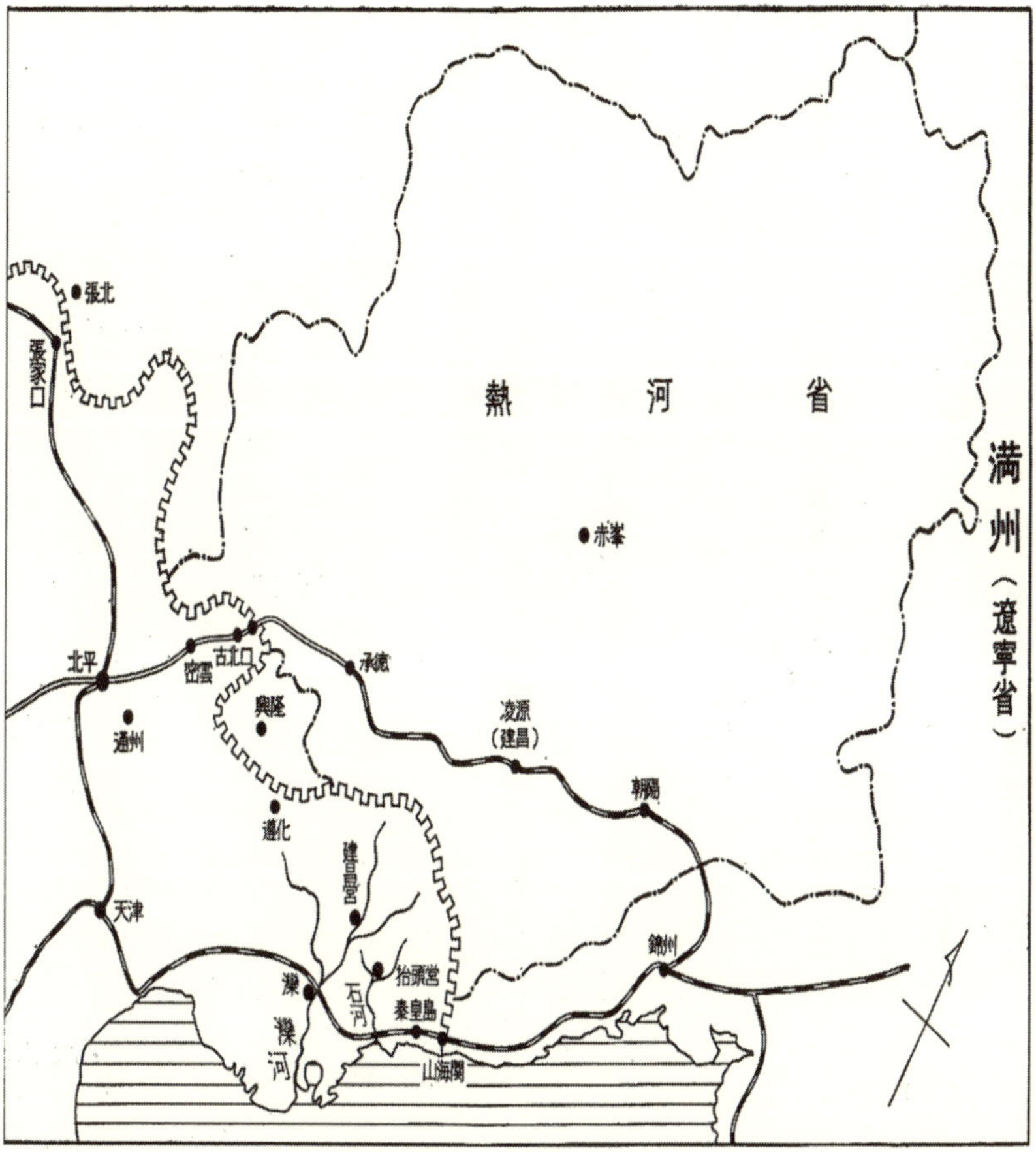

地図２　　出所：上村伸一『日本外交史　第19巻　日華事変（上）』鹿島研究所出版会、1971年、５頁。

山海関占領ノ報ヲ得テ安心ス

この「日誌」の通り、遠藤は山海関事件の拡大には反対であったが、結局は、関東軍第8師団による山海関を占領した既成事実を黙認することとなった。

この事件に際し、関東軍第8師団は天津軍山海関守備隊を増援するため、山海関に兵力を増強し、華北への出口を押さえた。関東軍の狙いは「熱河討伐戦を控え、中国側の動向を探るとともに、山海関を掌握することにより、熱河討伐戦を促進し、これを有利に導く」[38]ことであった。これ以降、熱河作戦の準備は一気に加速し、後述するように、翌2月に関東軍は山海関事件を口実に、本格的な軍事行動として熱河作戦を発動した。

（3）熱河作戦を巡る真崎参謀次長と荒木陸相の対応

1933年1月、東京参謀本部の参謀次長で、陸軍皇道派の中心人物であった真崎甚三郎は、熱河作戦についての関東軍の意見を打診してきた。[39]それに対応するため、1月12日には、関東軍司令部では作戦主任参謀の遠藤三郎を東京に出張させることになった。東京に到着後の遠藤は連日参謀本部に出向いて、熱河作戦について打ち合わせを行った。[40]

まず、1月16日には、遠藤は真崎参謀次長の意見を聴取した。真崎は天皇もまたこの熱河作戦には成功を期待されていることを間接的に彼に伝えた。また、参謀本部は熱河作戦には賛成で、ただ時期を遅らせるよう指示したに過ぎなかったことを彼に示唆した。[41]当日の「遠藤日誌」には、それらのことが、参謀本部の関東軍に対する不信感とともに、次のように記録されている。

（一九三三年）一月十六日　月　晴

……（真崎参謀）次長ハ現在ノ社会状態ヲ頗ル重大視シ　過般山海関事件以来特ニ甚シ　陸軍ハ資本家及政党

員ヲ圧迫シ　関東軍ハ何ヲスルカ解スル能ハズ　無策ノ極遂ニ国ヲ亡スルニアラズヤト慮フルモノアリ　中ニハ政争ノ具ニ供センガ為メノ策動ニヨルモノアルベシト雖モ　今ヤ海軍モ亦之レヲ信ジテ陸軍ト離反セントシ　政党屋ハ海軍ヲ取リ入レンガ為更ニ声ヲ大ニセントシ既ニ宮中ニ迄及ビ居ルニアラザルヤト思ハル　陸軍ノ信用ヲ保持シ得ルモノ一ニ関東軍ノ公正ナル態度ニ依ル外ナシ　国際連盟モ亦我ニ不利ニシテ脱退ノ結果ハ英米ヲ敵トスルニ至リ……十四日上奏ノ際　陛下ヨリ殿下（筆者注、閑院宮載仁参謀総長）ニ対シ今回ノ増兵ハ熱河作戦ノ為カトノ下問アリ　編制改正ニ伴フモノナルヲ答ヘラル　更ニ熱河問題ハ如何ニスルカトノ下問ニ対シ　目下研究中ト答ヘラル　蘇炳文討伐（筆者注、ホロンバイル作戦）ハウマク行ツタガ熱河モアノ様ニヤリタイモノダト仰セラル　以上ノ如キ情態ナルヲ以テ最モ慎重ニ熱河問題ヲ解決シ陸軍ノ信用ヲ恢復スベク努力セヨ　若シ軽挙スルモノアルガ如キ場合ハ仮令上官タリトモ之レヲ抑ヘ信ズル所ニ邁進セヨト　予ハ之レニ関シ堅キ覚悟ヲ有シ関東軍司令官以下一致団結任務ニ向ヒ邁進スベク決シテ一部策動家ノ小策ノタメ大局ヲ誤ルカ如キコトナキヲ誓ヒテ別ル……

さらに、17日には遠藤は皇道派のもう1人の中心人物であった荒木貞夫陸軍大臣にも面談し、その戦略的な見解を打診していた。当日の「遠藤日誌」によれば、彼は荒木陸相に対し、上述した関東軍が構想した「北支（平津）作戦」を含む熱河作戦の謀略について、荒木の意見を賜りたいと申し出た。

（一九三三年）一月十七日　火　降雪

……北支作戦ニ関スル大臣ノ意見ヲ直接求ム　即チ満支開戦ヲ宣シ（筆者注、日満）議定書ニ基キ帝国軍ヲ進ムルモ一案ナリト云フ意見ニ対シ　関東軍トシテハ勿論一挙ニ学良ヲ覆滅セシムルハ希望スル処ナルモ　関東軍ガ直チニ平津ニ兵ヲ進ムルハ内外ニ対シ其ノ妥当性ヲ認メシムルコト困難ナルヲ以テ軍トシテハ熱河経略ハ之レヲ満洲国々内問題トシテ解決シ兵ヲ平津ニ進ムルハ特ニ其ノ妥当性ヲ認メシメ得ルトキナルベク且ツ此ノ如キコトハ中央部ノ計画スル作戦ナリト思惟スレトモ如何トノ質問ヲ発ス……

この「日誌」からは関東軍では当初の作戦計画の中に、熱河省だけでなく、すでに関内と平津（現北京と天津）地域にまでその作戦領域を広めていたことを読み取ることができる。遠藤の質問に対して荒木は次の通りに答えた。

1　世局ハ山海関事件等ニ依リ関東軍ノ行動ニ関シ疑惑ノ目ヲ以テ之レヲ見ルニ到レリ故ニ熱河経略ノ為平津ニ兵ヲ進ムルノ要アリトセンガ本事件ト切リ離シ之レハ何等関連スルモノニアラズトノ感ヲ起サシムル如ク指導スルノ要アリ

2　熱河経略ノ為平津ニ兵ヲ進ムルハ下策ナルモ情況上此ノ如キ場合モ亦顧慮スルノ要アリ　事態ヲ拡大スルノ不利ハ之レヲ認ムルモ事態ノ拡大トハ地域的、兵力的、時間的ニ之レヲ見ザルベカラズ　単ニ地域的、兵力的ニノミ事態拡大ヲ制限セントスルハ当ラズ　時間的ニ事態拡大ヲ避ケントセバ地域的、兵力的ニハ寧ロ拡大ノ要アルコトヲモ考慮セザルベカラズ　用兵ヲ単ニ地域的、兵力的ニ制限セラル、ハ承認シ得ザルモノナリト閣議ニ於テ説明シ置ケリ　従テ関東軍ノ行動ハ何等束縛スルモノニアラザルモ国内問題トシテ熱河省内ノ作戦ヲ以テ終始シ得バ上ノ上ナルモノニシテ又其ノ使用兵力ハ必スシモ増兵ヲ拒否スルモノニアラザルモ　屢次ノ増兵ハ陸軍ノ信用ヲ損スル虞アルヲ以テ　ナルベク現兵力ヲ以テ実施セラレタク……

上記の荒木の発言の前段1では、熱河作戦を平津作戦と「切リ離シ」、「指導スルノ要アリ」と釘を刺した。後段2では、熱河占領のために平津作戦は「下策」と称しながら、場合によってはその発動を容認し、事態の拡大については、地域的、兵力的の拡大を全面的に認めながら、時間的に不拡大という制限をつけ、つまり短期、電撃作戦でやれと遠藤に弁じたてて、長期戦を避けるために、長城線突破も「やむなし」と示唆している。荒木のこの発言は熱河作戦を「満洲国」の国内問題として処理することを「上ナルモノ」にして、「使用兵力ハ必スシモ増兵ヲ拒否スルモノニアラザルモ」と遠藤を勇気付けていた。

なお、真崎参謀次長と荒木陸相は後に述べるように、いわゆる陸軍皇道派の中心人物であり、そのことは、彼らの天皇の意向への言及、関東軍の行動の容認等の考えに現れていたとも言えるが、それらは、当時の陸軍部の一般的な考えとも言うことができ、遠藤も彼らとの面談で、特に陸軍内部の派閥抗争を意識させられた形跡はない。

(4) 遠藤三郎の「熱河経略計画」の最終案と熱河作戦

1933年1月19日、遠藤は満洲に帰任してから、直ちに上司の承認を得て計画通りに、「熱河経略計画」[42]の最終案をまとめることになった。[43]その後の2月3日と5日の「遠藤日誌」にそれぞれ次のように記されている。

（一九三三年）二月三日　金　晴

熱河作戦計画ノ立案ニ没頭シ　午後二時完成ス……

（一九三三年）二月五日　日　晴

参謀長ヨリ作戦計画ノ一部修正ヲ命ゼラレ　之ガタメ内示ノ時期ヲ一日遅ラスノ止ムヲ得ザル情態トナル……

なお、遠藤はこの「熱河経略計画」の最終案に「……当時の満洲国軍の中核である張海鵬指揮の『兆遼軍』約一万二千人、程国瑞指揮の『暫編建国第二軍』約七千五百人、そして、熱河義勇軍のうち満洲国に帰順した劉桂堂軍（約一万人）を『護国遊撃軍』として、第六師団（熱河作戦における関東軍の主力部隊）に配属した。第八師団（第六師団と同じく熱河作戦における関東軍の主力部隊）にも、丁強指揮の『救国遊撃軍』約六千人が配属された」[44]と修正、追記した。

これにより、関東軍の狙いの通り、関東軍第6、8両師団の配下に「満洲国」軍が配置されることとなり、国際世論の批判を逸らそうと配慮したことが窺える。

なお、この「熱河経略計画」の最終案の中には、「別命アル場合ノ外、河北省内ニオイテ作戦行動ヲ実施スルコトナシ」と明記され、長城線を越え河北省に進入する作戦行動の実施を禁じている。しかし、同計画の目的には、「熱河省ヲシテ名実共ニ満洲国ノ領域タラシメ且満洲国擾乱ノ策源タル北支学良勢力ノ覆滅的気運ヲ醸成促進シ以テ満洲国建国ノ基礎ヲ確立スルニ在リ」[45]と謳われており、「熱河作戦と同時に、関東軍は華北で（張）学良勢力覆滅のため、謀略を行うつもりであったことが明らかにされている」[46]。

このようにして、2月4日になると、昭和天皇は「長城線以南には軍隊を進めないという限定付きで熱河作戦遂行を正式に承認した」[47]。その後、2月17日には、日本政府は「日満議定書」に基づき、閣議で熱河作戦の実施を決定した[48]。さらに、翌18日には、「満洲国」政府も熱河討伐を声明し、対熱河総司令部の設置を発表した[49]。その後、2月22日には、関東軍は熱河省内の中国軍隊に対し24時間以内の撤退を要求したが、翌23日中国側がこの要求を拒絶したため、関東軍、「満洲国」軍は連合して熱河作戦を開始した[50]。

次頁の地図3に示されているように、2月24日、関東軍第6師団と騎兵第4旅団が熱河省の北の都開魯を占拠し、25日、第8師団が錦州省の朝楊を占領した。さらに3月1日、騎兵第4旅団が赤峰を陥れ、3月4日、第8師団が熱河省の省都承徳を占領した[51]。

関東軍が赤峰、承徳を占領した後、遠藤三郎は直ちに赤峰と承徳に飛び、第一線の将兵を労い、且つ爾後の追撃を督促していた[52]。承徳を占領した当日、遠藤は「日誌」に次のように記載している。

（一九三三年）三月四日　土　晴

……承徳進入ヲ予想シ　軍司令官以下鶴首シテ其吉報ヲ待ツ　午後六時頃飛行機帰着シテ承徳進入ヲ報ズ　午後二時三十分威風堂々入城セリト軍司令官以下ノ悦ビ絶頂ニ達ス　直チニ食堂ニテ祝盃ヲ挙グ　軍司令官ヨリ特ニ盃ヲ頂戴ス　参謀長軍司令官ノ眼ニハ露ノ宿ルヲ見ル　予モ亦涙禁ジ得ザルモノアリ……

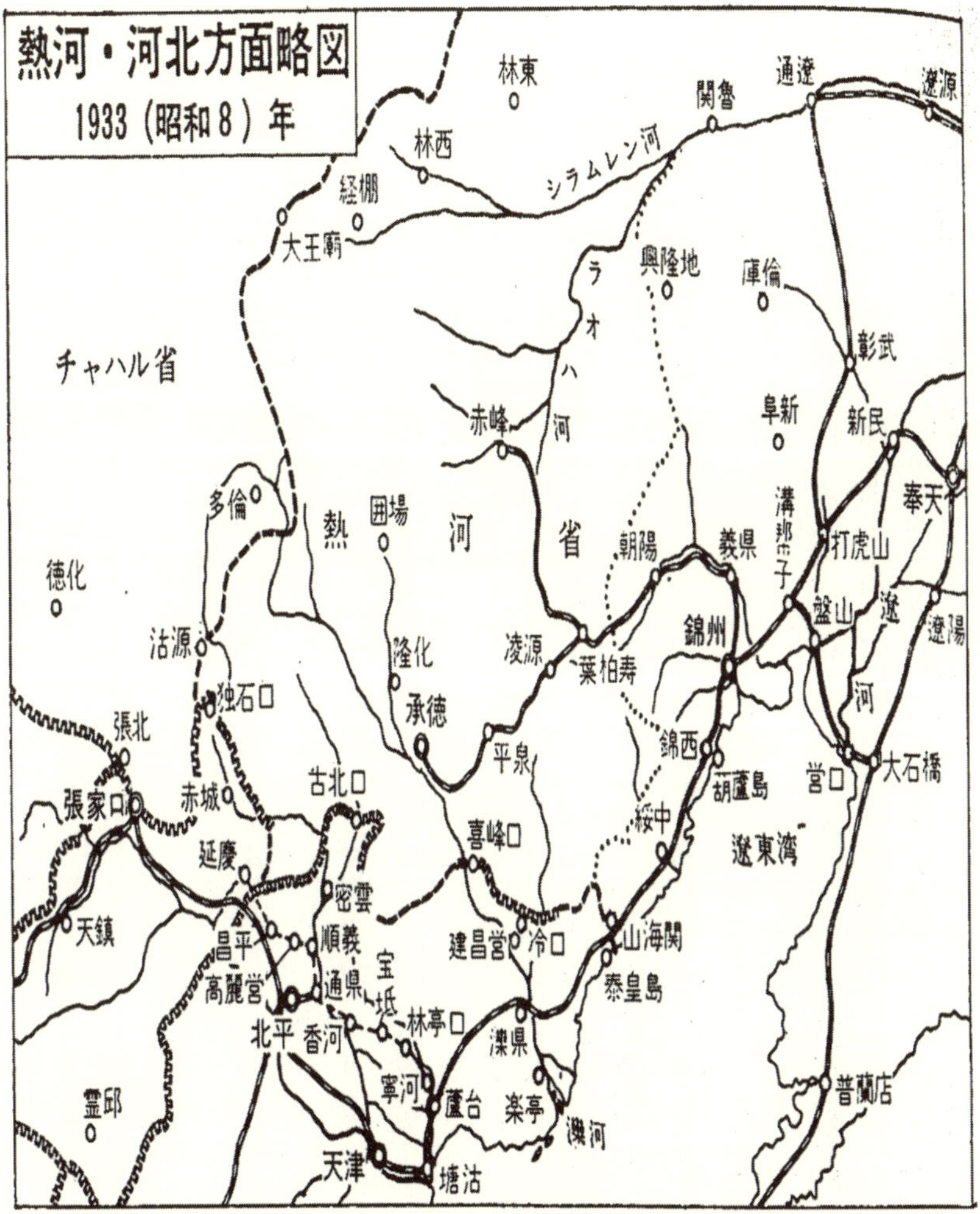

地図３　　出所：遠藤三郎『日中十五年戦争と私』日中書林、1975年、55頁。

ところが、承徳を占領した関東軍はさらに南下して、3月4日には、冷口を陥落させ、7日には、長城線に到達するとともに、10日にはついに長城線一帯の総攻撃を開始した。11日には、喜峰口を陥れ、さらに12日には、古北口を陥落させた[53]（上記の地図3を参照）。この時点で、関東軍はすでに長城線を越えて河北省に入っていたのである。

このようにして、関東軍は熱河作戦を順調に展開し、最終的に熱河省を平定した。関東軍はその意図するところの目的を達し、長城線を第一線として守備につくことになった。

しかし、関東軍の第一線部隊は、それだけで満足せず、更なる謀略で灤東（河北省東北部、即ち灤河東方地帯）、関内[54]へ侵攻し、最終的には北京に傀儡政権を樹立すること、即ち北京クーデター計画を画策した。

第3節　灤東、関内作戦と北京クーデター計画[55]

（1）灤東作戦

3月27日を迎えると、武藤関東軍司令官は関作命第四九一号を発令し、ここに灤東作戦が展開されることとなった[56]。この作戦の目的は「満洲国」の国境としての長城線を確保しながら、さらに長城線を脅威する中国領内の中国軍を掃蕩することであった。また、同時に、後述するように、関東軍による華北政治工作（即ち北京クーデター計画）支援という政治的目的もあった[57]。

4月10日になると、関東軍は第6師団、歩兵第14旅団、歩兵第33旅団を持って灤東作戦を開始し、万里の長城を越えて河北省へ侵攻し始めた。11日には、関東軍第6師団が長城線を突破し、建昌営を占領した。翌12日には、第8師団が灤陽城を陥落させた後、第6、第8師団が協力して、中国軍を灤河右岸に駆逐した。さらに15日には、既に遷安、永平の線に進出した[58]（次頁の地図4を参照）。

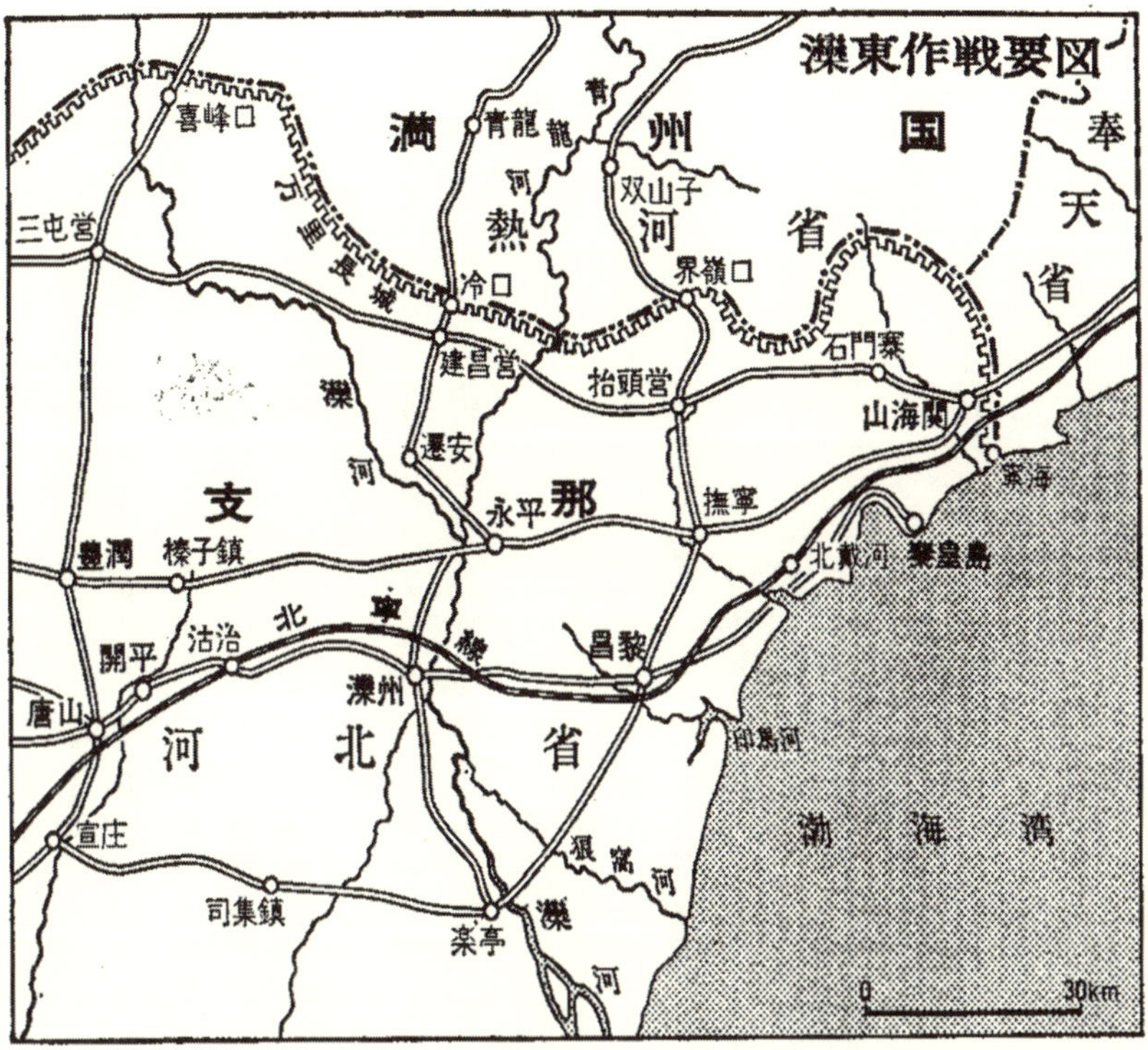

地図４　　出所：児島　襄『日中戦争　2』文芸春秋、1984年、178頁。

しかし、昭和天皇は関東軍の長城線以南への侵攻が国際紛糾を引き起こすことを恐れ、4月18日に本庄繁侍従武官長を通じて灤東作戦中止の意志を伝えた[59]。その後、本庄から報告を受けた眞崎参謀次長は、19日に天皇の意向を記した親書を関東軍司令官に送付すると共に、関東軍の小磯参謀長から全軍に長城線へ帰還命令が下された[60]。

この時期、遠藤は関東軍第6師団の部隊が長城を越えて建昌営に進出したとの報に接し、直ちに飛行機で建昌営南側の河原に着陸して第一線部隊を訪ねたが、中国軍の激しい反撃を受けたため、関東軍では死傷者が極めて多く出ていたことが分かった。しかも、長城線に進出した部隊への補給も意のごとくならず、関東軍の現地部隊は志気が沈滞し、厭戦の気分も窺えた[61]。

こうした苦しい状況の下で、遠藤は4月19日に眞崎参謀次長からの「速かに撤退せざれば奉勅命令下るべし[62]」という電文を見て、早速第6、第8師団宛に「軍ヲ長城ノ線ニ帰還セシムベキ」と打電した。当日の「遠藤日誌」には次のように記録されている。

（一九三三年）四月十九日　水　晴

……（参謀本部）長城ノ線ニ対スル撤退ヲ強要ス　其ノ原因（真崎参謀）次長ノ上聞ニアルガ如シ　自ラノ失言ヲ修正セズシテ情況ノ如何ニカカワラズ　血ヲ流シタル軍隊ノ行動ヲ無為ナラシムルガ如キハ真ノ忠ニアラザルヲ思ワシムルモ命令ニ反抗スルモ徒ラニ軍司令官ニ塁ヲ及ボシ　関東軍引イテハ陸軍全般ノ動揺トナルノ恐レアルヲ以テ北支施策ニ関係ナク軍ヲ長城ノ線ニ帰還セシムベキ命令ヲ下達ス……

その結果、4月23日に関東軍第6師団は一旦長城線までに撤退を完了したが、第8師団は電報を受信していなかったことを理由としてなお作戦を継続していた[63]。

（2）関内作戦

長城線を巡る上記のような状況の中で、中国側は、第三国への斡旋依頼と併行して対日抵抗から対日交渉へとその政策を転換した[64]。一方、日本側も中国の真意を見極めようと苦心し、一時は停戦ムードも広がろうとしていた[65]。しかし、天津特務機関や北京駐在武官補佐官永津佐比重中佐、さらには中央の陸軍省は双方の停戦交渉に強く反対した[66]。特に、参謀本部は「支那軍カ一方的ニ相当距離ニ撤退シ誠意ヲ披瀝スルニ非サレハ停戦交渉ヲ受理セス」[67]という強硬な方針を立てた。それは「妥協政策を排し、平津危うしとの危機感を中国側に強く印象付け、その実現を背景に、有利な停戦交渉の成立を図ろうとする」[68]考えからであった。

これによって、関東軍参謀長小磯国昭は、5月2日には、東京で天皇と陸軍中央部から関内進出の許可を得て、新京（長春）に戻った[69]。これに基づき、翌3日には、武藤関東軍司令官は次のような遠藤三郎の意見も容れ関東軍に関内作戦を発令した[70]。当時、遠藤は「軍ハ長城南側地区ニ於ケル敵ニ鉄鎚的打撃ヲ加ヘ其挑戦的意志ヲ挫折セシメントスル」[71]必要を痛感し、断乎河北省東部に攻撃を開始する軍命令を立案し、軍司令官の承認を得て前線部隊に伝達した[72]。

その結果、再出撃の命令を受けた関東軍第6師団は5月7日には、先に中国軍に対して軍事行動を取り、灤河を渡り関内に出撃した。なお、11日には、第8師団も軍事行動を開始し、12日、新開嶺を抜き、さらに13日、石匣鎮を占領した[73]（次頁の地図5を参照）。

これら遠藤の見解からも推測されるように、遠藤はこの関内作戦で関東軍が成るべく有利な条件を持つとともに、主導権を握って中国軍と停戦交渉をすると考えていた[74]。彼は5月13日の「日誌」に次のように記録している。

（一九三三年）五月十三日　土　晴

長城南側地区第二次作戦善後処理方案ヲ作成シ　之レカ決済ヲ得タリ……（武藤）軍司令官及（小磯）参謀長ヲシテ目的達成迄長城ニハ帰還セジトノ硬キ決心ヲ執ラレタルハ欣快ニ不堪　重荷ヲ下シタルノ思イアリ……

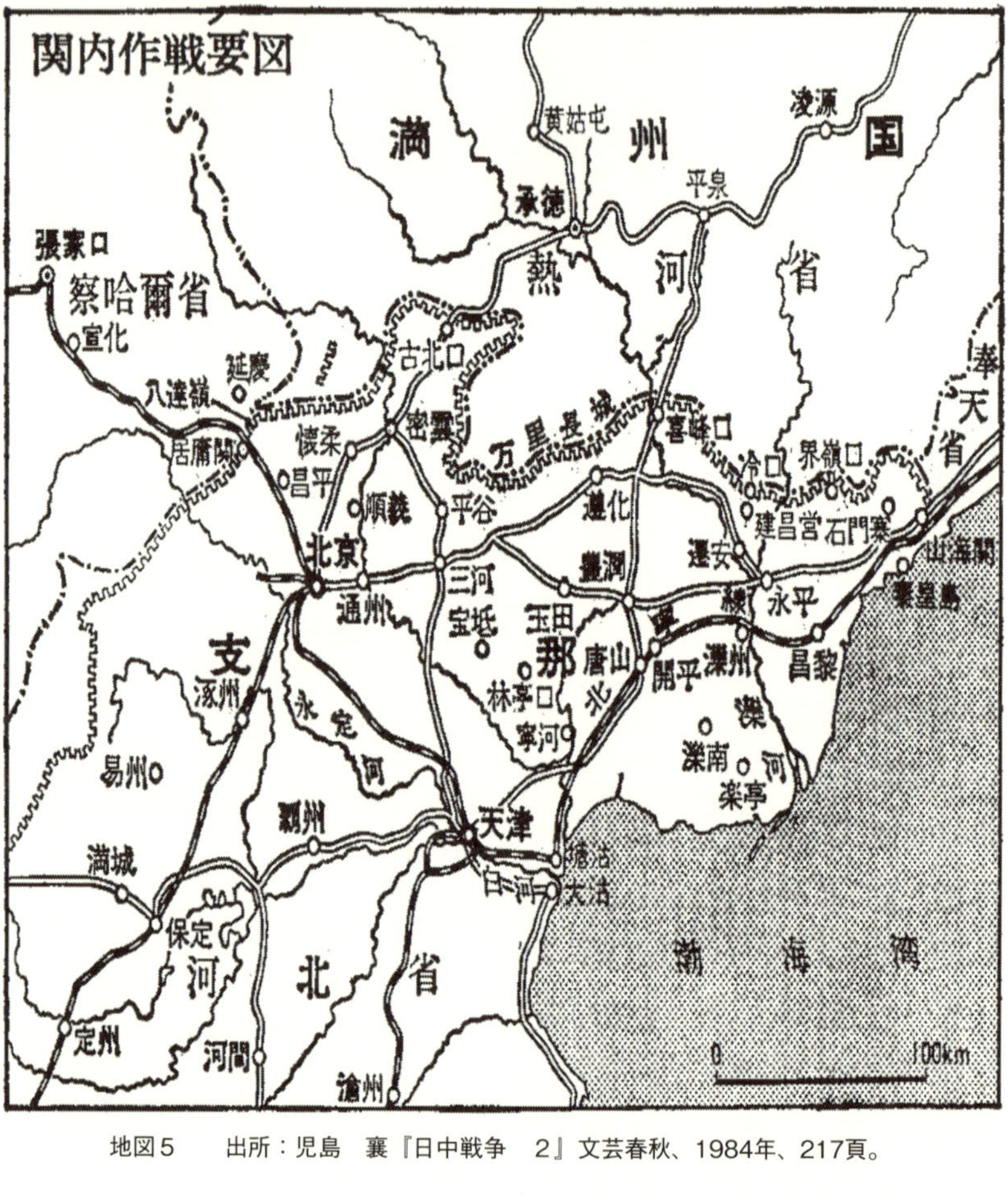

地図５　　出所：児島　襄『日中戦争　2』文芸春秋、1984年、217頁。

こうして、関内に進出した関東軍はさらに占領地域を拡大し、引き続き密雲、三河、遵化、香河等北平（北京）を指呼の間に望む地区に進出した。さらには、21日には通州を占領し、23日には懐柔を陥れ、北京城外に肉迫した[75]（前頁の地図5を参照）。

しかし、この時、昭和天皇は本庄繁に関東軍の関内作戦に対して強い不満を漏らし、関東軍の前進を中止させるよう促した[76]。

こうした状況下で、中国側はすでに停戦に傾いていた。即ち、5月25日、中国側が何応欽を軍使として密雲に派遣して正式に停戦を求めたため、関東軍はそれに乗じて戦闘行動を停止し、関内作戦を終了した[77]。これによって、関東軍は謀略手段によって引き起こした一連の軍事行動により、熱河作戦の目的をほぼ達成したと言うことができるであろう。

（3）北京クーデター計画

関東軍が熱河作戦を発動すると、支那駐屯軍（天津軍）はほぼ同時期の１９３３年2月13日に、天津に特務機関を設置した[78]。これは熱河作戦に呼応し、関東軍の板垣征四郎を天津特務機関長として、謀略によって北京クーデター計画を実行しようとしたものであった。

具体的には、関東軍は華北の軍閥（宋哲元）に働きかけて一斉に反蒋親日満運動を展開させ、一挙に華北を準「満洲国」化して、「満洲国」の右側背を固めようと考えたのである[79]。『戦史叢書　支那事変陸軍作戦（１）昭和十三年一月まで』に記されているように、「関東軍はかねてから謀略により北支一帯に親日満地帯を設定して、満洲国の軍事的、政治的、経済的保障を確立しようとする企図を持っていたが、灤東作戦に策応して、北支軍閥諸将領引き出し工作を始めた[80]」。

これにより、このクーデター計画は関東軍が起こした灤東作戦と関内作戦とも密接に連動していたと言って良いであろう。

この板垣を中心とする天津特務機関が計画していたクーデター案は、すでに関東軍参謀長に伝達されていた。1933年4月18日、天津特務機関より関東軍参謀長宛の絶対極秘の電文はクーデター実行計画について、下記の通りに記されていた。

一、宋哲元ハ北平ニ於ケル発動ニ関シ数回ニ亘リ熟議ヲ遂ケ双方ノ協定成立シ本日午後出発前線ニ帰レリ彼ハ二十一日夜（前電二十日ハ二十一日ニ訂正ス）実行スル北平ノ「クーデター」ニ響応シ直ニ全軍ヲ率ヒテ北平ニ向ヒ前進シ中央軍ノ北平脱出スルヲ阻止スル筈ナルカ適時迅速ニ右行動ヲ実施スルヤ否ヤニ関シ一刻モ早ク確証ヲ得タキ事情アルニ付夫レトナク喜峰口方面ノ部隊及飛行隊ヲシテ発動後ニ於テ宋哲元軍ノ行動ヲ監視セシメ機ヲ失セス御通報ヲ乞フ
二、目下宋哲元軍ハ灤河右岸現在第一線ヨリ遵化羅文峪馬蘭峪ノ間ニ位置ス
三、万一発動後彼ノ軍隊カ依然陣地ニ在リテ動カサル場合ハ適宜砲撃ヲ実施スル等脅威ヲ与エラレンコトヲ希望ス[81]

これに対して、関東軍参謀長は「平津地方ニ蔣介石政権ノ延長ニ非ル別個ノ政権樹立セラレ満洲国ニ対スル直接間接ノ策動特ニ熱河省境ニ対スル軍事行動ヲ停止スルコトハ関東軍ノ最モ希望スル所ニシテ……[82]」と返電し、関東軍にとっての必要性を強調した。

しかし、5月7日に、このクーデター計画の中心人物張敬尭が北京で暗殺されたため、関東軍と天津特務機関の思惑は挫折し、この謀略は頓挫することになった。[83] その結果、関東軍はその軍事目的を達成することができず、他方、中国軍からは「塘沽停戦協定」の会議の開催を提案され、それに便乗する方向に向かったと言って良いであろう。

第4節　遠藤三郎と「塘沽停戦協定」

上述した北京クーデター計画の失敗により、関東軍は1933年5月17日から、中国軍と柳条湖事件以来のいわゆる満洲事変関連の戦闘の停戦交渉に取り掛かり始めた[84]。翌18日には、遠藤は直ちに「停戦処理方案」を策定し始めるとともに、中央部にその旨の電報を発し、22日には、中央部も停戦交渉に同意した[85]。遠藤は翌23日の「日誌」にも次のように記し、彼が停戦案の作成に当たったことを明らかにしている。

（一九三三年）五月二十三日　火　晴
急転直下シテ停戦交渉有利ニ進展シツツアリ　之レガ対策ノ為夜二回ニ亘リ軍司令官ヲ訪ネ報告シ処置ニ関シ決裁ヲ受ク　軍司令官モ極メテ御満足シテ葡萄酒ノ盃ヲ共ニ挙ゲラル

その後26日には、遠藤は「停戦実施要領」を完成するが、それは翌27日に関東軍の幕僚会議にかけられて最終的に決定されることになった[86]。

この時期、5月25日には、中華民国政府の代表何応欽はその代理徐燕謀を通して関東軍司令官に正式に停戦を提議した。その結果、31日には、日本側代表陸軍少将関東軍参謀副長岡村寧次と中国側代表陸軍中将熊斌は、塘沽において正式に日中両軍の間の停戦協定に調印した。即ち、遠藤によって起案された停戦条件は一字一句の修正も無く、「塘沽停戦協定」として合意された[87]。

遠藤は当日の「日誌」に次のように記し、関東軍側の修正の余地なしとの高圧的な姿勢が停戦協定の成功を導いたと自賛している。

写真6
1933年5月、タンクー停戦協定締結時の遠藤三郎（右から2人目）

（一九三三年）五月三十一日　水　晴
本一日ヲ以テ協定ニ調印セシムベク九時開会ト共ニ関東軍ノ要望ヲ提示シ同時ニ其ノ最終案ニシテ修正ノ余地ナキ旨ヲ厳格ニ宣告ス　彼等ハ我ガ威ニ服シ……十一時十一分調印ヲ終ル　午後二時再会懇談ニ移リシ際中間地区ノ治安維持ニ関シ困難ナル問題ニ遭着セシモ　其真意宗主権ヲ認メシメントスルニ在ルヲ知リ覚書交換ニヨリ解決ス　之レ亦各種意見アリシモ……予ハ覚書ヲツキツケレバ必ス承諾スヘシト信ジタリ　予想違ハズ適中ス　午後四時二十分無事終了シテ互ニ祝盃ヲ挙グ……

遠藤は同年6月に作成した関東軍司令部内部の極秘文書「北支ニ於ケル停戦交渉経過概要」（関東軍司令部、昭和八年六月）の中で、この協定の内容を次のように記載している（次頁の地図6を参照）。

一、中国軍ハ速ニ延慶、昌平、高麗営、順義、通州、香河、寶坻、林亭口、寧河、蘆台ヲ通スル線以西及以南ノ地域ニ一律ニ撤退シ爾後同線ヲ超エテ前進セス　又一切ノ挑戦攪乱行為ヲ行フコトナシ
二、日本軍ハ第一項ノ実行ヲ確認スル為随時飛行機及其他

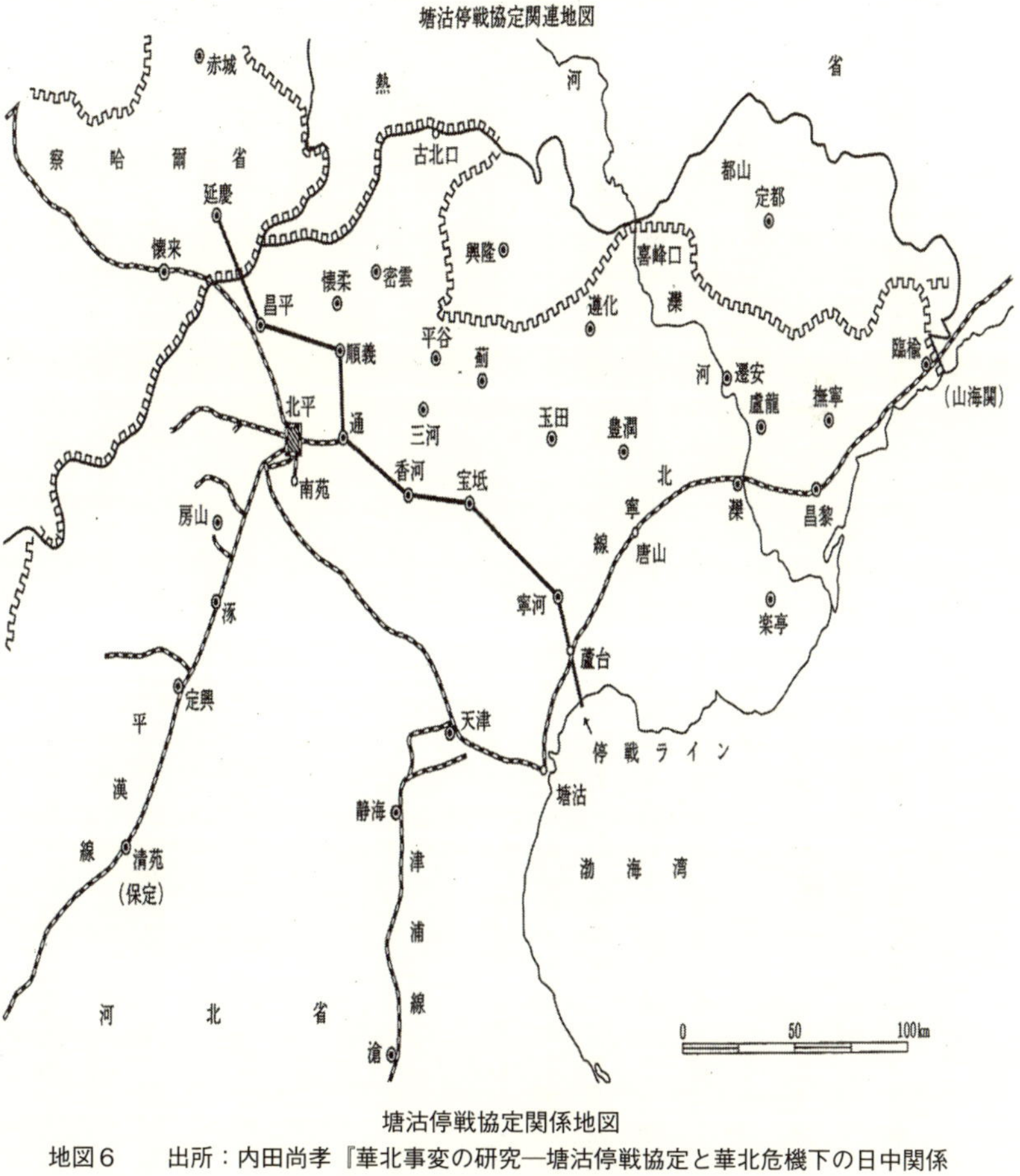

塘沽停戦協定関係地図

地図６　　出所：内田尚孝『華北事変の研究―塘沽停戦協定と華北危機下の日中関係一九三二～一九三五年―』汲古書院、2006年、101頁。

ノ方法ニ依リ之ヲ視察ス　中国側ハ之ニ対シ保護及諸般ノ便宜ヲ与フルモノトス
三、日本軍ハ第一項ニ示ス規定ヲ中国軍カ遵守スルコトヲ確認スルニ於テハ前記中国軍ノ撤退線ヲ越エテ追撃ヲ続行スルコトナク自主的ニ概ネ長城ノ線ニ帰還ス
四、長城線以南ニシテ第一項ニ示ス線以北及以東ノ地域内ニ於ケル治安維持ハ中国側警察機関之ニ任ス　右警察機関ノ為ニハ日本軍ノ感情ヲ刺戟スルカ如キ武力団体ヲ用フルコトナシ
五、本協定ハ調印ト共ニ効力ヲ発生スルモノトス　右証拠トシテ両代表ハ茲ニ記名調印スルモノナリ
昭和八年五月三十一日
関東軍代表　岡村寧次
北支中国代表　熊　斌[88]

前頁の地図6に示されているように、この協定は河北省の東北隅に、一応非武装地帯らしいものを成立させた。しかし、それは完全な中立地帯ではなかった。なぜなら、関東軍はこの協定によって中国軍に一定線までの撤退を強いながら、自軍は協定文の「概ネ長城ノ線ニ帰還ス」という「概ネ」の二字を盾に、この地帯に若干の兵力を残したからである。そして、これを足がかりに、中国側と何回か会議を開いて、灤東地区と「満洲国」との間の列車連絡、税関設置、治安維持等に関する協定を押し付け、本来中立地帯であるはずの灤東地区を準「満洲国」化した。[89]

こうして、前年（1932年）9月15日に締結された「日満議定書」は政治と外交、軍事の面で「満洲国」の骨格を固めるものであったが、その「満洲国」の領域は「塘沽停戦協定」によってさらに拡大された。

この「塘沽停戦協定」の成立によって、1931年9月18日の柳条湖事件以来、際限もなくエスカレートしてきた日本の軍事的膨張は中国軍の妥協により、ともかく一時的に停止されることとなった。関東軍はこれにより、熱河省を「満洲国」の領土に編入する野望を実現し、最終的に河北省とチャハル省に接続する地帯にグレーゾーン（軍事的中立地帯）を設立することにも成功した。このグレーゾーンの設立によって、関東軍は河北省での策動の

場を確保し、中国側の「挑戦撹乱行為」を理由としてさらなる野望に燃えて新しい軍事行動を起こすことが可能となった。即ち、この軍事的成功は関東軍上層部の更なる欲望を刺激し、今後はさらに華北から内モンゴルへその支配領域を拡大することになる。

以上、本第三部では、「満洲国」建国及び熱河作戦と遠藤三郎との関係について検討してきた。1932年3月に「満洲国」は、当初の石原莞爾や遠藤三郎の「王道楽土」的理想国家とは異なる日本の傀儡国家として建国されるが、遠藤はそれには直接関与せず、もっぱら「満洲国」の治安維持のための「匪賊」討伐作戦に専念していた。それと同時に、彼が日本に対する現地住民の信頼を失わせることになる関東軍の風紀の乱れを当時から鋭く指摘していた。

さらに、本第三部では、関東軍作戦主任参謀として、熱河作戦を立案し、遂行した遠藤と関東軍司令部や参謀本部との諸関係を検証した。遠藤が「熱河作戦計画」の立案を任されたことは、彼の軍事作戦家としての能力の高さを改めて示していると言って良いが、関東軍の謀略作戦には強く反対したにもかかわらず、参謀本部の積極的な支持を得られず、結局軍という組織の論理に従い、止む無く関東軍の「日満共同出兵」という謀略に同調することになった。

注

1　「満洲国建国宣言」は国務総理鄭孝胥によって起草され、その内容の一部を示せば、以下の通りである。即ち「……竊に惟ふに政は道に本づき、道は天に本づく。新国家建設の旨は一に以て順天安民を主と為す。施政は必ず真正の民意に徇ひ、私見の存在を容さず。凡そ新国家領土内に在りて居住する者は皆種族の岐視尊卑の分別なし。原有の漢族、満族、蒙族及日本、朝鮮の各族を除くの外、即ち其他の国人にして長久に居留を願ふ者も亦平等の待遇を享くる事を得。其の応に得べき権利を保障し、其をして絲毫も侵損あらしめず。竝に力を竭くして往日黒暗の政治を鏟除し、法律の改良を求め、地方自治を励行し広く人材を収めて賢俊を登用し、実業を奨励し、金融を統一し、富源を開闢し、生計を維持し、警兵を調練し、匪禍を粛清せむ、更に進んで教育の普及を言へば、当に礼教を是れ崇ぶべし。王道主義を実行し、必ず境内一切の民族をして煕々皓々として春台に登るが如くならしめ、東亜永久の光栄を保ちて世界政治の模型と為さむ……」と。小林龍夫・島田俊彦編『現代史資料（11）続・満洲事変』みすず書房、1972年、524～525頁。

2 「五族協和」とは、「漢・満・蒙・日・朝の五民族が一律平等に共存共栄を図っていくという民族協和の理念である」。「王道楽土」とは、西洋の「覇道」に対し、アジアの理想的な政治体制を「王道」とし、「満蒙三千万民衆に安居楽業の理想郷をもたらすだけでなく、東洋政治道徳の精髄を持って西洋政治の行きづまりを打破し、人類史上に新たな模範国家」を建設するという政治理念である。山室信一『キメラ―満洲国の肖像（増補版）』中公新書、2004年、131～133頁。なお、「満洲国」の建国理念と方針について、徳富蘇峰は次のように指摘している。「……満洲国成立し、民族協和、一国楽土の方針を以て、満洲国皇帝此処に君臨し、東亜大陸の一角に於て、理想的一大帝国の出現を見るに至りたるは、東亜に於ける五千年来の歴史に於て、最初の試みにして、実に無比の盛事と云はねばならぬ」。徳富蘇峰『満洲建国読本』日本電報通信社、1940年、71頁。

3 原子昭三『満洲国再考』展転社、2001年、66頁。

4 安井三吉『柳条湖事件から盧溝橋事件へ―1930年代華北をめぐる日中の対抗―』研文出版、2003年、64頁。

5 遠藤三郎『日中十五年戦争と私―国賊・赤の将軍と人はいう』日中書林、50頁。

6 同上書、51～52頁。

7 吉田曠二『元陸軍中将遠藤三郎の肖像』すずさわ書店、2012年、230頁。

8 同上書、231頁。

9 遠藤三郎、前掲書、48頁。

10 日中友好元軍人の会『遠藤語録』編集委員会『軍備は国を亡ぼす―遠藤三郎語録』日中友好元軍人の会、1993年、

49頁。

11　同上書、50頁。

12　外務省編『日本外交年表並主要文書（下）』原書房、1966年、215頁。

13　「溥儀・本庄繁密約」の内容は次の通りである。「今次満洲事変以来貴国ニ於カレテハ満蒙全境ノ治安ヲ維持スル為ニ力ヲ竭サレ為ニ貴国ノ軍隊及人民ニ均シク重大ナル損害ヲ来シタルコトニ対シ本執政ハ深ク感謝ノ意ヲ懐クト共ニ今後弊国ノ安全発展ハ必ス貴国ノ援助指導ニ頼ルヘキヲ確認シ茲ニ左ノ各項ヲ開陳シ貴国ノ允可ヲ求メ候　一、弊国ハ今後ノ国防及治安維持ヲ貴国ニ委託シ其ノ所要経費ハ総テ満洲国ニ於テ之ヲ負担ス　二、弊国ハ貴国軍隊カ国防上必要トスル限リ既設ノ鉄道、港湾、水路、航空路等ノ管理並新路ノ敷設ハ総テ之ヲ貴国又ハ貴国指定ノ機関ニ委託スヘキコトヲ承認ス　三、弊国ハ貴国軍隊カ必要ト認ムル各種ノ施設ニ関シ極力之ヲ援助ス　四、貴国人ニシテ達識名望アル者ヲ弊国参議ニ任シ其ノ他中央及地方各官署ニ貴国人ヲ任用スヘク其ノ選任ハ貴軍司令官ノ推薦ニ依リ其ノ解職ハ同司令官ノ同意ヲ要件トス　前項ノ規定ニ依リ任命セラルル日本人参議ノ員数及ヒ参議ノ総員数ヲ変更スルニ当リ貴国ノ建議アルニ於テハ両国協議ノ上之レヲ増減スヘキモノトス　五、右各項ノ趣旨及規定ハ将来両国間ニ正式ニ締結スヘキ条約ノ基礎タルヘキモノトス」。防衛庁防衛研修所戦史室編『関東軍（1）対ソ戦備ノモンハン事件』朝雲新聞社、1969年、100頁。

14　NHK〝ドキュメント昭和〟取材班編『ドキュメント昭和7―皇帝の密約』角川書店、1987年、122頁。

15　植民地文化学会・中国東北淪陥14年史総編室共編『満洲国とは何だったのか（日中共同研究）』小学館、2008年、46頁。

16　NHK〝ドキュメント昭和〟取材班編、前掲書、131頁。

17　「リットン報告書」の全文は外務省情報部著『満洲事変及上海事件関係公表集　昭和九年一月』外務省情報部、1934年、202～245頁に収録されている。なお、その肝腎な点については、例えば、9月18日夜の事件に関して「同夜に於ける叙上日本軍の軍事行動は正当なる自衛手段と認むることを得ず」となし、「満洲国」の成立事情に関しては「各方面より得たる証拠に依り本委員会は『満洲国』の創設に寄与したる要素は多々あるも相俟って最も有効にして然も吾人の見る所を以てせば其れ無きに於ては新国家は形成せられざりしなるべしと思考せらるる二つの要素あり、其は日本軍隊の存在と日本の文武官憲の活動なりと確信するものなり」といい、新国家の設立は日本人の手によって着手され、組織され、遂行され、九月十八日以後における関東軍司令部の行動は政治的色彩顕著となり、且つ東京の参謀本部は右運動を指導し、援助したと断言した。鹿島平和研究所編、守島伍郎、柳井恒夫監修『日本外交史　第18巻　満洲事変』鹿島研究所出版会、1973年、357〜358頁。

18　関東軍司令部調製極秘文書「満洲国ノ根本理念ト協和会ノ本質」（昭和11年9月18日）、（遠藤三郎所蔵「昭和九年八月対満要綱　遠藤参謀」ファイルより引用）（別冊資料）。

19　吉田曠二『歴史を探る満洲の旅─3000キロ鉄路の風景から』三恵社、2010年、83頁。

20　吉田曠二『元陸軍中将遠藤三郎の肖像』、230頁。

21　小林龍夫・島田俊彦編『現代史資料（11）続・満洲事変』、788頁。

22　角田順編『石原莞爾資料─国防論策篇─』原書房、1967年、98頁。

23　江口圭一『十五年戦争小史』（新版）青木書店、1991年、72頁。

24　外務省編纂『日本外交文書　満洲事変（第二巻第一冊）』外務省、1979年、984〜985頁。

25　遠藤三郎、前掲書、55頁。

26　本村武盛『満洲年鑑　昭和十二年康徳四年』（満洲日日新聞社、1936年、130〜132頁）によれば、「満洲国」軍は、「満洲国の建国と共に国務院に軍政部が設置され、地方軍隊の中央機関への統制に着手され、奉天、吉林、黒竜江の各省に省警備司令部、及び洮遼地方に洮遼警備司令部が新設されて、組織上の統制は一応完成したが、内部的には依然旧軍閥の軍隊であり、省警備司令官の私兵でしかあり得なかった。満洲国軍は全兵力約10万、中央直轄と6個の軍管区及び3個の興安警備軍とより成る陸軍と江防艦隊等により構成せられる」。

27　遠藤三郎、前掲書、55頁。

28　同上書、55頁。

29　吉田曠二『元陸軍中将遠藤三郎の肖像』、254頁。

30　同上書、254頁。

31　森久男『日本陸軍と内蒙工作─関東軍はなぜ独走したか─』講談社、2009年、119頁。

32　吉田曠二、前掲書、252頁。

33　1932年10月31日に、遠藤は当時の「満洲国」軍政部最高顧問多田駿少将と「日満両軍統一指揮問題」に関して次のような打ち合わせを行った。「（一九三二年）十月三十一日　月　晴……多田少将ト日満両軍統一指揮問題ニ関シ打合セヲナス　同少将モ予ノ日本軍指揮官ノ統一指揮下ニアリテ戦闘セシムルヲ要シ……其ノ観念ヲ満洲国軍隊ニ注入シ置クノ要ストノ意見ヲ納得セリ……」「遠藤日誌」（1932年10月31日付）。

34　当時、参謀本部の参謀次長であった真崎甚三郎は、関東軍参謀長小磯国昭宛に次のような内容の電報を送った。即ち、「現下ニ於ケル内外諸般ノ情勢ニ鑑ミ熱河方面ニ対スル武力的解決ハ今直ニ行フコトナク之ヲ他日ニ期スルヲ可トスル意見ナリ……」小林龍夫・島田俊彦編『現代史資料（7）　満洲事変』みすず書房、1964年、491頁。なお、内田尚孝によれば、真崎参謀次長は「熱河に対する作戦は時期尚早との判断を示し、現段階においてはそのような無謀な行動を慎むようにとの中央の方針を伝えている」。内田尚孝『華北事変の研究―塘沽停戦協定と華北危機下の日中関係一九三二～一九三五年―』汲古書院、2006年、36頁。

35　「天津軍」とは、「北清事変に際して、公使館・居留民保護のために天津に駐留した日本陸軍部隊。1901（明治34）年9月の『北京議定書』第9条に基づいて、日本のほか英・露・独・仏・オーストリア・伊・米も交通の要衝への駐屯権を得た。清国駐屯軍・支那駐屯軍とも呼ばれた。36（昭和11）年5月、それまで1000人程度だった兵力を5700人に増強。翌年日中戦争が始まると、北支那方面軍司令部と支那駐屯混成旅団に改編された」。日本史広辞典編集委員会編『日本史広辞典』山川出版社、1997年、1007～1008頁。なお、当時の天津軍の軍司令官は中村孝太郎少将、参謀長は菊池門也大佐であった。秦郁彦『日本陸海軍総合事典』東京大学出版会、1991年、340頁。

36　児島襄『日中戦争（第2巻）』文藝春秋、1984年、95頁。

37　この事件の首謀者は山海関守備隊長・落合甚九郎少佐であった。「彼の命により、1933（昭和8）年1月元旦午後9時ごろ、三名の日本兵が日本憲兵分遣隊裏庭と、日本守備隊派出所前の鉄道線路上に、それぞれ二発ずつ手榴弾を投げ、それを中国軍の仕業であるとして、言い掛かりをつけたことから始まった」。日本国際政治学会太平洋戦争原因研究部編『太平洋戦争への道　開戦外交史（新装版）3　日中戦争（上）』朝日新聞社、1987年、5頁。なお、今井武夫も次のように指摘している。「この事件も、もとをただせば実は日本軍の謀略で、日本軍が自ら事件を起こしたものであった。即ち、支那駐屯軍では……今回山海関で日本軍憲兵分遣隊と鉄道線路上に手榴弾を投げたのも、外ならぬ山海関守備隊長自身が命令して行った行為であると、一般に伝えられた」。今井武夫『昭和の謀略』原書房、１９６７年、66〜67頁。

38　鹿島平和研究所編、上村伸一著『日本外交史　第19巻　日華事変（上）』鹿島研究所出版会、１９７１年、９頁。

39　「（一九三三年）一月十日　火　晴　曇　参謀次長ヨリ再ビ熱河経略ニ関シ意見ヲ求メ来ル　正午幕僚会議ヲ開キ　原案ニ同意ヲ得直チニ返電ヲ発ス……」「遠藤日誌」（１９３３年1月10日付）。

40　遠藤三郎、前掲書、56頁。

41　同上書、56頁によれば、「参謀本部では、熱河経略には現兵力では不足ゆえ増強したいが、目下国会開会中でその増兵を承認さすことは困難であり、かつジュネーブの国際連盟も開会中でやかましいからこれ等の会議終了後に行動を起こしてほしい」とのことであった。

42　「熱河経略計画　第一、目的　熱河省ヲシテ名実共ニ満洲国ノ領域タラシメ且満洲国擾乱ノ策源タル北支学良勢力ノ覆滅的気運ヲ醸成促進シ以テ満洲国建国ノ基礎ヲ確立スルニ在リ　第二、用兵関係事項　其一、作戦方針熱河省内ニ於テ学良系軍ニ対シ最モ迅速且多大ノ打撃ヲ与ヘ以テ同省内ヲ平定スルト共ニ北支学良勢力ノ覆滅ヲ促進ス　之カ為熱河作戦ニ使用スル日本軍ノ一部及同満洲国軍ノ主力ヲ以テ先ツ熱河省境方面ニ分子ヲナルヘク北方ニ牽制シ次テ同日本軍ノ主力ヲ以テ急遽同省南部河北省々境ニ近ク兵ヲ進メ北支ト熱河省トヲ確実ニ分断スメ威力壁ヲ構成シ以テ北支学良勢力ヲ威圧スルト共ニ熱河省内反抗分子ヲ孤立無援ニ陥ラシメ爾後之ヲ西方若ハ西南方ニ席捲圧倒ス　此際特ニ東方ニ向ツテスル……」JACAR（アジア歴史資料センター）Ref.（レファレンスコード）C14030164700、昭8年1月12日〜昭和8年5月25日「混成第14旅団　作命綴（甲）第一　目的　第二　用兵関係事項」（防衛省防衛研究所）。

43　遠藤三郎、前掲書、56頁。

44　児島襄、前掲書、１０９〜１１０頁。

45　JACAR（アジア歴史資料センター）、前掲「熱河経略計画」。

46　日本国際政治学会太平洋戦争原因研究部編『太平洋戦争への道　開戦外交史（新装版）３　日中戦争（上）』、10頁。

47　内田尚孝、前掲書、47頁。なお、『奈良日記』（１９３３年2月4日付）にも、「（昭和八年）二月四日　土　晴　……午前十時閑院参謀総長宮殿下拝謁、満洲殊に熱河の事情及関東軍の配置変更の件を上奏せり、聖上は対熱河作戦は万里の長城を超えて関内に進入することなき条件にて認可する旨殿下に仰せられ、殿下も亦断じて関内に進入せしめざるべき旨奉答せり……」と記されている。波多野澄雄・黒沢文貴編集、奈良武次著『侍従武官長奈良武次日記・回想録　第3巻（昭和3年～8年）』柏書房、2000年、507頁。
48　児島襄、前掲書、111頁。
49　鹿島平和研究所編、上村伸一著、前掲書、14頁。
50　中国抗日戦争史編写組編『中国抗日戦争史』人民出版社、2011年、74頁。
51　歩平・栄維木主編『中華民族抗日戦争全史』中国青年出版社、2010年、78～79頁。
52　遠藤三郎、前掲書、56頁。
53　歩平・栄維木主編、前掲書、80～82頁。
54　関内とは、「古くは河北省の山海関以西今の四川省康定以東の地区、甘粛省嘉峪関以東の地区を関内と称したが、いずれも関外に相対して言ったもの」である。塩英哲編訳、鵜野恰平編集『精選中国地名辞典』凌雲出版、1983年、146～147頁。
55　関東軍の側からは、「灤東作戦」、「関内作戦」等と分けて呼ばれるこの戦争は、中国側からは一括して「長城抗戦」と言われている。安井三吉、前掲書、93頁。
56　内田尚孝、前掲書、59頁。
57　鹿島平和研究所編、上村伸一著、前掲書、19頁。
58　陸軍省調査班「熱河粛清後の北支情勢と停戦交渉」（別冊資料）、4頁を参照。
59　内田尚孝、前掲書、60～61頁。
60　鹿島平和研究所編、上村伸一著、前掲書、21頁。
61　遠藤三郎、前掲書、56～57頁。
62　鹿島平和研究所編、上村伸一著、前掲書、21頁。
63　吉田曠二『元陸軍中将遠藤三郎の肖像』、267頁。
64　島田俊彦『満洲事変』講談社学術文庫、2010年、394頁。
65　同上書、394頁。

66 防衛庁防衛研修所戦史室編『戦史叢書　支那事変陸軍作戦（1）昭和十三年一月まで』朝雲新聞社、1975年、5頁。
67 同上書、5頁。
68 同上書、5頁。
69 日本国際政治学会太平洋戦争原因研究部編『太平洋戦争への道　開戦外交史（新装版）3　日中戦争（上）』、31頁。
70 この「関内作戦」は「北支方面ノ敵ハ依然挑発的態度ヲ継続シ再ヒ灤東地区ニ進入セルノミナラス興隆県方面ニ於テハ既ニ長城ノ線ヲ超エテ熱河省内ニ進入シアリ」とし、「軍ハ更ニ鉄槌的打撃ヲ加ヘ其挑戦的打撃ヲ挫折セシメントス」との方針のもと、主力をもって灤東地区、一部をもって石匣鎮付近に攻勢をとる構想であった。防衛庁防衛研修所戦史室編『戦史叢書　支那事変陸軍作戦（1）昭和十三年一月まで』、5頁。
71 遠藤三郎「北支ニ於ケル停戦交渉経過概要」（関東軍司令部、昭和八年六月）（別冊資料）、3頁。
72 遠藤三郎、前掲書、57頁。
73 鹿島平和研究所編、上村伸一著、前掲書、23頁。
74 「……従テ敵ニシテ誠意ヲ以テ正式ニ停戦ヲ提議スルカ或ハ少クモ実質的ニ屈服スルカ若ハ北支現政権失脚シテ新ニ親日満政権樹立セサル限リ作戦ヲ我ヨリ停止スルカ如キコトハ有リ得ヘカラサリシモノナリ……」遠藤三郎「北支ニ於ケル停戦交渉経過概要」（関東軍司令部、昭和八年六月）（別冊資料）、3～4頁。
75 日本国際政治学会太平洋戦争原因研究部編『太平洋戦争への道　開戦外交史（新装版）3　日中戦争（上）』、39頁。
76 1933年5月10日、昭和天皇は侍従武官長本庄繁を召見し、「関東軍は長城線を越へ引続き関内に進出しつ、あるが、元来参謀総長が熱河に軍を進むべきを請ひし時、1）、関内に進出せざること、2）、関内を爆撃せざること、を条件として許可したるものなり。然るに、何時までも関内に進軍するは、情況の変化と云はゞ夫れまでなるべく、外交問題と雖深く懸念にも及ばざるべしと雖、一旦総長か明白に予が条件を承はり置きながら、勝手に之を無視したる行動を採るは、綱紀上よりするも、統帥上よりするも穏当ならずと仰せられたり……」との強い不満を示した。本庄繁『本庄日記』原書房、1967年、160頁。
77 日本国際政治学会太平洋戦争原因研究部編『太平洋戦争への道　開戦外交史（新装版）3　日中戦争（上）』、39頁。
78 島田俊彦『満洲事変』、393～394頁。

79　島田俊彦『関東軍―在満陸軍の独走―』講談社学術文庫、２００５年、１５３頁。
80　防衛庁防衛研修所戦史室編『戦史叢書　支那事変陸軍作戦（１）昭和十三年一月まで』、４頁。
81　小林龍夫・島田俊彦編『現代史資料（７）満洲事変』、５３０頁。
82　同上書、５３４頁。
83　日本国際政治学会太平洋戦争原因研究部編『太平洋戦争への道　開戦外交史（新装版）３　日中戦争（上）』、20頁。
84　「（一九三三年）五月十七日　水　晴　停戦ノ空気漸次濃厚トナリシヲ以テ作戦上最モ有利ナル態勢ヲ以テ交渉ニ入ランカ為第六第八師団ニ戦局ノ進展ヲ要望スルト共ニ北平武官ヲシテ支那側ニ後退ヲ慫慂シ且左記停戦ニ関スル善後処理方案ヲ立案ス」遠藤三郎「北支ニ於ケル停戦交渉経過概要　関東軍司令部　昭和八年」（別冊資料）、36頁。
85　「遠藤日誌」（1933年5月18日；22日付）を参照。
86　「遠藤日誌」（１９３３年5月26日；27日付）を参照。
87　遠藤三郎、前掲書、58頁。
88　遠藤三郎「北支ニ於ケル停戦交渉経過概要」（別冊資料）、84～86頁；外務省編『日本外交年表並主要文書（下）』、２７４頁；小林龍夫・島田俊彦編『現代史資料（７）満洲事変』、５２３～５２４頁；稲葉正夫ほか編『太平洋戦争への道　開戦外交史　別巻　資料編』朝日新聞社、１９６３年、２０９頁；鹿島平和研究所編、上村伸一著『日本外交史　第19巻　日華事変（上）』、33～34頁を参照。
89　島田俊彦『関東軍―在満陸軍の独走―』、１５６頁。

第四部　遠藤三郎の対ソ戦論と行動

日露戦争直後の１９０６（明治39）年2月、日本陸軍中佐田中義一は対露作戦計画として、「明治39年度日本帝国陸軍作戦計画」[1]を起案した。それは明治天皇の裁可を得て、陸軍の公式の対露作戦計画となった。それに続いて、翌１９０７（明治40）年4月には、「日本帝国ノ国防方針」、「国防ニ要スル兵力」及び「帝国軍ノ用兵綱領」（「帝国国防方針」[2]と総称）が裁可され、ロシアを最大の仮想敵国とした。こうした日本陸軍の対露作戦計画に従い、昭和初期には、参謀本部及び満洲現地に駐在していた関東軍の作戦当事者によって、「対露作戦考案」[3]が立案された。又、当時日本陸軍参謀本部第2課に勤務していた石原莞爾参謀は１９３６（昭和11）年に「対ソ戦争指導計画大綱」[4]を作成した。

このようにして、当時の日本陸軍、特に陸軍参謀本部及び現地の関東軍は、将来の対ソ作戦を積極的に準備していた。こうした対ソ作戦構想は、石原莞爾参謀の仙台陸軍幼年学校の後輩で関東軍作戦参謀であった遠藤三郎にも、直接或いは間接的な影響を与え、継承されたものと思われる。第四部では１９３６年に作成された遠藤三郎の「対ソ作戦論」を分析するとともに、3年後の１９３９（昭和14）年のノモンハン事件後の彼による「対ソ作戦不可論」を論証することを目的としている。

第三部で言及したように、遠藤は１９３２（昭和7）年8月に関東軍作戦主任参謀として、東京から長春の関東軍司令部に派遣されたが、その時、彼は上司の石原莞爾からその任務を引き継ぐことになった。その引き継ぎ事項の中には第７３１部隊の化学兵器[5]と細菌兵器[6]の開発があり、関東軍作戦主任参謀としての当然の役割としては将来の対ソ戦構想の立案も含まれていたことが推定される。

その後、１９３４（昭和9）年8月に、遠藤は「満洲国」の関東軍作戦主任参謀から兵学教官として東京の陸軍大学に転任した。さらには、１９３６年3月から6月にかけて、彼は関東軍作戦主任参謀としての体験を生かして、同大学の第3学年の学生を対象に将来の対ソ作戦構想及び具体的な戦術案を極秘で講義した。しかし3年後の１９３９年のノモンハン事件では、開戦当初、彼は直接関与していなかったが、その末期には関東軍参謀副長のポストで長春の関東軍司令部と現地のホロンバイル草原に派遣された。彼はその時、昭和天皇の対ソ停戦命令を現地の関東軍に伝達するため、軍司令官萩立兵中将にその訓示を伝達し、直ちにソ連軍との停戦協定を実現すべく尽力し、一旦は停戦協定の締結に成功した。しかし、現地では、新任の関東軍高級参謀らがなお対ソ戦の継続を主張するなど、好戦的な気分が払拭できず、参謀本部の冨永恭次中将らは現地の好戦派参謀らと協調して、遠藤を孤立的立場に追い込んだ。これに対し、遠藤は冷静でなお、現地でこれ以上の対ソ作戦継続の不可を上司に建議した。その結果、彼は「対ソ恐怖症」にかかった軍人と参謀本部の冨永中将ら上司からも非難され、関東軍参謀副長のポストから解任されることとなった。しかし、遠藤がこの段階で対ソ戦の継続を不可としたのは、決して彼が弱虫であったからでなく、むしろその冷静な敵情判断から割り出した結論であったと考える。

以上のことを論証するためには、１９３３（昭和８）年以後、彼が関東軍作戦主任参謀として、活動した当時の経験、特に関東軍の対ソ作戦用の北満国境軍事要塞の築城計画の推進や、彼が参画した第７３１部隊の化学兵器と細菌兵器の開発に論究する必要がある。なぜなら、この北満国境軍事要塞及び第７３１部隊の化学兵器と細菌兵器の開発は、遠藤の「対ソ作戦論」と内面的に相互に関連していたからである。特に、１９３３年から３４年にかけて遠藤は関東軍作戦主任参謀として、北満のソ満国境地帯に膨大な対ソ作戦用の永久地下要塞の築城計画に参画し、その設計と各地重要拠点の現場工事指導に当たっていた。又、その築城工事とほぼ同時に、遠藤はハルビン郊外の第７３１部隊の化学兵器と細菌兵器実験にも実験予算を管理するなど指導的な立場で関与していた。これらはいずれも関東軍の対ソ戦推進の一環として行われたもので、後の遠藤の「対ソ作戦論」とそれぞれトータルに連動していて、軍事的に一貫した計画構想であったと言って良いと思われる。

第一章　遠藤三郎と第731部隊

本章では、先ず遠藤三郎と第731部隊との関係について検討する。第731部隊に関する公式文書の多くは日本では未だ公開されていないため、若干議論の余地がある問題であるが、ここではその活動に関わりのあった遠藤三郎の「日誌」を手掛かりとして、1930年代初期、遠藤は第731部隊長石井四郎とどのように関わっていたのか、石井が指導した第731部隊はどのように秘密裡に人体実験を通して、化学兵器と細菌兵器を開発したのか、また、その化学兵器と細菌兵器開発の最終目的は何だったのか、遠藤と第731部隊の関わりはその後の遠藤の「対ソ作戦論」にどのような関連性を持っていたのか、などの問題について検証してみたい。

第1節　陸軍参謀本部時代の遠藤三郎と第731部隊長石井四郎

(1) 第731部隊の戦略目的

1933年5月、関東軍が満洲全域を領有した後、「満洲国」の北東部地方はほぼその全域が関東軍の将来の対ソ作戦の軍事兵站基地に変貌した。関東軍の最終的な軍事目的は対ソ戦に勝利することであったからである。

しかし、当時の関東軍と極東ソ連軍の軍事力は1934年から1936年を境に、ソ連軍が急速に優勢になり始めていた。例えば、「1936年末になると、極東ソ連軍の兵力は、襲撃16個師団、騎兵3個師団、戦車1200両、飛行機1200機、総兵力29万に達していた。これに対して、日本の在満洲、朝鮮の兵力は、師団5個（内2個が在朝鮮）、2個混成旅団、3個騎兵旅団、3個独立守備隊、飛行機230機、総兵力8万に過ぎなかった」[7]。こうして、関東軍の対ソ防衛戦の備えは手薄な状態になり、軍事予算面でもすでに限界に近い状況に達していた。

こうして、関東軍はその窮状から脱却するため、有力な解決手段として、生きた人間を実験材料とする化学兵器と細菌兵器を本格的に開発し始めた。[8]この化学兵器と細菌兵器の開発はひとり関東軍だけではなく、参謀本部及び陸軍省もまた強力な対ソ戦略の一環として、その開発と実用化を急務とした。この任務を担当する秘密部隊は当時哈爾浜（ハルビン）の近郊背陰河（次頁の地図1を参照）に駐屯していた第731部隊[9]であった。

なお、第731部隊の化学兵器と細菌兵器開発の戦略目的は「対ソ戦を予測した『満洲国』の防衛と将来の対ソ戦を有利に展開する」[10]ことである。この点について、戦後シベリアに抑留された元日本軍軍医少将川島清と関東軍司令官山田乙三が1949年の極東ハバロフスク軍事裁判[11]の法廷でそれぞれ次のように供述している。

（川島清の供述）

日本ノ参謀本部及ビ陸軍省ハ、天皇裕仁ノ秘密勅令ニ依リ、既ニ一九三五―三六年ニ、満領内ニ細菌戦ノ準備及ビ遂行ニ任ズベキ二ヵ所ノ極秘部隊ヲ編成シタ。石井研究所ヲ基礎トシテ編成サレタ部隊中ノ一ハ、秘密保持ノ為、「関東軍防疫給水部」ト称シ、他ノ一ヵ部隊ハ、「関東軍軍馬防疫廠」ト称シタ。一九四一年、ヒトラー・ドイツノ対ソ同盟攻撃後、両部隊ニハ各々第七三一部隊及第一〇〇部隊ナル秘匿名称ガ附サレ、上記ノ石井四郎ガ第七三一部隊長ニ任命サレ[12]……第七三一部隊及ビ第一〇〇部隊ハ、ソビエト同盟トノ国境線上ノ主ナル戦略方面ニ位置シ、日本関東軍ノ諸軍及ビ諸部隊ニ直属スル稠密ナ支部網ヲ有シテイタ。各支部ノ主要ナ任務ハ、各部隊ノ製造シタ細菌兵器ヲ実戦ニ使用スル為ノ準備ヲ行ウ事デアッタ。[13]

（山田乙三の供述）

生キタ人間ヲ使用スル実験ハ、私ノ前任者梅津大将又ハ植田大将ニ依ツテ認可サレタモノデアリマス。之レニ関シテ認メル私ノ罪ハ、生キタ人間ニ対スル実験ガ行ワレテ居ル事ヲ知リナガラ、其ノ続行ヲ黙認シタ事、従

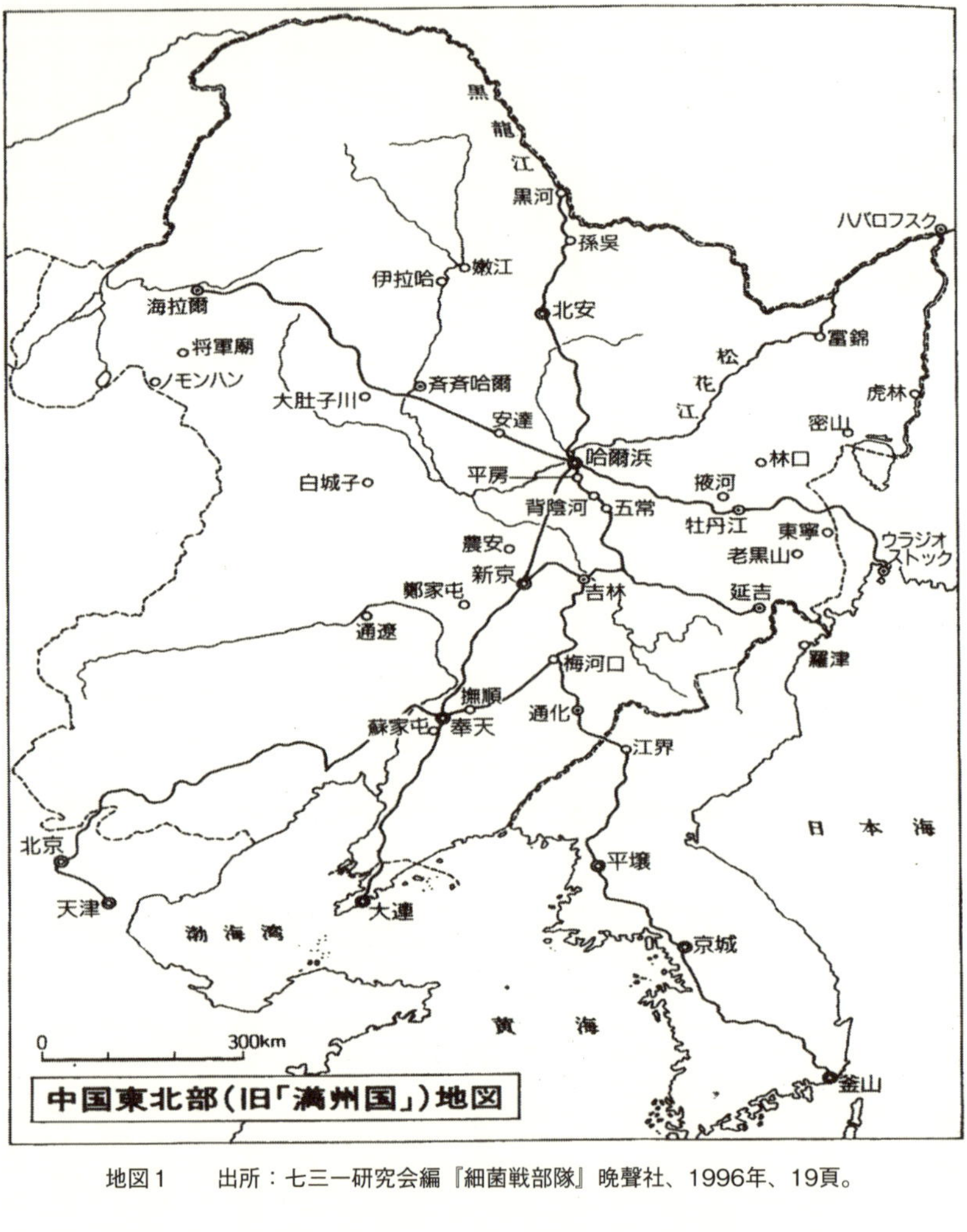

地図１　　出所：七三一研究会編『細菌戦部隊』晩聲社、1996年、19頁。

ツテ隷下ノ関東軍憲兵隊及ビ日本ノ諸特務機関ガ実験ノ為送致セル中国人、ロシア人、満洲人ノ虐殺ヲ事実上認可スル結果ニナッタ事デアリマス[14]……第七三一部隊ハ、主トシテソビエト同盟並ニ蒙古人民共和国及ビ中国ニ対スル細菌戦ノ準備ヲ目的トシテ編成サレタモノデアル[15]。

以上の2人の供述のように、「第731部隊は、関東軍の直接の関与の下にあった。第731部隊の前身である東郷部隊（後の加茂部隊）には石原莞爾大佐と遠藤三郎大佐ら関東軍参謀が直接関与した。1936年の関東軍防疫部新設にあたっては関東軍参謀長板垣征四郎中将の要望があり、その結果、軍令陸甲第7号により正式に編成された[16]」。第731部隊の「名目上の任務は病気の予防と浄水の供給だったが、実際の業務の大部分は細菌の研究及び準備だった。そして、日本の敗戦が濃厚となった時期、起死回生の手段として細菌の大量生産が開始された[17]」ことになる。

（2）遠藤三郎と第731部隊長石井四郎との出会い

遠藤三郎は陸軍参謀本部作戦課勤務時代（1924年頃）において、石井四郎の細菌戦[18]の報告に初めて接した。この報告で、石井は「当時の細菌戦の研究は極めて小規模であり、目的も仮想敵国の細菌攻撃に対する防衛が主である[19]」と指摘していた。その後、遠藤はフランス陸軍大学に留学中、1927（昭和2）年にワルシャワで開催された国際医学会議に参加した時、石井と面会し、石井から細菌戦の研究は列国とも熱心に進めている実情を聞いた[20]。

その2年後の1929（昭和4）年、遠藤はフランスの留学を終えた後、陸軍参謀本部作戦課に復帰したが、石井もヨーロッパ視察から帰国後の1930（昭和5）年、東京の戸山ヶ原の軍医学校の教官となった。こうして、同じ時期に帰国した2人は1932年の1月20日と8月1日に2回面会し、細菌戦等についての情報交換を行っていた。そのことは当時の「遠藤日誌」に次のように記録されている。

（一九三二年）一月二十日（水）曇

……石井軍医正来リテ　細菌戦ノ必要ヲ力説ス　共鳴スル点多シ速々実験セシムベク処置ス……

（一九三二年）八月一日（月）晴

……石井軍医正ノ細菌戦ニ関スル講話ヲ聞キ　且活動（映画）ヲ見ル……

この1月20日の「日誌」に見られるように、遠藤も石井の細菌戦の必要性の主張に「共鳴スル点多シ」と賛成し、早速に実験するように処置したと回答したことが注目される。又、8月1日の「日誌」からは、宮武剛が示唆しているように、石井はヨーロッパを視察した時、第一次世界大戦中の毒ガス使用の実情及び各国の細菌戦研究の最新データを入手していて、それを陸軍内部で活用するように精力的に働きかけたことが推測できる。[21]

第2節　「満洲国」建国後の遠藤三郎と第731部隊

「満洲国」建国後の1932年8月に、遠藤三郎は関東軍作戦主任参謀として再び「満洲国」に赴任したが、その時、遠藤は長春の関東軍司令部で前作戦主任参謀の石原莞爾に面会し、彼から関東軍の配下にある第731部隊の任務を遂行するように指示された。

当時の状況について、遠藤は後年自叙伝『日中十五年戦争と私』の中で、次のように記述している。

一九三二（昭和七）年、私が関東軍作戦主任参謀として満洲（現東北）に赴任した時、前任の石原莞爾大佐から「極秘裏に石井軍医正に細菌戦の研究を命じておるから面倒を見て欲しい」との依頼を受けました。寸暇を得てその研究所を視察しましたが、その研究所は哈爾賓（ハルビン）寄りの背陰河という寒村にありました。

高い土塀に囲まれた相当大きな醤油製造所を改造した所で、ここに勤務している軍医以下全員が匿名であり、外部との通信も許されぬ気の毒なものでした。部隊名は「東郷部隊」と言っておりました。[22]

遠藤三郎はこのような絶対に極秘とされた化学兵器と細菌兵器の研究のため、先輩の石原大佐から石井四郎の第731部隊の面倒を見てもらいたいと依頼された後、石井と会見し、実験施設を視察する等、多忙を極める毎日を送っていた。そのことは「遠藤日誌」にも詳しく記録されている。

例えば、1932年9月10日の「日誌」には「正午石井軍医正ニ招待セラレ大和ホテルニ行キ医師連中ト会食ス」と記され、翌33年8月5日の「日誌」には「(長春) 西公園ニテ石井式濾水器ヲ見学ス」と記され、さらに21日、22日の「日誌」にはそれぞれ「夜　教育総監部第一課長山脇大佐ヲ迎フ　対ソ作戦計画ヲ研究ス」、及び「早朝ヨリ作戦準備ヲ目的トスル関東軍ノ兵力充実意見ヲ起案ス」と記され、関東軍作戦主任参謀として、連日のように精力的に将来の対ソ作戦のための準備に邁進する姿が登場した。

このようにして、遠藤が関わることになった第731部隊の人体実験の内容はどのようなものであったのか。彼の「日誌」を通して垣間見れば次の通りである。

(一九三三年) 十一月十六日 (木) 快晴
午前八時半　安達大佐立花中佐ト共ニ交通中隊内試験場ニ行キ試験ノ実情ヲ視察ス　第二班毒瓦斯毒液ノ試験　第一班電気ノ試験等ニ各二名ツヽノ匪賊 (共産党員や抗日パルチザン部隊の隊員) ニツキ実験ス　ホスゲンニヨル五分間ノ瓦斯室試験ノモノハ肺炎ヲ起シ重体ナルモ　昨日ヨリ尚生存シアリ　青酸十五mg注射ノモノハ約二十分ニテ意識ヲ失ヒタリ　二万ボルト電流ニ依ル電撃ハ数回実施セルモ死ニ至ラズ　最後ニ注射ニヨリ殺シ　第二人目ハ五千ボルト電流ニ依ル試験モ亦数回ニ及ブモ死ニ至ラズ　最後ニ連続数分間ノ電流通過ニヨリ焼死セシム　夜塚田大佐ト午後十一時半迄話シ　床ニツキシモ安眠シ得ズ

この記述は第731部隊での被実験者の姿を凄惨な光景として描写しているものである。

このような残虐行為は遠藤が「日誌」に記した通り「床ニツキシモ安眠シ得ス」、精神的に大きな負担となった。しかし、そのような被害者に対して、遠藤はどのような感情を抱いたのか、その残虐行為に対する犯罪意識を持っていたのか、これらの問題について「日誌」に何も記入されていない。遠藤のような比較的冷静と思われる軍人でさえ、一旦戦場に置かれると、その意識から人間性が失われる一例と見ることができる。

そのため、遠藤の人体実験に対する真意は正確には分からないが、第731部隊を指導するという任務に忠実であったことから推して、第731部隊が開発している化学兵器と細菌兵器を将来の対ソ作戦の一環として使用することを考えていたと言って良いであろう。

それとともに、遠藤が化学兵器と細菌兵器を将来の対ソ作戦の有効な攻撃兵器と考えたもう1つの理由として、比較的安い研究経費の問題を挙げることができる。即ち、1933年12月8日に彼は飛行機で拉林に向い、石井と面談した時、それを示唆して次のような「日誌」を記している。

（一九三三年）十二月八日　金　降雪

午前八時　雪ヲ犯シテ飛行　吉林拉法ヲ経テ午前十時十五分拉林着　石井及伊達氏ニ迎ヘラレ　背陰河ノ細菌試験所ヲ視察ス　六百米平方ノ大兵営ニシテ一見要塞ヲ見ルガ如ク一同努力ノ跡歴然タリ　二十数万円ノ経費亦止ムヲ得ザランカ　細部ニ亘リ説明ヲ聞キ……

ここに示されているように、その細菌兵器開発の研究費が20数万円であったと推測される。この予算は翌1934年度の北満国境軍事要塞の築城費用（616・6万円）と比較すると、格安の経費であった。当時、作戦主任参謀としての遠藤が「満洲国」の防衛という重要な任務を負っていたことを考えると、彼はこれを予算的に比較的安価なものとして評価したのであろう。

その後、遠藤はソ満国境を視察し、ソ連軍の兵力の急激な増加を知り、関東軍の劣勢を挽回するために、化学兵器と細菌兵器の開発に対して前向きであり、化学兵器と細菌兵器開発の早期の成功を目指して、その推進を強く要請した。当時、後述するように、「遠藤は北満の関東軍の地下要塞の準備に関する命令を起案したり、対ソ作戦準備を目的とする関東軍の兵力充実意見を起案したり、築城計画立案要領を作成する等、多忙な毎日であった。それらの行動はやはり石井部隊の細菌実験の早期開発に連動した動きであったもの」[23]と言って良いであろう。

以上のように、この時期、遠藤三郎は第731部隊と北満国境軍事要塞の築城に同時に関与していた。この2つのプロジェクトは関東軍司令部の管轄下で始められたものであるが、遠藤の後の「対ソ作戦論」にも一定の影響を与えた。

第二章　遠藤三郎と北満国境要塞

本章では、遠藤が1933年9月に関東軍作戦主任参謀として、参謀本部の要請に従い、北満国境要塞の築城案の作成に参画し、その設計と各地重要拠点の現場工事指導に当たっていたことに注目したい。当時の関東軍にとって、その主要な仮想敵は極東ソ連軍であり、対ソ防衛と対ソ進攻作戦が関東軍司令部の最重要課題であった。そのような緊迫した極東情勢の中で、関東軍がどのように軍事的に対処すべきと考えたのか、また、北満国境要塞の軍事的役割と目標は何だったのか、さらに遠藤は北満国境要塞を築城した時、具体的にどのような活動をし、それはそれ以後の彼の「対ソ作戦論」にどのような影響を与えたのか、などの諸問題について具体的に検討してみたい。

第1節　遠藤三郎と北満国境要塞築城案の作成

（1）北満国境要塞築城の歴史的背景

すでに第三部で言及されたように、1933年5月31日、日中両軍の代表は塘沽で正式な停戦協定を結んで、関東軍は「満洲国」内に撤収した。この「塘沽停戦協定」を契機として、日中間の兵火は終息するとともに、満洲事変も一段落することになった。これにより、関東軍は熱河省を「満洲国」の版図に編入する目的を達成した。その結果、関東軍は長いソ満国境線を自ら作り出したことにもなる。

こうして、関東軍の任務は従来の「関東州の防備及び満洲にある鉄道の保護」から「満洲主要各地の防衛及び帝国臣民の保護」に改められた。[24] 即ち、「関東軍は今後新しい段階を迎えることとなり、もともと〝北向き〟の軍隊＝対ソ戦用の軍隊という性格を担っていたが、国境を接してソ連軍と対峙することになって、その特色はにわかに具体性を帯びてきたのである[25]」。

他方、ソ連政府は国内の社会主義革命を充実、発展させることを優先し、1928（昭和3）年には第1次5ヶ年計画をスタートさせた。その後、1932年3月には極東の軍備増強の必要性を強調した直後、ソ満国境、その他の重要地点に陣地築城を開始した。中でも沿海州方面に戦備強化の重点が置かれ、特にソ満国境地帯に強大な軍備が強化され始めた。[26]

菊池実によれば、「……1932年のソ連は、この国境に構える軍備は8個師団と200の航空機であった。これが1934年になると、11個師団と500機となった。当時の日本は5個師団と150機ぐらいであった[27]」。このようにして、この時期から日ソの軍事力の格差は開いていくこととなった。

こうした極東軍事情勢に基づいて、1933年9月末、参謀本部作戦課長鈴木率道大佐は、「（対ソ）作戦要領を検討するため、陸軍省、参謀本部の有力な幕僚を伴ってソ満国境方面を偵察し、作戦上重要な地点に対し国境要塞を建設することを決定した」[28]。この決定に従って、「開戦初動、全般的に日本軍の兵力集中を掩護するとともに、東部主攻勢と西及び北正面における持久守勢という作戦要領に即応するように国境要点に陣地を構築する」[29]という方針が決定された。

（2）北満国境要塞築城立案への参画と行動

この築城全般の企画主任には関東軍作戦主任参謀遠藤三郎少佐が任命された[30]。遠藤はこれ以後の一時期（1933年10月～1934年5月）、北満国境要塞築城の計画立案について指導的な役割を果たすこととなった。当時の「遠藤日誌」には「（一九三三年）九月三十日　土　晴　午前八時鈴木砲兵大佐以下偵察旅行団ヲ新京駅ニ迎フ……午後石本中佐（関東軍作戦参謀）平田少佐ト偵察演習ニ関スル研究ヲナス」と記され、翌10月1日の「日誌」には「偵察団ハ本朝出発ス　予ハ本務ノ関係上一日遅ラムストナシ」と記されている。この「日誌」からは、遠藤は早速北満国境要塞築城工事の責任者として活動し始めたことが推測できる。

それ以後、遠藤は北満国境線の兵用地誌の研究に没頭しながら、満洲各地の視察旅行に出発した。当時の「遠藤日誌」には「（一九三三年）十月三日　乙班ハ牡丹江ニ向フ　甲班ハ哈（ハルビン）市宿舎ニ於テ午前午後共敵情判断及甲国（ソ連）軍ノ作戦要領ニ関シ研究ス」と記され、5日の「日誌」には「……午前空中写真ニ依リテ地形一般ノ観察ヲナシ　午後東部国境附近ノ作戦指導ニ関シ研究ス」と記され、さらに6日の「日誌」には「乙班ヲ主体トスルモノハ早朝ヨリ密山方面ノ偵察ニ出発　甲班ヲ主体トスルモノハ十時ヨリ綏芬河及東寧附近ノ偵察ニ向フ……東寧西方高地ニ登リ守備隊将校ヨリ露領陣地ノ情況ノ説明ヲ受ケル」と記されている。遠藤がハルビンに戻ったのは10月7日であり、その後の「日誌」には次のように記録されている。

（一九三三年）十月十四日

午前六時半飛行場出発　三機相次デ西ニ向フ　久シ振リニ昴々渓附近ニ馬占山討伐当時ノ陣地ヲ訪ネ　景星鎮

ヲ経テ碾子山扎蘭屯ニ興安嶺作戦ヲ偲ビ……午前十一時無事海拉爾（ハイラル）到着……午後二時ヨリ特務機関事務所ニ於テ斉藤及寺田両中佐ノ講話ヲ聴キ　後附近ノ地形一般ヲ観察　帰路騎兵営集団司令部位置等ヲ訪ネ　五時半帰宿ス

（一九三三年）十月十五日

……ナラムト（三河）附近ヨリ国境線ノ偵察　満洲里着　特務機関ニ於テ国境附近ノ軍情を聞キ　附近一帯ノ現地視察　呼倫湖甘珠児廟海拉爾へ……

（一九三三年）十月十七日

午前八時半ヨリ興安嶺及呼倫貝爾（ホロンバイル）方面ノ地形ニ関スル研究並ニ航空ニ関スル兵棋ヲ実施ス……

当時の「遠藤日誌」から見ると、遠藤一行の国境偵察旅行は牡丹江を中心として、先ずハルビンを起点とし、東部国境の東寧、綏芬河、密山及び虎林（後の虎頭）各地、次いで北部国境では佳木斯（ジャムス）、富錦を経てハルビンに移り、黒河を経由して海拉爾、満洲里等に至り、それぞれの方面の対ソ作戦研究、図上演習をも実施した。この視察旅行の後、遠藤は新京（長春）に戻り、ただひたすら忠実にその任務をこなして、関東軍司令部で北満軍事要塞の築城準備に関する命令や情報収集と計画立案等、多忙を極めていた。例えば、彼は連日のように北満国境要塞築城計画の立案に没頭し、会議の合間を利用して、司令部偵察機に乗り込んでハイラルや東寧等地下要塞築城予定地の間を空と地上から視察した。当時の「遠藤日誌」に基づいて、その行動を整理すれば、次のようになる。

（一九三三年）十一月三日

……ソ満国境ヨリポシェット湾ヲ偵察シツツ　国境ヲ北上　東寧附近ノ増加シツツアル敵陣地ヲ偵察シ　綏芬河迄偵察ヲ続行シ　午前十一時琿春ニ着陸　派遣隊訪問シ　琿春附近ノ情況ヲ聞キ　且ツ一般ノ地形ヲ観察ス……

（一九三三年）十二月三日

……築城計画立案要領国内防衛計画兵要地誌ノ資源調査ニ関スル要望事項等ヲ起案シ　多忙ナル一日ヲ送ル

（一九三四年）二月二十三日

……通河佳木斯（ジャムス）富錦等ニ着陸…築城陣地ノ偵察ニ赴ク　同江北方合流点附近ノ陣地ヲ橋本少佐ノ案内ニテ視察シタル後　赤軍陣地ヲ活動写真ニ撮影センカ為　南方ヲ迂回シテ島ノ西端ニ至リ　同所ヨリ高度四十五米（予ハ五十乃至百米ノ高度ニテ流線ヲ絶対ニ越ユル事ナキ様命令ス）ヲ保チツツ東方ニ向ヒ　黒竜江上ヲ飛行ス　窓ヲ開キテ活動写真ヲ撮影中　突如機関銃声ヲ聞ク　十数発ノ後一弾窓硝子ヲ破リタルカ如キ響ヲ感ス……

遠藤はこの視察旅行を通して、ソ連側はすでにソ満国境地帯に軍備を増強し、沿海州の重要地点に強固な要塞を構築していることを把握した[31]。

第2節　遠藤三郎と北満国境要塞築城工事

（1）遠藤三郎の北満国境要塞築城工事への指導行動

1）北満国境要塞の築城工事

1934年6月に、関東軍は「対ソ作戦準備」のスローガンの下に、「中国の各地、主に華北、山東、東北地区から多数の労働者と中国軍捕虜を徴用し、過酷な条件のもとで強制労働させ、ソ満国境の戦略要地に地下軍事要塞の築城工事を進めた」[32]。即ち、関東軍は「（ソ満）国境を見下ろす山頂付近に各種の砲座を築き、山腹には縦横にトンネルを繰り抜いて地下に武器、弾薬や兵士の生活の場までを備えた地下要塞を構築して極東ソ連軍に対抗しようとした」[33]。この北満国境要塞群の基本戦略は、「ソ連からの攻撃がたとえ長期間に渡ろうとも、それに耐え抜く構造と備蓄を設ける」[34]ことであった。

この時期（1934年6月～1945年8月）、関東軍が築城した北満国境地下軍事要塞の分布図は、「満洲国」と旧ソ連、「満洲国」とモンゴルの国境地帯に沿って、東方は吉林省の琿春から黒龍江省の東寧、密山、虎林、饒河、羅北、北方の孫呉、黒河を経て、西方は内モンゴルの海拉爾（ハイラル）、烏奴耳、阿爾山などの戦略要地までその間約2700キロ余りの区域に跨っていた[35]。

関東軍はこのようにソ満国境線に沿って、大規模な対ソ戦用永久地下軍事要塞を築城した。その数は次頁の地図2に示されているように、全部で17箇所[36]に達し、周辺には附属の空港、道路、鉄道、橋、トンネル、倉庫、兵営などの関連施設が築かれた[37]。この巨大な国境軍事要塞は、第1次大戦後にドイツとの戦争に備えてフランス軍が築いたマジノ要塞線をモデルとして築造されたもので、「東洋のマジノ線[38]」とも呼ばれていた。

日本关东军要塞分布示意图

1945年7月

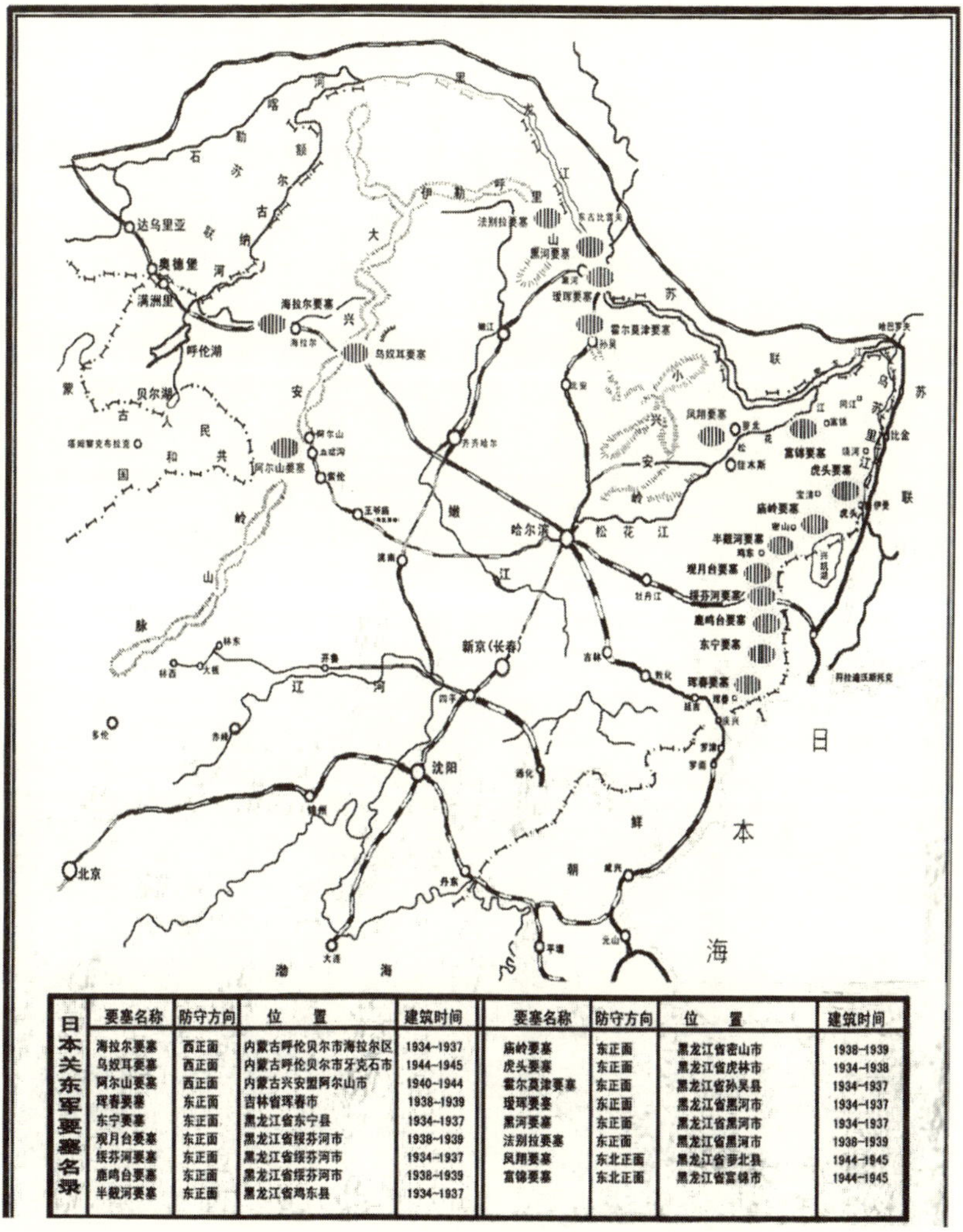

日本关东军要塞名录

要塞名称	防守方向	位　置	建筑时间	要塞名称	防守方向	位　置	建筑时间
海拉尔要塞	西正面	内蒙古呼伦贝尔市海拉尔区	1934-1937	庙岭要塞	东正面	黑龙江省密山市	1938-1939
乌奴耳要塞	西正面	内蒙古呼伦贝尔市牙克石市	1944-1945	虎头要塞	东正面	黑龙江省虎林市	1934-1938
阿尔山要塞	西正面	内蒙古兴安盟阿尔山市	1940-1944	霍尔莫津要塞	东正面	黑龙江省孙吴县	1934-1937
珲春要塞	东正面	吉林省珲春市	1938-1939	瑷珲要塞	东正面	黑龙江省黑河市	1934-1937
东宁要塞	东正面	黑龙江省东宁县	1934-1937	黑河要塞	东正面	黑龙江省黑河市	1934-1937
观月台要塞	东正面	黑龙江省绥芬河市	1938-1939	法别拉要塞	东正面	黑龙江省黑河市	1938-1939
绥芬河要塞	东正面	黑龙江省绥芬河市	1934-1937	凤翔要塞	东北正面	黑龙江省萝北县	1944-1945
鹿鸣台要塞	东正面	黑龙江省绥芬河市	1938-1939	富锦要塞	东北正面	黑龙江省富锦市	1944-1945
半截河要塞	东正面	黑龙江省鸡东县	1934-1937				

地図２　　出所：徐占江・李茂傑編『日本関東軍要塞（上）』黒竜江人民出版社、2006年。

この築城期間はおよそ3期に分けることができる。[39]
第1期：1934（昭和9）年6月から1940（昭和15）年まで
ソ満国境の東、北、西部正面の要点に築城、第1～第13国境守備隊が配置された期間で、これはさらに次の2次に分けられている。
第1期第1次は1934年6月から1938年春までである。
東部正面の東寧、綏芬河、半截河、虎頭、北部正面の霍爾莫津、璦琿、黒河、西部正面の海拉爾（ハイラル）の8ヵ所の国境要点に築城した。
第1期第2次は1939（昭和14）年から1940（昭和15）年までである。
関東軍は北辺振興計画（「国境建設施策基本要綱」）[40]に従って、急ピッチで東部正面の五家子、鹿鳴台、観月台、廟嶺、北部正面の法別拉の5ヵ所の要点に築城し、第9～第13国境守備隊を配置した。
第2期：1940（昭和15）年から1944（昭和19）年末まで
満洲駐屯の各軍及び独立師団の担任者は正面の築城を実施し、また第14国境守備隊が編成された。さらに大興安嶺陣地が築城され、次いで1944年には関東軍築城部の主力が内地に転用されたため、未完成に終わった。
第3期：1945（昭和20）年：対ソ全面築城に移行
1945年は国境の要点だけではなく、「満洲国」全土を要塞化しようとした時期である。しかし、その実態は、新京（長春）にあった関東軍総司令部が後退して、抵抗することになっていた通化の複郭陣地の場合、全軍が戦いつつ通化へ後退して来るための縦深陣地は言うに及ばず、指揮中枢の設備さえもできていなかったという。

2）遠藤三郎の北満国境要塞築城工事への指導行動
以下では、遠藤が直接関わった時期、即ち第1期第1次に限定し、[41]「遠藤日誌」に基づいて彼自身の行動を考察したい。

例えば、1934年5月12日の「日誌」には「……午後四時軍司令官官邸ニ行キ築城実施ニ関スル決裁ヲ受ク」と記され、さらに6月1日と15日の「日誌」にはそれぞれ次のように記されている。即ち「（一九三四年）六月一日　……築城要員ニ対シ訓示ヲナス……」、及び「（一九三四年）六月十五日　……午前第三師団司令部（長春）ニテ築城ニ関スル打合セ等ヲナス……」と。

この「日誌」の内容から判断して、1934年6月から具体的な築城工事が開始されたと考えられる。その後、遠藤は7月19日から24日まで海拉爾、東寧、綏芬河等の各要塞の工事進捗状況を視察し、いずれも順調に進んでいることに満足していた。このことについて、彼は当時の「日誌」に次のように記している。

（一九三四年）七月十九日
午前三時海拉爾着……事務所ニ行キ工事ノ説明ヲ聴取シ　後工事場ヲ視察ス　予期以上ノ進捗ナリ……

（一九三四年）七月二十一日
……午後二時東寧着　細谷少佐（東寧要塞工事責任将校）及大隊長ニ迎ヘラレ……直チニ工事場ヲ視察ス　予定ヨリハ遅クタリト雖モ努力ノ跡歴然トシテ嬉シ　夜東寧ホテルニ一泊　細谷少佐ト細部ノ打合セ等ヲナス……

（一九三四年）七月二十二日
午前七時半出発　軽鉄（軽便鉄道）ノ状況ヲ視察シツツ半截河ノ陣地前ニ至ル　工事ノ状況ヲ空中ヨリ視察シ……午前十一時半出発　綏芬河ニ至ル　直チニ工事場ニ行キ状況ヲ視察ス　活気旺盛ニシテ順調ニ進ミツツアリ……

(2) 北満国境要塞築城費用の問題

ここで、北満国境要塞築城費用の問題について言及しておきたい。既に述べたように、当時の関東軍では増強されつつある近代化したソ連軍に対抗するための軍事予算の上昇が望めなかった。それ故、ソ連軍に対抗するソ満国境軍事要塞を築城する費用の余裕も無くなってしまった。

ところが、1934年8月に入ると、築城予算の問題は解決することになった。なぜなら、以下の「遠藤日誌」に示されているように、関東軍は築城費用を「満洲国」から引き出すことに成功したからである。

(一九三四年)八月四日
午前築城費問題ニ関シ(「満洲国」)軍政部ト交渉　金円ニ換算シ中央銀行ニ預ケ置クコトニ決定ス……

(一九三四年)八月六日
午前主計課長松田氏ト交渉　築城費用ヲ金ニ書キ換ヘルコトニ協定シ　次デ早川及勝野少佐ト築城費使用ニ関シ打合セヲナス……

(一九三四年)八月七日
康徳元年度築城費四百万元　之ハ満洲国ノ好意ニ依リ日本金四百四十二万円ニ書キ換ヘタルヲ以テ経費ノ使用計画ヲ立案シ関係者ニ伝達ス……

このようにして、ずっと関東軍を悩ませていたソ満国境要塞築城費用の問題は結局溥儀が君臨していた「満洲国」政府が負担することによって、関東軍の希望通りに処理され、決着したのである。

また、当時極秘スタンプが押された関東軍内部の機密軍事資料「関参一發第一、一五三號　築城費予算配當額ニ関スル件通牒」の中に、「満洲国」が負担する築城費の各地区の割り当ては次のように詳しく記載されている。

昭和九（1934）年八月八日　関東軍参謀長　西尾寿造
首題ノ件ニ関シ左ノ如ク決定セラレシニ付通牒ス
一、東寧地区（備砲費及輸送費ヲ除ク）一〇七・三万円（一〇・〇一万円増）
二、綏芬河地区（同　）一〇七・四万円（増減ナシ）
三、平陽鎮地区（同　）六七・四万円（二・五万円増）
四、海拉爾地区（同　）一三八・六万円（八・〇〇三万円減）
五、備砲費（輸送費ヲ含ム）一〇二・七万円（三二・七万円増）
六、輸送費（備砲器材ノ輸送費ヲ除ク）八一・〇万円（増減ナシ）
七、偵察費（使用スミ）七・二万円
八、人件費　二・二万円
九、雑費（旅費、立除料等ヲ含ム）二・八万円
計　六一六・六万円[42]

なお、当時関東軍が1934年から1945年までソ満国境要塞の築城にあたって毎年計上した経費の予算額の概数は下の図表の通りである。

これらの経費を関東軍が負担できなかったということは、前に述べ

年度	予算額概数	年度	予算額概数
1934年度	616.6万円	1940年度	3,000万円
1935年度	800万円	1941年度	3,500万円
1936年度	1,000万円	1942年度	3,500万円
1937年度	1,500万円	1943年度	4,500万円
1938年度	1,500万円	1944年度	11,000万円（内消化額8,000万円）
1939年度	2,000万円	1945年度	13,000万円

（1944年には大興安嶺築城を主体とする１億1000万円の築城予算が計上されていた。しかし、工事を行うのに必要な約10万トンのセメントのうち、資材入手がもはや困難になっていたため、実際にはその半量を入手したにすぎなかった。）

出所：菊池実・関東軍国境要塞遺跡研究会編『ソ満国境関東軍国境要塞遺跡群の研究』六一書房、2001年、24頁。

たように、もはや関東軍の軍事予算と軍事力では、対ソ防衛戦を行うことが困難になったことを意味していた。

（3）北満国境要塞築城の戦略構想

防衛庁防衛研修所戦史室が述べているように、元来、「国境築城はこれにより相手国の進攻を阻止するとともに、一方では、攻勢に出る自軍のための支援となる役割を持って」おり、この設置は「攻防両面に対する保障的手段であった[43]」と言うことができる。関東軍による北満国境要塞もこのような主旨に基づいて築城された。この北満国境要塞は東部、西部、北部の三正面の要塞からなり、それぞれの正面における戦略構想に従って築城された。

東部の正面は日本軍の主たる攻撃の重点区域であるだけでなく、ソ連の攻撃に対する防御のための重要地区でもあった。そのため、第1期の第1次に築城された8ヵ所の国境要塞の内、東部正面の東寧と綏芬河及び虎頭の3要塞は、「国境防衛の拠点というよりは、対ソ攻撃の橋頭堡であり、もし進攻作戦が始められた場合には、関東軍の攻撃部隊が迅速に攻勢に転じることを保証する戦術拠点であった[44]」。後述のように、遠藤はこの東部正面の3要塞の築城戦略構想に基づいて、対ソ防御から攻撃に転じた場合の関東軍の戦術を模索し、1936年に対ソ「遭遇戦及追撃」作戦案を立案した。

これに対し、西部正面の海拉爾要塞は「対ソ防衛の拠点として、終始持久守勢の任務を持って一貫されていた[45]」。後述するように、遠藤はこの海拉爾要塞の築城戦略構想に基づき、1936年に西方からのソ連軍の進攻を防御する、所謂対ソ「防御及退却」作戦案を立案した。

さらに、「北部正面の3要塞（霍爾莫津、璦琿、黒河）は黒竜江を利用し、来攻する優勢なソ連軍を阻止することをその第一義としていた。又大規模な戦術的決戦攻勢を敢行する場合に対する支援としても利用されることになっていた[46]」。この北部正面の3要塞の築城戦略構想に基づき、遠藤は1936年の対ソ「戦術講授録」の中で、関東軍の対ソ進攻はこの北部の3要塞から積極攻勢をかけて、ソ連側の交通網、鉄道線路を一気に破壊し、ソ連軍の兵站連絡線を遮断する、所謂「対ソ進攻作戦案」を立案した。

前述のように、関東軍はこの時期、北満国境要塞の築城に着手していたと同時に、第７３１部隊が開発している化学兵器と細菌兵器の対ソ戦使用にも期待を寄せていた。両者（北満国境要塞と第７３１部隊）は対ソ戦の防御と攻撃という役割を果たすことが期待されていたと言って良いであろう。それらは対ソ戦略構想では連動していて、後の遠藤の「対ソ作戦論」にも影響を与えたと推測できる。

第三章　遠藤三郎の「対ソ作戦論」と「対ソ戦不可論」

本章では、１９３６年3月から6月にかけて遠藤が陸軍大学で講義した極秘の「対ソ作戦講義録」を通じて、遠藤の防御と進攻の2つの側面から、その「対ソ作戦案」を分析する。まずこの2つの「対ソ作戦案」の特色、さらにはその目的及び具体的な内容について重点的に論じながら、１９３９年のノモンハン事件末期において、遠藤が何故に関東軍の対ソ戦の継続に、孤立しながらも断固反対し、「対ソ戦不可論」を力説したのか、最後に北満国境要塞の築城及び第７３１部隊の化学兵器と細菌兵器の開発と遠藤の「対ソ作戦論」がそれぞれどのように連動していたのか、どのような関係を持っていたのか、などの諸問題について明らかにしたい。

第1節　遠藤三郎の「対ソ作戦論」

前述したように、１９３４（昭和9）年8月、遠藤は人事異動で「満洲国」の関東軍作戦主任参謀から東京の陸軍大学の兵学教官に転任した。そこで、彼は満洲で関東軍作戦主任参謀としての体験と軍事知識を生かして、独自の「対ソ作戦案」を立案した。彼はそれを1936年3月から6月にかけて陸軍大学の第3学年の学生を対象に、極秘で沿海州からソ連軍が攻撃をしてきた場合に対処し、関東軍が発動する「防御及退却」作戦案と、関東軍が北満の軍事要塞からソ連軍に進撃する「遭遇戦及追撃」作戦案[47]として講義した。この講義録は「遠藤が自ら手書きで記録したもので、その内容は教室で学生に質問し、学生から意見を提起させて、それに教官として自ら回答し、総合的な見地から結論を導き出したものである[48]」。

写真7
1934年、陸軍大学兵学教官時代の遠藤三郎

（1）対ソ「防御及退却」作戦案

上記のように、遠藤の「対ソ作戦案」は「防御及退却」作戦案と「遭遇戦及追撃」作戦案の2つに分けられる。先ず前者においては、遠藤はソ連を仮想敵と想定した後、「作戦区域は黒龍州方面とし、その作戦が東の沿海州、西方のホロンバイル（呼倫貝爾）方面の作戦に策応すべきであると指摘している[49]」。その作戦のポイントになる地域には、いずれも遠藤が計画立案に携わった関東軍の対ソ永久軍事要塞が築城されている。ソ連軍が大挙して、国境を越えて「満洲国」の領域内に進攻を開始した場合を想定し、前者では、「関東軍は広大な『満洲国』のスペースを活用して、一旦退却しながら、その弾発力を維持し、ソ連軍にどのように反撃するか[50]」にあった。

この作戦案の主要研究テーマは「防御及退却」であり、目次には第一回から第十六回までの項目（第一問題から第七問題まで）が次のように具体的に記されている。

目次

戦術研究ニ関スル注意　想定　（第一回）
第一問題：敵情判断ノ研究　（第二回）
　退却セル露軍ノ戦力更生並攻勢再起ニ関スル戦例
第二問題：第三課参謀ノ情況判断ノ研究　（第三、第四回）
第三問題：第二軍作戦指導ノ要領ノ研究
　特ニ内線作戦指導ノ要領　（第五、第六回）
　其二、持久防禦ノ研究　（第七、第八回）
第四問題：退却戦闘指導ノ腹案研究　（第九、第十回）
　原則的研究
　我国軍及諸外国ニ於ケル退却ノ観念並退却ノ発動ニ関スル見解
第五問題：退却ニ関スル軍命令ノ研究　（第十一、第十二回）
　戦史ニ現ハレタル大軍ノ退却行程
第六問題：防禦戦闘指導ノ腹案研究　（第十三、第十四回）
　大兵団ヲ以テスル持久作戦
　野戦部隊陣地占領ノ要領図
　戦例ヨリ観察シ機動的攻勢移転ノ成敗ニ対スル所見
　制限目標ニ対スル攻撃参考戦例
　運動戦ニ於ケル大兵団ノ防勢ニ関スル原則的説明
　退却命令ノ原案

第七問題：飛行団ノ使用ニ関スル腹案（第十五、第十六回）

結言[51]

この講義で遠藤は「まず、現場の作戦参謀としてどうすべきか、敵情判断の研究と作戦指導の要領、特に内線作戦指導の要領を取り上げ、さらには野戦部隊の陣地占領の要領、制限目標に対する攻撃、運動戦に於ける大兵団の防御、撤退命令の原案と後方からの飛行集団の使用等、相対的な角度からその防御対策を検討している」[52]。

特に、興味深いのは、この第一の問題「敵情判断ノ研究」の中で、遠藤は「眼前の表面的な事象と雑音（敵の宣伝による情報攪乱）を排して、正確な判断と大局に着眼して、数量的な根拠を把握し、開戦前の敵の極東兵力の配置と在欧乙国（ソ連）兵団の鉄道輸送能力、一般戦略関係も熟知する必要性を指摘した」[53]。この点について、遠藤の講義録には具体的に次のように示されている。

……敵情ヲ判断スヘキヤヲ的確ニ把握スルノ要アリ……兵力ニ関シ言及セサルモノ及言及セルモ数理的根拠ナク単ニ想像ニ依ルモノアルモ共ニヨロシカラス……又敵ノ企図ヲ判断シアルモ其ノ実行ノ可能性ニ関シ判断セサルモノ多キハ充分ト云ヒ難シ　而シテ敵ノ企図ヲ判断スルニ単ニ当面ノ敵ノ態勢ニノミ着意セルハ不充分ニシテ乙国軍全般ノ作戦方針ヲ考案シ当面ノ敵ノ企図ヲ判断スルノ資ニ供スルノ要アリ……[54]

又、第四の問題「退却戦闘指導ノ腹案研究」の中で、遠藤は「日本軍に特有の退却を排斥する思想と、状況次第では退却を認めて敗北の責任の所在を明確にする方策があるとし、それを並列的に指摘している」[55]。さらに、彼は日本軍の退却を忌む理論上の欠陥を補うかのように、「今回の想定における第二軍の退却については、大本営の命令があれば、退却せしむることができる」[56]と明確にし、その「退却の責任は現地の指揮官に負わせるものではなく、最高統帥部がその責任を負うべきだ」[57]と次のように指摘している。

……退却ノ如キ忌ムヘキ行動ノ責任ヲ軍隊指揮官ニ負ワシムルカ如キハ統帥ノ本義ニ合セズ　最高統帥部ニ於テ責任回避ノ思想ニ胚胎スルカ如キ統帥法ヲ避ケ戦勝ノ誉ハ之ヲ軍隊ニ着セ　失敗ノ責ハ之レヲ最高統帥部ニ於テ負ハントスルノ主旨ニ出テシモノニシテ斯クノ如キ統帥ニ依リテ始メテ部下軍隊ヲシテ水火ニ投セシメ得ヘキモノト信セルカ為ナリ……[58]

この発想は3年後の1939年のノモンハン事件においても適用されるべき問題であった。後述するように、当時のノモンハン事件では、関東軍作戦参謀辻政信は、「戦場に残された多くの死体を収容することを口実に、更なる作戦の続行[59]」を主張した。「その現実を見れば、遠藤が指摘した退却の方針の明示もまた作戦上重要なものであった[60]」と言うことができるであろう。

(2) 対ソ「遭遇戦及追撃」作戦案

次いで、後者、即ち対ソ「遭遇戦及追撃」作戦案においては、遠藤は大日本帝国がその仮想敵とするソ連に対して、軍事進攻作戦を展開するシミュレーションを作成し、関東軍が「北満の地下要塞を拠点に、黒河方面から一気にシベリアと沿海州になだれ込んで、シベリアを貫通する黒龍鉄道を遮断して、相手の兵力と戦略物資の補給路を遮断し、その間に関東軍は西方のチタと沿海州のウラジオストック港を占領する戦術[61]」を学生に講義した。この講義録では彼は次のような4つの問題を記述している。

まず、第一の問題は「遠藤のソ連観」（その戦争目的と戦争手段及びその戦争指導の要領）である。次に、第二の問題は「ソ連軍の対日戦兵力配置問題」であり、そして、第三の問題は「日本軍の対ソ作戦要領」（①作戦方針、②在満、在朝鮮日本軍兵力の運用、③本国兵団の運用、④対ソ開戦時期の選定、⑤対ソ作戦軍の指揮命令関係等）であり、最後に、第四の問題は遠藤自身の「対ソ作戦構想」（①日本軍の進攻方向、②日本軍の作戦期間、③日本軍の輸送手段）である。[62]

特に、この講義録の第二の問題「ソ連軍の対日戦兵力配置問題」の中で、遠藤は開戦当時、東方面の国境地帯におけるソ連の兵力配置状況、及び開戦時の戦略について次のように分析している。

極東軍ノ兵力配置ハ開戦時ニ於テモ大ナル変化ナカルヘシ　其一、東方面沿海州ハ乙国（ソ連）軍主力ノ作戦根拠地トシテハ資源ニ乏シク且背後連絡線ノ確保容易ナラサルノミナラス　丁国（「満洲国」）内ノ地形決戦ニ適セサルヲ以テ主決戦方面トシテ選定セラル丶コトナカルヘシト雖モ空軍及海軍根拠地トシテノ戦略的価値ノ絶大ナルニ鑑ミ戦争指導ノ為メノ重要策源地トシテ利用スヘク之カ確保ニハ全幅ノ努力ヲ傾倒スルモノト判断セラル　従テ之レニ配当スヘキ兵力ハ空軍ノ主力ハ勿論有力ナル守備部隊ノ外一小打撃軍ヲ配スヘク其ノ作戦行動ハ国境築城ヲ有利ニ利用スヘキハ勿論ナルモ単ニ同築城ニ拠リテ守勢ニ出ツルモノト断スルハ早計ニシテ単ニ防勢的意図ヲ有スル場合ニアリテモ最良ノ防禦ハ攻勢ナリトノ主張ニ従ヒ甲国（日本）軍ノ作戦ヲ妨害センカ為（筆者注、ソ連軍は）開始劈頭ヨリ戦術的攻勢ニ出ツルコトアルヘク　況ンヤ他方面ト策応シテ外線作戦ヲ果敢ニ指導セントスルカ如キ場合ニアリテハ更ニ積極的ニ攻勢作戦ヲ実施スル場合アルヘキヲ予期セサルヘカラス……[63]

以上のように、遠藤は特に沿海州方面の極東ソ連軍の軍事状況を分析し、もしソ連が日本と開戦した場合には、ソ連軍の戦略は国境の防衛体制を固めた上で、「開始劈頭ヨリ戦術的攻勢ニ出ツルコトアルヘク」と想定した。これに基づき、彼は、日本軍は北満の国境築城を重視しながら、もしソ連軍と開戦した場合には、特に後述するように、奇襲作戦と総力戦をその作戦案の基本とし、自ら対ソ進攻作戦構想を立案して講義した。[64]

（3）対ソ「進攻」作戦案――奇襲作戦と総力戦

上記の講義録（対ソ「遭遇戦及追撃」作戦案）の第三の問題「日本軍の対ソ作戦要領」の中で、遠藤はまず、「武力戦ノ勝利ハ彼（ソ連）ヲ屈服セシメ其国家組織ヲ崩壊セシムル……特ニ絶対ニ相容レサル主義（社会主義）ヲ有スル乙国（ソ連）トノ戦争ニ於テハ厭ク迄乙国現政権ノ崩壊迄戦争ヲ継続スル……[65]」という対ソ作戦の最終目標、所謂ソ連の社会主義体制を打倒することを掲げていた。

次に、彼は「関東軍が対ソ作戦で勝利できる条件は、日本軍の奇襲作戦と総力戦であること、しかも、関東軍がソ連軍に勝利できる時間的な限界は１９３７（昭和12）年の初頭が限度で、わが軍（筆者注、日本軍）の勝利の可能性は奇襲作戦発動後、わずかに2週間以内と予測した[66]」。ただし、「その時期を過ぎれば、大兵団を戦場に送り込んでくるソ連軍が優勢になり、日本軍の勝利の可能性が薄くなる[67]」と主張した。すでに指摘したように、この「対ソ進攻作戦案」においては、第７３１部隊が研究開発している化学兵器と細菌兵器の活用も彼の念頭にあったと言って良いであろう。

しかし、遠藤は「関東軍が奇襲攻撃に成功しても、その後の情勢は日ソ両軍の兵站基地からの輸送力からみれば、ソ連軍が漸次有利な立場になり、開戦後2週間が過ぎると兵站基地からの両軍の輸送力に格差が生じ、漸次ソ連軍が有利になり、持久戦になれば、関東軍の勝利の可能性は薄れると指摘した[68]」。即ち、「この講義で遠藤が言いたかったことは、関東軍が対ソ作戦を発動するなら、そのタイムリミットは今しかない、将来に引き延ばせば、日本軍に勝利する可能性がないことを暗黙の内に、その講義で臭わそうとしたものと考えられる[69]」。

その意味で考えると、後述するように（第3節の１９３９年12月10日付「遠藤日誌」）、１９３９年のノモンハン事件後の対ソ戦に勝利するタイムリミットを超えてしまった段階で、遠藤はやむを得ず、細菌兵器の実戦使用の可能性を第７３１部隊長石井四郎に打診するに至ったと考えられる。

なお、遠藤はこの講義録で、古代中国の春秋時代における有名な軍事兵学家、孫子の兵法の言葉、所謂「兵は国の大事なり[70]」に倣って、「兵ハ国ノ大事ニシテ死生ノ地存亡ノ道ナリ」「決シテ濫リニ動カスヘキモノニアラス」と言い、そして「謀略的策動ニ依リ或ハ国境付近ノ小紛争等ニ依リ国家ヲ戦争ニ導カントスルカ如キハ最モ戒メサルヘカラス」と釘をさし、「名誉慾功名心等ニ駆ラレ小策ヲ弄シテ天下ノ大事ヲ誤ルカ如キ万アルヘカラス」と戒めている。[71]

これに基づき、遠藤はこの「対ソ作戦案」で対ソ全面戦争のシュミレーションを描き、そのシュミレーションで彼は兵士の命を大事にして、猪突猛進型の軽率な判断による国境紛争を無闇に発動しないという前提条件の下で、極東ソ連軍の軍事力を正確に計算した。即ち、彼は兵力を無駄にしない、兵力の小出しにする国境紛争で兵の命を消耗させることに断固反対し、戦うなら、短期決戦で相手を殲滅すると主張している。これによれば、彼がノモンハン事件の最終段階で、対ソ作戦の継続に反対した思想的な要因も、この「兵を大事にする」という原則を貫徹するものであったと思われる。

ところが、遠藤の「対ソ作戦案」はその講義が終了しても、参謀本部の首脳陣を動かすことにはならなかった。その理由の1つには、遠藤がこの講義の終了後、陸軍大学の教官のポストを外され、九州の小倉にある野戦重砲兵部隊の連隊長に任命され、小倉に移動したこと[72]も挙げられると思う。さらにその約1年後の1937年7月7日に、北京郊外の盧溝橋で日中両軍が激突した。即ち、日中全面戦争の起爆点・盧溝橋事件が発生した。遠藤はまた小倉から、急遽北京に派遣され、9月になると、その野戦重砲兵部隊を率いて、華北の戦線で戦うことになった（第五部・第一章を参照）。その後、1939年5月になると、遠藤が危惧した国境紛争、即ち少数の関東軍参謀の功名心と勇み足で、無謀な戦ノモンハン事件が発生したのである。

第2節　ノモンハン事件と関東軍の「対ソ戦強硬論」

(1) 辻政信の「満ソ国境紛争処理要綱」

1932年9月15日の「日満議定書」の調印により、「満洲国」の国防を一手に引き受ける関東軍には、現地の駐屯軍として、中央の政府、陸軍省、参謀本部の情勢判断がややもすれば生ぬるいものと感じられた。そして、

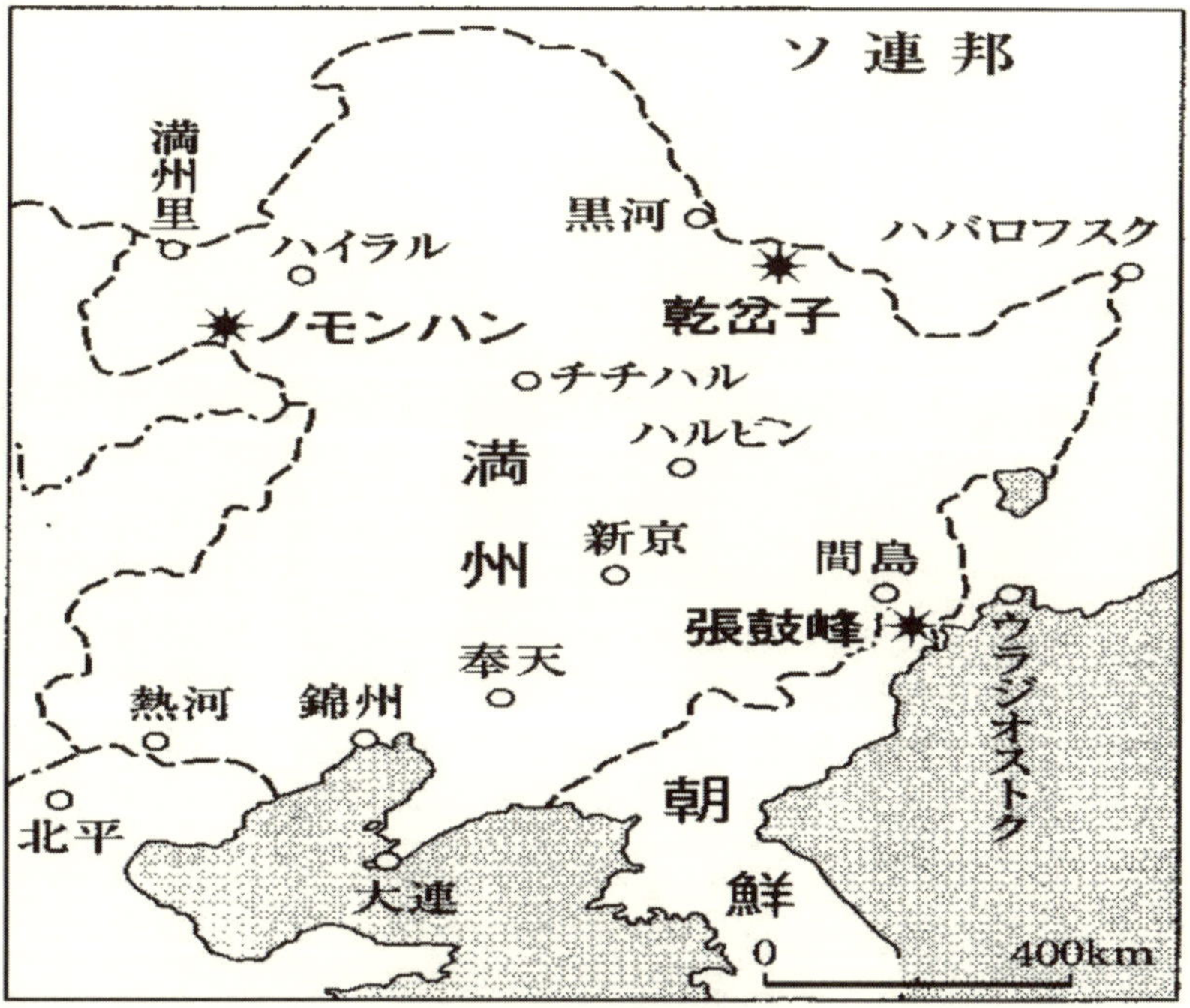

国境紛争地点

地図３　　出所：島田俊彦『関東軍―在満陸軍の独走―』講談社学術文庫、2005年、165頁。

「その過剰なまでの責任意識、対ソ危機感が『満洲国』を築いた自信や実力と相まって、時に中央との対立関係を起こさせることとなった。そうした関東軍の過剰意識は、ソ連側の国力増大、極東軍の整備増強等の事実とも絡み合って、ソ連、外蒙古との国境紛争をしばしば発生させた[73]」。その代表的な国境紛争はノモンハン事件であった。

即ち、1939年5月から9月にかけて、当時の「満洲国」とモンゴル人民共和国（外蒙古）とが接する国境付近のノモンハン（次頁の地図3を参照）の草原で、その国境地帯の領土の帰属問題をめぐって、約4ヶ月にわたる死闘が繰り返された。その作戦は相手の戦力を軽視した関東軍作戦主任参謀服部卓四郎や作戦参謀辻政信らの「対ソ戦強硬論」に基づいて、発動されたものであった。

1939年4月25日に、辻政信は「満ソ国境紛争処理要綱[74]」を起草し、関東軍司令官植田謙吉大将から各部隊に通達した。その要綱の第四項では次のように規定していた。

> 国境線明確ナラザル地域ニ於イテハ、防衛司令官ニ於イテ自主的ニ国境線ヲ認定シテ、之ヲ第一戦部隊ニ明示シ、無用ノ紛争惹起ヲ防止スルトトモニ、第一線ノ任務達成ヲ容易ナラシム。行動ノ要アル場合ニ於イテハ、至厳ナル警戒ト周到ナル部署トヲ以テシ、万一衝突セバ兵力ノ多寡国境ノ如何ニ拘ラズ必勝ヲ期ス[75]

この「要綱」は、明らかにノモンハン事件の誘発を想起させる文言で、「紛争をなるべく抑えようという軍中央部の意図に反し、きわめて挑発的な手段を現地部隊に要求するものであった[76]」。こうして、辻参謀の対ソ戦強硬論という目論見は達せられたことになる。彼はもう1人の高級参謀服部卓四郎の協力を得て、この「要綱」の規定を盾にして、参謀本部の命令に従わず、対ソ戦争を拡大していった。

(2) ノモンハン事件と関東軍の大敗北

1939年5月11日、ノモンハン付近で、最初に外蒙古軍と「満洲国」軍との衝突事件が発生した。当時北満に駐屯中の第23師団長小松原道太郎は、「5月13日、東八百蔵中佐の率いる騎兵連隊主力に歩兵二個中隊を加えて東支隊を編成し、現地に派遣した。これにはハイラルにあった『満洲国』軍の全部（約３００人）も加わった」[77]。その後、5月28日の朝、山県（武光）大佐は歩兵だけを指揮し、ノモンハンの正面からソ蒙（外蒙古）聯軍の陣地に対して攻撃を開始した[78]。その結果、「ソ連軍の戦車隊と砲兵隊による攻撃は激烈で、（日本軍の）主力も苦戦にさらされたが、特に側面攻撃に向かった東連隊は、逆に退路を断たれ、戦車隊に包囲攻撃されて全滅した」[79]。

それにもかかわらず、関東軍は更なる作戦を展開し始めた。即ち、「6月からの第2段階では、航空戦力では関東軍が優勢となり、面子をかけての戦闘が地上でも展開され、ノロ高地の激戦などを経て、優秀なソ連軍の戦車部隊の前に関東軍はなすすべもなく、8月には関東軍第6軍（軍司令官・荻洲立兵中将）を編成し、再攻勢をかけたが、敵（ソ連軍）の機械化部隊は日本軍の戦車を量質において圧倒した」[80]。その結果、関東軍は大損害を蒙り、苦戦に陥った。また制空権も次第にソ連側に奪われていった。

最終段階になると、対ソ進攻作戦をまだ諦めなかった関東軍は、「その所有する兵力のほとんどすべてを投入して反撃しようとしたが、9月3日第2次世界大戦が始まるという世界情勢の激動があり、大本営は天皇の命令で同日関東軍に攻撃中止を命じ、関東軍がなおも死体収容などの戦場掃除を具申したのを却下した」[81]。しかし、その結果、9月15日に至って、モスクワで東郷（茂徳）駐ソ大使とモロトフ人民委員との間にようやく「停戦協定」に関する合意が成立し、翌16日には共同発表が行われた[82]。

ところで、ノモンハン事件末期の関東軍は、対ソ作戦で何故に勝利できなかったのか。それは、上記の日ソ軍事力の格差が拡大したこと以外に、当時の遠藤が１９３３年秋以来参画した北満国境要塞の築城プロジェクトと、第７３１部隊の化学兵器と細菌兵器の開発にも関係が及んでいるとも思われる。なぜなら、この2つの軍事プロジェクトは遠藤の１９３６年以来の「対ソ作戦論」と連動していて、有事の場合は、関東軍の対ソ戦発動の切り札でもあったからである。それ故、対ソ作戦に勝利するには関東軍は攻撃用の最終兵器（第７３１部隊の化学兵器と細菌兵器）と、防御或いはソ連領への攻撃用の施設（北満国境要塞）を準備しなければならなかった。

しかし、後述するように、1939年のノモンハン事件での敗北後も、関東軍がその初期の段階から期待していた第731部隊の細菌兵器の開発は、なお実験段階に止まっていて、実戦的な最終兵器として戦場で使用できる自信を関東軍上層部は持ち得なかった。1945年8月、関東軍司令部は、可能ならば、細菌兵器を活用して、侵入してきたソ連軍に対処したいと考えたが、ソ連軍の機動部隊の進攻のスピードが予想外に速く、関東軍に細菌兵器を使用するゆとりを与えなかったのである。[83]

もう1つのプロジェクト、即ち、上述した関東軍が軍事上、永久国境要塞と考え、築城した北満の17か所の地下要塞は対ソ作戦上、防衛と進攻という戦略機能を果たし得たのであろうか。北満国境軍事要塞は、遠藤が1940（昭和15）年に関東軍から左遷され、本国に帰還後も、さらなる築城工事が継続され、膨大な工事費用と多数の中国人労働者を動員して構築されたが、最後にはその対ソ防衛と進攻という機能は発揮されなかった。その結果、1945年8月9日、極東ソ連軍が東部正面の国境要塞から突入してきた時、北満国境軍事要塞はその脆さを露呈した。しかし、ソ連軍の攻撃を受けた関東軍は、北満国境軍事要塞を永久軍事要塞と信じ込み、一般の兵士をその地下要塞に潜らせ、閉じ込めたまま、1945年8月26日に最終的に敗北したのである。

第3節　遠藤三郎の「対ソ戦不可論」

(1) ノモンハン事件後の遠藤三郎と第731部隊

1939年9月8日、東京の参謀本部もノモンハンでの敗北は黙視しえず、関東軍参謀副長に就任した遠藤三郎は昭和天皇の対ソ停戦命令を現地の関東軍に伝達するため、新京（長春）の関東軍司令部に派遣され、ノモンハン事件の停戦処理に尽力した。[84] その隙間を縫って、彼は10月に扎蘭屯に行き、第731部隊の細菌兵器の実験を視察した。10月9日と10日の「日誌」にそれぞれ次のように記されている。

（一九三九年）十月九日
九時東北方山地ニ於テ特種兵器ノ説明及実演ヲ見　午後一度帰宿　午後五時半ヨリ夜間演習視察　一同頗ル熱心ニ実施シアルヲ見　愉快ニ感ズ　但シ兵器其ノモノハ実験ノ域ヲ脱セズ実戦ニ於テ大ナル期待ヲナスハ危険ナリ……

（一九三九年）十月十日
五時起床　田坂部隊ハ既ニ出発準備ヲ整ヘアリ　六時二十五分出発　再ビ演習場ニ行ク　演習ヲ視察ス　十八発ヲ発射スルニ一時間半ヲ要シ　又作業機ヲ障碍ナキ所ニ於テノミ使用シ得ルニ過ギズ　正午終了……

この時期において、関東軍は第731部隊の細菌兵器の開発を対ソ戦の切り札として進めていた。当時の「遠藤日誌」に遠藤が細菌兵器の実用に疑問を投げかけた文言は見当たらないが、この時、窮地にたった遠藤もやはり軍事的に関東軍の起死回生の「特種兵器」として、細菌兵器の実用化に期待を寄せたと推測できるであろう。

しかし、以上の「遠藤日誌」の記述からは、扎蘭屯で特種兵器（細菌兵器）を実験したことが分かるだけで、そこでも実験の効果はまだ上がっていなかった。それ故、遠藤は実験中の細菌兵器が実用に耐えうるものなのか、それを確かめるために直接石井四郎に面会した。彼は12月10日の「日誌」に次のように記録している。

（一九三九年）十二月十日（日）快晴　零下二十一度
午前九時飛行場（ハルビン）ニ竹田ノ宮（恒徳）殿下ヲ奉送ノ際石井軍医大佐ニ会シ　其ノ案内ニテ平房（ハルビン郊外）ノ加茂部隊（第731部隊）ヲ視察ス　昭和八年背陰河時代トハ全ク今昔ノ感ニ不堪　石井大佐ノ偉大ナル力ニ敬意ヲ禁ズル能ハズ　昼食ノ際　高等官一同ニ希望ヲ述べ　且背陰河時代ノ雇員一同ニ面接飛行機ヲ以テスル演習迄実施シ……夜福田氏ト会食　十時半頃ヨリ十二時頃迄石井大佐ノ来訪ヲ受ク　中央部

（参謀本部）ヨリ細菌ヲ以テスル攻撃ノ実行ヲ命ゼラレタルモ防御法ノ研究未完成ノ故ヲ以テ之ガ実行ニハ不同意ナル意思ヲ漏ラシアリ　予モ亦同意ナリ……

上記の石井大佐の発言は極めて重要であると思われる。なぜなら、遠藤に面会した石井は中央部から「細菌ヲ以テスル攻撃ノ実行」を命じられても、なお防御法の研究がまだ不十分と判断していたからである。その石井の言葉からも細菌兵器の実戦使用を危ぶんだ当時の実情を垣間見ることができる。その理由は密かにノモンハンの戦場で、夜中に細菌を詰めた容器をホルステン川（ハルハ川の支流）に流し込む実験をやってみたが、それが不成功であったこと、さらには今の段階で全面的に細菌兵器を実戦使用すれば、その被害が日本軍にも及ぶ[85]という危機感もあったと思われる。

なお、遠藤も細菌兵器が未だ対ソ実戦使用不可の現状を十分認識したから、石井の上記の意見に同意したのである。これによって、彼が期待を寄せた第731部隊の細菌兵器開発のプロジェクトは関東軍の対ソ作戦の最終段階でその役割が発揮出来ずじまいに終わったこととなる。[86]それは次項（2）で述べるように、遠藤の1936年の「対ソ作戦論」から3年後の1939年のノモンハン事件末期の「対ソ戦継続不可論」への転換の大きな要因であると言って良いであろう。

（2）ノモンハン事件後遠藤三郎の「対ソ戦継続不可論」

ノモンハン事件末期の1939年9月11日、遠藤はノモンハンの戦場に到着した早々、第6軍の荻洲立兵司令官に面会し、昭和天皇の対ソ停戦命令を伝達した。[87]上述したように、彼は元から兵力を小出しにする国境紛争に反対しているが、この時期は万里の長城の南側、つまり中国大陸で日中の両軍が泥沼の総力戦を展開した。即ち、日本軍は広大な中国大陸の空間に分散し、各地で消耗持久戦を強いられていたのである。

それ故、到着早々に遠藤はソ連軍との停戦協定を実現すべく尽力し、停戦協定の締結後も、現地でこれ以上の対ソ作戦継続の不可を力説した。しかし、遠藤の立場はそれからが苦しくなった。当時の状況について、彼は9月28日の「日誌」に次のように記している。

（一九三九年）九月二十八日（木）快晴
……課長ヲ集メ関東軍指導方針案及対ソ作戦構想ニ関シ説明ス　第二課長ハ大イニ共鳴シアルモ（有末）第一（作戦）課長ハ参本（参謀本部）時代ノ旧思想ニ拘泥シ反対ノ意見ヲ有シアリ……

現地の関東軍では、今後の対ソ戦に向けて、「対ソ進攻作戦」促進派と「防衛作戦」派に分裂したのである。ノモンハン事件を発動した植田謙吉関東軍司令官や磯谷廉介参謀長、服部卓四郎作戦主任参謀、辻正信参謀らは敗北の責任上、一旦舞台から引き下がったが、関東軍内部の「対ソ戦強硬論」の状況は変わらず、後任の作戦主任参謀の有末次大佐と作戦参謀の島村矩康少佐らが遠藤の対ソ作戦反対論を妨害し、[88]さらなる対ソ戦の継続を画策し始めることになった。

しかし、それを止める役割を負った遠藤は、ノモンハン事件での関東軍の敗北を冷静に受け止めて、関東軍のこれ以上の対ソ戦の継続には、孤立しながらも断固反対し、「対ソ戦継続不可論」を力説した。即ち、彼は「日本は一日もはやく支那事変の終結に努め、その間関東軍はソ連との無用の衝突を避け、かつ彼に乗ずる隙を与えざるため、現在の攻勢作戦準備を改め『満洲国』内に築城し、地形の利用と相俟って敵の進攻を迎え討つ態勢を整うことを要す[89]」という「防衛作戦論」を主張した。その理由は当時の日本軍と極東ソ連軍の軍事力の格差が拡大した極東軍事情勢と国境紛争でみだりに兵を殺さない、即ち、兵力の無益な消耗を防止するためであった。

その後、遠藤は陸軍中央の協力を得るために、10月2日に上京し、参謀本部の関係官と直接交渉を始めた。当時の「日誌」に次のように記されている。即ち、「（一九三九年）十月二日（月）快晴　……作戦計画其ノ他ニ関シ関係部課長ト連絡　悉ク余ノ意見ニ同意ヲ得　上京ノ甲斐アリシヲ悦ブ……」と。

幸いにして、彼は概ね原則的には中央の同意を得て新京に戻ったが、その後一向に何らの進展もなかったのである。

こうした状況の下で、遠藤は新京の関東軍司令部で直ちに対ソ作戦の問題を研究した。この時期、新京の関東軍司令部で遠藤が起草した対ソ作戦案には9月28日付の「極秘　対『ソ』作戦構想（案）」、10月11日付の「極秘　関東軍指導要綱（第二案）」、及び11月1日付の「極秘　五部ノ内第四号　年度対『ソ』作戦計画ノ大綱（私案）」、さらには11月23日に起草した「極秘　昭和十五年度作戦計画訓令案ニ対スル意見」の4種類が現存する。遠藤は後年その内容を戦後の日本人読者にも分かりやすくするため、次のように口語体で説明した。

> ノモンハン事件を起こす原因は、年度作戦計画訓令にある。訓令による対ソ攻勢作戦計画がいかん、と俺は見たんだよ。それを直さん限り、何べんでも起こる……
> ソ軍にして敢て越境進襲、挑戦するに於ては、先ず之を満洲国内に邀撃す……
> 我が現国策は開戦の時期を自主的に選定するを許さず、日ソ開戦の鍵は寧ろソ連邦に存し……所謂受けて立つのやむを得ざる状況にあり……
> 過去の行き懸りに引き摺られ或いは第一線部隊の士気云々に箝口し或いは消極なりとの毀りを恐れて根底なき攻撃精神に捕われ、攻勢計画に陶酔して軽挙、国家の大事を誤るが如きは断じて許すべからざる所のものなり……[90]

この内容は、いずれも対ソ進攻作戦を「不可」とし、「満洲国」の防衛を優先する構想である。

その後、12月10日の「日誌」にも遠藤は対ソ戦不可の理由について次のように鋭く指摘した。

（一九三九年）十二月十日（日）

……作戦計画ノ問題ニ関シ予ハ対ソ作戦ハ当分開戦ノ鍵ハソ連側ニアリ　我ハ受ケテ当ラザルベカラザルノ情況ニアリヲ以テ　現在計画ニ依ル諸施設ガ脚腰ガ宙ニ浮キテ形ノミ大上段ニ振リ上ゲタル薄弱ナル態度ヲ速ヤカニ正眼ノ構ニ修正スベキヲ具申シ来レルモ中央部ノ容ルル所トナラズ……

この「日誌」によれば、関東軍が起死回生の兵器を持っていない状況を認識した遠藤は勇気を奮い起して、再度の対ソ戦を回避しようとしたと言って良いであろう。彼は軽はずみな判断をして、日本軍を敗北に追い込むような戦争はしたくなかった。なぜなら、もしも国境紛争（ノモンハン事件）がこの段階で対ソ全面戦争に発展すれば、日本軍が勝利できる可能性は極めて少ないということを遠藤はすでに1936年に予測していたからである。

ところが、当時の関東軍と陸軍中央部の好戦派は、ノモンハンの戦闘に敗北しても、何らそれを教訓にして反省することもなく、更なる対ソ戦の継続を主張した。それに反対する遠藤は邪魔者扱いにされ、孤立に追い込まれ、「対ソ恐怖症」にかかった軍人であると、陸軍上層部、特に東条（英機）一派の参謀本部第1部長冨永恭二から非難され、1940年3月、ついに関東軍参謀副長のポストから左遷される結果となった[91]。

翌1940年3月25日になると、左遷されて東京に戻った遠藤は参謀本部次長の澤田茂宛てに長文の書簡（意見書）を郵送し、新たな対ソ作戦に反対する理由を伝達した。

昭和十五年三月二十五日　陸軍少将　遠藤三郎

参謀次長　澤田中将　閣下

……昭和十五年度対「ソ」作戦計画立案の見地に於て全般の情勢を観察する時対「ソ」進攻作戦の如きは小官の常識及良心の許さざる処に御座候　「ソ」軍の素質は敢て恐るゝに足らず候も其の兵数、其の築城、其の防禦に於ける特性等に鑑み而して皇国が征戦三年所有方面に於ける疲労は否み得ざる今日而も征戦に基因する莫大なる損耗と部隊の急激なる新設に伴ふ国軍幹部素質の低下及改編に基く団結の弛緩、教育の不備竝に資源及工業力不足等に原因する作戦資材、輸送機関の不備等を考察する時而も一面支那事変を処理しつゝ、果して「ソ」軍国境陣地を突破して進攻作戦を敢行し勝利を以て戦争を終結し得るの自信ありや否や　現代戦の特質に思を致せば第一次欧洲大戦西方戦場に於ける千九百十八年の攻防戦の跡を検討する迄もなく明瞭なること、存じ候　幸にして陣地の一角を突破し得たりとするも之に拂ふべき莫大なる犠牲は直ちに国力の減耗低下を来し国策の遂行力を失ふに至るべきは想察するに難からざる処に御座候……[92]

この指摘によれば、「遠藤は対中戦争の間はささいな国境紛争にかかわらず、無用の消耗を避けることを主眼としたことになる[93]」。その理由は、関東軍は１９３６年以降、軍事力では極東ソ連軍に対抗できないということが明らかである。上述したように、遠藤は関東軍がソ連軍に勝利できる時期は、１９３６~３７年が限界で、それ以後は逐次軍事的に劣勢になり、年月を重ねるごとに、勝利する可能性が消滅すると予測したが、その予測は最終段階で的中したと言って良いであろう。

しかし、日本陸軍上層部は、遠藤の「対ソ戦不可論」を考慮に入れず、ノモンハン事件の敗北を反省することなく、１９４１年12月にアメリカと戦って、太平洋戦争に突入した。しかも、日本軍は太平洋戦争でも、ノモンハン事件と同様、兵力を広く分散し、太平洋の島々の激戦場に兵力を小出しして、消耗戦に陥った。当時の日本軍上層部は一般の兵士の生命をあまり尊重せず、猪突猛進させ、神風特別攻撃戦[94]まで実施した。それにもかかわらず、結局１９４５年８月に敗北することとなった。

以上、本第四部では、日中戦争と関連する対ソ戦を巡る遠藤三郎や関東軍、さらには陸軍参謀本部の作戦構想と行動などについて検討した。

先ず、遠藤三郎と第７３１部隊との関わりについての検証結果は、遠藤は対ソ戦での細菌兵器の使用は技術的に時期尚早であるとの認識を持っていたことであった。次に、遠藤の北満国境軍事要塞築城への参画について言及し、彼が後の「対ソ作戦講義録」に示された防御と進攻という2つの戦略を念頭に置き、「東洋のマジノ線」と言われるような強固な地下軍事要塞を構築したことを指摘した。これは彼の軍事能力の高さを示していたが、それが実際に機能を発揮する機会は与えられなかった。最後に、1936年遠藤が陸軍大学で極秘に講義した「対ソ作戦講義録」を通じて、彼独自の「対ソ作戦論」を分析し、さらに、1939年のノモンハン事件後における彼の「対ソ戦不可論」について論じてきた。「対ソ作戦論」では、遠藤は関東軍が勝利できる可能性は開戦後、1936年末から翌1937年初頭まで、わずか2週間以内と予測し、関東軍の奇襲作戦による対ソ短期決戦を主張した。「対ソ戦不可論」では、遠藤はノモンハン事件での関東軍の敗北を冷静に受け止め、主として開戦時期の問題と彼我の軍事力の比較から「対ソ戦継続不可論」を主張した。

これら遠藤の作戦構想と行動には、軍人としての冷徹性とともに、西欧的な現実的合理主義が反映されていると言って良いが、それは最終的には陸軍上層部によって承認されることになるものの、必ずしも関東軍と陸軍参謀本部の主流派の見解ではなかった。

注

1　田中義一はこの作戦計画の中で次のような方針を提出した。「主作戦ヲ満洲ニ導キ　敵ノ主力ヲ求メテ之ヲ攻撃シ　成ルヘク速ニハルビンヲ奪取シテ　ウスリー地方ト露国本土ノ主要交通網ヲ遮断スルニ在リ　又要スレハ浦鹽要塞ヲ攻略ス別ニ一軍ヲ北關（北韓）地方ヨリウスリー地方ニ進メテ敵ヲ牽制ス」。防衛庁防衛研修所戦史室編『戦史叢書　関東軍（1）―対ソ戦備・ノモンハン事件―』朝雲新聞社、1969年、57頁。

2　北岡伸一『日本陸軍と大陸政策』東京大学出版会、1978年、9頁。

3　本考案の中に「満洲里方面から侵攻してくる露軍主力を求めて北方に対して攻勢を採り、第一会戦をハルビン（昭和3

年頃以降はチチハル）付近に予期し、続いて興安嶺を越えて後貝加爾方面に向かう」ことが明らかにされていた。この考案の作成者、作成年度は明記されていない。防衛庁防衛研修所戦史室編、前掲書、61頁。

4　この「計画大綱」の中に、「……日満両国ニ対スルソ連邦武力ノ脅威ヲ排除スルニ有リ　之カ為ソ連邦ニ対シテハ　一、沿海州（ウスリー河黒竜江右岸地区）北樺太ヲ割譲セシム　二、大蒙古国ノ建設ヲ認メシム……」という対ソ戦争目的を提出し、「……開戦ト共ニ在極東ノ敵ヲ覆滅シテ所要ノ疆域ヲ占領シ爾後主トシテ飛行部隊及蒙古人、白系露人等ニヨル敵後方ノ擾乱更ニ進テ本国内ニ動乱ヲ誘発セシメ敵ヲ屈服セシム　対ソ戦争ニ要スル軍隊資材ハ成ルヘク平時ヨリ大陸ニ準備スルト共ニ速ニ満洲国ノ工業力ヲ増進シ攻勢終末点進出後ハ大陸ノ力ニヨリ戦争ヲ持久シ得ルニ至ラシムルヲ要ス……」という戦争指導方針を規定した。角田順編『石原莞爾資料　国防論策』原書房、1967年、186頁。

5　化学兵器（毒ガス兵器）とは、「国連の報告書で『ガス状、液体または固体状であるかを問わず、人、動物、植物に対する直接的な毒作用があるため使用されることのある化学物質』と定義されている、戦争用化学剤を散布できる兵器である」。エドワード・M・スピアーズ著（上原ゆうこ訳）『化学・生物兵器の歴史』東洋書林、2012年、12頁。

6　細菌兵器（生物兵器）とは、「伝染病の病因論に病原体説が確立して以来、この病原微生物を分離増殖させて適当な運搬手段を介して敵国に散布し、損害を与えるための兵器。この発想はウィルス学が発展する以前は細菌兵器と呼ばれたが、被害地域において戦闘員、非戦闘員を区別することなく発病致死させることが予想されたが、毒ガス兵器と呼ばれた化学兵器が第一次大戦において、実戦に用いられ、極めて悲惨な結果をもたらした経験から、1925年にジュネーブ議定書が作成された際、大量殺人兵器として禁止の対象となった」。相賀徹夫『日本大百科全書　13』小学館、1987年、436頁。

7　中山隆志『関東軍』講談社、2000年、169頁。

8　「1937年7月7日、盧溝橋事件をきっかけに中国への全面的侵略を開始すると、石井部隊は人体実験を含む細菌、化学戦研究を本格的に行うようになった」。田中明・松村高夫編『十五年戦争極秘資料集　第二十九集　七三一部隊作成資料』不二出版、1991年、5頁。

9　「1932年、石井四郎は満洲に赴き、ハルビン近郊背陰河に関東軍防疫班（秘匿名加茂部隊）を設立した。関東軍防疫班は36年に関東軍防疫部（秘匿名東郷部隊、部隊長は石井四郎）となり、38年から39年にかけてハルビン近郊平房に本部、実験施設を移転した」。下中弘編集『日本史大辞典　第六巻』平凡社、１９９４年、３９５頁。

10　吉田曠二『元陸軍中将遠藤三郎の肖像』すずさわ書店、２０１２年、３０２頁。

11　「戦後、アメリカが石井以下第７３１部隊の幹部を戦犯免責し、それと引き換えに第７３１部隊の細菌、化学戦の成果を根こそぎ入手するという政策を貫いたため、第７３１部隊は極東国際軍事裁判（東京裁判）の審理の対象とされず、長い間、闇に閉ざされたままであった。ソ連が第７３１部隊の罪状を追及するため、１９４９年12月25日から30日までソ連のハバロフスクで軍事裁判が行われた。その軍事法廷で関東軍司令官山田乙三を始め、元関東軍軍人12名がその罪状を供述した。当時の公判記録『細菌戦用兵器ノ準備及ビ使用ノ廉デ起訴サレタ元日本軍軍人ノ事件ニ関スル公判書類』が残されている。その『公判書類』が翌50年に７００頁を超える日本語訳で出版されて、第７３１部隊の人体実験を含む細菌、化学研究の実態を明るみに出した」。田中明・松村高夫編、前掲書、７頁。

12　ソ連ハバロフスク軍事裁判の公判記録『細菌戦用兵器ノ準備及ビ使用ノ廉デ起訴サレタ元日本軍軍人ノ事件ニ関スル公判書類』外国語図書出版所・モスクワ、１９５０年、12〜13頁。

13　同上書、14頁。

14　同上書、58頁。

15　同上書、14頁。

16　七三一研究会編『細菌戦部隊』晩聲社、１９９６年、11頁。

17　常石敬一『消えた細菌戦部隊―関東軍第７３１部隊―』海鳴社、１９８１年、５頁。

18　細菌戦とは、「簡単に言えば、人を殺すために、ペスト菌やボツリヌス中毒菌その他の細菌やウィルスをばら撒こうとするものである。ばら撒くやり方は時代によって変化し、石井部隊の時代には昆虫等を媒体として用いた」。同上書、13頁。

19　遠藤三郎『日中十五年戦争と私―国賊・赤の将軍と人はいう』日中書林、１９７４年、１６２頁。

20　同上書、１６２頁。

21　宮武剛『将軍の遺言―遠藤三郎日記―』毎日新聞社、１９８６年、76頁。

22　遠藤三郎、前掲書、１６２頁。

23　吉田曠二、前掲書、２９６頁。

24　中山隆志、前掲書、163頁。
25　島田俊彦『関東軍―在満陸軍の独走―』講談社、2005年、160頁。
26　防衛庁防衛研修所戦史室編、前掲書、188頁。
27　菊池実・関東軍国境要塞遺跡研究会編『ソ満国境関東軍国境要塞遺跡群の研究』六一書房、2001年、12頁。
28　同上書、15頁。
29　防衛庁防衛研修所戦史室編、前掲書、202頁。
30　同上書、202頁。
31　吉田曠二、前掲書、291頁。
32　徐占江・李茂傑編『日本関東軍要塞（上）』黒竜江人民出版社、2006年、40～41頁。
33　菊池実・関東軍国境要塞遺跡研究会編、前掲書、12頁。
34　同上書、12頁。
35　李秉剛ほか著『日本在東北奴役労工調査研究』社会科学文献出版社、2009年、468頁。
36　全満洲のソ満国境地帯には、内モンゴルを含めると合計17ヵ所の地下軍事要塞が3期に分けて築城された。第1期第1次において築城された要塞は1、東寧　2、綏芬河　3、半截河　4、虎頭　5、霍爾莫津　6、璦琿　7、黒河　8、海拉爾（ハイラル）であり、第1期第2次において築城された要塞は9、五家子　10、鹿鳴台　11、観月台　12、廟嶺　13、法別拉であった。また、第2期において築城された要塞は14、阿爾山　15、鳳翔　16、富錦　17、烏奴耳であった（訳文は筆者、以下同様）。徐占江・李茂傑編、前掲書、19～23頁。
37　同上書、5頁。
38　岡崎哲夫『秘録・北満永久要塞―関東軍の最期―』（秋田書店、1964年、3頁）によれば、「昭和10年代から太平洋戦争の終戦時にかけて、満洲東北隅の辺境に膨大かつ堅固な秘密の地下要塞があった……それは当時の軍が『独仏国境のジーグフリード線、マジノ線にも劣らぬ』と、ひそかに豪語していた無気味な施設であった」。
39　菊池実・関東軍国境要塞遺跡研究会編、前掲書、16頁。
40　岡部牧夫『満洲国』（講談社、2007年、152頁）によれば、「……『満洲国』政府は、1939年5月『国境建設施策基本要綱』（北辺振興計画）をまとめ、同年6月から実施した。北辺振興計画は、五カ年計画の最終年度の１９４１年までの三カ年計画で、総額10億円を投じ、国境地帯の軍事施設を拡充すると同時に、産業開発、民生振興をはかって、軍の総合的な作戦力を高めようとするものであった」。

41　遠藤は１９３４（昭和９）年8月に人事異動で満洲国の関東軍作戦主任参謀から兵学教官として東京の陸軍大学に転任した。そのため、遠藤は北満国境要塞築城の１９３４年第1期の第1次にのみ参画した。

42　菊池実・関東軍国境要塞遺跡研究会編、前掲書、33頁。

43　防衛庁防衛研修所戦史室編、前掲書、２０５頁。

44　菊池実・関東軍国境要塞遺跡研究会編、前掲書、16頁。

45　防衛庁防衛研修所戦史室編、前掲書、２０５頁。

46　菊池実・関東軍国境要塞遺跡研究会編、前掲書、16頁。

47　遠藤三郎「昭和十一年度第三学年　戦術講授録（防御及び退却）」（草稿）（別冊資料）、「昭和十一年度第三学年　校内戦術講授録　第四期第三班（遭遇戦及追撃）」（草稿）（別冊資料）。

現在、この2つの草稿は遠藤家から埼玉県狭山市立博物館に保存を委託されていて、一般には極秘資料として未公開で、複写も認められていない。そこで、筆者はかつて許可を得て本草稿を筆写した吉田曠二氏のメモノートを利用する便宜を与えられた。なお、本節は吉田曠二の著書『元陸軍中将遠藤三郎の肖像』、３２５〜３５０頁、及び同氏の論文「元日本陸軍将軍・遠藤三郎と第７３１部隊」（15年戦争と日本の医学医療研究会編『７３１　日本軍細菌戦部隊』文理閣）、２０１５年、３４９〜３５０頁を参考にした。

48　吉田曠二「元日本陸軍将軍・遠藤三郎と第７３１部隊」、３４９頁。

49　吉田曠二『元陸軍中将遠藤三郎の肖像』、３２７頁。

50　吉田曠二「元日本陸軍将軍・遠藤三郎と第７３１部隊」、３４９頁。

51　吉田曠二『元陸軍中将遠藤三郎の肖像』、３２６〜３２７頁。

52　同上書、３２８頁。

53　同上書、３２９頁。

54　同上書、３２９頁。
55　同上書、３３０頁。
56　同上書、３３１頁。
57　同上書、３３１頁。
58　同上書、３３１頁。
59　防衛庁防衛研修所戦史室編、前掲書、７１６頁。
60　吉田曠二『元陸軍中将遠藤三郎の肖像』、３３２頁。
61　吉田曠二「元日本陸軍将軍・遠藤三郎と第７３１部隊」、３４９〜３５０頁。
62　吉田曠二『元陸軍中将遠藤三郎の肖像』、３３８頁。
63　同上書、３４１〜３４２頁。
64　同上書、３４３頁。
65　同上書、３４４頁。
66　吉田曠二「元日本陸軍将軍・遠藤三郎と第７３１部隊」、３５０頁。
67　吉田曠二『元陸軍中将遠藤三郎の肖像』、３４５頁。
68　吉田曠二「元日本陸軍将軍・遠藤三郎と第７３１部隊」、３５０頁。
69　同上論文、３５０頁。
70　杉之尾宜生『戦略論大系　１　孫子』（芙蓉書房、２００１年、15頁）によれば、「孫子曰く、兵は国の大事なり、死生の地、存亡の道、察せざる可からざるなり……」なお、「兵は国の大事なり」とは、戦争は国家の重大事という意味である。この言葉は遠藤三郎の「対ソ作戦講義録」に引用され、それに影響を与え、彼は１９３６年に「対ソ作戦案」を立案した。
71　吉田曠二『元陸軍中将遠藤三郎の肖像』、３４８頁。
72　遠藤三郎、前掲書、72頁。
73　島田俊彦、前掲書、１６０頁。
74　防衛庁防衛研修所戦史室編、前掲書、４２４頁。

75　同上書、４２４～４２５頁。
76　岡部牧夫、前掲書、１５０頁。
77　島田俊彦、前掲書、１７９～１８０頁。
78　辻政信『ノモンハン秘史』原書房、１９６7年、86頁。
79　島田俊彦、前掲書、１８０～１８1頁。
80　吉田曠二『ドキュメント日中戦争（下巻）（増補改訂版）』三恵社、２００7年、47頁。
81　江口圭一『十五年戦争小史（新版）』青木書店、１９９1年、１４２～１４3頁。
82　防衛庁防衛研修所戦史室編、前掲書、７２9頁。
83　細菌兵器は「満洲国」が崩壊する直前の対ソ戦でも戦場で実戦使用できなかった。その理由について山田乙三は次のように供述した。「……ソビエト同盟ガ対日戦ニ参加シ、ソビエト軍ガ急速ニ満領内深ク進撃シ来ッタ為、吾々ハソ同盟及ビ其ノ他ノ諸外国ニ対シテ細菌兵器ヲ使用スル機会ヲ奪ワレテ了ッタ……」。ソ連ハバロフスク軍事裁判の公判記録、前掲書、38頁。
84　遠藤三郎、前掲書、１７4頁。
85　当時、第７３１部隊の少年隊員であり、ノモンハン事件で使用した細菌を製造した篠塚良雄は、戦後撫順戦犯管理所に収容されていた時に、次のように供述している。「……この間に私は、約1キログラムの細菌を掻き取った。大量に生産された細菌は、生産参加人員が逐次出張命令により将軍廟、ハイラルなどの地へ運搬し、ノモンハン事件での使用に提供された……私の運んだ細菌は碇挺身隊によってハルハ河に散布され、いわゆる細菌戦謀略戦が行われた」。七三一研究会編、前掲書、74頁。なお、ノモンハン事件で細菌をばら撒いた鶴田兼敏は、戦後、その事実を次のように証明している。「……8月末でした。トラック3台にガソリン缶を積みハルハ河支流のホルステン河へ向かった。対岸はソ連軍が制圧し時々、信号弾があがった。真っ暗闇の中で班長が液体の細菌を『まけ』と命じた。腸チフス菌ですよ。その班長が感染し腸チフスで死亡したのを後で聞いた……」。宮武剛、前掲書、90頁。
86　しかし、第７３１部隊が開発していた細菌兵器は中国大陸の戦場で実戦に使用された。具体的には、「１９３9年8月ノモンハン事件で撤退時、石井部隊が細菌戦、１９４０年10月浙江省衢県、寧波で細菌戦、１９４1年11月湖南省常徳で細菌戦、1942年7月浙贛作戦で細菌戦」が実施された。また、「南太平洋の戦場で細菌戦が計画、検討されたが、最後に中止となった」。七三一研究会編、前掲書、318〜320頁。
87 遠藤三郎、前掲書、174頁。
88 吉田曠二『元陸軍中将遠藤三郎の肖像』、397頁。
89 遠藤三郎、前掲書、176頁。
90 宮武剛、前掲書、129頁。
91 吉田曠二『元陸軍中将遠藤三郎の肖像』、398〜399頁。
92 遠藤三郎「参謀次長澤田中将宛書簡　陸軍少将遠藤三郎」（昭和十五年三月二五日）（別冊資料）。
93 吉田曠二『元陸軍中将遠藤三郎の肖像』、400頁。
94 「体当たり攻撃は確実に死を意味する。だが、同時に普通爆撃より確実な成果を期待できることも間違いない。体当たり攻撃を制式化することは搭乗員が戦意に燃えている限りは、受け入れられるのではないか」。児島襄『太平洋戦争（下）』中公新書、2008年、256頁。

第五部　遠藤三郎と日中全面戦争

上述したように、満洲事変後、関東軍は、引き続き更なる一連の謀略作戦を通して、熱河省を含む満洲全土を手に入れることにより、従来から練り上げていた「満蒙支配」の構想を最終的に実現できる状況を生み出した。その後、1934（昭和9）年末に皇道派に批判的な宇垣一成系の南次郎大将が関東軍司令官に着任し、板垣征四郎参謀副長とのコンビが成立するや、関東軍首脳部において、「対中国強硬論」が漸次支配的となっていった。[1] この「対中強硬論」に基づき、関東軍はさらにその侵略目標を満洲から華北さらに内モンゴルへと拡大させることとなった。[2]

当時東京の陸軍中央部では、「統制派」の中心人物として、陸軍省軍務局長であった永田鉄山も「対中強硬論」を主張し、「対ソ強硬論」を主張する「皇道派」の代表人物、陸軍大臣荒木貞夫、参謀本部参謀長真崎甚三郎及び運輸通信部長小畑敏四郎らと対立していた。この陸軍内部の派閥抗争の結果、1935（昭和10）年8月12日には、永田鉄山が陸軍省軍務局長室で「皇道派」の相沢三郎中佐に斬殺され、[3] さらに1936（昭和11）年2月26日には首都東京を血に染めた最大のクーデター事件と言われた2・26事件[4]が発生した。この2・26事件を通して、陸軍内部に存在していた派閥抗争は収束され、「皇道派」が陸軍中枢から一掃され、それに代わって、「統制派」が陸軍の内部抗争に最終的に勝利したのである。この事件によって、日本国内政治における陸軍部の影響力は一段と強まり、後に関東軍参謀長になった東条英機をはじめとした「統制派」主導の体制の下で、日本陸軍による「対中強硬論」がより一層強くなり、後述するような盧溝橋事件後日中全面戦争へと拡大する政治情勢が確立されるようになった。

一方、1936年当時の中国国内においては、熱河作戦後の「塘沽停戦協定」にもかかわらず、日本陸軍のさらなる軍事行動の拡大につれ、中国の大学生や一般民衆による「内戦停止、一致抗日」を求める呼び声が全国各地に高揚し始めた。しかし、国民政府の軍事委員長である蒋介石は、「安内攘外」[5]（即ち、国民政府軍はまず中国の国内統一を優先し、共産党軍を掃討した後、対日戦争を実行する）という反共政策を放棄することなく継続し、日本軍との戦いを極力避け、共産党との内戦を優先させせて、共産党軍に対する包囲殲滅作戦に全力を尽くしていた。こうした中国の国内状況下において、１９３６年12月12日、旧東北軍の総司令官・張学良と西北軍の司令官・楊虎城は連携して、配下の兵を動かし、西安の郊外、華清池で宿泊中の蒋介石を逮捕、監禁するとともに、国共内戦の即時停止を迫り、一致団結して抗日戦争に向かわせる、所謂西安事件（中国では「西安事変」と呼ばれる）を引き起こした。

その結果、中国共産党の周恩来の斡旋と、蒋介石の夫人・宋美齢、実兄・宋子文の調停により、蒋介石はその態度を軟化させ、遂に張学良と楊虎城の抗日８項目[6]の要求を原則的に認め、12月24日に釈放された。これ以降、蒋介石は共産党との内戦を止め、中国共産党と張学良らが主張した「内戦停止、一致抗日」との主張に傾くようになった。

この西安事件の平和的解決により、中国国民党と共産党との内戦が停止し、その後の盧溝橋事件の勃発とともに、「第２次国共合作」の成立、抗日民族統一戦線の結成に向けて歴史の流れが変わるきっかけとなった。即ち、中国では、その後、中国全土において抗日気運が高まるとともに、日中両国の軍事的対抗は避けられないものとなった。

第一章　遠藤三郎と盧溝橋事件 ―盧溝橋事件から大本営課長時代まで―

第1節　盧溝橋事件

(1) 盧溝橋事件の勃発

1937（昭和12）年に入ると、日本陸軍は華北で作戦を拡大する場合の作戦計画策定の基礎として、「昭和十二年度帝国陸軍作戦計画要領」を作成した。この「要領」には、日本軍の華北と山東省の諸要地を占領する意図と任務について、次のように示されている。

一、帝国陸軍北支那方面ニ作戦スル場合ニ於ケル作戦要領ヲ概定スルコト左ノ如シ
（一）河北方面軍（支那駐屯軍司令官隷下部隊ノ外、関東軍司令官及朝鮮軍司令官ノ北支那方面ニ派遣スル部隊竝内地ヨリ派遣セラルル部隊ヲ含ム）ハ主力ヲ以テ平漢鉄道ニ沿フ地区ニ作戦シ南部河北省方面ノ敵ヲ撃破シテ黄河以北ノ諸要地ヲ占領ス（二）山東方面作戦軍ハ青島及其他ノ地点ニ上陸シテ敵ヲ撃破シ山東省ノ諸要地ヲ占領ス

二、帝国陸軍北支那ニ作戦スル場合ニ於ケル支那駐屯軍司令官ノ任務左ノ如シ
作戦初頭概ネ固有隷下部隊ヲ以テ天津及北平、張家口為シ得レハ済南等ノ諸要地ヲ確保シ北支那方面ニ於ケル帝国陸軍初期ノ作戦ヲ容易ナラシム　爾後ニ於ケル任務ハ臨機之ヲ定ム……[7]

こうした緊迫していた軍事情勢下において、盧溝橋事件勃発直前の1937年4月になると、現地の日本軍・支那駐屯軍（天津軍とも通称される、司令官田代皖一郎中将、参謀長橋本群少将）は国民政府軍第29軍（軍長宋哲元、副軍長秦徳純、佟麟閣、参謀長張樾亭）の配備されていた宛平城の付近で頻繁に軍事演習を実施した。

それについて、『中国抗日軍事史　1937―1945』の著者、菊池一隆は次のように指摘している。「……（1937年）6月以降、豊台駐留の日本軍はほとんど毎日、挑発的な活動を実施していたという。いわば盧溝橋事件はこうした日本軍の行動の延長線上に位置する」[8]。即ち、この日本軍の挑発的な軍事行動が後の盧溝橋事件の近因になったと言って良いと思われる。

こうして、1937年7月7日の夜、北平（北京）の郊外にある盧溝橋附近で支那駐屯軍（天津軍）と中国国民政府軍第29軍との間で偶発的な武力衝突事件、所謂盧溝橋事件[9]が勃発した（次頁の地図1を参照）。

第四部ですでに言及したように、1936年8月には、遠藤三郎は陸軍大学の教官から野戦重砲兵第5連隊（筆者注、第12師団野戦重砲兵第2旅団に所属）長として九州の小倉に転任した。盧溝橋事件勃発直後の1937年7月8日には、遠藤は新聞から日中両軍の衝突事件を知ると、この事件の重大性を認識しながらも、事件拡大に対しては楽観的な考えを持っていた。この点について、当日の「遠藤日誌」には、次のように記録されている。

（一九三七年）七月八日　木　晴　曇　時々驟雨

……本払暁以来北平近郊ニ於イテ日支両軍衝突セル由ノ新聞報アリ　一歩誤レハ大事ヲ惹起スルコトナシトセス　但シ現在ノ当事者ヲ以テセハ恐ラク事態ヲ拡大スルガ如キコトナカラン……

この「日誌」に触れた「現在ノ当事者」、即ち、この際すでに「満洲国」から帰任し、参謀本部第1作戦部長を務めていた石原莞爾は、「満洲国」の建設、及び将来の対ソ戦の準備に取り組んでいたため、日本軍は蒋介石の国民政府との新しい軍事衝突をできる限り避けるべきだと考えていた[10]。この石原の戦略構想を熟知した遠藤は、この

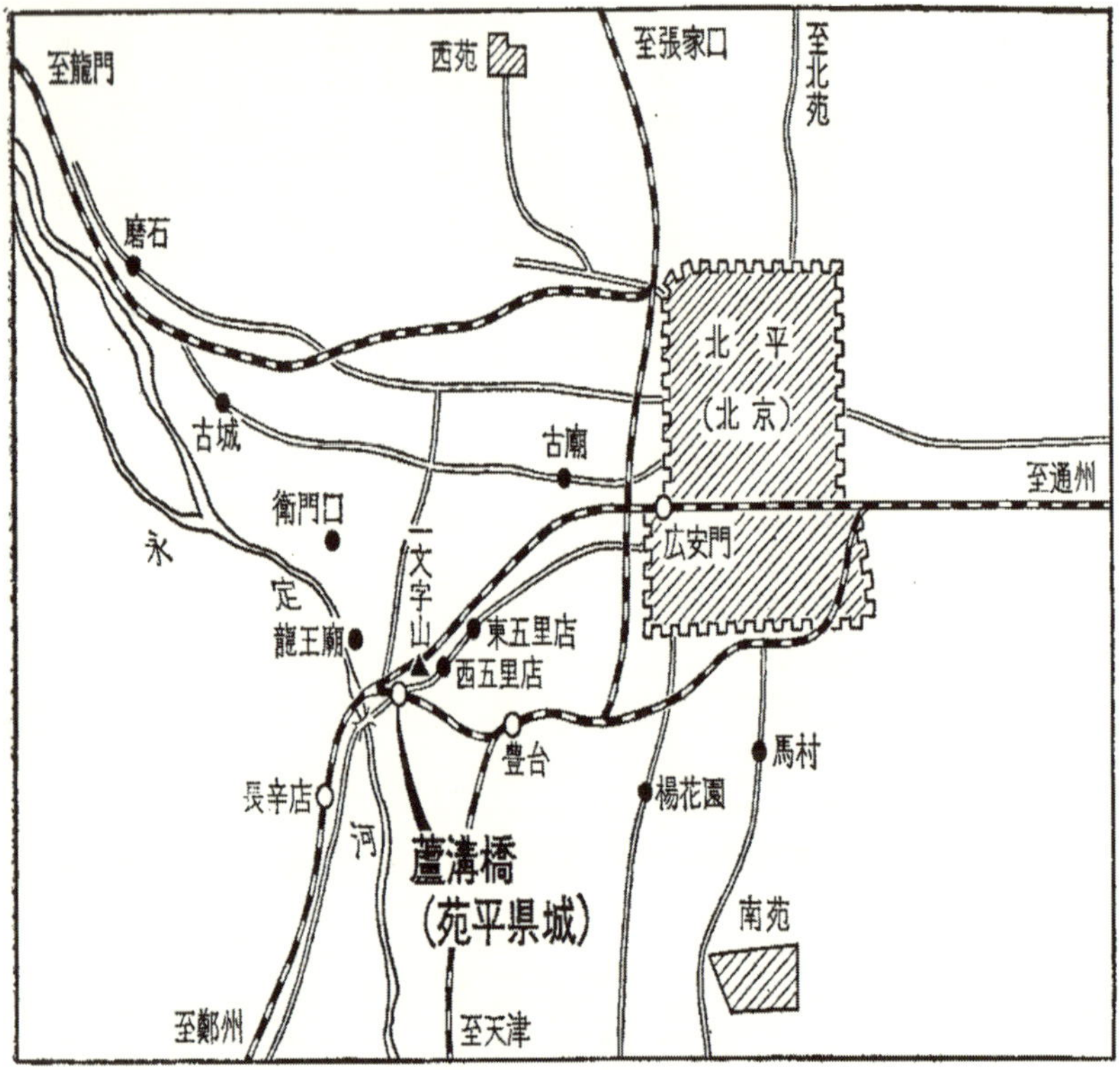

蘆溝橋事件関係地図

地図１　　出所：上村伸一『日本外交史　第20巻　日華事変（下）』鹿島平和研究所、1971年、59頁。

「日誌」に「但シ現在ノ当事者ヲ以テセハ恐ラク事態ヲ拡大スルガ如キコトナカラン」という楽観的な考えを書き記したと考えられる。ただし、満洲事変後、関東軍のさらなる一連の謀略作戦を体験した遠藤は、当時の波瀾万丈の国内外の情勢と、「職業軍人中には大局を弁えず本能的にまたは満洲事変の論功行賞に刺激されて戦争を好む者も少なくなく、かつ『下剋上』の風潮もまだ改まっていなかった[11]」との実情を認識していたため、「日誌」にも「一歩誤レハ大事ヲ惹起スルコトナシトセス」との懸念を漏らした。

(2) 盧溝橋事件後の「拡大派」と「不拡大派」の対立

盧溝橋事件が勃発すると、陸軍中央部においては、「事態不拡大、速やかに現地交渉により解決を図る[12]」と主張する「不拡大派」と、この事件を機に「対中一撃論[13]」を主張する「拡大派」に分裂し、意見が対立していた。当時、参謀本部第1作戦部長石原莞爾少将や陸軍省軍務課長柴山兼四郎大佐ら[14]は「不拡大論」を堅持し、特に石原莞爾は、上にも述べたように、「日本の国力は『満洲国』を育成し、対ソ戦備を整えるだけで手一杯で、中国と事を構える余裕はない。あの膨大な中国と全面戦争に入ったら日本の国力を消耗するだけで勝つ極め手はない。勝つ見込みのない消耗戦などは絶対に避けねばならない[15]」と考えていた。

この石原ら「不拡大派」に対し、「拡大派」であった参謀本部第3作戦課長武藤章大佐や軍務局軍事課長田中新一大佐らは、「断固膺懲すべきだ[16]」という「対中一撃論」を力説した。即ち、彼らは「突発した盧溝橋事件を巡り、多年山積した中国問題懸案を一挙に解決するため、絶好の機会として出兵[17]」すべきだと主張した。また、参謀本部第3（運輸）部長塚田攻少将、第4（戦史）部長下村定少将も「拡大派」と見られた[18]。

なお、当時、「対中強硬論」を堅持していた関東軍参謀長東条英機中将や高級参謀冨永恭二大佐、辻正信大尉ら[19]は、蘆溝橋事件発生の情報に接すると、7月8日の早朝緊急軍事会議を開き、「ソ連は内紛などのため乾岔子事件[20]の経験に照らしても差し当たり北方は安全を期待できるから、この際、冀察（筆者注、冀は河北省、察はチャハル省）に一撃を加えるべきである[21]」と判断したため、参謀本部に「北支ノ情勢ニ鑑ミ独立混成第一、第十一旅団主力及航空部隊ノ一部ヲ以テ直ニ出動シ得ル準備ヲ為シアリ」[22]と報告した。その結果、陸軍中央部では「拡大派」の主張が漸次圧倒的に大多数となった。

しかし、このように「拡大派」が多数を占める中で、参謀本部は事態の重大性を重視し、7月8日夜、「事件ノ拡大ヲ防止スル為更ニ進ンテ兵力ヲ行使スルコトヲ避クヘシ」[23]という「不拡大」方針を現地の支那駐屯軍（天津軍）に伝達した。また、日本政府も9日に臨時閣議を開き、「……我方としては事態不拡大の方針を堅持する……もし中国側に反省の色なく、憂慮すべき事態を招来する危機を見るに至らば、我方としては適切迅速に機宜の措置を講ずる」[24]と決定した。

こうして、支那駐屯軍（天津軍）の参謀長橋本群少将は上記の参謀本部と日本政府の「不拡大」方針に従い、事件の局地的解決に傾斜した。即ち、橋本参謀長や松井太九郎特務機関長、今井武夫武官補佐官らは、中国第29軍の秦徳純副軍長、第37師長馮治安及び天津市長張自忠との間で交渉を開始し、[25]翌11日には、日中両軍の代表は現地で停戦協定（松井・秦徳純協定）[26]を締結した。この停戦協定により、現地の日中両軍の軍事衝突は一時的に収束されることになった。

ところが、陸軍省の対中強硬派と呼ばれた杉山元陸軍大臣と梅津美治郎陸軍次官は「拡大派」の主張に同調し、中国へ派兵の案を政府に提出した。その後、現地で停戦協定が締結された同じ11日に、近衛文麿内閣は五相（近衛首相、広田外相、杉山陸相、米内海相、賀屋蔵相）会議において、杉山陸相の提案の通り、治安維持のためという口実で内地から華北への増援部隊として3個師団の派兵が決定されることになった。[27]即ち「……交渉が纏まらぬとなっても三個師団か四個師団を現地に出して一撃を喰はして手を挙げさせる。そうしてぱっと戈を収めて北支（華北）を我が意の如くするといふ案と見て良いのです。そうして多少長引くとしても一部の兵力を北支に留めて置けば大体北支から内蒙（内モンゴル）は我が思ふようになり……」[28]と。

なお、盧溝橋事件勃発当初、昭和天皇はソ連の出方を危惧したため、「拡大派」に不満を漏らし、早期決着を希望していた。[29]しかし、１９３７年8月13日に第2次上海事変が勃発した後、天皇は陸相杉山元の「一挙に大軍を出して短期間（1カ月ぐらい）に中国の抗日にとどめをさす[30]」という言葉を聴くと、疑問を持ちながらも、漸次「拡大派」の意見に同意することになり、兵力の集中による一大決戦を陸軍参謀総長閑院宮載仁親王及び軍令部総長伏見宮博恭王に次のように要請した。

戦局漸次拡大シ上海ノ事態モ重大トナレルカ青島モ不穏ノ形勢ニ在ル由　斯クノ如クニシテ諸方ニ兵ヲ用フトモ戦局ハ永引クノミナリ　重点ニ兵ヲ集メ大打撃ヲ加ヘタル上ニテ我ノ公明ナル態度ヲ以テ和平ニ導キ速ニ時局ヲ収拾スルノ方策ナキヤ　即チ支那ヲシテ反省セシムル方途ナキヤ[31]

その結果、「不拡大派」の代表人物であった石原莞爾は「拡大派」に押し切られ、陸軍中央部で孤立してしまい、最後には中枢ポストから外され、1937年9月に参謀本部から関東軍へ参謀副長として左遷された。

この際、石原らの「不拡大論」に肯定的立場に立っていた遠藤三郎は、1937年7月10日の「日誌」に次のような対中開戦、領土拡大に対する反対の意見を書き記している。

（一九三七年）七月十日　土　雨

……座談会開催　国防問題、盧溝橋事件等ニ関シ質問ヲ受ク……弱キ内ニ（中国ヲ）打ッテ領地ヲ拡張スベシト言ウガ如キ所論ナルヲ以テ武士道ニ反シ開戦及ビ領土的野心ヲ有スル戦争ハ絶対ニ排撃スベキヲ説キ　之ヲ戒メシム……

さらに、翌7月11日に近衛内閣が華北へ出兵することを決定した時、遠藤は兵力を使って中国側を脅かし、過酷な要求を提出するのは「不可なり」、野心と欲望を持って兵力を行使するのは「大ナル誤リ」と主張しながら、政府に善処を要望した。この点について、当日の「日誌」には次のように記録されている。

（一九三七年）七月十一日　日　曇
……北支ノ状況再ビ険悪　政府ハ重大決意ヲナシ出兵ニ関シ廟議決定セルモノノ如ク総理ハ葉山御用邸ニ伺候シ帝国ノ対支方針ニ関シ上奏御裁可ヲ仰ギタリトノ報アリ
……支那問題ハ目下ノ重大問題ナリ一歩誤ラバ大事ヲ惹起スルニ至ラン　特ニ兵力ヲ以テ彼（中国）ヲ脅シ彼ニ過酷ノ要求ヲナスガ如キハ最モ不可ナリ　況ンヤ野心欲望ヲ以テ兵力ヲ行使スルハ大ナル誤リナリ　正々堂々利害勝敗ヲ超越シ正義ニ則リ行動スルノ必要ヲ痛感シ当局ニ善処ヲ要望ス……高橋砲兵大佐（小倉兵器支廠長）ヨリ電話アリ　第六師団ハ出動準備中ナルガ如シト　先ニ田尻少将（運輸部長）旅行途上ヨリ急遽宇品ニ帰還シ　京都以西ノ師団ハ帰休兵ノ除隊ヲ中止スル等愈々事変ノ拡大ヲ思ワシム……

この「日誌」に示されているように、陸軍中央部では「拡大派」の主張が漸次主流になり、後に遠藤の所属する第6師団（師団長谷寿夫中将）は遂に出動の準備を行っていた。
こうして、盧溝橋事件後、日本政府（近衛内閣）は蒋介石の国民政府との停戦交渉に失敗したため、日本軍は東、西、南3方面から華北に進軍し[32]、7月28日には中国第29軍に対する総攻撃を開始、29日には北京を占領し、30日には天津を陥落させた[33]。その後、日本軍は戦線を漸次上海までに拡大し、8月13日には、第2次上海事変を引き起こした。これによって、最初の日中両軍の局地的衝突事件、即ち盧溝橋事件は漸次日中全面戦争へと拡大していった。

第2節　盧溝橋事件後の遠藤三郎の華北従軍体験―時間と空間の狭間において―

（1）遠藤三郎の華北出征―保定城に決戦場を求めて―

第1節で述べたような緊迫した状況下において、1937年7月27日になると、野戦重砲兵第5連隊長であった遠藤三郎は、陸軍中央部から動員令を受け[34]、第6師団に配属されることになった。こうして、遠藤の部隊は8月11日には小倉から門司港につき、釜山へ向け出港し、それから釜山から列車で8月17日、満洲の奉天に着き、21日には既に日本軍に占領された北京に到着した[35]。その後9月初旬から11月中旬にかけて約2か月半の間、遠藤は実戦部隊（野戦重砲兵第5連隊）の部隊長として、部隊を率いて華北で国民政府軍と交戦した。

以下、遠藤が華北に派遣されていた間に記録した戦場体験「遠藤部隊従軍報告書」（昭和13年9月刊）（別冊資料）を通じて、彼の華北戦場での実体験、及び心情の変化について検証してみたい。

当時、日本の内地から動員された3個師団は「8月に入り、相次いで平津地方に到着した。ここにおいてこれを統轄するため、8月31日、新たに北支那（華北）方面軍[36]が編成された」[37]。次頁の地図2に示されているように、北支那（華北）方面軍は2つの軍、即ち、北京からは第1軍[38]（司令官香月清司中将、参謀長橋本群少将）、天津からは第2軍（司令官西尾寿造中将、参謀長鈴木率道少将）に分けられ、約10万の総兵力が北平、天津からそれぞれ南へ進軍した[39]。

遠藤の野戦重砲兵第5連隊は第1軍に所属し、9月7日には北京を出発し、最初に永定河を渡り、9月中旬からいよいよ南へその作戦を展開した。その後、14日には大興を陥れ、17日には固安城を陥落させ、さらに23日には最初の決戦場保定城に対する総攻撃を開始し、翌24日には保定城を占領した（次頁の地図2を参照）[40]。

保定城に入城した9月24日に、遠藤は当日の「日誌」に次のように記し、当時日本軍の将官が普通の兵士の命を軽視すること、及び普通の日本軍兵士たちの掠奪行為が頻発していることを指摘している。

（一九三七年）九月二十四日　金　晴

……一時迄ニ北門ニ集合スベキヲ命ゼラル　未ダ戦場ヲ掃除セズ戦死者放棄セラレアルニ入城式トハ何事カト思イ反対セルモ　師団ノ命令ナルヲ以テ実施ス……諸隊輻輳シテ前進シ得ズ　四時頃漸ク北門ニ達シ入城セルモ　通過軍隊掠奪行為ハ甚ダシク皇軍トシテ誠ニ恥シキ限リナリ……

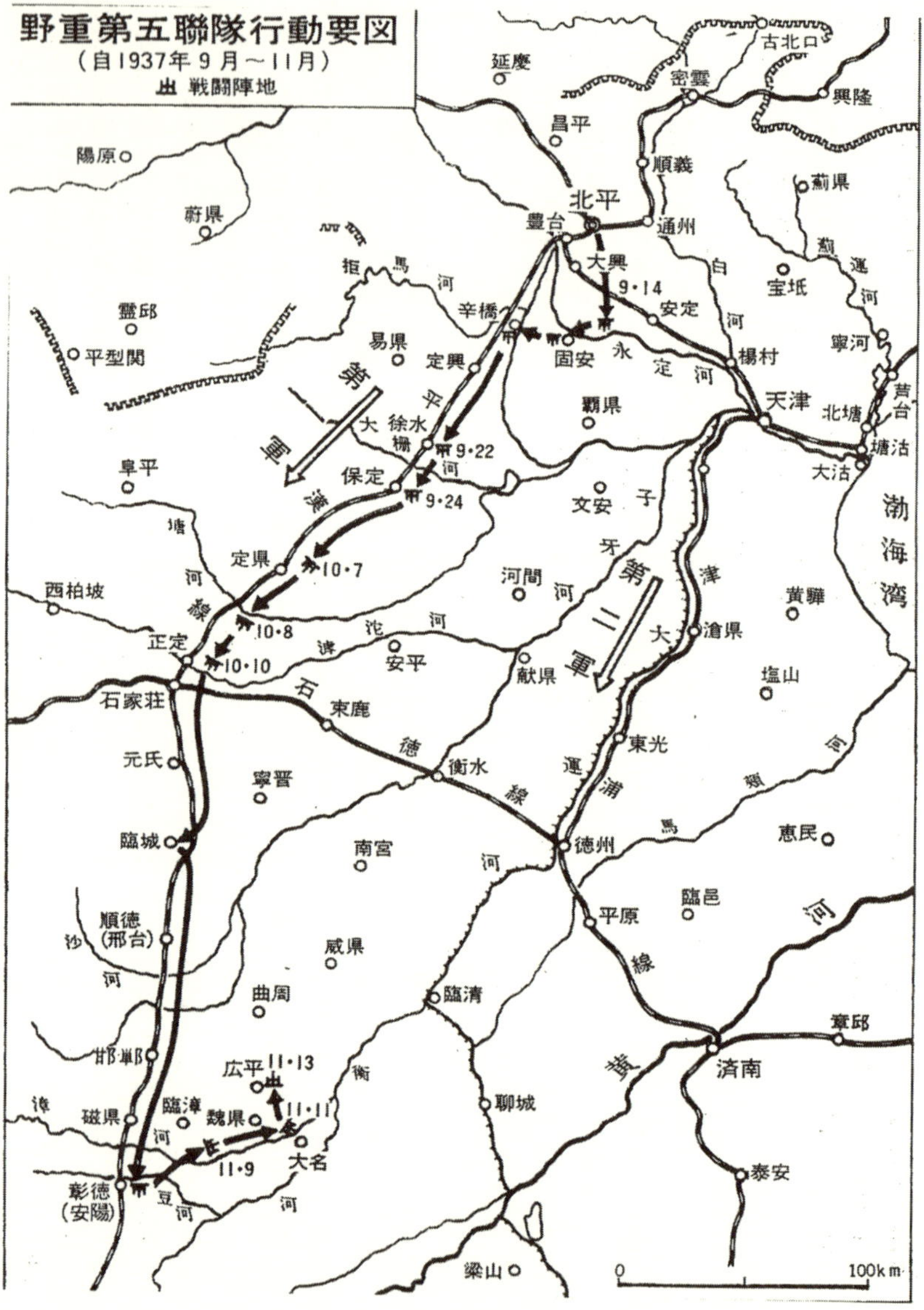

地図２　出所：遠藤三郎『日中十五年戦争と私―国賊・赤の将軍と人はいう』日中書林、1974年、103頁。

この「日誌」に記されているように、当時華北の大陸に侵入してきた日本軍の不法行為は日常茶飯事になり、これ以降作戦が漸次拡大するに伴い、日本軍の蛮行はさらに酷くなっていった。

なお、この間、遠藤は「遠藤部隊従軍報告書」で彼の華北戦場体験について、次のような2つの点を指摘している。第1は実際の戦闘の激烈さ、及び部下の将兵たちが戦場で負傷、戦死した悲惨な様子であり、第2は戦場での将兵たちの間に存在する優しい心と人間性である。

まず、第1点に関して、遠藤はこの「報告書」で当時の戦場の悲惨さ、例えば国民政府軍との激戦の無惨さ、部下の兵士たちが戦闘でやられて重傷を負い、または戦死した場面などについて、次のように生々しく再現している。

自（一九三七年）九月二十一日至九月二十四日（この間毎日晴）

追撃に追撃を重ねて遂に待望の平漢沿線に出た、そして最も敵の真面目な抵抗を豫期したところの保定北方大柵河の陣地を攻撃すること丶なった。此の日（九月二十一日）○○（ママ）部隊長の企圖は明早朝より攻撃を開始するのであった。それでこれが準備のため私は十数名からなる将校斥候群を伴って陣地の偵察に赴いたのである……突如として東、北、西の三方から急激なる射撃を受けたのである……一同は私（遠藤）を中心に右と左後方とに半圓形の散兵線を作った。小銃は僅に三挺しかない。敵は射撃の様子から見ても数百を下らない。應射しては却ってこちらの弱勢を示すに過ぎんので、射撃を禁じ敵が接近したら突込むべく命じた、時に午後四時である。私の前には小さな土堆一つあるのみで他は一面平坦な畑である。間もなく私から一人置いて左隣の国友中尉が「聯隊長殿腕を縛って下さい」といふ、見れば軍服の左袖が朱に染ってゐる。「やられたか、しっかりしろ」と言ってハンカチで血止めのために上部を縛ったが、忽ち血糊のために手が滑って中々力が入らぬ、手套をはめて漸く一通り繃帯が終るとこんどは直ぐ左隣の大塚上等兵が「聯隊長殿眼をやられました」といふ、見れば左眼の上から血が流れてゐる。また左手首からも血がふき出してゐる。小銃の銃床は無惨に破れてゐる……ところがプッッと左耳上を掠めたものがあるように感ずると同時に私の眼鏡がポッタリ落ちた。「やられた」かなと思って左頬をさすって見たがどうもない。眼鏡の弦に中って折れたのだ……次は私の右隣の尊田上等兵が無言のまゝしかも銃を握ったまゝがつくり頭を下げて私の背によりかゝった。「やられたか」と問ふたが返事がない、見れば前額から小銃弾が命中して後頭部に抜け鉄兜を破って飛び出してゐる。壮烈な即死である……[41]

……二十三日は敵を追撃して保定城近く迄進出、愈々保定城の攻撃に著手したのである……この戦闘間終夜敵弾を蒙り遂に聯隊本部の無線通信手廣谷上等兵は受話機を握った儘敵弾に中り、小砂中尉の膝の上に抱かれたまゝ倒れたのであった。この外竹田隊の木原一等兵の戦死、杉原上等兵の負傷、安心院隊の和泉上等兵の負傷等犠牲者を出したが、[42]近距離よりする我が射撃は極めて有効に堅壘を誇った保定城も二十四日朝首尾よく占領し得たのである……

次に、第2点に関して、彼は戦場での普通の将兵らの間の人間性、例えば戦場で尊田上等兵が彼に葡萄の一房を御馳走したことや、鉄兜を彼に譲ったことなどについて、次のように記している。

……尊田上等兵は傳騎長として今まで終始私の身邊にあって世話して呉れたのである。この日も十数分前支那人の使が帰って来るのと前後し、この位置でこの破れた鉄兜の中に大切に忍ばして持って来た葡萄の一房を私に御馳走してくれたのではないか、あの忠実な尊田上等兵は今や幽明ところを異にしたのである。いや然し間もなく私もともにその後を追ふであらう……敵の射撃は益々激しい、尊田上等兵の右隣の兵は「聯隊長殿、尊田上等兵の鉄兜を取って上げませうか」といふ。「いや有難う。尊田は戦死したが、さらに弾を中てたくない、そのままにして置け」と答へると、私の右後方に居ってこの問答を聞いてをった岩上大尉は「私の鉄兜を冠って下さい」とて鉄兜を持って来た。上官を思ふ部下の真情に泣かされた。私は朝出発の時から鉄兜を持って来なかったのである。「有難う、おれが悪かった。君はそれを冠って居れ。おれはおれの身代わりになった尊田の鉄兜を借りよう。それが尊田の意思でもあらうから」といって、脳漿にまみれた鉄兜を尊田上等兵の頭から取って貰って私の頭につけたのである。こんな出来事はあったが一同の士氣は少しも衰へない……[43]

以上のように、一旦戦争が拡大されると、実戦部隊の指揮官としての遠藤三郎は、その職責上不本意ながら、時に勇ましく戦い、戦場において指導的な役割を果たした。彼は「戦争そのものには反対であっても、一たび戦争となった以上、軍人として戦争に勝つため全力を尽くすのは当然であり、軍人の本分とも考えおったから[44]」である。しかし、序論で述べたような作戦遂行者としての冷徹さとヒューマニズム的な面を持っている遠藤は、華北の戦場で戦争の無惨さ、及び普通の兵士たちの人間性を実体験すると、漸次彼のその持ち前の冷静さとヒューマニズムを取り戻すことになり、さらなる作戦の拡大に反対することになった。

なお、当時の参謀本部では、第1作戦部長であった石原莞爾は、保定城を華北作戦の決戦場と見なし、その勝利により国民政府軍との停戦交渉に持ち込みたいと考えていた。[45]また、当時の陸軍も「速戦速決」、「短期決戦」という戦略方針の下で、保定城において国民政府軍と決戦する構想を持っていた。即ち、「……当時陸軍としては、中支（上海周辺）のことは深刻な問題でなく、北支が主作戦地と考えていたことは満州との関係上当然のことであった……敵が真面目な決戦を企図し、北支奪回を目的として北上する時は、保定方面において一大決戦の起こることが判断せられる……[46]」

これに対し、国民政府の軍事委員会委員長であった蒋介石は、日本軍の戦略目標を看破し、保定城で日本軍との決戦を避け、華北から南の奥地へ退却した。当時、蒋介石は、1937年7月17日に江西省の廬山で「最後の関頭」（最後の関頭に至ったならば、あらゆる犠牲を払っても徹底抗戦する）という演説を発表して、徹底した抗日の決断を下した。[47]これによって、（1937年）9月23日になると、遂に「第2次国共合作[48]」、及び抗日民族統一戦線が成立することとなった。

これ以後、中国軍は[49]、国民政府軍も共産党軍もともに、中国大陸の広さを認識し、大陸の広いスペースを活用し、「空間を以て時間に換える」[50]という抗日戦略を採用した。この対日戦略の指導の下で、中国軍は漸次中国大陸の奥地に退却し、日本軍を大陸の各地に分散、疲弊させ、日本軍との長期持久戦に突入した。この「持久戦論」はこれ以降日本軍を大いに悩ませることになった。

（2）日本軍の華北作戦の拡大と遠藤三郎の転任

華北出兵を決定した当初、陸軍中央部は「保定—獨流鎮の線までを確保するにあり、それ以上の進出は認めない」[51]という作戦方針を樹立した。しかし、華北戦場での日本軍は、陸軍中央部の作戦方針に従わず、前進一辺倒で、保定城で国民政府軍と決戦する目標が達成できなかったため、新たな作戦目標を立てた。即ち、「第1軍は石家荘への追撃を予定し、第2軍は正定—徳州の線への進出を予定していた」[52]。

そのため、陸軍中央部は「現地軍の強気に押し切られて、保定—獨流鎮の限界線を取消し、新たに石家庄—徳州の線を限界線と指定するに至った」[53]。当時の陸軍中央部の華北作戦の構想について、井本熊男はその著書『作戦日誌で綴る支那事変』で、次のように指摘している。

……その兵力が四十万内外とすれば、これを撃滅するためには、わが四ケ師団を以てしては不足である。さらに北支の広大な地形を考え、戦場は自ら平漢沿線と津浦沿線に二大別することを考慮すると、軍を二つ作る必要がある。二ケ軍の作戦となれば、ここにそれを統一運用する方面軍司令部が必要となって来る。それ等を前提とし、さらに蒙疆方面は北支平原の主作戦の側背として重視しなければならず、この方面に一部の作戦が必要となる場合を考慮に入れると、どうしても数ケ師団の増派をしなければならない。さらに強大な敵を捕捉殲滅するに必要な地域を考えた場合、その主戦場が保定附近としても、なお相当の広地域の作戦行動を予期して

おく必要がある。保定、独流鎮の線以北に作戦地域を縛ったのでは、河北決戦の指導は不可能である……[54]

以上の作戦構想に示されているように、陸軍中央部は表面上、「保定―獨流鎮の線までを確保する」という戦線不拡大方針を主張しながらも、現実は「保定、独流鎮の線以北に作戦地域を縛ったのでは、河北決戦の指導は不可能である」と認め、現地軍の戦線拡大の軍事行動に同調するようになった。

このような陸軍中央部の華北作戦方針の指導の下で、遠藤の野戦重砲兵第5連隊は、9月24日には保定城を占領した後、10月1日から石家庄方面へ侵攻し始め、10日には正定、石家荘を抜き、その後続々と邢台（10月中旬）や邯鄲（10月末）、彰徳（11月4日）、魏県（11月10日）、大名（11月11日）、広平（11月13日）などを陥落させ、南下を続けていた[55]（上記の地図2を参照）。

その途中の10月12日には、第6師団が上海方面へ転用されることになったため、遠藤の野戦重砲兵第5連隊は第14師団（師団長・土肥原賢二中将）の指揮下に入るべき軍命令を受けた後、引き続き順徳に前進していった[56]。さらに10月29日には、遠藤は邯鄲で陸軍中央部より参謀本部第1課長（教育担当）に転任する内報を受けた[57]。当日の「日誌」には生死を共にした部下と凱旋できないことを残念に思いながら、次のように記している。

（一九三七年）十月二十九日　金　快晴

……更ニ小倉ノ留守隊長ヨリ〝貴官ハ参謀本部課長ニ　貴官ノ後任ハ池田俊吉中佐進級ノ上十一月上旬発令ノ内報ニ接ス　御栄転ヲ祝シ御凱旋ヲ待ツ　橋口中佐〟トノ親展電報ヲ受領ス　死生ヲ共ニセシ部下連隊将兵ト共ニ凱旋シ得ザルハ甚ダ遺憾ナリ　速カニ戦争収マリテ一同ノ凱旋センコトヲ祈リテ止マズ……

この「日誌」に記されているように、部下との別れには、遠藤の人間性を垣間見ることができるであろう。

このようにして、遠藤は１９３７年11月13日には、東京参謀本部からの帰国命令が正式に伝達され、11月18日に

写真８
1937年11月、華北戦場に従軍する遠藤三郎

は新連隊長（池田俊吉大佐）と任務交代し、翌19日には部下と別れ、21日には北京に到着、23日には天津から旅客機で遂に帰国の途に着いた。[58]

しかし、遠藤が離れた華北戦場において、現地の日本軍は作戦を継続し、戦域を漸次拡大し、河北省の全域を占領することとなった。即ち、「……河北作戦は、永定河の線を発進して以後、概して連続的一挙進撃であって、当初予期した中部河北省の殲滅作戦は実現せず、敵は全面的に退避作戦を行い、ついに（日本軍）は河北省全域を占領することとなってしまった……[59]」

その結果、現地の日本軍は陸軍参謀本部が事前に設定した制限線を独断で突破し、河北省全域を占領した後、さらに国民政府の首都南京を目指して進軍した。[60]その結果、12月13日に日本軍は遂に南京を占領し、それ以降3か月にわたり悪名高い「南京虐殺[61]」事件を引き起こした。

（3）華北戦場における日本軍の蛮行

遠藤三郎は華北に出征する前の１９３７年8月8日、野戦重砲兵第5連隊の動員を完結した直後、既に同連隊の兵士たちに次のような訓示を下した。[62]この訓示で、彼は兵士たちに風紀の乱れを禁じること、軍紀の厳守を注意しながら、特に戦場現地の中国の一般民衆に対して、できる限り危害を加えず、親善関係を深めるべきだと訴えていた。

（一九三七年）八月八日　日　晴

……訓示……本次ノ征戦ハ即チ聖戦ナリ　皇道ヲ世界ニ宣布スベキ天与ノ機会ナリ　今ヤ世界ノ視聴ハ悉ク吾等ノ行動ニ集中セラレ　吾等ノ一挙手一投足ハ直チニ国家ノ威信興廃ニ関ス宜シク吾人ノ言動ハ真ニ非常時局ノ皇軍軍人トシテ恥ナキモノタラザルベカラズ　熱誠ナル国民ノ後援ニ慣レテ心驕リ不遜ノ言動ヲ弄シテ歓待ヲ強要スルガ如キ　風紀ヲ紊リテ醜態ヲ演ジ若クハ健康ヲ害スルガ如キ断ジテ許スベカラズ　常ニ軍紀ヲ守リ……無辜ノ民ニ対シテハ仁恤我国伝統ノ美徳ヲ施シ以テ東亜ノ盟主タルノ実ヲ挙ゲザルベカラズ……昭和十二年八月八日　野戦重砲兵第五聯隊長　遠藤三郎

ところが、一旦日本軍は華北戦場に到着し、その作戦を展開すると、軍規が乱れるようになり、中国一般住民の私物、財産の掠奪や非戦闘員の虐殺、婦女強姦などの蛮行を続々と行い始めた。

この華北戦場における一連の日本軍の不法行為について、遠藤は「日支事変ニ従軍シテ」[63]（別冊資料）という報告書に詳しく記録している。この報告書で、彼は次のように、日本軍の風紀の乱れと規律の崩壊などの問題点を指摘しながら、その防止策、例えば、厳重処罰すること、許可なしの入城を禁止すること、及び慰安婦連行を断固拒絶することなどを列挙している。

……もう一つ、先に北平滞在中九月三日、将校引率の下に数十名の兵に市内見物を許した際、休憩中一兵が時計屋から不当の値段で時計を強奪した事件であります。憲兵隊からは、こういう事件は日常茶飯事であり何処の隊にもあることであるが……私は厳重に取り調べ引率の将校以下二十数名を処罰し、上司に報告すると共に、直ちに副官を当該時計店に派遣して陳謝せしめ、かつその日の被害額全部を時計店主に申し出させその全額を

支払い……[64]

……聯隊全力を広平東門外に集結し全くあっけない戦闘に終わりましたが、城内に兵が乱入して非違の行われるのを避けるため各城門には監視兵を置き、「遠藤部隊長の許可なしには城内に入るを禁ず」の立札を立て私自身城内の教会を訪ね牧師等と連絡して治安を保ちました。[65]

……動員部隊には夫婦生活に慣れた応召兵も沢山おりますことゆえ、戦地における性の問題は難しい問題であり、部隊によっては慰安婦部隊を連行して行ったものも多い様に聞きました。しかし私の連隊は中隊長以上の納得の下に断乎これを排し、清純な行動に徹しおったのです……[66]

さらに、遠藤はこの報告書で、次のように、日本軍が中国戦場で上記の一連の蛮行を起こした原因を分析し、その原因を戦争自体に帰結せしめている。即ち、日本軍の兵士たちは「戦争では略奪強姦勝手次第」という言葉を信じる傾向があることを指摘するとともに、軍規の刷新については上下とも一段の努力を要すると記している。

……日常生活において最大罪悪としている殺人が戦場においては正当行為とされている関係上智能の低い人間は錯覚を起しその他の罪悪の如き罪とも思わず、さらに「戦争では略奪強姦勝手次第」などという古い言葉を信じ出鱈目な行動を敢てする様になり、幹部もこれを取り締まろうともせず、戦場においては陸軍刑法以外には罰則はないかの様に誤解している結果かとも思われます……以上の様なわけで掠奪行為は相当多かった様に思われます……軍紀の刷新については上下共一段の努力を要するものと痛感して参りました……[67]

遠藤が指摘したような華北戦場における日本軍の一連の蛮行は、他方で中国軍民の抗戦意欲と不屈精神を誘発し、上述した「持久戦論」などと共に、日本軍の侵略を跳ね返す遠因となったと言って良いと思われる。
ただ、ここでは、むしろ遠藤が指摘した戦争の罪悪性や人道主義に基づく戦争批判に注目したい。次節でも検討するように、遠藤の人道主義や国際感覚は、日中全面戦争の最中にあっても消えることはなかったと言えるであろう。

第3節　大本営課長時代の遠藤三郎

(1)「従軍兵士の心得」

上に述べたように、1937年11月中旬、遠藤三郎は華北戦場で野戦重砲兵第5連隊を率いて作戦を南へ展開していた時、参謀本部から帰国命令を受け、参謀本部第1課長（教育担当）に転任した。翌1938年7月になると、遠藤は大本営第1課長（教育）を拝命し、盧溝橋事件後自らの華北戦場体験に基づき、軍紀刷新を上司に訴え、全文25頁の小冊子「従軍兵士の心得」（別冊資料）を作成し、8月までに百数万部を印刷して全軍の兵士に配布した。[68]

この「従軍兵士の心得」で、遠藤は日本軍の無法な行為を戒め、日本軍の兵士たちが戦場で守るべき風紀や規律などについて説明するとともに、敵軍の死傷者を尊重するべきこと、戦意のない中国の一般住民に愛憐と同情の情を表し、及び戦地における第三国の住民に対しても、その名誉、財産などを尊重すべきだと指摘している。この内容は、上述したように、遠藤自身が華北戦場で体験した日本軍の風紀の乱れや掠奪、強姦、一般住民の虐殺など一連の不法行為を反省したものであったと言って良いと思われる。

死傷者ヲ尊敬セヨ
死傷者ニ対シテハ特ニ敬虔ノ念ヲ以テ懇ニ之ニ接スベキデアル　敵軍ノモノト雖モ之ヲ侮辱シ虐待スベキデハナイ　我ガ国古来ノ武士道ヲ思ヒ起スヲ要スル……[69]

戦地ニ於ケル敵意ナキ支那民衆ヲ愛憐セヨ
無辜ノ民ヲ苦メズ弱者ヲ憐ムノハ我ガ大和民族古来ノ美風デアル、況ンヤ今次ノ聖戦ハ支那民衆ヲ敵トシテ居ルノデハナイ、抗日容共ノ国民政府ヲ撃滅シテ無辜ノ支那民衆ヲ救恤スルノガ目的デアル、彼等ヲシテ皇恩ニ浴シ得ル様ニシテヤラネバナラヌ、万一ニモ理由ナク彼等ヲ苦メ虐ゲル様ナコトガアッテハイケナイ、武器ヲ捨テテ投降シタ捕虜ニ対シテモ同様デアル、特ニ婦女ヲ姦シ私財ヲ掠メ或ハ民家ヲ謂モナシニ焚クガ如キコトハ絶対ニ避ケネバナラヌ、斯クノ如キ行為ハ啻ニ野蛮民族トシテ列強ノ嗤ヲ買フバカリデハナク彼等支那民衆ヨリハ未来永劫迄モ恨ヲ受ケ、假令戦闘ニハ勝ツテモ聖戦ノ目的ハ達シ得ヌコトトナル、「掠奪強姦勝手次第」等ト云フ言葉ハ「兵ハ凶器ナリ」ト称スル外国ノ軍デハイザ知ラズ、神国デアリ神武デアル皇国ノ軍デハ絶対ニアリ得ヌコトデアル……[70]

戦地ニ於ケル第三国人ニ対シテハ正々堂々タルト共ニ其ノ名誉財産等ヲ尊重セヨ
……彼等第三国人ハ事変ノ為メ随分迷惑ヲ蒙ッテ居ルコトデアラウカラ彼等ガ敵対行為ヲセヌ限リ同情ト親切トヲ以テ之ヲ遇シ、作戦上妨ゲナキ限リナルベク彼等ヲ保護シ且迷惑ヲ掛ケヌ様心掛クベキデアル、謂モナク其ノ生命財産ヲ傷ケ、其ノ権益ヲ犯シ、或ハ其ノ国旗ヲ侮辱スル等ノコトガアッテハナラヌ、斯クノ如キハ野蛮行為トシテ皇軍ノ名誉ヲ毀クルノミナラズ、徒ラニ国際関係ヲ紛糾セシメ国策遂行ヲ妨害スルモノデアッテ誠ニ不忠ナルモノト云ハネバナラヌ……[71]

この「従軍兵士の心得」を通して、遠藤は「……従軍部隊の軍紀の刷新は現下の最大急務で、今までのように中国民衆を侮辱し、非違を犯すようでは必ず民心を失い、たとえ戦闘に勝っても戦争に敗けることが必須だ」[72]と強調している。それには、この「従軍兵士の心得」の約半年前（１９３７年12月）に起きた「南京虐殺」事件が強く影響していると考えられるが、それ以上に、前節で言及した遠藤の人道主義や国際感覚が反映されていたと言うべきだと思われる。

（2）「事変処理ニ関スル軍事上ノ意見」

1938（昭和13）年9月10日になると、遠藤三郎は大本営第1課長のまま参謀次長（多田駿中将）直属のブレーンに当たる研究班長を任ぜられた。[73] この時、遠藤は1年前の華北における戦場体験を深く反省し、「本次事変は戦線の拡張を慎み国力の消耗を避け軍隊の教育練成に励み以て第三国の介入に備え、第三国に乗ずる隙を与えない」[74]という意見を述べた。さらにそれに加えて、翌1939（昭和14）年3月28日に、彼は参謀総長閑院宮載仁親王、陸軍大臣板垣征四郎に「事変処理ニ関スル軍事上ノ意見」（極秘）を具申した。

この意見書で、遠藤は、日本軍は中国大陸において、これ以上の軍事作戦を中止し、現占領地域の要点に常備兵力を永久駐屯させ、長期建設を図ることや、軍事費の浪費を防ぐことなどを建議し、さらに下記のように具体的な4つの処置方法を提出した。

戦時体制ニ於ケル軍事行動ハ之レヲ中止シ、速カニ動員部隊ヲ復員シ現占領地域内ノ要点ニハ常備兵力ヲ永久駐屯セシメ所謂長期建設ノ第一歩ヲ力強ク樹立スルト共ニ軍費ノ浪費ヲ節シテ国力特ニ軍備ノ充実ヲ図リ以テ皇国国策遂行ノ妨害タル第三国ニ対スル充分ナル威力ヲ蓄ヘ以テ第三国ノ乗ズル隙ヲナカラシメ、援蒋ルートノ閉鎖、中央政権（筆者注、汪兆銘政権）ノ確立ト相俟ッテ蒋政権ノ自滅ヲ図ルヲ要ス。

処置ノ大要

一、動員特設兵団ヲ速カニ常備兵団ニ改変シ占領地域内諸要点ニ永久駐屯セシム（兵站諸部隊等モ根本的ニ整理シ必要最小限ノ常備部隊トナス）。常備兵団ノ永久駐兵ハ皇国ノ不動方針ヲ如実ニ示スモノニシテ民心ヲ安定セシメ且精兵主義ノ国軍ヲ建設セル所以ナリ。軍費ノ浪費モ亦制限シ得ベシ（永久駐屯地ナク着換ノ服モ有セザル現制ニ於テハ軍隊ヲ教育練成セントスルモ事実上極メテ困難ナリ）。
二、在営年限三年制ヲ復活シ現役兵ヲ以テ現召集兵ト交代セシム……
三、在外部隊ト内地部隊及郷党トノ関係ヲ密ニ、シナルベク将校団ノ混淆ヲ避ケ、且ツ下士官兵ヲシテ郷党ニ対スル名誉心、責任感ヲ助長シテ外地ニ於ケル非違ヲ避ケシム……
四、外地部隊ノ高度分散配置ヲ避ケ各永久駐屯地ニ集結シテ偉大ナル力ヲ形成シパルチザン的行為ニ対シテハ支那新政権ノ警察力若クハ自衛団ノ活動ニ依リ之レガ粛清ヲ図リ其ノ力ノ及バザル集団的威力ニ対シテハ我軍隊（特ニ航空部隊）ノ疾風迅雷的出動ニ依リ大打撃ヲ与フルト共ニ第三国ノ援蒋行為ニ対シテハ援蒋ルートノ閉鎖ニ依リ蒋勢力ノ自然衰滅ヲ策ス。高度分散配置ハ労功償ハズ殊ニ軍隊ヲ破壊スル処アレバナリ。[75]

上記の「意見書」に示されているように、遠藤は華北戦場において、中国大陸の広さ、地形の複雑さを実体験しながら、国民政府軍の「長期持久戦略」を認識したため、日本軍が最初に構想した「速戦速決」、「短期決戦」という戦略は最終的には実現できないと指摘している。

遠藤にその作戦構想を転じさせた契機の1つには、華北戦場で彼は戦争の無惨さ、軍人の征服欲の膨張などを実体験したため、時には陰謀を敢えて辞さない日本陸軍上層部の体質に、漸次距離を置き、その持ち前の冷静さとヒューマニズムを取り戻す要因になったものと考えられる。しかし、当時の陸軍参謀本部は表面上戦力充実のため、いったん作戦中止を主張しながらも、[76]現実はその制限が外され、戦域拡大を容認する方針に移行していった。

以上のように、1937年7月7日の盧溝橋事件後、陸軍上層部の無謀で、現地の日本軍は中国の広いスペースを無視し、漸次華北から戦域をほぼ中国全土へ拡大した。即ち、日本軍は1937年12月13日には国民政府の首都・南京を占領した後、その戦線を南北と西方に広げて、翌1938年10月25日には広州を陥落させ、27日には武漢3鎮（漢口、漢陽、武昌）を抜き、さらに1938年12月から重慶戦略爆撃にも踏み切った。こうして、日本軍が中国大陸の各地で戦線を広めていたため、日中全面戦争はこれ以降泥沼の状態に陥ることになる。

第二章　遠藤三郎と重慶爆撃[77]

第1節　重慶爆撃

(1) 重慶爆撃の時代背景

上述したように、盧溝橋事件後、国民政府の軍事委員会委員長であった蒋介石の抗日意思が示されるとともに、日本の戦線はほぼ中国全土に拡大し、1937年12月13日には南京、翌1938年10月25日には武漢が陥落した。[78]それに伴い、国民政府は首都南京を武漢、さらには重慶に移動させた。当時、蒋介石は日本軍の戦略的弱点を看破し、中国大陸の広いスペースを活用し、第一章で述べたような「空間を以て時間に換える」という「長期持久戦略」を堅持し、日本軍に屈服せず抗戦を続けていた。

それに対し、日本軍は蒋介石のこの戦略を無視し、時間と空間との相関関係を予測できなかった。さらに中国軍の抗戦意欲を軽視するなど、「己を知らず、敵も知らなかった」。即ち、1937年7月から翌1938年11月にかけて、日本軍は中国大陸でその作戦領域を南北に漸次拡大し、さらに揚子江（長江）の領域、湖南省から重慶に接近し、兵力を分散しながら遠巻きに包囲した。ところが、「……このあたり（筆者注、重慶）が日本の戦力の限界であり、日本軍は約100万に及ぶ兵力を中国戦線に釘付けにされたまま長期持久の戦争を戦わなければならなくなった[79]」。

次頁の地図3に示されているように、重慶は長江上流の四川盆地の東部に位置し、東は湖北省、湖南省と、南は貴州省と、西は四川省と、北は陝西省とそれぞれ隣接し、2つの大河長江と嘉陵江に囲まれており、広大な山岳、丘陵地帯を持っている天然の要地である。

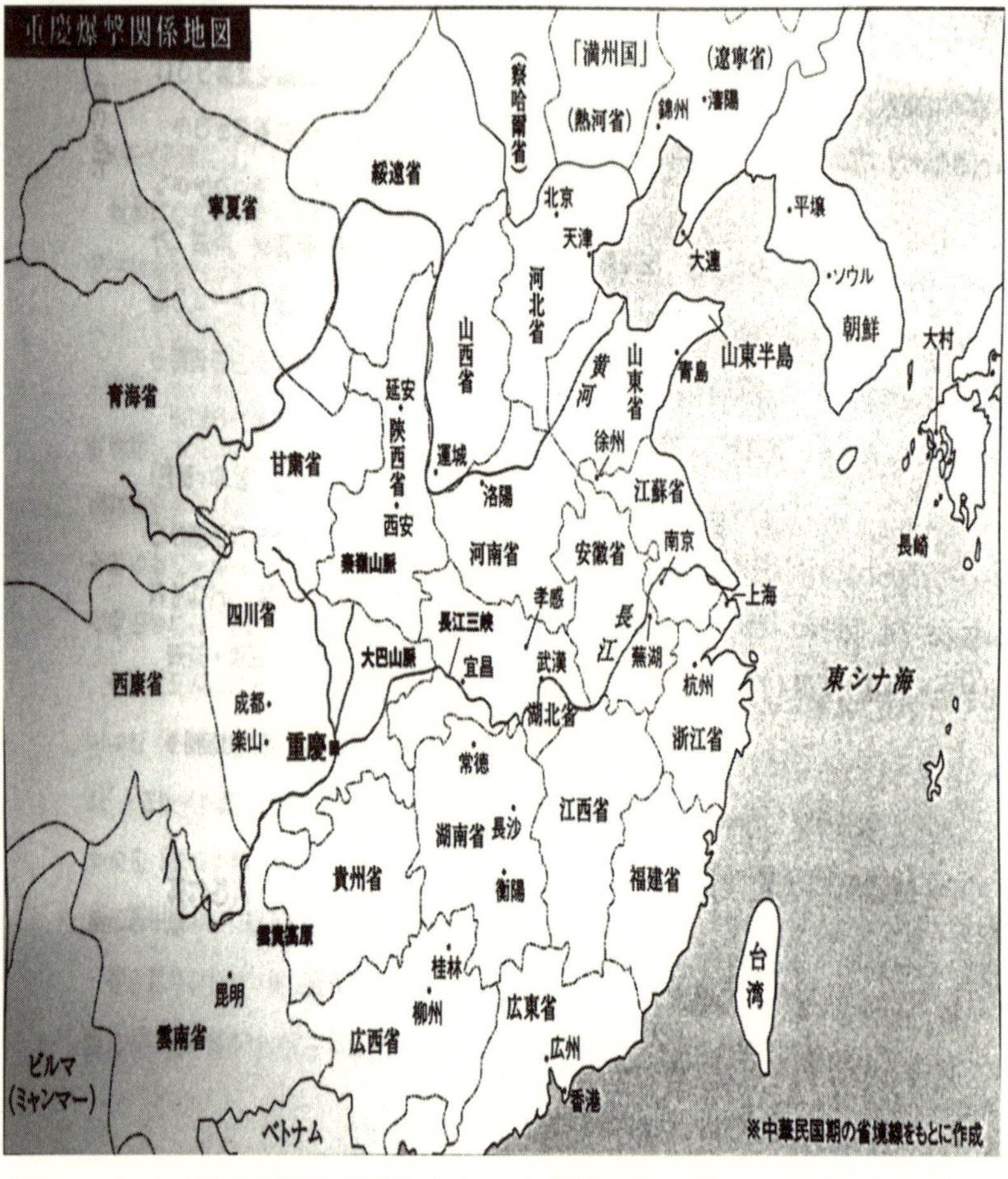

地図３　出所：戦争と空爆問題研究会編（2009）『重慶爆撃とは何だったのか―もうひとつの日中戦争』高文研、2009年、６頁。

なお、重慶の地理的重要性について、吉田曠二は次のように指摘している。

……すでに重慶につながる交通網は揚子江上では日本軍に遮断されていても、なお重慶は孤立していなかった。地理的に重慶は揚子江と嘉陵江という大河に挟まれた丘陵地帯で、その二つの大河を航行する船舶を活用すれば、東は三峡渓谷を経由して湖南省から武漢・上海に通じ、西方は奥地のチベット高原にまでその交通網が確保されていた[80]……

それ故、この時期において、重慶は中国軍にとっては抗日戦略の拠点であり、抗日民族統一戦線の牙城でもあった。無論、当時国民党と共産党の内部には対立があったが、「共同抗日」という旗の下で、一応結束することになった。これによって、共産党からも周恩来が首都駐在代表として重慶に派遣され、国防最高委につらなる政治部副部長の肩書で、「蔣介石の幕僚」の顔も持つ国共合作のキーパーソンになった[81]。

当時、蔣介石の国民政府は重慶で日本軍に勝利するためには、「空間的には小さい問題に心を奪われて大きい目的を見失うべきではなく、時間的には、一時の得失によって長期の政策をなおざりにすべきではない[82]」という「長期持久戦略」を採用した。この点では、当時共産党の指導者であった毛沢東の「抗日持久戦論[83]」の戦略と基本的に一致していた。この考えが１９３７年8月以来、国共合作を基礎とする抗日民族統一戦線の下で基本的抗日戦略として、日本軍の侵略を跳ね返す力とポイントになると言って良いと考えられる。

これに対し、１９３８年11月当初、日本の大本営は重慶が天然の要塞地であることに加え、日本軍が中国大陸の各地に分散され、「陸軍も海軍も、武漢より西に兵力を送り込むのは不可能[84]」と判断し、さらに、「新首都となった重慶のある四川省は地上戦の圏外にあり、武漢から７８０キロかなたの臨時首都に対しては空からの作戦以外には選択肢はなく、日本軍の対中戦略は転換を迫られた[85]」ことになる。

その結果、日本の大本営は蔣介石の国民政府と重慶の中国軍民の抗戦継続の意志を粉砕、喪失させ、日中戦争の泥沼化していた状態から脱出するため、重慶の都市と一般住民を標的にする連続無差別爆撃、即ち重慶戦略爆撃を構想した。

（2）重慶爆撃の戦略目的とその展開

1938年12月2日になると、大本営は昭和天皇の名による最高指令大陸命第241号を発令し、重慶爆撃の基本戦略と方針について次のように規定している。

一、大本営ノ企図ハ占拠地域ヲ確保シテ其安定ヲ促進シ堅実ナル長期攻囲ノ態勢ヲ以テ残存抗日勢力ノ制圧衰亡ニ勉ムルニ在リ……五、中支那派遣軍司令官ハ主トシテ中支那北支那ニ於ケル航空進攻作戦ニ任ジ特ニ敵ノ戦略及政略中枢ヲ制圧擾乱スルト共ニ敵航空戦力ノ撃滅ニ努ムベシ密ニ海軍ト協同スルヲ要ス……[86]

この大陸命第241号をうけて、同日参謀総長閑院宮載仁親王の名による作戦指示、即ち大陸指第345号は中国戦線の全日本陸軍部隊に下された。この作戦指示には次のような空爆方針が明記されている。

一、敵ノ戦略及政略中枢ヲ攻撃スルニ方リテハ好機ニ投ジ戦力ヲ集中シテ特ニ敵ノ最高統帥及最高政治機関ノ捕捉撃滅ニ勉ムルヲ要ス……六、在支各軍ハ特種煙（あか筒、あか弾、みどり筒）ヲ使用スルコトヲ得、但シ之ガ使用ニ方リテハ市街地特ニ第三国人居住地域ヲ避ケ勉メテ煙ニ混用シ、厳ニガス使用ノ事実ヲ秘シ其痕跡ヲ残サザルガ如ク注意スベシ……[87]

この空爆方針によれば、当時日本軍は戦略無差別爆撃を通して、重慶の中国軍民の抗戦意欲を抹殺し、蒋介石の国民政府を屈服させるために、参謀総長の命令の下で、日本陸海軍の航空隊が重慶爆撃を行うとともに、毒ガス弾まで投下することが許可されていた。

上記の作戦指示に基づき、大本営の陸軍部と海軍部の間に「航空ニ関スル陸海軍中央協定」が結ばれた。この「協定」には重慶爆撃の作戦方針と作戦要領がそれぞれ次のように規定されている。

第一　作戦方針　一、全支ノ要域ニ亘リ陸海軍航空部隊協同シテ戦政略的航空戦ヲ敢行シ敵ノ継戦意志ヲ挫折ス　二、地（水）上作戦ニ対スル直接協同ハ陸海軍航空部隊各々之ニ任ズ　第二　作戦要領　一、戦政略的航空作戦　1、陸軍航空部隊ハ『航空兵団ヲ以テ』主トシテ中、北支ノ要域ニ対スル戦政略的航空作戦ニ任ズ　2、海軍航空隊ハ主トシテ中、南支ノ要域ニ対スル戦政略的航空作戦ニ任ズ……[88]

以上の作戦方針によれば、「『戦政略爆撃』が地上戦にかわって勝利獲得の決め手として期待された[89]」ことが明らかである。

このような状況下において、日本陸海軍はその航空部隊を投入して、大規模な無差別爆撃を通して、中国軍民の抗戦意欲を粉砕するという戦略を採用した。これに基づき、１９３８（昭和13）年12月末から１９４３（昭和18）年8月にかけて[90]、日本軍は占領地の漢口飛行場から、冬季の霧の日を避けながら、連日の如く四川省の国民政府の戦時首都（臨時首都とも言う）・重慶に対して無差別爆撃を行った。

即ち、中支那（華中）派遣軍[91]は、「１９３８年12月26日、陸軍航空兵団（陸軍が占領した漢口に航空基地）に要請して、最初の重慶爆撃を行った。39年になると、海軍航空隊が参加して本格的な重慶爆撃を開始した[92]」。さらに、１９４０（昭和15）年5月17日から9月5日まで、3か月にわたり、海軍の連合空襲部隊（指揮官・山口多聞少将）と陸軍重爆隊の一時協同によって重慶などへの爆撃作戦、所謂１０１号作戦が行われた[93]。この陸海軍航空隊による重慶爆撃は、「それまでの地上軍の進撃と連動した空地協同作戦ではなく、純粋に航空攻撃のみによって、重慶の首都機能を徹底的に破壊し、蔣介石政権に降伏を強いる作戦が考え出された[94]」ものである。

しかし、翌１９４０年11月30日、杉山元参謀総長が陸軍の編成について昭和天皇に上奏した際、昭和天皇は次のような趣旨を述べたと『杉山メモ（上巻）』に記されている。即ち、もし重慶を巡る当時の状況から判断して、重慶へ地上軍を突入させることができない場合は、南方作戦を実行すべきである[95]。このことからして、天皇は当時重慶爆撃と「南進」政策を連動して考えていたと言えるであろう。杉山参謀総長は天皇のお墨付きに従い、当面は重慶爆撃を優先し、次いで南方作戦を推進することになった。その結果、翌1941（昭和16）年7月から8月にかけて、日本陸海軍の共同作戦であった102号作戦[96]が実行されたが、これが結果的には日米開戦の遠因となったと思われる。

なお、重慶爆撃と南方作戦との関係については、防衛庁防衛研究所戦史室が編纂した『戦史叢書　中国方面陸軍航空作戦』も次のように記している。

102号作戦（重慶爆撃）の目的は対支持久戦の一環としての蒋政権への圧迫強化であったが、情勢の激変によって南方作戦準備訓練の意味合いが強くなった。本作戦の山場であった（1941年）8月、日本は完全に（南方からの）石油輸入途絶の状態に陥り、大本営には（石油を中心とする戦争資源を獲得するための）南方作戦を志向する気運が高まった。本作戦（102号作戦）の実行部隊はマレー作戦予定のものであり、この実戦経験は南方作戦に寄与した[97]

このように、102号作戦は無差別爆撃を通して、重慶の国民政府を屈服させるというより、むしろ、「アジア太平洋開戦に備えた海軍航空隊の最後の大実戦演習であったという性格が強い[98]」と言って良いと思われる。

第2節　遠藤三郎と重慶爆撃

（1）遠藤三郎の重慶爆撃指導

写真９
1941年初春、第３飛行団長時代の遠藤三郎（右から４人目）

このように重慶爆撃が最高潮に達していた最中、１９４０年８月に浜松飛行学校付であった遠藤三郎[99]は陸軍上層部からの命令に従い、陸軍の第３飛行団長[100]として、中国の奥地に向けた爆撃の前線基地・漢口へ従軍した。彼の最初の任務は「地上軍（漢口に司令部のある第11軍及び上海に司令部をおく第13軍）への戦闘協力と、揚子江流域にある要地の防空[101]」であった。

遠藤は着任した直後、逐次第11軍（司令官岡村寧次中将、後に阿南惟幾中将と交代）と第13軍（司令官藤田進中将、後に沢田茂中将と交代）の司令部を訪問し、当該方面の情況や飛行団に対する要望などを聞き、さらに漢口に停泊していた海軍の航空艦隊（司令長官片桐英吉海軍中将）並びに遣外艦隊（司令長官元皇族侯爵小松海軍中将）と密に連絡し、協同作戦を提案した[102]。

その後、翌１９４１年夏になると、遠藤は上級指揮官から命令を受け、前節で述べた１０２号作戦の一環として、第３飛行団を率いて直接重慶爆撃を指導した。当時、彼が指揮した第３飛行団が揚子江上の船艇及び四川省の塩井に対して爆撃を実施した。即ち「……第３飛行団は、主力を荊門に展開し中支方面からの奥地進攻を開始した。遠藤飛行団長が主張した揚子江上流地区の船艇攻撃は主として第

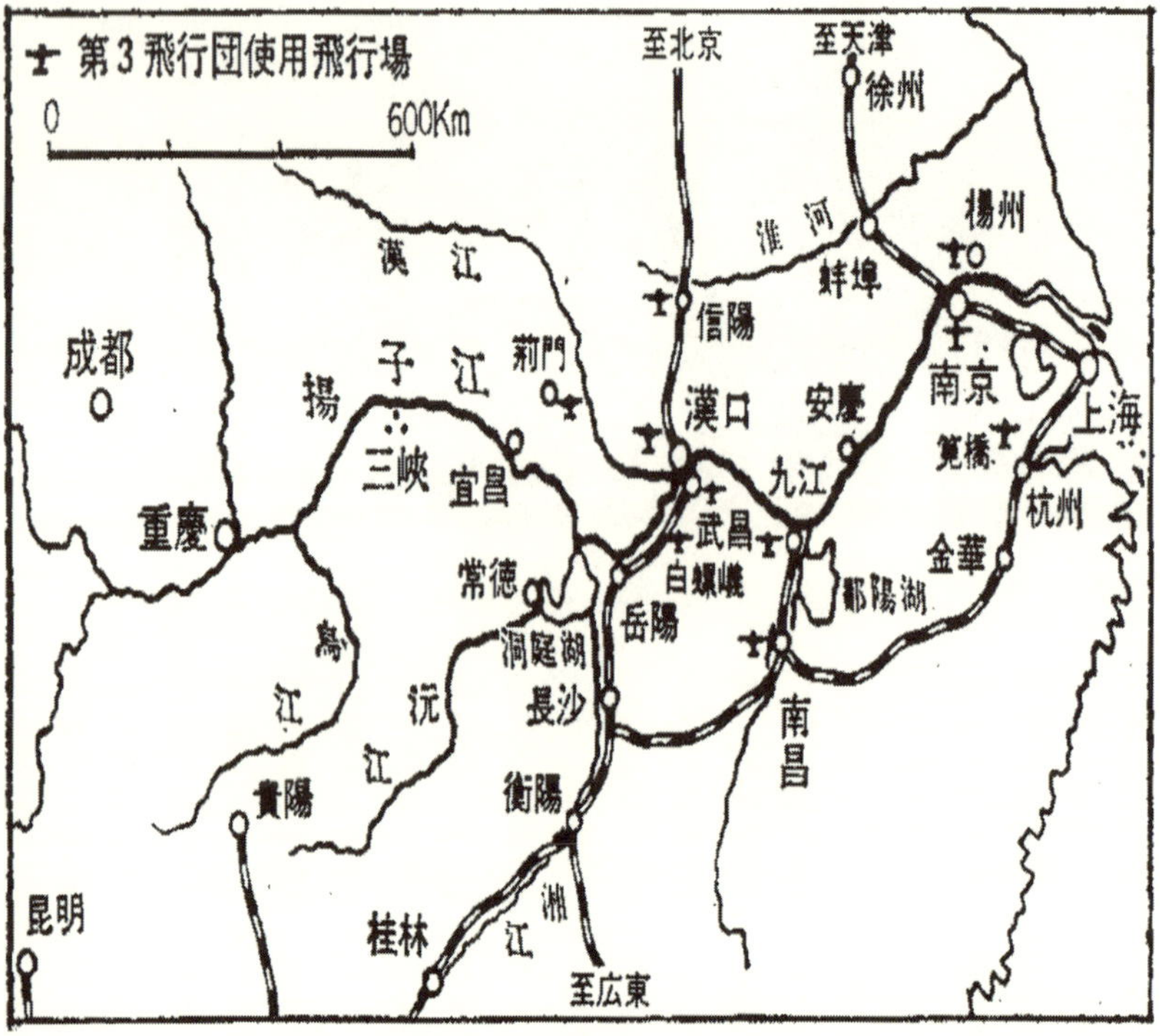

地図４　　出所：遠藤三郎『日中十五年戦争と私』日中書林、1974年、193頁。

44戦隊が担任した。飛行第44戦隊は、（１９４１年）8月1日荊門西方約三百粁の奉節の製塩所を攻撃し、2日に雲南鎮、3～4日に巴東、6日に巫山と大寧、9日に三斗坪等、揚子江沿岸の船艇及び塩の汲取井戸を求めて攻撃した……」[103]と（次頁の地図4を参照）。

当時、陸軍総司令部では四川省内の塩井に対する爆撃を通して、「四川省から塩を奪うことによって、その住民の生活を苦しめ、蒋介石を屈服させようという構想を作り上げた」[104]。しかし、第3飛行団が実際に塩井に対する爆撃を行った時、「個々の井戸は極めて小さくかつ土地を掘った穴だから、爆弾をこれに命中させ破壊するなどと言うことは、それこそ八島の源平戦で那須与一が扇の的を射抜くよりもなお難しいことである。とても実効を収め得ない……」[105]、つまり、当初予測した戦略目標が達成できなかった。その理由として、「目標情報資料、攻撃成果確認手段の不備等情報勤務の不振」[106]という要素も指摘されている。

そのため、遠藤は第3飛行団長として、独断で次のような判断を下した。即ち、「……塩井爆撃の代わりに揚子江を遡って蒋政権に軍需品を輸送する汽船を三峡の嶮（宜昌上流、四川省の入口）に擁して爆撃するに決しました。高高度の水平爆撃では命中さすことは出来ませんから小型の軍偵（襲撃機）で急降下爆撃をやるのです……是松（俊夫）中隊の技倆特に優秀な者を選抜して実施しましたが、予想以上の成果を収め得ました……」[107]と。

しかし、当時遠藤の第3飛行団が爆撃した船の中に外国船があったことが後に判明した。笠原十九司によれば、「海軍陸攻隊機が重慶に停泊中のアメリカ砲艦ツツイラ号の至近約8ヤード（7・3メートル）に投弾した……また１０２号作戦開始の翌日7月28日に日本軍が南部仏印進駐を開始したことと相まって、アメリカ世論の対日感情悪化を決定的にした」[108]。

これら一連の事件は、重慶爆撃において、日本がすでに対米英蘭戦争に突入したことを裏付けていると思われる。したがって、日本軍による重慶爆撃は日中全面戦争の分水嶺、1つの天王山であり、すでに述べた通り、さらに後の太平洋戦争とも連動して、太平洋戦争の開幕戦でもあったと言えるであろう。

重慶爆撃が重要な問題を含んでいたことは前節の通りであるが、特に地上部隊を伴わない空爆の無意味さを強く認識することになった事例として、上の塩井爆撃に加え、遠藤の第３飛行団が爆撃目標を蒋介石の別荘に対するピンポイント爆撃に切り替えたことを挙げることができる。特に後者について、彼は戦後「ある反軍将星『重慶爆撃』ざんげ録」の中で、次のように回想している。

……全機が出動しても、わずか二十七機にしか過ぎなかった。また、武昌飛行場から重慶までは直距離にして約八百キロ、これを往復するには、九七式重爆の燃料搭載量ぎりぎりまで積まねばならず、したがってそれだけ爆薬量は少なくなり、戦隊全機を合わせても一回十五トンに過ぎなかったのである。重慶軍の致命的な部位がはっきりしていればともかくも、ただまん然と都市を爆撃したのでは、過去数千年の間に何度も天災や、戦禍の洗礼を受け、苦難に慣れてきた中国民族に対しては、わずか十五トンの爆弾など二階から目薬のようなものであろう。かれらに手を上げさせることなど、思いもよらないことであった。また、重慶付近の敵航空戦力の撃滅を目的とするならば、この進攻作戦にも意義があるが、それには奇襲が絶対に必要であった。しかし、わが方の基地を飛びたてば、直ちに周囲はすべて敵地である。当然敵の監視部隊に発見されて、狼煙のような原子的通信でもわれわれの行動は事前に敵に知られ、奇襲の望みなどまったくない。したがって、（私は）いかなる点から見ても、重慶爆撃は労多くして効少ない愚策のように思われた。しかし、軍人であるかぎり、命令を実行せずに抗命することは許さない、といって、無意識に部下を犠牲にすることはしのびなかった。そこで、私は直接蒋介石を爆撃目標とすることにした。ちょうど重慶を引き上げて本国に帰任するイタリア領事と連絡が取れ、彼の口から蒋介石が毎週末をすごす別荘の位置と、その建物の特徴、とくに屋根瓦の色などを知ることができ、それを爆撃目標としたのは勿論である。[109]

そのため、１９４１年８月30日に遠藤は苦肉の策として、ついに第３飛行団の爆撃機で蒋介石の別荘に対してピンポイント爆撃を実行した。しかし、「……蒋介石の別荘と思われる建物を発見したものの、とても低空からの精密爆撃など思いもよらず、高々度からの水平爆撃がかろうじてできた程度で、勿論命中弾を得ることはできなかった」[110]。その結果、このピンポイント爆撃で、「被害を受けたのは蒋介石の別荘を守備するボディガード（死亡者２人、負傷者４人）で、蒋介石自身は無事に難を免れた」[111]。

このピンポイント爆撃の状況について、遠藤は当日の「遠藤日誌」[112]に次のように記録している。

一九四一年八月三〇日　土　朝雲後晴

四川省天候恢復ノ兆アルノ報ヲ得　十時飛行機ニテ武昌ニ移リ　稍出シブリタル小川戦隊ヲ鼓舞シ別府中隊長機ニ搭乗　十一時二十分出発　十一時四十五分編隊ヲ作リ了リ四川省ニ向フ　沙陽鎮迄ハ雲低ク二百米ナリシモ以西ハ快晴五千五百迄登リ　十五時重慶東対岸N地区支那要人（蒋介石）ノ住宅ヲ爆撃ス　敵ノ高射砲ノ射撃頗ル正確ニテ中隊ノ四周ニ炸裂シ其ノ反響尻ニ感ズ　幸ニシテ命中弾ナク　十八時稍前全機無事帰還……本日ノ重慶爆撃ニ依リ重慶ノ未ダ死ノ都市ニアラザル感セリ……生活力ノ強キ民族ニ対シ爆撃ノミヲ以テ屈服セシメントスルガ如キハ根本的ニ誤リナラズヤ　文明大都市倫敦ニ於テ数千ノ独軍爆撃機ノ攻撃ヲ以テシテ尚且死命ヲ制シ得ザルヲ見テモ其ノ観察誤リナキモノト思惟スルモ　明日再ビ爆撃ヲ実施シ　予ノ観察ヲ確メ正シキ場合ハ将来ノ作戦ニ関シ上司ニ意見ヲ具申セントス　従来下級単位ノ軍隊ハ爆撃ヲ命ゼラレアルガ故ニ　何等不平モナク命ノマヽニ爆撃シアリシハ軍隊トシテ当然ナラン爆撃効果少ク爆撃セザルヲ可トス等ハ軍人トシテ云ヒ難キコトナリ　然ルニ上級指揮官ハ自ラ其ノ実情ヲ見ルコトナク単ニ報告ノミニヨリ誤レル判断ヲナシアリシガ如シ　無論航空撃滅戦ノ為奥地進攻ハ必要ナルモ　予ハ地上軍隊ノ攻撃ヲ伴ハサル飛行機ノ要地攻撃ハ到底戦争ノ勝敗ニ決ヲ与ヘ得ザルモノナルコトヲ断言セントスルモノナリ……

この「日誌」に示されているように、当日のピンポイント爆撃を通して、遠藤は中国大陸の広さ、及び重慶の中国軍民の抗戦意欲と不屈精神を身を以て感じ取るとともに、重慶爆撃の効果についても疑念を抱き始めた。即ち、彼は陸軍の地上部隊が奥地重慶までの攻撃作戦が展開されない場合、航空部隊の戦略爆撃のみによっては、最終的に勝利を収めることができないと指摘した。つまり、遠藤は、重慶爆撃は軍事戦略や戦術からして不適当であると認識していたのである。

こうして、重慶戦略爆撃は対米開戦を前に蒋介石の国民政府を屈服させるという目標を達成できなかった。

（2）遠藤三郎の「重慶爆撃無用論」

1939年当時、重慶爆撃を体験したアメリカ人ジャーナリスト、エドガー・スノーは、重慶爆撃を通じて日本軍が勝利するには、空からだけではなく、地上部隊の重慶突入が不可欠だと指摘した[113]。スノーのこの指摘は上述した遠藤三郎の主張と一致していると思う。しかし、当時「日本の陸海軍部隊は長期に及ぶ重慶戦略爆撃で、その航空燃料と戦争資源を消耗し、80万人の陸軍の地上部隊もソ満国境から中国大陸の各地に分散したままで、とても重慶に集中して敵の首都に突入する余力は見い出しえなかった[114]」。

こうした状況下において、第3飛行団長であった遠藤は、重慶爆撃を指揮した経験に基づき、中国大陸の広さを認識しながら、重慶爆撃の無意味さ及びその非人道性について、次のように指摘している。

……蒋介石政府のとどめをさせる地域も、重要軍事施設もどこにあるかまったくわからない。まん然と市街地を爆撃することは無意義であり、また非戦闘員にまで危害を加えることは、いくら戦争といっても好ましいことではない。国際法でも、非武装都市の爆撃は禁じてある[115]。

それ故、遠藤は陸軍上層部の重慶爆撃の戦略構想に反対し、「重慶爆撃無用論[116]」を主張した。その理由について、彼は自伝『日中十五年戦争と私』の中で、「……日本陸軍の重爆撃機の如き漢口基地から飛び発って重慶往復をするには優に6時間を要する。したがって飛行機の積載量は燃料に喰われ、爆弾量は減少し、かつ戦闘機は行動半径が短く同行を許さない。これでは労効償わないことは明瞭である」[117]と説明している。
さらには、遠藤は彼の「重慶爆撃無用論」に権威を付けるため、自ら重爆撃機に同乗して、連続数回にわたり重慶爆撃に参加した。この実戦体験に基づき、彼は次のように指摘した。

……重慶の旧市街にはまんぞくな建物はほとんどなく、灰一色の瓦礫の街となっていた。しかし、川を隔てた周辺地域に、新しい建物が勢いよくのびている様子がはっきりと見られた。だが、致命傷となるような重要施設は発見できなかった。これでは、いくら爆撃を繰り返しても蒋介石を屈服させることはできない。[118]

これによって、遠藤は遂に彼の「重慶爆撃無用論」に確信を得ることができた。その結果、彼は1941年9月3日に、重慶戦略爆撃の中止を進言する意見書、即ち「奥地進攻作戦ニ関スル意見」[119]（別冊資料）を作成し、上司の第3飛行集団長であった木下敏中将に提出した。この意見書で、日本軍の戦略的弱点を認識していた遠藤は、重慶爆撃による燃料の消費量は膨大なものとなり、やがてはその燃料を求めて、日本軍は窮地に立つのではないかと予測した。
当日、遠藤が起草した「奥地進攻作戦ニ関スル意見」（別冊資料）の要旨は次のとおりである。

……
奥地進攻作戦ニ関スル意見　昭和一六、九、三　遠藤少将
一、敵航空勢力撃滅ヲ目的トスル奥地進攻作戦……最近ニ於ケル敵航空ノ動向ハ我ガ攻撃ニ方リテハ逃避ヲ事トシ　且迷彩、遮蔽、援護、欺騙至ラザルナク殊ニ我ガ攻撃ノ為メノ行動距離長遠ニシテ　其ノ間諜報監視網ノ厳重ナル関係上奇襲ノ成果ヲ挙グルコト殆ンド不可能ナル状況ニ在リテ　一般ノ進攻作戦ヲ以テシテハ到底其ノ目的ヲ達成シ得ザルコト極メテ明カナリ　去ル八月三十一日陸海航空部隊ノ全力ヲ以テ実施セル本攻撃ガ

全ク不成功ニ了リシハ之ヲ証スルモノナリ……然ルニ目下当飛行団唯一ノ戦闘隊ハ器材ノ不備ニ加フルニ新機種ニ対スル訓練ノ不十分ハ少クモ今後一ヶ月間戦闘ノ用ニ供スル能ハズ　而モ現機種ヲ以テシテハ単機ノ奥地進攻ハ極メテ困難（速度大ナラザルヲ以テ戦闘ノ離脱不可能ナリ）ナル事情ニ在ルヲ以テ　速カニ対策ヲ講ゼラレンコトヲ切望ス（少クモ海軍零式艦戦以上ノ優秀機トナスヲ要ス）……

二、要地攻撃　従来報道セラレアリシ爆撃効果ハ稍々過大ニシテ　重慶ヲ廃墟ノ如ク判断スルハ大ナル誤リナリ　小職ノ実現セル所ニ依レハ重慶ノ如キ　寧ロ其ノ四周ニ発展シアルモノト思ハシムルモノナリ……彼等（重慶住民）モ亦爆撃ノミニ依リ屈服スルガ如キコト断ジテナカルベシ　文明都市ニシテ而モ英人口ノ十分ノ一以上ヲ包含シ　且大英帝国ノ勢力ヲ代表スルガ如キ倫敦ニ対シ一葦帯水ノ地ニ数千ノ爆撃機ヲ擁シテ　年餘ニ亘リ実施セル独軍ノ空襲ガ尚且英ヲ屈服セシメ得ザル　現実ノ状況ハ地上作戦ヲ伴ハザル爆撃ノ効果ヲ証シテ餘アリト云フベシ　而モ我ハ一爆撃ニ要スル飛行時間六時間ヲ越エ　其ノ間空中勤務者ノ消費スルエネルギーハ無論一戦隊一回ノ出動ニ消費スル燃料五万立ニ対シ　投下爆弾量ノ僅カ二十五頓ニ満タザル実情ニ鑑ミ果シテ労効償ヒアルヤ否ヤ疑ナキ能ハズ　殊ニ四川省内軍事施設ノ如キ低級小規模ニシテ　而モ分散シアリ何レヲ爆砕スルモ蒋政権ノ死命ヲ制スルニ足ルガ如キモノナク　殊ニ製塩場ノ如キ其ノ然ルヲ知ル故ニ慢然此ノ種攻撃ヲ継続スルハ現在ノ帝国航空勢力殊ニ燃料問題ニ鑑ミ寒心ニ堪ヘザルモノアリ　之レ上司ノ再検討ヲ切望スル所以ナリ……一案　偵察竝ニ情報ニ依リ確実ニ有利ナル目標ヲ知リ得タル場合ノ外　濫リニ奥地進攻ヲ実施セズ　而シテ一度攻撃ニ決セバ所要ノ兵力ヲ集結シテ徹底的ニ破砕実効ヲ収ム　其ノ他ハ四川省ト其ノ隣接省トノ交通遮断ヲ主眼トシテ行動ス　敵ノ継戦意志破摧ノ為援蒋ルートノ根本塞源的遮断及国民政府勢力範囲ノ不断ナル拡張[120]（少クモ京漢線次デ成シ得レバ粤漢線迄ノ推進）等緊要ナルモ直接航空ニ関係セザルヲ以テ茲ニ省略ス……

この意見書に示されているように、遠藤は奇襲爆撃の成果があまり大きくなかったことや、戦闘隊が機材の不備、新機種に対する訓練の不十分さ、及び戦略物資、燃料の莫大な消耗などを理由として、重慶爆撃の中止を建議した。遠藤にその冷静さを取り戻させた要因は、上に論じたような彼の重慶爆撃の実体験にあると思う。この重慶爆撃の戦場で、彼は戦争の無惨さや、日本軍人の征服欲、作戦拡大の野心などを体験したため、時には陸軍上層部に漸次一歩距離を置いたことになる。

なお、この意見書については、前記『戦史叢書　中国方面陸軍航空作戦』も次のように記録している。

……第3飛行団長遠藤三郎少将は九月三日、参謀本部作戦課長服部卓四郎大佐に意見を書き送った。その主眼は『最近の中国空軍は迷彩、遮蔽、援護、欺騙、逃避等によって損害の防止に専念しており、進攻による撃滅は困難である。この対策としては戦闘隊の小編隊によるゲリラ攻撃のほかない』と思われる。従来の要地攻撃成果は過大評価されている。ロンドンのような近距離目標に対する独空軍の1000機を超える年余の大爆撃でも英国を屈服できない現状と、文化程度の低い中国奥地に対する我が攻撃とを併せ考える時、地上進攻を伴わない航空の要地攻撃は労効相償わない、というものであった[121]。

幸いにして、遠藤の「重慶爆撃無用論」が陸軍中央部に採用されることになった。それ故、彼は重慶爆撃の任務から解放され、その後11月には南方戦場、最初はハノイへ転進を命じられ、南方に資源を求める軍事作戦に専念することになった。やがて、1941年12月太平洋戦争の開戦と同時に、彼は陸軍第3飛行団を指揮し、南太平洋へ従軍した[122]。

遠藤は比較的冷静な軍人であったが、一旦戦争が拡大されると、日本陸軍の組織に属する軍人として、軍事的拡大の渦から脱出することができなくなった。それは軍隊という組織に属するエリート軍人の宿命であったと言って良いと思われる。その結果、彼はさらなる作戦の渦の中にその身を投じ、日中戦争から漸次アジア・太平洋戦争への泥沼に巻き込まれていくことになった。

なお、日本陸海軍による重慶戦略爆撃は1941年をピークにして、その後次第に下火になり、結果的には中止になった。その主たる理由には2つがあると思う。第1は後述するように、太平洋戦争で日本海軍が敗北したことである。即ち、1942（昭和17）年6月のミッドウェー海戦の大敗北と1943（昭和18）年2月のガダルカナル島からの撤退を挙げることができる。第2は1942年12月10日、陸軍参謀総長杉山元が結局重慶を攻略して、蔣介石政権の屈服を目指す四川作戦（五号作戦[123]）を取りやめたことである。

いずれにしても、この重慶爆撃の結果、その反作用として、アメリカと中国の結束を強化することになるとともに、日本軍は連日の長距離爆撃で疲労し、パイロットや多量の航空燃料、戦略物資などを消耗した。その消耗を補う打開策として、日本の戦争指導者はさらに対中全面戦争継続の道を堅持しながら、新たなる豊富な戦争資源を求めるため、「北進[124]」から「南進[125]」へとその軍事目標の重点を移すことになった。それが後の対米英蘭の太平洋戦争を誘発させる導火線となり、日本軍がさらなる広大な南太平洋にその作戦を展開して、最後に敗北の運命に遭遇することになった。したがって、重慶戦略爆撃の歴史的意義は、日本政府の国策を「北進」から「南進」へと転換させることにあると言って良いと考えられる。

遠藤について言えば、上に述べたように、この間、彼は日本陸軍の軍人として、軍の論理に従って、行動することを余儀なくされたが、特に重慶爆撃に関する見解や認識には、彼の的確な戦略・戦術や合理的思考、さらには第一部で言及したようなフランス留学時代に体得したヒューマニズム、国際感覚などが強く反映されていたと言って良いであろう。

第三章　「北進」から「南進」への国策転換とアジア・太平洋戦争の終結

第1節　「南北併進」国策の決定と「関特演」

（1）第5回御前会議―「南北併進」国策の決定

第四部で述べたように、1937年7月の盧溝橋事件以降、陸軍中央部と関東軍はまだ完全には対ソ戦を諦めず、「北進」策の軸として継続して検討していた。その結果、1939（昭和14）年5月から9月にかけて、「満洲国」に駐屯していた関東軍、「満洲国」軍とソ連軍、外蒙古軍との間に、ノモンハンの草原で国境地帯の領土の帰属問題を巡って軍事衝突、いわゆるノモンハン事件が引き起こされた。この事件で、関東軍は大敗北を喫したが、その後も好戦的な参謀たち（辻政信や服部卓四郎など）はなお対ソ戦の継続を諦めることがなかった。

しかし、この1年後、1940（昭和15）年9月23日に、日本軍はフランス領インドシナ北部（ベトナム北部）に武力進駐を実行するとともに、9月27日には、日本政府は日・独・伊三国同盟に調印したため、特にアメリカを仮想敵国とすることが明確になった。これによって、日本軍はこれ以降対ソ進攻作戦を一時的に中断した。

その結果、大本営の陸軍部は、ノモンハン事件における関東軍の大敗北の教訓も取り入れ、1941（昭和16）年7月2日に、第2次近衛内閣は、昭和天皇が臨席した第5回御前会議において、「情勢ノ推移ニ伴フ帝国国策要綱」を決定した。その「要領」は下記の通り、まず、第一は蒋介石政権の屈服、第二は対英米戦争の決意、第三は対ソ戦の準備であった。すでに明らかなように、ここに至って、日本の国策は下記のように従来の「北進」政策の転換を余儀なくされたと言って良いであろう。

情勢ノ推移ニ伴フ帝国国策要綱

……

第二　要領

一、蔣政権屈服促進ノ為更ニ南方諸域ヨリノ圧力ヲ強化ス　情勢ノ推移ニ応シ適時重慶政権ニ対スル交戦権ヲ行使シ且支那ニ於ケル敵性租界ヲ接収ス

二、帝国ハ其ノ自存自衛上南方要域ニ対スル必要ナル外交交渉ヲ続行シ其他各般ノ施策ヲ促進ス　之カ為対英米戦準備ヲ整ヘ先ツ『対仏印泰施策要綱』及『南方施策促進ニ関スル件』ニ拠リ仏印及泰ニ対スル諸方策ヲ完遂シ以テ南方進出ノ態勢ヲ強化ス　帝国ハ本号目的達成ノ為対英米戦争ヲ辞セス

三、独『ソ』戦ニ対シテハ三国枢軸ノ精神ヲ基調トスルモ暫ク之ニ介入スルコトナク密カニ対『ソ』武力的準備ヲ整ヘ自主的ニ対処ス此ノ間固ヨリ周密ナル用意ヲ以テ外交交渉ヲ行フ　独『ソ』戦争ノ推移帝国ノ為有利ニ進展セハ武力ヲ行使シ北方問題ヲ解決シ北辺ノ安定ヲ確保ス

……[126]

これは言わば南北2正面（「南北併進」）作戦を追求する基本戦略と言って良いが、一方で、「南進」を強調しながら、対英米戦を辞さずとし、他方、「北進」については独ソ戦次第と記し、且つ1941年4月に、「日ソ中立条約[127]」が締結されたことを考慮すれば、どちらかというと、「南進」政策に重点が移されたと言って良いと思われる。ただ、いずれにしても、この第5回御前会議をきっかけに、日本政府はこれ以降、「北進」から「南北併進」へと国策を転換し、「南進」政策により重点が移行することとなった。

（2）遠藤三郎と「関特演」

上述の基本国策の転換にかかわらず、1941年6月22日にナチスドイツ軍が独ソ戦争を開始すると、3国同盟及び「南北併進」の国策に基づき、日本陸軍には一転これに呼応し、日本も東から対ソ攻撃を行うべきだという主張が強まった。その結果、参謀本部では、対ソ戦積極論者である第1部長田中新一少将らを中心に大規模な対ソ戦準備に着手し始めた。

即ち、1941年7月7日に、「関特演」[128]（「関東軍特別演習」）の大動員令が下され、関東軍はソ満国境地帯においてソ連を仮想敵として、大規模な「関特演」を行い始めた。岡部牧夫によれば、日本軍は、「関特演」を通して、「関東軍に2個師団を増強するほか、軍直部隊、特に兵站機構の拡充と、朝鮮軍を含めた各部隊を戦時編制に切り替えるための充員を目的としており、増強される人員は約50万、馬匹は15万に上るものであった。その結果、1941年冬には、関東軍は約65万、朝鮮軍も8万―10万という兵力に膨張した」[129]。この時の「関特演」は、実際には単なる軍事演習ではなく、対ソ開戦を見据えた関東軍の戦力増強策であったと言って良いと思われる。[130]

第四部で言及したように、1934（昭和9）年8月、東京の陸軍大学兵学教官に転任した遠藤三郎は、ノモンハン事件より3年前1936（昭和11）年3月から6月にかけて、陸軍大学校の教室で日本陸軍の将来の具体的な「対ソ作戦案」を同大学の3年生を対象にして極秘で講義した。この「対ソ作戦案」で遠藤は「関東軍がソ連軍に勝利できる時間的な限界は1937（昭和12）年の初頭が限度で、勝利の可能性は奇襲作戦発動後、僅かに2週間以内である」と予測し、「その時期を過ぎれば、大兵団を戦場に送り込んでくるソ連軍が優勢になり、日本軍の勝利の可能性が薄くなる」と主張した。

このような戦略分析から、1941年夏の「関特演」実施の際には、陸軍第3飛行団長として重慶戦略爆撃を指導していた遠藤は、積極的な対ソ作戦に反対し、次のように憂慮した。

独軍は破竹の勢いで進んでおる様ではありますが、かつてナポレオンのモスクワ遠征失敗の例もあります。また近くは日本を含む連合軍のシベリア出兵失敗の例もあります。日本陸軍の防寒準備の不十分なことも承知しております。しかもこれは条約違反の不正な戦争でもあるからであります。[131]

この頃、遠藤は関東軍参謀長板垣征四郎大将が朝鮮軍司令官に転任し、東京経由で赴任することを知り、「関特演」反対という意見具申の一文を参謀本部の参謀総長（杉山元大将）と陸軍大臣（東条英機）に伝達してほしいと板垣大将に依頼した。[132] その意見の要旨は次の通りである。

独軍のソ連侵入は独ソ不可侵条約の違反であり、不正の戦争と言わねばなりません。日本は断じて不正の戦争に加担すべきではないと信じます。まして日本は最近日ソ平和条約（筆者注、日ソ中立条約）を結んだばかりであります。故に日本のソ連侵入は二重の不正と言わねばなりません。この様な不正な戦争はたとえ勝利を得ても日本歴史に払うべからざる汚点を残すこととなりますから、断じて参戦すべきでないと思います[133]

一方、当時日本陸軍上層部は対ソ攻撃の準備をしながら、独ソ戦のためにソ連極東軍の兵力が半減したところで一挙に対ソ開戦をすると構想していたが、ソ連軍の西送は、日本軍が期待するほどの勢力ではなかった。なお、この間、1941年7月の南部仏印（ベトナム南部）進駐等により、日本軍はソ連に対する開戦のチャンスは急速に遠のき始めることになった。こうして、1941年8月9日になると、陸軍統帥部は最終的に年内当面の対ソ攻撃を断念したのである。[134]

第2節　「南進」政策への転換と太平洋戦争への突入

（1）第6回御前会議―「南進」政策への転換

1941年8月になると、「北進」か「南進」かを選択するような状況に追い込まれ、日本陸軍上層部は国策の変更を余儀なくされた。即ち、前記の通り、1941年8月9日に、大本営陸軍部は年内における対ソ開戦を断念し、南方進出に専念するという「帝国陸軍作戦要綱」を決定した。この「要綱」のあらましは次の通りである。即ち、「一、在満鮮十六師団で対ソ警戒を厳重にする。二、中国に対しては既定の作戦を続行する。三、南方に対しては十一月末を目標として対英米戦備を促進する」[135]と。

さらに、同年9月6日の第6回御前会議において「帝国国策遂行要領」が採択された。この「要領」には次のような施策が規定された。

帝国国策遂行要領

……

一、帝国ハ自存自衛ヲ全ウスル為対米、（英、蘭）戦争ヲ辞セサル決意ノ下ニ概ネ十月下旬ヲ目途トシ戦争準備ヲ完整ス

二、帝国ハ右ニ並行シテ米、英ニ対シ外交ノ手段ヲ尽シテ帝国ノ要求貫徹ニ努ム　対米（英）交渉ニ於テ帝国ノ達成スヘキ最少限度ノ要求事項竝ニ之ニ関聯シ帝国ノ約諾シ得ル限度ハ別紙ノ如シ

三、前号外交々渉ニ依リ十月上旬頃ニ至ルモ尚我要求ヲ貫徹シ得ル目途ナキ場合ニ於テハ直チニ対米（英、蘭）開戦ヲ決意ス　対南方以外ノ施策ハ既定国策ニ基キ之ヲ行ヒ特ニ米「ソ」ノ対日連合戦線ヲ結成セシメザルニ勉ム

別紙……[136]

これによって、日本の最高国策は正式に「北進」から「南進」へと転換することになった。この国策転換の背景としては、これまで断片的に検討してきたことであるが、ほぼ3点に集約できると思う。

第1は、第四部で言及した1939年のノモンハン事件における関東軍の大敗北の教訓であり、第2は、上に述

べたように、1941年7月から実施された「関特演」の時期において、対ソ戦を中心とする「北進」政策が最終的に実行できなかったことであり、第3は、上述した重慶爆撃における日本陸海軍の戦略目標、いわゆる蒋介石の国民党政権を覆滅し、重慶の中国軍民を屈服させるという目的が結局達成できなかった事実である。

結局、これらが最終的に昭和天皇及び陸軍参謀本部の上層部の意識を動かす要因となったと考えられる。

(2) 太平洋戦争への突入—真珠湾奇襲攻撃[137]

ところが、この日本の国策転換が言うまでもなく、やがてアメリカの極東戦略と正面衝突することになる。この時期において、「日本は中国を屈服させるために、新たな戦争資材を求めて、南洋の豊富な資源を求める方向に走り出した。そうなれば、アメリカも黙視することができなかった。中国やフィリピン、その他にあるアメリカの利害と対立したからである」[138]。

果たして、1941年11月26日には、アメリカ政府は日本政府に対し、言わば「最後通牒」とも見られる「ハル・ノート」[139](Hull note)を提出し、特に日本軍の中国からの撤退、「満洲国」の否認、及び三国同盟の解消を要請した。しかし、当時の東条英機首相は、「若し帝国にして之に屈従せんか、帝国の権威を失墜し、支那事変の完遂を期し得ざるのみならず、遂には帝国の存立をも危殆に陥らしむる結果と相成る次第であり……」[140]との理由で、それを拒否した。これ以降、日本政府は「南進」政策をさらに積極的に実行し、日本は対英米蘭戦争への道に進むことになる。

即ち、12月1日には、第8回御前会議が開かれ、アメリカ、イギリス、オランダとの開戦が正式に決定された[141]。その結果、よく知られているように、1941年12月8日(日本時間)未明、日本海軍は真珠湾にあったアメリカ海軍の太平洋艦隊と基地に対して奇襲攻撃(即ち真珠湾攻撃)を行った。

この真珠湾奇襲攻撃により、アメリカ海軍の太平洋艦隊の戦力は低下することになり、日本海軍は西太平洋海域の制海権を先ず確保し、これにより当面の南方作戦を成功裏に終えた。このようにして、日中全面戦争はついにアジア・太平洋を含む世界戦争へとその枠組みを拡大し始めることになった。

第3節　遠藤三郎とアジア・太平洋戦争の終結

（1）「満洲国」から南方戦線への関東軍大部隊の転用

１９４１年12月8日、大日本帝国は連合艦隊によるハワイの真珠湾奇襲攻撃と陸軍部隊によるマレー半島奇襲上陸作戦をほぼ同時に敢行し、米英蘭その他連合国を相手にしたアジア・太平洋戦争に突入した。その結果、初戦では日本軍が相手国の防備の弱点をついて、各地で南方作戦を有利に展開したが、その戦域はやがてグアム、フィリッピンからマレー半島、ジャワ、ビルマに至る広範囲に広がり、海上の補給ルートを維持することにも無理が生じる状況になった。その間、「満洲国」に駐留していた関東軍は、それまでソ連を仮想敵として将来の武力攻撃を想定した軍隊であったが、太平洋戦争が始まると、それはソ連を刺激しない「静謐確保[142]」という任務に変わった。

その後、１９４２（昭和17）年6月には南西太平洋上のミッドウェー作戦とニューギニアのポートモレスビー作戦で日本の陸海軍は初めて大敗北し、その失敗を境にして、南太平洋における戦局は悪化するとともに、日米間の優劣も逆転した。その影響を受けて、「満洲国」に駐留していた関東軍の大部隊も漸次中国大陸から南方へ転用されるようになり、ガダルカナル島からの撤退（１９４３年2月）を境に、１９４３（昭和18）年の後半からは、「満洲国」と中国大陸に駐屯する陸軍部隊の南太平洋地域への転用の流れが本格化した。

因みに、伊藤正徳によれば、１９４４（昭和19）年1月から１９４５（昭和20）年3月に至るまで、「満洲国」に駐留する関東軍から転用され、南方戦線などに移動した関東軍の師団名と転用先は、次の表の通りである。

転用発令時	兵団名	転用先
1944年1月	第27師	北支
2月	第29師	グアム
2月	第14師	パラオ
6月	第9師	沖縄
6月	第28師	宮古島
6月	第68師	レイテ
7月	第1師	レイテ
7月	第8師	ルソン
7月	第10師	ルソン
7月	第24師	沖縄
7月	戦車第2	ルソン
10月	第23師	ルソン
12月	第12師	台湾
1945年1月	第71師	台湾
3月	第11師	四国
3月	第25師	九州
3月	第57師	九州
3月	戦車第1	本土
3月	第111師	南鮮
3月	第120師	南鮮
3月	第121師	南鮮

出所：伊藤正徳『帝国陸軍の最後（3）特攻（続）終末篇』光人社、1981年、207頁。

右の一覧表に示されているように、関東軍は「……（19）44年夏までに、既設17個師団の内10個がそっくり転用され、残る師団からも部隊が抽出（ママ）されて、充員率を著しく低めていた。これに対する内地からの補充は不十分で、1945年8月現在の関東軍は、44年以後に作られた新設の師団、特に45年7月に東北在留日本人を根こそぎ動員した急造師団が大半を占める有様[143]」であった。

それ故、「満洲国」に駐留する関東軍は、もはや「対ソ戦」どころではなく、中央陸軍部からの要請を受けて、苦戦を強いられる対南方戦に対応する部隊に変質した。これは「満洲国」それ自体が南方作戦のための兵站基地となり、新しい南方作戦のための兵員養成と訓練基地に変貌する姿でもあった。大兵力を南方戦線に転用された関東軍は、もはや「かかしの部隊[144]」と言われるほど弱体化することになった。強力な関東軍が無くなった「満洲国」は骨抜きの帝国にすぎなくなった。

（2）遠藤三郎とアジア・太平洋戦争の終結

1944年6月以後になると、「絶対国防圏[145]」の防衛すらできなくなった南太平洋の島々は、サイパン島をはじめ、次々に米軍の制圧下に落ちた。この時期、陸軍航空兵器総局長官（兼務大本営幕僚）遠藤三郎中将は、サイパン陥落（1944年7月）後の7月16日の「日誌」に、軍組織、それ自体に現れ始めた問題を懸念しながら、次のように記している。

……世間ニハ左ノ如キ声アリ　転進又転進　玉砕又玉砕　今又サイパンニ於テ六千ノ婦女子敵手ニ堕ツ　統帥果シテ適切ナリヤ　陸海軍果シテ緊密ナリヤ　我不識　戦争指導層ノ威望地ニ堕チツアリ……

この「日誌」に示されているように、サイパン陥落により日本軍の戦争の勝敗は明瞭となり、日本の敗戦が殆ど決定的になったことが推察される。その流れは、10月のレイテ作戦とレイテ沖大海戦による日本海軍連合艦隊の事実上の崩壊を招来することになった。

やがて、1945年4月になると、沖縄に米軍の大艦隊が来襲し、50万人の米軍が上陸作戦に成功すると、日本の敗戦が決定的となった。この頃、遠藤は「日誌」にも絶望的な文字を記すようになった。そして、ついに8月になると、7日付の「日誌」には「昨朝広島ノ空襲ニ於テ敵ハウラン原子ヲ使用セルモノノ如ク被害甚大　大混乱ヲ惹起シアルガ如シ皇国ノ前途愈々非　緊褌一番ヲ要ス…」と記録され、遠藤はすでにそれが原爆（ウラン爆弾）であることを感じていた。

さらに、8月8日にはモスクワのソ連政府が突如対日宣戦を布告した。9日の夜明け、ソ満国境地帯ではソ連の赤軍が兵を3つのコースに分け、西、北、東3方面から「満洲国」の各地に駐屯する関東軍に猛攻撃を仕掛けた。[146]

遠藤は9日の「日誌」に「……昨夜半　ソ連皇国ト戦争状態ニ入リ　満洲国境ニ進入セルノ報アリ　愈々最後ノ段

階ニ入ル……」と記し、ソ連の対日参戦が日本軍に致命的な衝撃を与えたことを見通した。

この段階での関東軍が「かかしの部隊」に弱体化していたことは上に触れたが、こうなれば正に万事休すの有様であった。関東軍はソ連赤軍の猛攻撃の中で、あっという間に敗北した。8月16日、関東軍司令部（司令官山田乙三大将）は「即時戦闘行動ヲ中止スベシ[147]」との大本営の命令を受けた。この命令に従い、関東軍は直ちに新京（長春）の放送局を通じてソ連に投降の意を伝えた。その結果、17日午前、「満洲国」国務院総務長官武部六蔵は、関東軍を代表して大栗子溝鉱業所事務所内において、「満洲国」皇帝溥儀の退位儀式を演出した。その退位儀式はその日の深夜から18日に及んだ[148]。これにより、13年5ヶ月余りにわたった「満洲国」はついに崩壊することになった。

その間、東京では、8月14日に、昭和天皇が「ポツダム宣言」を受諾し、無条件降伏することを決断した。即ち、同日に開催された御前会議において、「ポツダム宣言」の受諾が決定され、終戦の詔勅が発せられた。翌15日には、日本政府は昭和天皇の「玉音放送」により、「ポツダム宣言」の受諾と降伏決定を日本国民に発表した。その後9月2日に、日本外務大臣重光葵と参謀総長梅津美治郎は東京湾に停泊していたアメリカ軍艦ミズリー号の甲板で、日本政府を代表して無条件降伏文書に署名し、ここにアジア・太平洋戦争は日本の敗戦という結果を持って終結した。

以上、本第五部では、盧溝橋事件とそれに続く重慶爆撃を巡る遠藤三郎の作戦構想と行動について考察した。

先ず、盧溝橋事件とそれに続く華北従軍体験によって、日本軍の風紀の乱れと規律の崩壊などを直接体験した遠藤三郎は、その後、それらを含む日本軍の蛮行を反省して、1938年7月に「従軍兵士の心得」を作成した。そこで、彼は日本軍の兵士が守るべき規律について説明し、中国の一般住民に対する憐憫と同情の意を表すとともに、日本軍の無法な行為、虐殺を戒め、彼のヒューマニズム的な性格を前面に打ち出している。

次に、重慶爆撃を直接指導した遠藤三郎は、この戦略爆撃の無意味さ及び無差別爆撃の非人道性を認識し、最終的に陸軍中央部に「重慶爆撃無用論」を建議した。それは陸軍によって受け入れられ、最後には日本の国策を「北進」から「南進」へと転換させる契機を与えることとなったと言って良いと思われる。

ここに明らかなように、盧溝橋事件に端を発する日中全面戦争の段階においては、遠藤三郎の2つの性格の内、ヒューマニズム的な側面が強く表れることになったと言って良いであろう。

注

1　森久男『日本陸軍と内蒙工作―関東軍はなぜ独走したか―』講談社、2009年、41頁。
2　日本軍は満洲全土を占領した後、さらに華北、内モンゴルへその軍事目標を拡大していった。内田尚孝によれば、「1935（昭和10）年5月、華北において一連の事件を起こし、漢奸や無頼漢を扇動して『華北自治運動』を起こした。6月27日、察哈爾（チャハル）省政府代理主席の秦徳純と日本軍代表の土肥原賢二は、文書交換方式で『秦土協定』を成立させた。7月6日、軍事委員会北平分会代理委員長の何応欽は、日本の支那駐屯軍（天津軍）司令官梅津美治郎に書簡を送り、日本が提起した道理なき要求を承認した。この2つの協定によって、中国は河北と察哈爾における主権の大部分を喪失した。その後、日本帝国主義は、漢奸を唆していわゆる『華北五省自治運動』を起こし、河北、察哈爾、綏遠、山東、山西の5省を中国から離脱させようと企てた。10月、日本侵略軍は、河北省香河県で漢奸を唆して暴動を起こし、県城を占拠した。11月、漢奸殷汝耕を唆して通県に『冀東防共自治政府』を成立させた。12月、国民政府は宋哲元を派遣して『冀東政務委員会』を発足させ、客観的に『華北政権の特殊化』の局面が形成された」。内田尚孝『華北事変の研究―塘沽停戦協定と華北危機下の日中関係一九三二～一九三五年―』汲古書院、2006年、5～6頁。
なお、当時、奉天特務機関長であった土肥原賢二少将は、冀東（冀は河北省の別名、河北省東部のこと）の殷汝耕をして南京国民政府から独立した政権を樹立させる策に出た。冀東は本論の第三部で言及した「塘沽停戦協定」の中の協定地区であり、殷汝耕は当該地区の行政専員を兼ね、冀東全域をその手中に収めていた。こうして、「土肥原は1935（昭和10年）11月24日殷汝耕を天津の宿舎に招き、その意図を告げると、殷は二つ返事で引き受け、その夜のうちに通州に帰り、11月25日通州において、冀東防共自治委員会を創設し、自ら委員長に就任して、南京からの離脱、防共、睦隣を主旨とする自治宣言を発した」。鹿島平和研究所編、上村伸一著『日本外交史　第19巻　日華事変（上）』鹿島研究所出版会、１９７３年、２３７～２３８頁。

3　川田稔『昭和陸軍の軌跡―永田鉄山の構想とその分岐―』中公新書、２０１１年、１１５頁。

4　２・２６事件は「昭和11（１９３６）年2月26日、近衛師団歩兵第3連隊、第1師団歩兵第1、3連隊を中心とした青年将校の指揮のもとに蹶起されたが、4日後の29日には完全に鎮圧された。蹶起部隊は総勢１４００人、襲撃または占拠地点は首相官邸（当時は岡田啓介首相）・斎藤実内大臣私邸・高橋是清蔵相私邸・鈴木貫太郎侍従武官長私邸・渡辺錠太郎教育総監私邸・牧野伸顕元内大臣宿舎（神奈川県湯河原）・後藤文夫内務大臣官邸・陸軍大臣官邸・警視庁・陸軍省・参謀本部・東京朝日新聞社・日本電報通信社・国民新聞社・報知新聞社・東京日日新聞社・時事新報社など多岐にわたった」。猪瀬直樹監修、義井博編集『目撃者が語る昭和史　第４巻　２・２６事件』新人物往来社、１９８９年、27頁。

5　郝柏村『解読蒋公八年抗戦日記（１９３７～１９４５）（上）』天下文化書坊、２０１３年、34頁。

6　西安事件が発生した当日（１９３６年12月12日）の夜、張学良と楊虎城は全国に通電し、抗日8項目の主張を提案した。それらは、「㈠、南京政府を改組し、各党各派の意見を受け入れ、その共同責任で救国に当たること、㈡、一切の内戦を停止すること、㈢、上海で捕えられた愛国的7領袖を直ちに釈放すること、㈣、一切の政治犯を釈放すること、㈤、民衆の愛国運動が自由にできるようにすること、㈥、人民の集会、結社など一切の政治的自由と権利を保証すること、㈦、孫中山の遺嘱を確実に守ること、㈧、直ちに救国会議を開くこと」であった。防衛庁防衛研修所戦史室編『戦史叢書　支那事変陸軍作戦（1）―昭和十三年一月まで―』朝雲新聞社、１９７５年、１１５頁。

7　同上書、１３９～１４０頁。

8　菊池一隆『中国抗日軍事史　１９３７―１９４５』有志舎、２００９年、29頁。

9　この盧溝橋事件の第1発の発砲者を巡って、多種多様な議論が繰り返されてきたが、大別すると、次の3説がある。「1、日本人説　2、第29軍説　3、第3者説　（a）藍衣社など国民党系の特務機関　（b）西北軍閥系の諸分子　（c）中国共産党　（d）その他」。秦郁彦『盧溝橋事件の研究』東京大学出版会、１９９６年、１７１頁。しかし、その真相は、現在になってもまだ解明されていない。なお、菊池一隆は次のような見解を示している。「盧溝橋・豊台・北平城の三地点を包括する地図を見ると、豊台は盧溝橋と北平城の中間に位置している。日本軍は豊台占領によってその間に割って入り、中国軍勢力を分断した。だが、そのことは同時に盧溝橋・北平城の両面から中国軍の挟撃を受ける危険性が高まる。それを避けるためには盧溝橋・龍王廟で問題を起こし、当地の中国軍を駆逐、かつ宛平城を占領、拠点とすることで、背後の憂いをなくすことができる。そして、宛平城と豊台と結びつけることで、日本軍の背後を強化し、その最大の目的たる北平城攻略に全力であたることができる。したがって、『銃弾一発』の有無、偶然性か否か、及び『一人兵士行方不明』は重要性がほとんどなく、後景に退き、むしろ北平城に焦点があてられる。そして、その攻略は間違いなく計画的段取りに沿ったものと言えよう」。同上書、29～30頁。

10　遠藤三郎『日中十五年戦争と私─国賊・赤の将軍と人はいう』日中書林、1974年、93頁。

11　同上書、93頁。

12　鹿島平和研究所編、上村伸一著『日本外交史　第20巻　日華事変（下）』鹿島研究所出版会、1973年、64頁。

13　「対中一撃論」とは、「主要な仮想敵国であるソ連と戦争が起きた場合、副次的な仮想敵国である中国がソ連に味方して『満洲国』を背後から衝く可能性があるので、あらかじめ兵力の脆弱な中国を叩いて、その抵抗の意志を事前に挫くという軍事戦略である」。この「対中一撃論」の背景としては、「強敵ソ連とは異なって、中国の軍事力は取るに足りず、政治的・軍事的威嚇によって、速戦即決で南京国民政府を容易に屈服させることができるという希望的観測が存在している」。森久男、前掲書、53頁。

14　鹿島平和研究所編、上村伸一著『日本外交史　第20巻　日華事変（下）』、71頁。

15　同上書、71頁。

16　防衛庁防衛研修所戦史室編『戦史叢書　支那事変陸軍作戦（1）─昭和十三年一月まで─』、152頁。

17　今井武夫『昭和の謀略』原書房、1967年、117頁。

18　笠原十九司『南京事件』岩波新書、1997年、46頁。

19　宮武剛『将軍の遺言─遠藤三郎日記─』毎日新聞社、1986年、108頁。

20　乾岔子事件とは、1937年6月末にアムール河の満洲領の北正面にある乾岔子島において発生した日ソ国境紛争事件であった。「日本政府は事態の紛糾を防ぐため、直ちにモスクワに対して厳重な申し入れを行い、その結果、7月2日に至り、（ソ連側の）国防人民委員部は両島及び付近に集結した兵力、艦艇等の撤収を命じ、ここに事件は落ち着きを見ることになった」。防衛庁防衛研修所戦史室編『戦史叢書　関東軍（1）―対ソ戦備・ノモンハン事件―』朝雲新聞社、1969年、332～335頁。

21 防衛庁防衛研修所戦史室編『戦史叢書　支那事変陸軍作戦（1）―昭和十三年一月まで―』、153頁。

22 同上書、153～154頁。

23 同上書、155頁。

24 鹿島平和研究所編、上村伸一著『日本外交史　第20巻　日華事変（下）』、65頁。

25 安井三吉『盧溝橋事件』研文出版、1993年、232頁。

26 この停戦協定を締結する当初、「中国側を代表して調印するのは、（第29軍）副軍長秦徳純の予定だったが、日本との交渉さえ避けていた秦のこととて、調印することも避けたので、中国側は、29軍の先任師長で天津市長を兼任する張自忠及び冀察参議張允栄とが冀察側を代表し、日本側は松井（太九郎）機関長が代表して協定に調印した。これが一般に松井・秦徳純協定と呼ばれたものである」。鹿島平和研究所編、上村伸一著『日本外交史　第20巻　日華事変（下）』、68頁。

27 日本国際政治学会太平洋戦争原因研究部編『太平洋戦争への道　開戦外交史（新装版）4　日中戦争（下）』朝日新聞社、1987年、9頁。

28 小林龍夫、稲葉正夫、島田俊彦、臼井勝美編『現代史資料12　日中戦争4』みすず書房、1965年、418頁。

29 吉田曠二『元陸軍中将遠藤三郎の肖像』すずさわ書店、2012年、365頁。

30 井上清『天皇の戦争責任』現代評論社、1975年、88頁。

31 防衛庁防衛研修所戦史室編『戦史叢書　支那事変陸軍作戦（1）―昭和十三年一月まで―』、283頁。

32 「第一方面は、関東軍派遣の鈴木・酒井混成旅団で、第二方面は朝鮮駐屯軍派遣の第20師団、及び第三方面は平津駐屯軍の河辺旅団を基幹としていた」。菊池一隆、前掲書、32頁。

33 中国抗日戦争史編写組編『中国抗日戦争史』人民出版社、2011年、138～139頁。

34 「一九三七年七月二十七日　火　晴　……午後二時留守隊ヨリ電話アリ　聯隊ニ動員下令セラルル予定故準備セラレタ

シトノコトナリ　午後六時再ビ電話アリ　第十二師団第十一動員第一号下令セラルルト　第一号ハ当聯隊ノ動員ナリ　検閲ヲ中止シ直チニ出発驟雨ヲ犯シ帰還　将校一同ヲ将校集会場ニ集合セシメ動員令ヲ伝達シ所要ノ訓示ヲナス……」「遠藤日誌」（1937年7月27日付）。

35　宮武剛、前掲書、110頁。

36　当時、寺内寿一大将が北支那方面軍の総司令官、岡部直三郎少将が参謀長、河辺正三少将が参謀副長に任命された。秦郁彦『日本陸海軍総合事典』東京大学出版会、1991年、325頁。

37　鹿島平和研究所編、上村伸一著『日本外交史　第20巻　日華事変（下）』、133頁。

38　第1軍司令官の隷下には、第6師団（師団長・谷寿夫中将）、第14師団（師団長・土肥原賢二中将）、第20師団（師団長・川岸文三郎中将）の3個師団があった。遠藤三郎、前掲書、135頁。

39　当時、日本軍は作戦の重点を河北省中部の平漢（北平―漢口）鉄道の沿線に置き、第1軍によって当該区域の作戦を担当すると同時に、第2軍が津浦（天津―浦口）鉄道から南進し、平漢鉄道の左側の安全を確保すると考えていた。歩平・栄維木主編『中華民族抗日戦争全史』中国青年出版社、2010年、146頁。

40　遠藤三郎「遠藤部隊従軍報告書」（別冊資料）、1～18頁。

41　同上、9～12頁。

42　同上、17～18頁。

43　同上、12～13頁。

44　遠藤三郎、前掲書、140頁。

45　吉田曠二『元陸軍中将遠藤三郎の肖像』、378頁。

46　井本熊男『作戦日誌で綴る支那事変』芙蓉書房、1978年、110頁。

47　郝柏村、前掲書、122頁。

48　この「第2次国共合作」は、（1937年）9月23日、中国共産党・中央の『精誠団結一致抗敵宣言』が発せられ、翌日これに対する蒋介石の受納談話が発表されることによって、正式に第一歩を踏み出した。この中共・中央の宣言はすでに早くから起草され、22日付で国民党に送付されたものであるが、同宣言はすでに国民党との間に了解の成立したことを強調するとともに、次の四項に示される基本的態度を明らかにした。（一）、中山先生（筆者注、孫文）の三民主義は、現下の中国において必要欠くべからざるものである。本党はこれが徹底的実現のために奮闘する。（二）、中国国民党政権を覆滅せんとする、いっさいの暴動政策及び赤化政策を取消し、暴力による地主の土地没収政策を停止する。（三）、現在のソビエト政府の名義を取り消し、民権政治を実現し全国政権の統一を期する。（四）、紅軍名義の番号を取り消し、国民革命軍に改編し、国民政府軍事委員会の指揮を受け、その出動命令を待って抗敵前線の責任を分担する」。これにより、抗日民族統一戦線が正式に結成されることになった。日本国際政治学会太平洋戦争原因研究部編『太平洋戦争への道　開戦外交史（新装版）3　日中戦争（上）』朝日新聞社、１９８７年、３４７頁。

49　本論文での「中国軍」は主に「国民政府軍」を指している。なお、菊池一隆によれば、「……語句の統一では、当時、国民党が政権を担い、世界的に中国政府と認知されていたことから『国民政府軍』とし、原則として『国民党軍』とはしない。ただし、中共軍は第二次国共合作下で、『国民政府軍』に組み込まれている正規軍であるが、その独自性を配慮し、八路軍・新四軍の総称を『中国共産党軍』（中共軍）とした。また、国民政府軍と中共軍の共同戦闘や国民政府軍か中共軍か不明な場合、もしくは海外派兵の場合、中共軍を含まなくても中国を代表していると考え、原則として『中国軍』とした」。菊池一隆、前掲書、10頁。

50　この際、中国軍は戦略的に、「軍事的に優位な日本軍に対して、持久消耗作戦で空間を以て時間と換え、次々と抵抗を繰り返した。その間に戦争準備、戦争体勢を強化する。つまり一定の基盤があったとはいえ、戦争準備をしながらの戦いとなったことになる」。同上書、18頁。なお、１９３８年6月16日、アメリカのジャーナリスト、エドガー・スノウは、ロンドンディリー・ヘラルドの特派員として武漢の司令部で蒋介石と面談した。この時、蒋介石はスノウに向かって、自信に満ちてこの戦争の性格がすでに持久戦の段階にあるとして、次のように述べた。即ち、「Wherever I go there is the capital of China, and there resistance can be offered. Wherever I go there is the Chinese Government and the Chinese Cabinet and the center of resistance…」（日本語訳：私が行くところには、どこでも中国政府があり、首都があり、レジスタンスの中心がある）と。そして、蒋は壁にかかげられた地図を指差して、その領土の広さ、つまり空間を強調したのである。吉田曠二『ドキュメント日中戦争（下巻）（増補改訂版）』三恵社、２００８年、37～38頁。

51　鹿島平和研究所編、上村伸一著『日本外交史　第20巻　日華事変（下）』、１３３頁。

52　同上書、１３４頁。
53　同上書、１３４頁。
54　井本熊男、前掲書、１１０頁。
55　中国抗日戦争史編写組編、前掲書、１４６～１４７頁。
56　遠藤三郎、前掲書、１２０頁。
57　同上書、１３９頁。
58　同上書、１３６頁。
59　井本熊男、前掲書、１１６頁。
60　吉田曠二『元陸軍中将遠藤三郎の肖像』、３８２頁。
61　「南京虐殺」事件については、今日その規模などを巡って、日中間において様々な議論があるが、ここではそれについて深入りせず、虐殺があった事実のみを記すにとどめたい。
62　遠藤三郎、前掲書、99～１００頁。
63　「日支事変ニ従軍シテ」という報告書は、遠藤三郎が１９３７年11月末に野戦重砲兵第5連隊長を免ぜられ参謀本部課長に補せられ、華北戦場から東京に戻った直後、当時の教育総監畑俊六大将の要望により、同年12月13日教育総監部において総監はじめ職員一同に講演したものであり、総監部はそれを筆記、印刷し、戦訓第一号として広く全軍に配布したものである。遠藤三郎、前掲書、１０２頁。なお、この報告書の全文は遠藤三郎自伝『日中十五年戦争と私―国賊・赤の将軍と人はいう』に収録されているため、本論文では「日支事変ニ従軍シテ」（別冊資料）に関する内容を直接遠藤の自伝から引用する。
64　遠藤三郎、前掲書、１３１頁。
65　同上書、１２８頁。
66　同上書、１３２頁。
67　同上書、１３３～１３４頁。
68　同上書、１５６頁。

69 遠藤三郎「従軍兵士の心得」(別冊資料)、18頁。
70 同上、19~20頁。
71 同上、21~22頁。
72 遠藤三郎、前掲書、156頁。
73 同上書、164頁。
74 同上書、164頁。
75 同上書、164頁。
76 宮武剛、前掲書、121頁。
77 重慶爆撃については次のような先行研究がある。Ⅰ 和書:1)戦争と空爆問題研究会編『重慶爆撃とは何だったのか―もうひとつの日中戦争』高文研、2009年:2)前田哲男『戦略爆撃の思想 ゲルニカ―重慶―広島への軌跡』朝日新聞社、1988年:3)笠原十九司『海軍の日中戦争―アジア太平洋戦争への自滅のシナリオ―』平凡社、2015年:4)防衛庁防衛研究所戦史室『戦史叢書 中国方面陸軍航空作戦』朝雲新聞社、1974年。Ⅱ 中国語文献:1)重慶市政協学習及文史委員会・西南師範大学重慶大轟炸研究中心編著『重慶大轟炸』西南師範大学出版社、2002年:2)曾小勇・彭孝詢『重慶大轟炸 1938―1943』湖北人民出版社、2005年。
78 「武漢大会戦(1938年6月12日~10月25日)は抗戦以来、戦線が最も長く、武漢周囲から安徽・河南・江西・湖北四省の広大な範囲に及び、規模が最大で、大小戦闘が数百回に上り、日本軍の安慶上陸から国民政府軍の武漢撤退までの約四か月半に上る最も長期間の大会戦であった」。その結果、武漢が日本軍に包囲されたため、蒋介石はやむを得ず撤退を命じ、1938年10月25日に武漢は日本軍に占領された。菊池一隆、前掲書、75~79頁。
79 戦争と空爆問題研究会編『重慶爆撃とは何だったのか―もうひとつの日中戦争』高文研、2009年、36頁。
80 吉田曠二『将軍遠藤三郎とアジア・太平洋戦争』ゆまに書房、2015年、49頁。
81 前田哲男『戦略爆撃の思想 ゲルニカ―重慶―広島への軌跡』朝日新聞社、1988年、6頁。
82 黄顯光著(寺島正・奥野正己訳)『蒋介石』日本外政学会、1956年、243頁。
83 全国的抗戦の経験を総括し、当時流行した「亡国論」、「速勝論」など各種の誤った観点に反論し、抗日戦争の方針と道筋を系統的に解明するため、毛沢東は1938年5月に「持久戦を論ず」という有名な講演を発表した。この講演で、毛沢東は中日戦争が持久戦であり、最後の勝利は中国のものであると指摘し、持久戦の段階を次のような3段階に分けた。第1段階は、敵の戦略的進攻、我が方の戦略的防御の時期であり、第2段階は、敵の戦略的守勢、我が方の反攻準備の時期であり、第3段階は、我が方の戦略的反攻、敵の戦略的退却の時期である。王秀鑫・郭徳宏著（石島紀之監訳、『抗日戦争史』翻訳刊行会訳）『中華民族抗日戦争史（1931～1945）』八朔社、2012年、167頁。

84　戦争と空爆問題研究会編、前掲書、49頁。

85　同上書、36～37頁。

86　防衛庁防衛研究所戦史室『戦史叢書　中国方面陸軍航空作戦』朝雲新聞社、1974年、123頁。

87　前田哲男、前掲書、78～79頁。

88　防衛庁防衛研究所戦史室『戦史叢書　中国方面陸軍航空作戦』、124頁。

89　戦争と空爆問題研究会編、前掲書、37頁。

90　重慶爆撃については、中国側の主張によれば、「1938年2月から1944（昭和19）年12月まで、6年10カ月にわたって、日本陸海軍の航空部隊は重慶及びその周辺地区に対して無差別爆撃を繰り返した」。潘洵・周勇編『抗戦時期重慶大轟炸日誌』重慶出版社、2011年、1頁。

91　当時中支那（華中）派遣軍の司令官は山田乙三中将、参謀長は河辺正三少将であった。秦郁彦『日本陸海軍総合事典』、326頁。

92　笠原十九司『海軍の日中戦争―アジア太平洋戦争への自滅のシナリオ―』平凡社、2015年、337頁。

93　同上書、345頁。

94　同上書、337頁。

95　参謀本部編『杉山メモ（上巻）』原書房、1989年、156頁。

96　海軍航空隊の諸部隊が、「アジア太平洋戦争開戦へ備えた準備、訓練を開始したなかで、第11航空艦隊の兵力の大部分（陸攻約180機）を漢口及び孝感の基地に進出させ、支那方面艦隊の指揮下に入れ、41年7月27日から8月31日まで、重慶及び成都を中心とする四川省要衝に対する徹底的な爆撃を行った。同作戦には陸軍の爆撃隊も協同し、前年の101

号作戦に続けて102号作戦と呼称された」。笠原十九司『海軍の日中戦争―アジア太平洋戦争への自滅のシナリオ―』、367頁。

97 防衛庁防衛研究所戦史室『戦史叢書　中国方面陸軍航空作戦』、231頁。

98 笠原十九司『海軍の日中戦争―アジア太平洋戦争への自滅のシナリオ―』、371頁。

99 第五部第一章で述べたように、遠藤は盧溝橋事件後の1937年8月から12月にかけて、野戦重砲兵第5連隊長として華北に従軍した。その後、翌1938年1月から1939年7月まで、大本営陸軍部幕僚として第1教育課長を担当しながら、戦場視察を行った。また、第四部で言及したように、1939年9月に、彼は関東軍参謀副長兼駐満大使館武官として、ノモンハン事件の停戦を伝達するため、ノモンハン現地に渡った。翌1940年3月、彼は関東軍参謀副長を首にされ、浜松飛行学校付に転任し、その後、本節で触れるように、同年8月に第3飛行団長として漢口に進駐した。遠藤三郎、前掲書、515頁；吉田曠二『将軍遠藤三郎とアジア・太平洋戦争』、506~507頁を参照。

100 当時、遠藤が率いた第3飛行団は、「司令部と司偵（司令部偵察）、直協（地上軍に直接協力）各1個中隊（12機）、軍偵（襲撃）、戦闘、軽爆各1個戦隊（3個中隊）」から成っていた。遠藤三郎、前掲書、190頁。

101 遠藤三郎「ある反軍将星『重慶爆撃』ざんげ録」、『丸　7月号』、潮書房光人社、1974年、110頁。本稿は重慶爆撃の残酷性と悲惨さを告発した遠藤三郎のざんげの記録であり、無差別爆撃への罪悪感、長距離進攻作戦の無謀さ、敵航空勢力撃滅を目的とする奥地進攻作戦の無意味さ等について記されている。

102 遠藤三郎、前掲書、192頁。

103 防衛庁防衛研究所戦史室『戦史叢書　中国方面陸軍航空作戦』、223頁。

104 遠藤三郎「ある反軍将星『重慶爆撃』ざんげ録」、114頁。

105 遠藤三郎、前掲書、195頁。

106 防衛庁防衛研究所戦史室『戦史叢書　中国方面陸軍航空作戦』、231頁。

107 遠藤三郎、前掲書、195~196頁。

108 笠原十九司『海軍の日中戦争―アジア太平洋戦争への自滅のシナリオ―』、371頁。

109 遠藤三郎「ある反軍将星『重慶爆撃』ざんげ録」、112~113頁。

110　同上、113頁。
111　吉田曠二『元陸軍中将遠藤三郎の肖像』、408頁。
112　1940年1月1日から翌1941年8月11日までの「遠藤日誌」は、当時中国から日本に郵送される途中、その船舶が海南島沖で沈没したため欠落している。同上書、406頁。
113　エドガー・スノー著（森谷巌訳）『アジアの戦争』筑摩書房、1973年、150頁。
114　吉田曠二『元陸軍中将遠藤三郎の肖像』、419頁。
115　遠藤三郎「ある反軍将星『重慶爆撃』ざんげ録」、112頁。
116　遠藤三郎、前掲書、194頁。
117　同上書、194頁。
118　遠藤三郎「ある反軍将星『重慶爆撃』ざんげ録」、113頁。
119　当時、遠藤三郎はこの「奥地進攻作戦ニ関スル意見」を「重慶爆撃無用論」と言っている。遠藤三郎、前掲書、194頁。
120　遠藤三郎「奥地進攻作戦ニ関スル意見」（昭和16年9月3日）（別冊資料）。
121　防衛庁防衛研究所戦史室『戦史叢書　中国方面陸軍航空作戦』、231頁。
122　この間、即ち1941年12月から翌1942年4月まで、遠藤三郎はマレー上陸作戦（1941年12月）、シンガポール攻略戦（1942年2月）とパレンバン奇襲作戦（1942年2月）、及びジャワ上陸作戦（1942年3月）を指揮した。特にジャワ上陸作戦で、遠藤は1942年3月3日午前、自らカリジャチ飛行場に着陸し、オランダ機甲部隊（戦車、装甲車）を多数破壊するなどの戦果をあげ、太平洋戦争初戦（大本営の第1段作戦）の勝利に貢献した。拙稿「元関東軍作戦参謀遠藤三郎と熱河作戦―『遠藤日誌』を中心に―」『インターカルチュラル　第12号』風行社、2014年、43～45頁。
123　南太平洋方面の初戦が一段落した昭和17（1942）年に、中国問題の根本解決を図るため、五号作戦が立案された。この五号作戦とは、「四川省に進攻し、重慶、成都などその要域を占領せんとした作戦（実際は、計画、準備にとどまった）の秘匿名称である。本作戦は『四川作戦』という方が的確であるが、一般的には『重慶作戦』とも言われた。」それは、支那（中国）派遣軍を増強し、その主力を持って、昭和18年春季ころ以降実施する予定で、大命、参謀総長指示も発令され、大本営以下計画、準備、訓練を実施したものである。しかし、昭和17年8月から展開された南太平洋方面（ガダルカナル島）における日米の攻防戦以降、全般戦局は日に日に我に非になったため、この計画、構想もついに立ち消えになってしまったものである」。その結果、大本営は１９４２（昭和17）年12月10日に、五号作戦準備中止、即ち、「大陸指第千三百六十七号」を正式に発令することとなった。防衛庁防衛研究所戦史室『戦史叢書　昭和十七、八年の支那派遣軍』朝雲新聞社、１９７2年、9頁；90頁。

124 「北進」とは、「太平洋戦争前の日本で『日本は北方地域へ進出すべきである』と唱えられていた対外論である。北進論でいう『北方』とは、『満洲国』より北のソビエト連邦のことを指す。『北進論』は早くは幕末の思想界に登場するが、とくに明治からの近代日本が欧米列強に対峙して軍備増強と勢力圏拡大を目ざした時、国策を導く有力な主張となった。当初から武力侵略を目ざす『北進論』は軍国主義と深く結びつき、主として陸軍軍人、国家主義者、右翼によって唱えられた。日清・日露戦争、韓国併合によって大陸侵略の立場を固めた日本は、辛亥革命ののち武力による満蒙地方（中国東北とモンゴル）の独占、中国山東省への勢力拡大を目ざして中国の民族主義との対立を深めた」。外務省外交資料館日本外交史辞典編纂委員会編『日本外交史辞典』山川出版社、１９９２年、９２８頁。

125 「北進」に対して「南進」とは、「近代日本の東南アジア・南太平洋地域への進出政策。日本は開国後の領土拡大を朝鮮と台湾方面に策したが、１８７４年（明治7）には台湾に出兵し、日清戦争で勝利して台湾・澎湖諸島を領有した。１９００年北清事変を利して台湾対岸厦門占領を企図して成らなかった。このころから陸海軍の国防戦略に対立がようやく顕著となり、日露戦争に勝利して満洲・朝鮮・南樺太等を支配してからは、軍備増強問題を巡って陸軍の陸主海従・北進南守論に対し、海軍は海主陸従・南進北守論を唱え、０７年策定の「帝国国防方針」では、仮想敵はロシア・アメリカ・中国の順で記されたが、パナマ運河開通やアメリカのマニラ要港化に直面した海軍は、海主・南進論を強調して譲らず、陸海主従論争はその後の国防政策の巨大な暗礁となった。第1次大戦後南洋委任統治領を得たが、大戦の経験と日米対立の深化は、東南アジアをも含む自給自足経済圏確立の必要を痛感させ、後の大東亜共栄圏構想に連動した。日中戦争長期化の中で、南方援蒋ルート攻撃や第2次大戦突入後のアメリカ・イギリス・オランダの対日禁輸体制打破の必要から、４０年（昭和15）南方地域をも含む『大東亜新秩序』建設構想が決定され、仏印進駐を強行、４１年日ソ中立条約締結後は、南進政策を策定して太平洋戦争に突入した」。京大日本史辞典編纂会編『新編日本史辞典』東京創元社、１９９０年、７５２～７５３頁。

126　稲葉正夫ほか編『太平洋戦争への道（新装版）別巻　資料編』朝日新聞社、１９６３年、４６７頁。

127　「このような『南進』政策のため、対ソ関係の改善を必要とした日本は、１９４１年4月、日ソ中立条約を結んだ。日ソ両国は互いに領土の保全と不可侵を尊重し、一方が第三国から攻撃された時は、他方はその紛争に中立を守る、というのが条約の骨子である」。岡部牧夫『満洲国』講談社、２００７年、１５６～１５７頁。

128　「関東軍においては、『時局に伴うこの一連の業務処理を平時的事項と截然区別する』とともに、『企図を秘匿』するため、7月11日付大陸命第５０６号に基づく関東軍命令において、動員諸隊の集中につき『関東軍特別演習』と称呼する旨明示した。略して『関特演』と称せられることになった」。そして、「『関特演』における動員業務は二次に分けて行われた。第一次（七月七日動員令下令、動員第一日は同十三日、動員完結は同十七日～二十四日）を第百一次動員、第二次（七月十六日動員下令、動員第一日は同二十八日、動員完結は同三十日～八月八日）を第百二次動員と称した」。防衛庁防衛研修所戦史室編『戦史叢書　関東軍（2）　関特演・終戦時の対ソ戦』朝雲新聞社、１９７４年、21～22頁。

129　岡部牧夫、前掲書、１５７頁。

130　「『関特演』の本質は「対ソ戦のための本格的な動員であり、締結されたばかりの『日ソ中立条約』に明白に違反するものだった。ソ連から見れば、大兵力の東部国境への釘付けを余儀なくされたことになり、日本の重大な背信行為にほかならなかった」。同上書、１５８頁。

131　遠藤三郎、前掲書、１９６頁。

132　遠藤は後年その自叙伝『日中十五年戦争と私―国賊・赤の将軍と人はいう』で、当時彼の「関特演」反対という意見具申について次のように回想している。即ち、「私はこの意見具申が果たして参謀総長や陸軍大臣の手に渡ったのか、またこれが何らかの貢献に価したかどうかは知りませんが、とにかく関特演は戦争に発展せずに終わったことは今日に於いてもよかったと信じております」と。同上書、１９６頁。

133　同上書、１９６頁。

134　陸軍統帥部が最終的に年内対北方武力行使を断念したのは（１９４１年）8月9日であった。この時示達された「帝国陸軍作戦要綱」の根本方針は、「一　在鮮満十六個師団をもってする対ソ警戒の至厳化　二　中国に対する既定作戦の続行　三　十一月末を目途とする対南方戦争準備の促進」の三項目であった。なお、「関特演」の最終期については、「明確な原資料がなく、当時の関係者の見解、記憶も一様でない。甲は厳密に北方増勢のための動員、輸送に直結する時期に限定すべきであると主張し、乙は実際的の問題として予算的措置が一段落ついた昭和17（1942）年6月までとするのが妥当と説く」。防衛庁防衛研修所戦史室編『戦史叢書　関東軍〈2〉　関特演・終戦時の対ソ戦』、21頁；66頁。

135　島田俊彦『関東軍―在満陸軍の独走―』講談社、2010年、221頁。

136　稲葉正夫ほか編、前掲書、510頁。

137　この日本軍による奇襲攻撃作戦は成功し、「アメリカ軍の4隻の戦艦が撃沈され、このほか戦艦4隻、軽巡洋艦4隻などが大破、破壊された航空機は231機にのぼった。米軍の死傷者は3681名、民間人の死者は103名である」。吉田裕・森茂樹『アジア・太平洋戦争』吉川弘文館、2007年、128〜129頁。

138　吉田曠二『ドキュメント日中戦争（下巻）（増補改訂版）』、74頁。

139　「ハル・ノート」(Hull note) とは、正式な名称は「Outline of proposed Basis for Agreement Between The United States and Japan」(「日米協定基礎概要案」) である。太平洋戦争開戦直前の日米交渉において、1941年11月26日にアメリカ側から日本側に提示された交渉文書である。日米交渉のアメリカ側の当事者であったコーデル・ハル国務長官の名前からこのように呼ばれている。鹿島平和研究所編『日本外交史　第23巻　日米交渉』鹿島研究所出版会、1970年、287〜297頁を参照。なお、当日、アメリカ側は「三国同盟破棄、中国撤兵はおろか、『満洲国』否認まで要求した『ハル・ノート』を日本に提示した。当時は中国はともかく、『満洲国』については黙認しようとする傾向が国際的にも強まっていただけに、『ハル・ノート』は、日本にとって、全面的屈伏か開戦かの『最後通牒』に等しかった」。児島襄『太平洋戦争（上巻）』中公新書、2008年、29頁。

140　日本国際政治学会太平洋戦争原因研究部編『太平洋戦争への道　開戦外交史（新装版）7　日米開戦』朝日新聞社、1987年、364頁。

141　即ち、「対米英蘭開戦ノ件　十一月五日決定ノ『帝国国策遂行要領』ニ基ク対米交渉ハ遂ニ成立スルニ至ラズ　帝国ハ米英蘭ニ対シ開戦ス」。同上書、363頁。

142　「このスローガンの持つ具体的な意味は、要するに、相手に対して強大を装って弱みを見せず、同時に万事控え目にして、相手に刺激を与えず、たとえ相手から刺激されても、じっと我慢することであった」。島田俊彦、前掲書、225～226頁。
143　岡部牧夫、前掲書、159頁。
144　解学詩『偽満洲国史新編（修訂本）』人民出版社、2008年、823頁。
145　「1943（昭和18）年9月30日の御前会議で決定された『今後採ルベキ戦争指導ノ大綱』は、従来の戦線を縮小し、後方要線を固め、千島・小笠原・内南洋・西部ニューギニア・スンダ・ビルマを『絶対確保スベキ要域』＝『絶対国防圏』とした」。吉田裕・森茂樹、前掲書、236頁。
146　当時、「極東軍司令官ワシレフスキー元帥総指揮の下に、メレッコフ元帥の率いる第一戦線軍は東満と北鮮に、ブルカーエフ大将の率いる第二戦線軍は北部正面に、マリノフスキー元帥の率いる第三戦線軍は西部国境方面に怒涛のように押し寄せた」。島田俊彦、前掲書、237頁。
147　防衛庁防衛研修所戦史室編『戦史叢書　関東軍（2）―関東演・終戦時の対ソ戦―』、454頁。
148　解学詩、前掲書、855頁。

結論

本論文では、「遠藤日誌」を手掛かりとして、元陸軍中将遠藤三郎が日中戦争中、即ち、満洲事変の勃発からアジア・太平洋戦争の終結に至るまで、それにどのように関与したのか、より具体的には、日中戦争中の諸作戦の立案や遂行にどのような役割を果たしたのか、その際、彼の性格、特にヒューマニズム的な資質や国際感覚、及び軍人としての冷徹さという、あえて言えば二面的性格がどのように反映されたのか等に焦点を当てて論じてきた。なお、これらに加えて、当時表面化しつつあり、日本の対外政策にも少なからず影響を与えた軍部、特に陸軍内における皇道派と統制派との派閥抗争と遠藤との関係に関しては、遠藤自身がそうした派閥抗争とは直接的な関係がない中立的な立場にあったこともあって、若干の言及に留まったことを最初に記しておきたい。

ここでは先ず、本論文において主要な手掛かりとした「遠藤日誌」から見て取れる遠藤三郎について言及しておきたい。遠藤三郎は陸軍のエリート軍人であったが、同時に彼は戦争を記録することに大きな関心をもっていた軍人であったと言って良いと思われる。それは言うまでもなく彼によって記された膨大な量の「日誌」や彼が作成した多くの機密資料が残されていることによって明らかである。「遠藤日誌」は戦時中一日も欠かさず記され、93冊に及ぶ量に達しているばかりか、公的な戦争史などと照らし合わせても正確性が高く、したがって歴史的価値も高いと言えるものであった。これらからして、彼はエリート軍人であると同時に、どちらかと言うと、日中戦争中の各局面で示されたように、大変真摯で事実を冷静に分析し判断しようとする人物であったと言って良いように思われる。

ところで、遠藤三郎は、1893年の生まれであることから容易に推察されるように、1931年9月の満洲事変に始まる日中戦争及び太平洋戦争を通じて、陸軍軍人としてそれに全面的に関わったと言って良い。しかも彼は、エリート軍人として、主として参謀畑を歩んだこともあって、日中戦争中の多くの作戦の立案や実行に関与した。そこで、以下では、彼の性格の二面性がどこから来たのかを記し、次いで満洲事変と日中全面戦争中の幾つかの重要局面を取り上げ、それらに対する遠藤の関わり、及びそれに彼の性格がどのように反映されたのかについての検証結果を略述し、そこに共通して見られた特徴を結論としてまとめることとする。

先ず軍人としての遠藤三郎に冷徹な側面があったことは、ある意味で当然と言えるであろう。規律を重視する帝国陸軍の一員として、彼は、組織原理、即ち軍の論理に従い、軍の意思を忠実に実行に移す義務を負っていた。そのため、一旦戦争が拡大されると、彼は日本陸軍という組織に属する軍人として、時として不本意ながら軍事的拡大の渦に巻き込まれたと言って良い。ただ、そのような場合においても、或いは、上に述べたように、彼が参謀として多くの作戦の立案に関与した際には、彼のヒューマニズム的な性格や国際感覚が反映され、時として軍の上層部と衝突することもあった。

そのヒューマニズム的性格や国際感覚については、彼の生来の性格に加え、１９２０年代後半のフランス留学時代の諸経験によって体得されたものであったと言って良いであろう。即ち、彼はフランス留学中、第1次世界大戦の戦場跡の見学等によって、戦争の悲惨さ、残酷性、ひいてはその無意味さを痛感し、クーデンホーフ・カレルギーの「汎ヨーロッパ主義」を学ぶとともに国際感覚を身につけ、さらには軍縮にも関心を示した。

以上のような性格をもった遠藤は、１９３０年代に日中戦争に関与することになるが、それらを幾つかの局面に分けて以下にまとめてみたい。

まず、第1局面は、満洲事変とそれに続く一連の軍事行動と遠藤との関わりである。これは遠藤の「渡満日誌」に記録されているが、満洲事変が勃発すると、遠藤は、陸軍参謀本部の「事変不拡大」方針の下に、いわゆる「橋本ミッション」の一員として満洲に派遣されるが、結果的には既成事実の追認を余儀なくされ、さらに関東軍の謀略による錦州爆撃や、遠藤は反対であった関東軍の北満出兵に同調することになった。ただ、１９３２年1月第1次上海事変が勃発すると、彼はその上陸作戦の被害を最小限にとどめる方策として、「七了口上陸作戦案」を立案し、日本軍を勝利に導いた。

この一連の日本の軍事行動に際しては、遠藤は、言わば日本の侵略行動の流れに翻弄されることになったが、特に関東軍の一連の謀略による作戦や拡大路線には批判的であったし、柳条湖事件における中国人死体の放置や特に日中全面戦争の際の一般住民の虐殺、及び無差別爆撃に対しては、それが非人道的であるとして批判的見解を持っていた。その一方、第1次上海事変における、特に「七了口上陸作戦案」の立案に当たっては、冷静な戦略家としての非凡な能力を発揮した。

次の第2局面は、1932年から1934年にかけての遠藤の動きである。即ち、この間、遠藤は「満洲国」の建設に尽力するとともに、「熱河作戦計画」を立案するが、その結果、関東軍は熱河省全域を占領することとなる。その後、関東軍の万里の長城を越えた作戦の拡大は中止され、1933年5月末には、遠藤が策定した「塘沽停戦協定」が日中間で締結され、満洲事変は一応終結した。さらに1934年になると、遠藤は、対ソ戦用の北満国境要塞の築城計画案の作成と各地現場指導において主導的役割を果たした。

以上の通り、この間1932年から1934年にかけての遠藤三郎は、関東軍主任参謀として、冷徹さを維持しながら軍事作戦能力を如何なく発揮すると同時に、関東軍に結果的に協力し、全力投球で諸作戦の実現のために尽力した。

第3局面は、対ソ戦計画に関する遠藤の関与である。1934年8月になると、遠藤は陸軍大学の兵学教官に転任し、日中戦争から一旦離れるが、特に「北進論」者が日中戦争の延長線上に目指していた対ソ戦に関連する重要な見解を明らかにした。それは遠藤三郎が1936年に作成した「対ソ作戦案」であり、さらに1939年のノモンハン事件後に彼が作成した「対ソ戦継続不可論」であった。前者は、2つの作戦案、すなわち「防御及退却」作戦案と「遭遇戦及追撃」作戦案に分けられ、1936年3月から6月にかけて陸軍大学で講義された。その骨子は、対ソ戦はタイミングが重要であり、奇襲作戦と総力戦によらなければ勝算はないというものであった。時期について言えば、1937年初頭までが限度であると主張された。また、後者に関しては、関東軍と陸軍参謀本部の好戦派の「対ソ戦強硬論」を論駁したものであった。

このように、遠藤は対ソ戦に関しては、彼我の戦力の冷静且つ慎重な分析の下に、この段階における対ソ戦は無謀であると論じ、陸軍参謀本部もそれを受け入れた。この点でも遠藤は的確な戦略判断を下したと言うことができる。

第4局面は、日中全面戦争への突入、及び日本のその後の軍事行動の拡大と遠藤の関与である。日中両国は、1937年7月7日に盧溝橋事件が勃発すると、全面戦争に突入する。そして、盧溝橋事件を契機に、陸軍内では、事態の拡大を良しとしない「不拡大派」と「対中一撃論」を主張する「拡大派」が対立するが、漸次「拡大派」が大勢を占めるようになる。遠藤は事態の拡大に反対であったが、軍の大勢に抗せず、軍の命令に従い華北に従軍することとなった。そこで遠藤は日本軍の規律の乱れ、具体的には略奪、一般民衆の虐殺、婦女強姦などの不法行為を目の当たりにし、強く慨嘆するとともに、37年12月に陸軍参謀本部第1課長（教育担当）に転任すると、翌1938年7月には「従軍兵士の心得」と題する小冊子を作成し、全軍の兵士に配布するとともに、軍規の乱れを強く戒めた。それに加えて遠藤は、事態のさらなる拡大を止めるべく、1939年3月には「事変処理ニ関スル軍事上ノ意見」を作成し、参謀総長や陸軍大臣に具申した。しかし、陸軍中央は、遠藤の思惑とは反対に、戦域を華北から漸次中国全土へ拡大していった。

ここでの遠藤は、華北における従軍体験から、人道主義的観点に立ち、且つ国際感覚に裏打ちされたヒューマニズム的性格を強く前面に押し出し、軍の大勢にかかわらず、自己の主張を貫徹したと言って良いであろう。

第5局面は、重慶爆撃と「北進」から「南進」への国策転換を巡る遠藤の行動である。

日中戦争の拡大に伴い、日本は1937年12月には国民政府の首都であった南京を陥落させた。そのため、国民政府は首都を武漢さらには重慶に移動させたため、日本陸海軍の目標は重慶を落とすことに変わった。しかし、重慶は天然の要塞地であるとともに、中国軍にとって抗日戦略の牙城であり、他方、日本軍は中国各地に分散されていたため、地上軍の派遣は困難な状況にあった。そこで、大本営が構想したものが空からの重慶爆撃であった。それは、中国軍の抗戦意欲を粉砕し、泥沼化した日中戦争からの脱却するための重慶の都市と一般住民を標的にする無差別戦略爆撃であった。遠藤も1941年夏には陸軍上層部からの命令によって重慶爆撃を指導した。しかし、彼は実際の爆撃体験からこの重慶爆撃が効果が薄い上に、非戦闘員や非武装都市に対する爆撃は国際法上も問題であるとして、41年9月には陸軍上司に対し「重慶爆撃無用論」を建議したのである。この「重慶爆撃無用論」は陸軍中央部によって採用されることになったが、それは日中全面戦争の行きづまりを意味し、その状況から脱出するため、日本軍のさらなる「南進」を助長することになり、遂には米英蘭との衝突、すなわち太平洋戦争への突入という結果を招いてしまった。

遠藤三郎は、戦線の拡大には批判的であったが、帝国陸軍軍人として、日本の軍事的拡大の渦に巻き込まれ、軍隊組織に属するエリート軍人の宿命として、そこから脱却することはできなかった。しかし、彼は、冷静な戦略家として、重慶爆撃の無意味さを認識するとともに、無差別爆撃の非人道性、非合法性なども強く認識し、最終的には彼の「重慶爆撃無用論」が陸軍中央部に認めさせたのである。

以上のように、彼は、日中戦争の様々な局面に関与したが、それぞれの局面ごとに区々とは言え、彼の軍人としての能力が秀でており、且つ彼の軍人としての冷徹な性格は当然のこととして、それに加え、彼の人道主義に基礎を置くヒューマニズム的性格や国際感覚は、彼が関与した諸局面において随所に垣間見られるものであり、結論として、彼は単なる軍人とは異なる稀有な軍人であったと言うことができると思われる。

なお、主要な先行研究、吉田曠二著『元陸軍中将遠藤三郎の肖像』及び『将軍遠藤三郎とアジア太平洋戦争』、特に後者において、著者吉田曠二は戦後の遠藤の「非戦平和」思想を遠藤の思想転換と認識している。しかし、私は本論文で戦後の遠藤を詳しく検証したわけではないが、序論と第一部で論じたように、彼の「非戦平和」思想は生来の彼の優しさと後年彼が体得したヒューマニズム的資質の延長線上に位置づけられるものと解釈した。それに関して、私は2つの理由を指摘しておきたい。第一は、序論で言及したような彼の生来の優しい性格は、彼の性格形成と成人後の意思決定に大きな影響を与えたと考えられることである。第二は、第一部で検証した通り、彼のフランス留学時代におけるクーデンホーフ・カレルギーの「欧州連合」構想などの学習を通して、平和主義的な世界観や国際感覚を体得したことであり、彼の「非戦平和」思想はそれらを基礎とするものであった。

主要参考文献

一　遠藤三郎関係文献・資料

1　「遠藤日誌」と別冊資料

（1）「遠藤日誌」

遠藤三郎「遠藤日誌」（明治三七年八月一日～昭和五九年九月九日）（各年度別、昭和一五年度は輸送船沈没により紛失）。

（2）別冊資料

遠藤三郎「満州事変中渡満日誌」（自昭和六年九月二十四日至同昭和六年十一月三日）。

同「極秘　昭和二年八月　寿府三国海軍軍備制限会議報告書」。

同「昭和七年　七了口附近上陸作戦ニ関スル書類　遠藤少佐」。

同「北支ニ於ケル停戦交渉経過概要」（関東軍司令部、昭和八年六月）。

同「昭和九年八月　対満要綱　遠藤参謀」。

同「昭和十一年度第三学年　戦術講授録（防御及び退却）」（草稿）。

同「昭和十一年度第三学年　校内戦術講授録　第四期第三班（遭遇戦及追撃）」（草稿）。

同「従軍兵士ノ心得」（第一号　大本営陸軍部）（昭和一三年八月）。

同「遠藤部隊従軍報告書」（昭和一三年九月二一日）。

同「日支事変ニ従軍シテ」（昭和一三年九月）。

同「極秘　対『ソ』作戦構想（案）」（昭和十四年九月二八日）。

同「極秘　関東軍指導要綱（第二案）」（昭和十四年一〇月一一日）。

同「極秘　五部ノ内第四号　年度対『ソ』作戦計画ノ大綱（私案）」（昭和十四年一一月一日）。

同「極秘　昭和十五年度作戦計画訓令案ニ対スル意見」（昭和十四年一一月二三日起草）。

同「参謀次長澤田中将宛書簡　陸軍少将遠藤三郎」（昭和十五年三月二五日）。

同「奥地進攻作戦ニ関スル意見（重慶爆撃無用論）　遠藤少将」（昭和十六年九月三日）。

同「航空戦力ノ飛躍的増強ニ関スル一対策私案」（昭和十八年六月一日）。

同「陸海軍航空部隊ノ任務竝ニ兵力ニ関スル一私案」（昭和十八年六月十五日）。

同「軍人生活の体験に基く日本の再軍備反対論（国際警察部隊設置の提唱）」（昭和二十八年十一月稿）。

同「戦争並に戦争準備否協力運動展開に関する提唱」（昭和廿年四月）。

同「中国訪問記　自昭和卅年十一月六日至十二月六日」。

同「元軍人の観たる新中国（昭和三十一年発行）」。

同「ある反軍将星『重慶爆撃』ざんげ録」、『丸　7月号』、潮書房光人社、1974年、110～120頁。

速記録「将軍は語る―遠藤三郎対談記」（草稿　昭和54年4月）。

石原莞爾「満蒙計略計画」（昭和六年九月）。

同「満蒙問題解決ノ為ノ戦争計画大綱」（昭和六年九月）。

閣議決定「日満機関統一要綱」（昭和七年七月廿六日）。

同「満洲国指導方針要綱方針」（昭和八年八月）。

関東軍司令部「在満機関統一系統図」（昭和九年七月十八日）。

同「満洲国ノ根本理念ト協和会ノ本質」（昭和十一年九月十八日）。

2

遠藤三郎『日中十五年戦争と私―国賊・赤の将軍と人はいう』日中書林、1974年。

3　遠藤三郎についての文献と論文

（1）文献

遠藤三郎等著『元軍人の見た中共―新中国の政治・経済・文化・思想の実態―』文理書院、1956年。

菊池実・関東軍国境要塞遺跡研究会編『ソ満国境関東軍国境要塞遺跡群の研究』六一書房、2001年。

澤地久枝『妻たちの二・二六事件』中公文庫、1972年。

同『滄海よ眠れ―ミッドウェー海戦の生と死―（1～6）』毎日新聞社、１９８４～１９８５年。

田原洋『関東大震災と王希天事件―もうひとつの虐殺秘史』三一書房、１９８２年。

角田房子『甘粕大尉』中公文庫、１９７９年。

日中友好元軍人の会『遠藤語録』編集委員会『軍備は国を亡ぼす―遠藤三郎語録』日中友好元軍人の会、１９９３年。

宮武剛『将軍の遺言―遠藤三郎日記―』毎日新聞社、１９８６年。

吉田曠二『元陸軍中将遠藤三郎の肖像』すずさわ書店、２０１２年。

同『将軍遠藤三郎とアジア太平洋戦争』ゆまに書房、２０１５年。

（2）論文

東中野多聞「遠藤三郎と終戦―戦前から戦後へ（附）遠藤三郎関係史料目録」（東京大学大学院人文社会系研究科・文学部日本史学研究室『東京大学日本史学研究室紀要　第7号』）、２００３年、95～１１５頁。

吉田曠二「元日本陸軍将軍・遠藤三郎と第７３１部隊」（15年戦争と日本の医学医療研究会編『７３１　日本軍細菌戦部隊』文理閣、２０１５年、３３６～３６０頁）。

拙稿「元関東軍作戦参謀遠藤三郎の対ソ戦論と行動―『遠藤日誌』を中心に―」（『名城大学法学論集　大学院研究年報第40集』）、２０１２年、３～39頁。

拙稿「遠藤三郎と満洲国―『遠藤日誌』を中心に―」（『ＩＣＣＳ現代中国学ジャーナル　第5巻　第2号』）、２０１３年、35～55頁。

拙稿「浅析偽満洲国之〝偽〟性」（中国語）（『長春文物』第26期）、長春市文物保護研究所、２０１３年、１０１～１１０頁。

拙稿「元関東軍作戦参謀遠藤三郎と熱河作戦―『遠藤日誌』を中心に―」（『インターカルチュラル　第12号』）風行社、２０１４年、42～57頁。

拙稿「遠藤三郎と第一次上海事変―『遠藤日誌』を中心に―」（馬場毅編『多角的視点から見た日中戦争―政治・経済・軍事・文化・民族の相克―』）集広舎、２０１５年、33～61頁。

拙稿「満洲事変を巡る関東軍の謀略作戦―『遠藤日誌』を中心に―（Ⅰ）」（政治経済史学会編集『政治経済史学　第５８４号』）日本政治経済史学研究所、２０１５年、1～23頁。

「満洲事変を巡る関東軍の謀略作戦―『遠藤日誌』を中心に―（Ⅱ）」（政治経済史学会編集『政治経済史学　第585号』）日本政治経済史学研究所、2015年、24～42頁。

拙稿「遠藤三郎と重慶爆撃―『北進』から『南進』への国策転換―」（『愛知大学国際問題研究所紀要　第146号』）、2015年、267～293頁。

二　その他の参考文献・資料

1　日本語文献

栗屋憲太郎『ドキュメント昭和史（普及版）2　満洲事変と二・二六』平凡社、1983年。

栗屋憲太郎・竹内桂編集・解説『対ソ情報戦資料　第1巻　関東軍関係資料（1）』現代史料出版、1999年。

同『対ソ情報戦資料　第2巻　関東軍関係資料（2）』現代史料出版、1999年。

愛新覚羅浩（嵯峨浩）『流転の王妃』文芸春秋新社、1959年。

有馬成甫『海軍陸戦隊上海戦闘記』海軍研究社、1932年。

相賀徹夫『日本大百科全書　13』小学館、1987年。

入江曜子『溥儀―清朝最後の皇帝』岩波新書、2006年。

今村均『続・今村均回顧録』（改題『続・一軍人六十年の哀歓』）芙蓉書房、1980年。

石島紀之・久保亨編『重慶国民政府史の研究』東京大学出版会、2004年。

石島紀之『中国抗日戦争史』青木書店、1984年。

同『中国民衆にとっての日中戦争　飢え、社会改革、ナショナリズム』研文出版、2014年。

井上清『天皇の戦争責任』現代評論社、1975年。

今井武夫『昭和の謀略』原書房、1967年。

同『支那事変の回想』みすず書房、1964年。

同『日中和平工作』みすず書房、2009年。

石原莞爾『最終戦争論』経済往来社、１９７２年。

伊東六十次郎『満洲問題の歴史（上、下）』原書房、１９８３年。

伊香俊哉『戦争の日本史22　満洲事変から日中全面戦争へ』吉川弘文館、２００７年。

伊藤正徳『帝国陸軍の最後　（３）特攻（続）終末篇』光人社、１９８１年。

池田佑『大東亜戦史　満洲編（上、下）』富士書苑、２００６年。

稲葉正夫ほか編『太平洋戦争への道　開戦外交史　別巻　資料編』朝日新聞社、１９６３年。

猪瀬直樹監修、平塚柾緒編集『目撃者が語る昭和史　第３巻　満洲事変　昭和３年の張作霖爆殺事件から満洲建国』新人物往来社、１９８９年。

猪瀬直樹監修、義井博編集『目撃者が語る昭和史　第４巻　２・２６事件』新人物往来社、１９８９年。

臼井勝美『満洲事変―戦争と外交と―』中央公論社、１９７４年。

内田尚孝『華北事変の研究―塘沽停戦協定と華北危機下の日中関係一九三二～一九三五年―』汲古書院、２００６年。

内山完造『花甲録』岩波書店、１９６０年。

牛島康允『ノモンハン全戦史』自然と科学社、１９８８年。

江田憲治ほか編訳『人体実験―７３１部隊とその周辺―』同文館、１９９１年。

ＮＨＫ〝ドキュメント昭和〟取材班編『ドキュメント昭和７―皇帝の密約』角川書店、１９８７年。

江口圭一『十五年戦争小史（新版）』青木書店、１９９１年。

同『昭和の歴史　第４巻　十五年戦争の開幕』小学館、１９８２年。

緒方貞子『満洲事変―政策の形成過程―』岩波書店、２０１１年。

小野一麻呂『爆弾三勇士の真相と其観察』小林又七印刷所、１９３２年。

岡村寧次著、稲葉正夫編『岡村寧次大将資料（上）―戦場回想篇―』原書房、１９７０年。

岡部牧夫『満洲国』講談社、２００７年。

同『十五年戦争極秘資料集　第四集　満洲事変における憲兵隊の行動に関する資料』、不二出版、１９８７年。

大杉一雄『日中15年戦争史』、中央公論社、１９９６年。

岡崎哲夫『秘録・北満永久要塞―関東軍の最期―』秋田書店、１９６４年。

相賀徹夫『日本大百科全書　13』小学館、１９８７年。

大江志乃夫『張作霖爆殺』中公新書、１９８９年。

同『御前会議―昭和天皇十五回の聖断―』中公新書、１９９１年。

鹿島平和研究所編『日本外交史　第16巻　海軍軍縮交渉・不戦条約』鹿島研究所出版会、１９７３年。

同『日本外交史　第18巻　満洲事変』鹿島研究所出版会、１９７３年。

同『日本外交史　第19巻　日華事変（上）』鹿島研究所出版会、１９７３年。

同『日本外交史　第20巻　日華事変（下）』鹿島研究所出版会、１９７３年。

同『日本外交史　第21巻　日独伊同盟・日ソ中立条約』鹿島研究所出版会、１９７４年。

同『日本外交史　第22巻　南進問題』鹿島研究所出版会、１９７５年。

同『日本外交史　第23巻　日米交渉』鹿島研究所出版会、１９７０年。

同『日本外交主要文書・年表　（1）　１９４１―１９６０』原書房、１９８３年。

笠原十九司『海軍の日中戦争―アジア太平洋戦争への自滅のシナリオ―』平凡社、２０１５年。

同『南京事件』岩波新書、１９９７年、１４４頁。

川田稔『昭和陸軍全史　１　満州事変』講談社現代新書、２０１４年。

同『昭和陸軍全史　２　日中戦争』講談社現代新書、２０１４年。

同『昭和陸軍の軌跡―永田鉄山の構想とその分岐―』中公新書、２０１１年。

加藤陽子『戦争の論理　日露戦争から太平洋戦争まで』勁草書房、２００５年。

同『満洲事変から日中戦争へ　シリーズ日本近現代史⑤』岩波書店、２００７年。

菅野和夫ほか編『ポケット六法　平成21年版』有斐閣、２００９年。

川村湊『満洲国』現代書館、２０１１年。

外務省編『日本外交文書　ジュネーブ海軍軍備制限会議』外務省、１９８２年。

同『日本外交文書　満洲事変（第１巻第１冊）』外務省、１９７７年。

同『日中外交文書　満洲事変（第1巻第2冊）』外務省、1977年。

同『日中外交文書　満洲事変（第1巻第3冊）』外務省、1978年。

同『日中外交文書　満洲事変（第2巻第1冊）』外務省、1979年。

同『日中外交文書　満洲事変（第2巻第2冊）』外務省、1980年。

同『日中外交文書　満洲事変　別巻』外務省、1981年。

同『日本外交年表並主要文書　（上）（下）』原書房、1966年。

外務省外交資料館日本外交史辞典編纂委員会『日本外交史辞典』山川出版社、1992年。

外務省情報部著『満洲事変及上海事件関係公表集　昭和九年一月』外務省情報部、1934年。

関東大震災五十周年朝鮮人犠牲者追悼行事実行委員会編『歴史の真実─関東大震災と朝鮮人虐殺』現代史出版会、1975年。

関東大震災八十周年記念行事実行委員会編『世界史としての関東大震災─アジア・国家・民衆─』日本経済評論社、2004年。

菅野和夫ほか編『ポケット六法　平成21年版』有斐閣、2009年。

喜多村貫二『昭和七年上海事変　明華日誌』明華糖廠、1932年。

極東国際軍事裁判研究会編『極東国際軍事裁判研究　別巻　木戸日記─木戸被告人宣誓供述書全文─』平和書房、1947年。

菊池一隆『中国抗日軍事史　1937─1945』有志舎、2009年。

京大日本史辞典編纂会編『新編日本史辞典』東京創元社、1990年。

京大西洋史辞典編纂会編『新編西洋史辞典』東京創元社、1983年。

喜多村貫二『昭和七年上海事変　明華日誌』明華糖廠、1932年。

北岡伸一『日本陸軍と大陸政策』東京大学出版会、1978年。

北村稔『「南京事件」の探求─その実像をもとめて─』文藝春秋、2001年。

北博昭編『十五年戦争重要文献シリーズ　第10集　昭和十年前後期支那駐屯軍憲兵部文書』不二出版、1992年。

同『日中開戦─軍法務局文書からみた挙国一致体制への道─』中公新書、1994年。

貴志俊彦・松重充浩・松村史紀編『二〇世紀満洲歴史事典』吉川弘文館、2012年。

木戸幸一『木戸幸一日記（上、下）』東京大学出版会、1966年。

姜徳相『関東大震災・虐殺の記憶（新版）』青丘文化社、2003年。

姜徳相・琴秉洞編『現代史資料（6）関東大震災と朝鮮人』みすず書房、1963年。

小林龍夫・島田俊彦編『現代史資料（7）満洲事変』みすず書房、1964年。

島田俊彦・稲葉正夫編『現代史資料（8）日中戦争（一）』みすず書房、1964年。

臼井勝美・稲葉正夫編『現代史資料（9）日中戦争（二）』みすず書房、1964年。

角田順編『現代史資料（10）日中戦争（三）』みすず書房、1964年。

小林龍夫・島田俊彦・稲葉正夫編『現代史資料（11）続・満洲事変』みすず書房、1965年。

軍事史学会『大本営陸軍部戦争指導班　機密戦争日誌（上、下巻）』錦正社、1998年。

同『現代史資料（12）日中戦争（四）』みすず書房、1965年。

臼井勝美編『現代史資料（13）日中戦争（五）』みすず書房、1966年。

現代史の会編『ドキュメント　関東大震災』草風館、1983年。

児島襄『日中戦争（第1、2巻）』文芸春秋、1984年。

同『太平洋戦争（上）（下）』中公新書、2008年。

小林英夫『満洲の歴史』講談社、1966年。

同『日中戦争―殲滅戦から消耗戦へ―』講談社現代新書、2007年。

小林英夫、児島俊郎編・解説、林道生訳『七三一細菌戦部隊・中国新資料』不二出版、1995年。

佐藤元英監修『外務省公表集　第八巻　満洲事変及上海事変関係公表集』クレス出版、1993年。

参謀本部編『杉山メモ（上、下）』原書房、1989年。

同『満洲事変作戦経過ノ概要―満洲事変史―』巌南堂書店、1972年。

塩英哲編訳、鵜野恰平編集『精選中国地名辞典』凌雲出版、1983年。

15年戦争と日本の医学医療研究会編『731　日本軍細菌戦部隊』文理閣、2015年。

下中弘編集『日本史大辞典（第五巻、第六巻）』平凡社、1994年。

下中直也編『世界大百科事典（20）』平凡社、1988年。

島田俊彦『関東軍―在満陸軍の独走―』講談社学術文庫、2005年。

同『満洲事変』講談社学術文庫、2010年。

柴山太『国際政治・日本外交叢書⑪　日本再軍備への道―1945～1954年―』ミネルヴァ書房、2010年。

島村喬『3000人の生体実験―日本軍「細菌部隊」の罪業―』原書房、1981年。

上海居留民団編『昭和七年上海事変誌』上海居留民団、1932年。

新人物往来社戦史室編『満洲国と関東軍』新人物往来社、1994年。

植民地文化学会・中国東北淪陥14年史総編室共編『満洲国とは何だったのか（日中共同研究）』小学館、2008年。

上法快男『陸軍省軍務局』芙蓉書房、1979年。

杉之尾宜生『戦略論大系　1孫子』芙蓉書房、2001年。

杉江栄一『現代国際政治資料集』、法律文化社、1979年。

須山幸雄『作戦の鬼小畑敏四郎』芙蓉書房、1983年。

戦争と空爆問題研究会編『重慶爆撃とは何だったのか―もうひとつの日中戦争』高文研、2009年。

仙田実・仙田典子『昭和の遺言　十五年戦争―兵士が語った戦争の真実―』文芸社、2008年。

ソ連ハバロフスク軍事裁判の公判記録『細菌戦用兵器ノ準備及ビ使用ノ廉デ起訴サレタ元日本軍軍人ノ事件ニ関スル公判書類』外国語図書出版所・モスクワ、1950年。

高橋正衛『林銑十郎　満洲事変日誌』みすず書房、1996年。

田中克彦『ノモンハン戦争―モンゴルと満洲国』岩波新書、2009年。

田中明、松村高夫編『十五年戦争極秘資料集　第二十九集　七三一部隊作成資料』不二出版、1991年。

大学教育社編『現代政治学事典（新訂版）』ブレーン出版、1998年。

朝鮮人犠牲者追悼行事実行委員会編『歴史の真実―関東大震災と朝鮮人虐殺』現代史出版会、1975年。

田中宏巳・影山好一郎『昭和六・七年事変海軍戦史　戦紀巻二』緑蔭書房、2001年。

角田順編『石原莞爾資料　国防論策』原書房、1967年。

辻政信『ノモンハン秘史』原書房、1967年。

常石敬一『消えた細菌戦部隊―関東軍第七三一部隊―』海鳴社、1981年。

同『七三一部隊―生物兵器犯罪の真実―』講談社、1995年。

辻政信『ノモンハン秘史』原書房、1967年。

徳富蘇峰『満洲建国読本』日本電報通信社、1940年。

中村祐悦『白団―台湾軍をつくった日本軍将校たち』芙蓉書房出版、1995年。

七三一研究会編『細菌戦部隊』晩聲社、1996年。

中山隆志『戦略論大系(10)石原莞爾』、芙蓉書房、2007年。

同『関東軍』講談社、2000年。

日本史広辞典編集委員会編『日本史広辞典』山川出版社、1997年。

日本国際政治学会太平洋戦争原因研究部編『太平洋戦争への道　開戦外交史(新装版)1　満州事変前夜』朝日新聞社、1987年。

同『太平洋戦争への道　開戦外交史(新装版)2　満州事変』朝日新聞社、1987年。

同『太平洋戦争への道　開戦外交史(新装版)3　日中戦争(上)』朝日新聞社、1987年。

同『太平洋戦争への道　開戦外交史(新装版)4　日中戦争(下)』朝日新聞社、1987年。

同『太平洋戦争への道　開戦外交史(新装版)6　南方進出』朝日新聞社、1987年。

同『太平洋戦争への道　開戦外交史(新装版)7　日米開戦』朝日新聞社、1987年。

仁木ふみ子『震災下の中国人虐殺―中国人労働者王希天はなぜ殺されたか』青木書店、1993年。

野邑理栄子『陸軍幼年学校体制の研究―エリート養成と軍事・教育・政治―』吉川弘文館、2006年。

野田勝久編『十五年戦争極秘資料集　補巻5　第一次上海事変における第九師団軍医部「陣中日誌」』不二出版、1998年。

服部卓四郎『大東亜戦争全史』原書房、1993年。

服部龍二『日中歴史認識―「田中上奏文」をめぐる相剋　1927―2010』東京大学出版会、2010年。

馬場毅編『多角的視点から見た日中戦争―政治・経済・軍事・文化・民族の相克』集広舎、2015年。

秦郁彦『日中戦争史』河出書房新社、１９６１年。

同『日本陸海軍総合事典』東京大学出版会、１９９１年。

同『盧溝橋事件の研究』東京大学出版会、１９９６年。

波多野澄雄・黒沢文貴編集、奈良武次著『侍従武官長奈良武次日記・回想録　第3巻（昭和3年〜8年）』柏書房、２０００年。

藤原彰『昭和の歴史　第5巻　日中全面戦争』小学館、１９８２年。

同『日本軍事史（上巻戦前篇）』社会批評社、２００６年。

古屋哲夫『日中戦争史研究』吉川弘文館、１９８４年。

本庄繁『本庄日記』原書房、１９６７年。

防衛庁防衛研修所戦史室編『戦史叢書　関東軍（１）―対ソ戦備・ノモンハン事件―』朝雲新聞社、１９６９年。

同『戦史叢書　満洲方面陸軍航空作戦』朝雲新聞社、１９７２年。

同『戦史叢書　中国方面陸軍航空作戦』朝雲新聞社、１９７４年。

同『戦史叢書　関東軍（２）―関東演・終戦時の対ソ戦―』朝雲新聞社、１９７４年。

同『戦史叢書　支那事変陸軍作戦（１）―昭和十三年一月まで―』朝雲新聞社、１９７５年。

同『戦史叢書　支那事変陸軍作戦（２）―昭和十四年九月まで―』朝雲新聞社、１９７６年。

同『戦史叢書　中国方面海軍作戦（１）―昭和十三年三月まで―』朝雲新聞社、１９７４年。

同『戦史叢書　中国方面海軍作戦（２）―昭和十三年四月以降―』朝雲新聞社、１９７５年。

前田哲男『戦略爆撃の思想　ゲルニカ―重慶―広島への軌跡』朝日新聞社、１９８８年。

松尾章一『関東大震災と戒厳令』吉川弘文館、２００３年。

松沢哲成・鈴木正節『二・二六と青年将校』三一書房、１９７４年。

松村高夫・矢野久編『裁判と歴史学―七三一細菌戦部隊を法廷からみる―』現代書館、２００７年。

村瀬興雄『世界の歴史（15）―ファシズムと第二次大戦―』中公文庫、１９６２年。

武藤富男『私と満洲国』文藝春秋、１９８８年。

本村武盛『満洲年鑑　昭和十二年康徳四年』満洲日日新聞社、１９３６年。

森久男『日本陸軍と内蒙工作―関東軍はなぜ独走したか―』講談社、2009年。

森山康平『証言記録：三光政策―南京虐殺から満州国崩壊まで』新人物往来社、1975年。

安井三吉『盧溝橋事件』研文出版、1993年。

同『柳条湖事件から盧溝橋事件へ―1930年代華北をめぐる日中の対抗―』研文出版、2003年。

山室信一『キメラ―満洲国の肖像（増補版）』中公新書、2004年。

山本有造編『「満洲国」の研究』京都大学人文科学研究所、1993年。

山田昭次『関東大震災時の朝鮮人虐殺―その国家責任と民衆責任』創史社、2003年。

山田朗『昭和天皇の戦争指導』昭和出版、1990年。

山田朗・松野誠也編『大本営陸軍部上層関係資料』現代史料出版、2005年。

山中恒『アジア・太平洋戦争史―同時代人はどう見ていたか―（上）（下）』岩波現代文庫、2015年。

吉田曠二『ドキュメント日中戦争（上巻・中巻・下巻）（増補改訂版）』三恵社、2008年。

同『歴史を探る満洲の旅―3000キロ鉄路の風景から』三恵社、2010年。

同『魯迅の友内山完造の肖像―上海内山書店の老板―』新教出版社、1994年。

吉田裕・森茂樹『アジア・太平洋戦争』吉川弘文館、2007年。

吉見義明・伊香俊哉『七三一部隊と天皇・陸軍中央』岩波書店、1995年。

米原謙『徳富蘇峰―日本ナショナリズムの軌跡―』中公新書、2003年。

歴史学研究会編『太平洋戦争史　1　満洲事変』青木書店、1971年。

渡邊行男『重光葵―上海事変から国際連盟まで―』中公新書、1996年。

2　日本語翻訳書

愛新覚羅溥儀著（小野忍ほか訳）『わが半生―「満洲国」皇帝の自伝―（上）（下）』筑摩叢書、1985年。

愛新覚羅溥儀著、李淑賢資料提供、王慶祥編集（銭端本・董国良・田光治訳）『溥儀日記』学生社、1994年。

易顕石ほか著（早川正訳）『九・一八事変史―中国側から見た満洲事変―』新時代社、1986年。

E.H.ノーマン著（陸井三郎訳）『日本における兵士と農民―日本徴兵制度の諸起源―』白日書院、1947年。
エドワード・M・スピアーズ著（上原ゆうこ訳）『化学・生物兵器の歴史』東洋書林、2012年。

エドガー・スノー著（森谷巌訳）『アジアの戦争』築摩書房、1973年。

エドガー・スノー著（梶谷善久訳）『極東戦線』築摩書房、1987年。

王秀鑫・郭徳宏著（石島紀之監訳、『抗日戦争史』翻訳刊行会訳）『中華民族抗日戦争史（1931～1945）』八朔社、2012年。

徐焰著（朱建栄訳）『一九四五年　満洲進軍―日ソ戦と毛沢東の戦略―』三五館、1993年。

黄顯光著（寺島正・奥野正己訳）『蒋介石』日本外政学会、1956年。

李秉剛著（胥敏訳）『万人坑を知る―日本が中国を侵略した史跡』東北大学出版社、2005年。

金学俊著、李琇恒編（朴淳仁訳）『評伝尹奉吉―その思想と足跡―』彩流社、2010年。

3　中国語文献

愛新覚羅溥儀『我的前半生』群衆出版社、2007年。

愛新覚羅溥儀著、李淑賢資料提供、王慶祥整理編集『溥儀日記』天津人民出版社、1996年。

畢万聞編『張学良文集　2』新華出版社、1992年。

歩平・栄維木主編『中華民族抗日戦争全史』中国青年出版社、2010年。

蔡廷鍇『蔡廷鍇自伝』人民出版社、1985年。

重慶市政協学習及文史委員会・西南師範大学重慶大轟炸研究中心編著『重慶大轟炸』西南師範大学出版社、2002年。

『東亜三国的近現代史』共同編写委員会編著『中、日、韓三国共同歴史読本、東亜三国的近現代史』社会科学文献出版社、2005年。

郝柏村『解読蒋公八年抗戦日記（1937～1945）（上、下）』天下文化書坊、2013年。

郭富純編『「九・一八」事変策源地―旅順日本関東軍司令部』大連出版社、2011年。

黄力民『日本帝国陸海軍档案』九州出版社、2012年。

金成民『日本軍細菌戦』黒竜江人民出版社、2008年。

李秉剛ほか著『日本在東北奴役労工調査研究』社会科学文献出版社、2009年。

劉建業ほか編『中国抗日戦争大辞典』北京燕山出版社、1997年。

劉庭華『中国抗日戦争与第二次世界大戦統計』解放軍出版社、2012年。

渠長根『日本侵華思想理論探源』新華出版社、2009年。

沈予『日本大陸政策史』社会科学文献出版社、2005年。

上海史資料叢刊『上海公共租界史稿』上海人民出版社、1980年。

唐潤明・羅永華『重慶大轟炸档案文献・財産損失（文教衛生部分）』重慶出版社、2012年。

同『重慶大轟炸档案文献・轟炸経過与人員傷亡（上）』重慶出版社、2011年。

潘洵・周勇編『抗戦時期重慶大轟炸日誌』重慶出版社、2011年。

陶涵著（林添貴訳）『蔣介石与現代中国』中信出版社、2012年。

解学詩『偽満洲国史新編（修訂本）』人民出版社、2008年。

徐占江・李茂傑編『日本関東軍要塞（上）（下）』黒竜江人民出版社、2006年。

趙傑『9・18全記録』万巻出版公司、2005年。

張瑞強『9・18事変史略』遼寧大学出版社、2009年。

中国抗日戦争史編写組編『中国抗日戦争史』人民出版社、2011年。

臧運祜『近代日本亜太政策的演変』北京大学出版社、2009年。

戦月昌『漂泊沈浮多少事―溥儀解読―』中国文史出版社、2008年。

中国人民政治協商会議全国委員会・文史資料研究委員会・『七七事変』編審組編『七七事変』中国文史出版社、1986年。

曾小勇・彭孝詢『重慶大轟炸　1938―1943』湖北人民出版社、2005年。

周勇編『重慶大轟炸档案文献・証人証言』重慶出版社、2011年。

中田整一著（喜入影雪訳）『溥儀的另一種真相』上海人民出版社、2009年。

菊池一隆著（袁広泉訳）『抗日軍事史　1937―1945』社会科学文献出版社、2011年。

ＮＨＫ采訪組・臼井勝美著（劉立善訳）『日本昭和史的最後証人張学良』遼寧大学出版社、１９９３年。

4　その他

（1）資料

宮内庁書陵部編修「昭和天皇実録」（巻18　昭和6年）。

枢密院「上海事件ニ関スル報告会議筆記」（大角海軍大臣発言より）（昭和七年二月十日）。

陸軍省調査班「熱河討伐経過概要」。

同「熱河粛清後の北支情勢と停戦交渉」。

関東軍参謀部「関東軍最後の聖戦　熱河粛清の概況」（昭和八年六月）。

同「関東軍最後の聖戦　熱河粛清の概況　補遺」（昭和八年六月一日）。

（2）

ＪＡＣＡＲ（アジア歴史資料センター）ホームページ　http://www.jacar.go.jp/。

付録　日中関係学会投稿論文

陸軍中将遠藤三郎の「非戦平和」思想と日中友好活動

はじめに

本論文の目的は日中15年戦争[1]と太平洋戦争中、日本陸軍の指導的立場にあった軍人で、最終的には陸軍中将まで上り詰めた遠藤三郎[2]が、戦後、戦争を批判する立場に転じ、「非戦平和」思想を形成するとともに、日中友好活動を展開する過程とその理由について明らかにしようとするものである。本論文では、従来未公刊資料であるため、歴史研究者の間であまり顧みられて来なかった戦後の「遠藤日誌」[3]や遠藤三郎の自伝、語録、及び「中国訪問記」などを主たる手がかりにして分析していく。

遠藤三郎は日中15年戦争と太平洋戦争を指導した元エリート陸軍軍人であり、戦争の遂行過程において、独自の戦争観や戦略・戦術観を持ちながら、帝国陸軍の一員として忠実に軍の意思を実行に移すと同時に、時に陸軍上層部と衝突しながら自己の意思を貫徹し、各作戦の勝利に大きな役割を果たした。しかし、彼は戦後、軍籍を離れて戦犯の容疑から解放され自由人となると、戦争の責任を自覚するとともに、戦争を深く反省し、「非戦平和」思想と日中友好活動を展開することとなり、その思想を転換した。

遠藤は１９４５（昭和20）年12月、アジア太平洋戦争の終結4カ月後に、軍籍から退き、１９４６（昭和21）年3月には開拓農民として埼玉県入間川町（現狭山市）に入植、開墾生活を始めた。しかし、翌１９４７（昭和22）年2月には戦犯容疑のためGHQの命令で、約1年弱の間巣鴨拘置所に入所した。入所中にアジア太平洋戦争を深く反省し、戦争責任を自覚するとともに、１９４８（昭和23）年1月に出所後、日本国憲法第9条[4]の擁護、「非戦平和」運動を開始し、最初に日本の「再軍備反対論」を主張した。その後の１９５３（昭和28）年2月、「憲法擁護国民連合」が発足し、彼は同代表委員となり、同年4月「世界連邦建設同盟」にも参加した。さらに2年後の１９５５（昭和30）年11月、彼は戦後初めて日中友好の先駆者として、中国を訪問し、北京で新中国の指導者毛沢東国家主席、周恩来首相と会見、懇談した。その時の訪中体験を通して、遠藤は「非戦平和」思想に自信を深め、その後日中友好の路線を歩んで、独自の日中友好活動を展開した。なお、1959（昭和34）年6月に、彼は参議院選挙に出馬し、憲法第9条擁護を旗印に護憲活動を目指したが、落選した。翌1960（昭和35）年から「日米安全保障条約」改定に反対し、護憲平和運動に専念し始めた。1年後の1961（昭和36）年8月、東京で「日中友好元軍人の会」を組織するとともに、機関紙「8・15」を創刊し、毎号に護憲と非武装、日中友好の論説を掲載するなど、憲法9条を擁護する運動を展開した。1974（昭和49）年11月、彼は自叙伝『日中15年戦争と私―国賊・赤の将軍と人はいう』を刊行し、自分も指導した日中15年戦争と太平洋戦争に対して、深く反省し、その自伝に「軍備亡国」の四字を揮毫し、それを最終的な思想と結論として新聞、雑誌に掲載した。1984（昭和59）年9月9日、彼は「遠藤日誌」を書き終え[5]、同年11月11日に91歳で死去した。彼の墓の碑文に「軍備全廃を訴え続けた元陸軍中将、遠藤三郎　茲に眠る」と書かれている[6]。

私は本論文で戦後の「遠藤日誌」や「中国訪問記」などを手掛かりとして、戦後の日本の歴史のプロセスに従いながら、戦時中各作戦案を立案し、多くの作戦を指導した遠藤三郎が、なぜ、戦後において、日本国憲法第9条の平和主義に共鳴するとともに、元軍人たちを組織し、「非戦平和」運動や新中国との国交回復運動を展開することに至ったのか、その原因を分析したい。

遠藤三郎は戦後になって、その狭い島国的な反共意識を乗り越え、一貫して戦争の罪を反省した。そのために、彼は元軍人仲間から孤立し、村八分にされても、自分の「非戦平和」思想の主張を変えず、節度を守っていたのである。その姿は遠藤が常に強いものにも巻かれない反権力の思想の持ち主であったからだと考える。彼のこの反権力の姿勢は、その生涯にわたって一貫していた。私は中国人として、遠藤のような日本の元エリート軍人がいたことを知って、大いに興味が湧いてきた。さらに、彼の戦後の思想転換の原因を究明することは、21世紀を迎えた今日の厳しい国際政治環境の中で、極めて複雑な国際政治問題を平和裏に解決する糸口を与え、戦争と平和に対する私たちの認識に大きな影響を与えてくれると考えられる。

第一章　敗戦直後の遠藤三郎

第1節　8月15日の遠藤三郎

日本は１９４５年8月15日、「ポツダム宣言」の受諾と陸海軍の武装放棄を宣言した昭和天皇の玉音放送により、敗北した。その日、陸軍航空兵器総局長官（兼務大本営幕僚）としての遠藤三郎中将は、当日の陸軍省と参謀本部の動き及び彼自身の心境について、「遠藤日誌」に次のように書き残している。

（一九四五年）八月十五日　水　晴

……出勤ノ途中陸軍省ニ立寄ル　大臣室ニハ那須兵務局長アリ　（阿南陸軍）大臣ハ本朝五時官邸ニテ自決セラレタルヲ知ル　嗟　阿南大臣無念　直チニ（河辺虎四郎）参謀次長ヲ訪ネ　昨日同様勅使派遣及ビ議会召集ノ件ヲ謀リタルモ同意ヲ得ズ　参謀総長梅津大将ニ直接意見ヲ具申ス（土肥原大将同席）今日迄民ノ苦痛ハ軍閥ニ対シ訴ヘラレアリタルモ　今日ヨリハ陛下ニ向ケラルベク之レ全ク赤ノ陰謀タリ　結果ハ仮令降伏ニ決セラルヽモ勅使御差遣及ビ議会召集ハ是非上奏セラルベキヲ具申ス　声涙共ニ下ルヲ如何トモナシ得ザリキ　更ニ降伏ニ決定セバ武装解除ハ奉勅命令ニ依リ実施セラルベク　且ツ降伏ニ先チ軍人ヲ免官セシメラレ度シ　之日本軍隊軍人ニハ降伏ナキヲ以テナリト具申ス　総長ハ勅使ノ件ハ上奏スベシ　免官ノ件ハ今回受諾セルハ降伏ト解セズ分ノ悪キ停戦協定ナリ　故ニ敵側ニシテ若シ不法ノ行為アラバ反撃スル企図アリ　故ニ協定終了迄ハ免官モ武装解除モセズトノコトナリ　然リトセバ（航空兵器）総局ノ任務モ未ダ解消セズ生産ハ別令アル迄

継続スベキモノナルヲ了承シテ退庁　念願セル参謀総長ノ上奏モ効果ナキガ如ク　十二時陛下自ラ放送セラル、コトトナル……十二時部下二十数名ト共ニ詔勅ヲ拝ス……

上記の「日誌」の内容を見ると、梅津美治郎参謀総長が「敵側ニシテ若シ不法ノ行為アラバ反撃スル企図アリ故ニ協定終了迄ハ免官モ武装解除モセズトノコトナリ」と発言したことが分かる。これは梅津参謀総長が日本の「ポツダム宣言」の受諾を「分ノ悪キ停戦協定ナリ」と判断したことになり、日本軍が無条件降伏しても、「自衛」という名義の下で抵抗して、戦争を継続する結果をもたらすことになる。[7]しかし、当時昭和天皇は前日の14日に「ポツダム宣言」を受諾し、無条件降伏することを決断し、8月15日の12時に予定通りに、日本全国民と中国大陸及び南方諸島に駐兵する日本の軍民に向け、敗戦宣言の「玉音放送」を行った。当日、遠藤は大本営の一室で昭和天皇の「玉音放送」を聴きながら、本来の自分の姿を直視し、隠忍自重の決意を固め、戦後あるべき日本国の姿を模索し始める。

第2節　敗戦直後遠藤三郎の意見具申――最初の「非戦平和」宣言

この日本の敗戦直後、遠藤は日本陸軍の指導者の中では、珍しく日本が武装解除された現実を素直に受け止め、今後の日本の新しい進路は「徳を以って国を治めることだ」と自覚した。その結果、8月18日彼は東久邇宮稔彦王新総理を訪問し、次のような意見を具申した。

日本に軍隊の無くなることは決して悲しむべきことではない、物心両面に於ける軍備の重圧から解放され日本の将来は明るい。日本の黎明であり寧ろ慶ぶべきことである。敵が入って来ても暴力で抵抗せず威武に屈せず富貴に淫しない心さえあれば、軍隊がなくとも恐ろしいことはない。古語にも徳を以て勝つ者は栄え、力を以て勝つ者は亡ぶとある。従来我々が武力に頼り過ぎて来たのは誤りであった。今後は軍隊に頼らず徳の国を作り、詔勅に示された様に万世のため太平を開くべきである。[8]

上記の発言は、遠藤が「徳を以て勝つ者は栄え、力を以て勝つ者は亡ぶ」（『源平盛衰記』）という格言に共鳴し、自分本来の人間性と「非戦平和」思想を復活せんとした証しではなかろうか。しかも、彼は締め括りの言葉として、「今後は軍隊に頼らず徳の国を作」ると主張している。この時から、彼はこれまで日本陸海軍の「武力に頼り過ぎて来た」という自分を含めた日本軍指導層の軍事思想の誤りを反省し、「非戦平和」思想の重要性をなお素朴な感情として認識し始めたと言えるであろう。

その後、遠藤は東久邇宮総理の宮の内諾を得て、上記の意見の内容を整理し、文書にまとめて全国の新聞に一斉に発表した。その内容は次の通りである。

……静かに考えまするに、国軍の形態は時と共に変化するものと思います。皇軍に於きましても、陸海軍の形態は日露戦争もしくは前欧州大戦を契機として一応終末を告げ、今次の大戦は空軍一本で実施せらるべきものであった様に思われます。しかもその空軍さえもいずれは骨董品たるの存在になる時が来ないと誰が断言し得るでありましょうか。かく考えて参りまするに、軍隊の形は時世の進運に伴い変化すべきは当然でありまして、ただここに絶対不変であるべきは我が国の真姿、即ち国民皆兵の神武そのものであります。国民一人一人の胸の中にしっかりと神武＝威武に屈せず富貴に淫せざる心を備えましたならば、必ずしも形の上の軍隊はなくとも宜しいものと思われます……したがって今回、形の上では戦敗の結果、敵側から強いられて武装を解除する様に見えまして、光輝ある我が陸海軍が解消し、飛行機の生産も停止するに至りますことは、まことに断腸の思い禁じ得ぬのでありまするが、皇国の真姿と世界の将来とを考えまするとき、天皇陛下の御命令により全世界に魁して形の上の武装を解かれまするることは、寧ろ吾等凡人の解しえざる驚異すべき御先見＝神の御告げとさえ拝察せらるるのであります。近来吾が国の世情はあまりにも神国の姿に遠ざかって来た様に思われます。今こそ大手術を施すべき秋と思われます。先般煥発せられました御詔勅[9]（敗戦の日の詔勅）こそ国内建て直しの大号令であり、世界再建の神の御声であると拝するものであります……

この新聞記事には、天皇の命令とか、神の御告げとか、戦時下の古風な言い回しがなお姿を残してはいるが、「形の上の軍隊はなくとも宜しいもの」という明確な表現により、「形の上の武装を解かれますことは、寧ろ吾等凡人の解し得ない驚異すべき御先見」であると主張した。彼はこの時から日本の「非武装」を強調し、「徳を以て世界の勝者たるべく忍苦邁進すべきもの」と信じていたことが分かる。この主張はその後の１９４７（昭和22）年５月３日に施行された日本国憲法第９条の「非戦平和」理念とは異曲同工で、敗戦直後遠藤の最初の「非戦平和」宣言であったと言って良いであろう。

第二章　巣鴨入所中の遠藤三郎

第１節　『聖書』との出会い

日本の敗戦後の１９４５年12月に、軍籍から退いた遠藤は、翌１９４６年３月、開拓農民として埼玉県入間川町に入植し、一家で開墾生活を始めた。しかし、彼は満洲事変以来、戦争を指導した高級軍人であったため、１９４７年２月には戦犯容疑者としてＧＨＱの命令で、約１年弱の間巣鴨拘置所に入所することになる。この入所体験について、遠藤は「日誌　巣鴨在所時代　自一九四七年（昭和二十二年）二月十二日至一九四八年（昭和二十三年）二月二十九日）」（別冊）に克明に記録している。例えば、彼は2月12日の「日誌」に、入所中の苦しい生活状況と当時の心情について、次のように書いている。

（一九四七年）二月十二日　水　晴　寒風強し
……寒気甚シ　一坪半ノ独房畳二枚他ハ板敷、水洗便所ハ腰掛兼用、洗面台ハ机兼用便利ナリ　北側ニ窓、スリガラスニテ外見エズ、小ザッパリシタル敷蒲団一枚　掛蒲団二枚、毛布一枚差シ入レラル、注射ノ為発熱セント　寒サノ為夕食モ食欲ナク　漸ク採ル早々床ニ就キシモ中々眠ラレズ……

このような獄中生活の厳しさにもかかわらず、遠藤にとってこの入所生活は、アジア太平洋戦争を反省し、日本陸海軍の軍事思想の誤りを認識し始める機会となった。彼は入所中、孤独に苛まれ、それを克服するため、英語を猛勉強しながら、『新約聖書』に興味を持ち、丹念に読み始めた。この『新約聖書』の勉強をきっかけに、遠藤はアジア太平洋戦争の責任を自覚し、戦争の罪悪を反省すると共に、若き日に抱いた「非戦平和」思想に再度自信を得るようになっていく。例えば、彼は1947年2月14日と16日の「日誌」にそれぞれ次のように記している。

（一九四七年）二月十四日　金　晴
……午後本日ノ毎日新聞回覧　新約聖書を借用ス……夕食後新約聖書ヲ読ム　マタイ伝ニ「剣ヲ執ルモノハ剣ニ亡ブ」トアリ　キリストモ亦先見ナリ……

（一九四七年）二月十六日　日　晴
……「ルカ」伝、キリスト曰ク「互ニ相争フ国ハ亡ビ互ニ相争フ家ハ倒ル」ト　日本ノ現在果シテ如何　終日

当番モナク　独房内ニテ読書ス……

上記の「日誌」からは、遠藤は『新約聖書　マタイ伝』の「剣ヲ執ルモノハ剣ニ亡ブ」という格言を読んで、啓示を受け、徐々に従来の「軍備国防」思想に対して疑いを感じ、「非戦平和」思想に自信を持ち始める第一歩と見ることもできる。この聖句は孤独な彼を励まし、出所後の「非戦平和」思想を形成する出発点になる。この言葉は遠藤が戦後、巣鴨入所中に『新約聖書』から学び取ったもので、彼が発見した真理であったと言えるであろう。

第2節　東京裁判に対する認識

1947年12月26日になると、新聞に東條英機大将の裁判記録が掲載された。当時、遠藤は東京裁判の東條首相らA級戦犯容疑者の処刑判決に対して、内心では同情の念を隠し切れず、次のような感想を「日誌」に書き残している。

（一九四七年）十二月二十八日　日　小雨

……新聞ニ一昨日東條大将の裁判掲載　戦争ハ自ヱ（ママ衛）戦ナリシコト　国際法ニ違反シアラザルコト　天皇ハ責任ナキコトヲ強調シ敗戦ノ責任ハ首相タル東條大将進ンデ之レヲ負ウモ　戦争犯罪トシテ国際裁判ニ附セラルルハ当タラザル旨ヲ強調シアリ　我ガ意ヲ得タルモノナリ　戦争ハ両成敗ニシテ日本ノミ犯罪者扱ニセラルルハ当タラズ　又敗戦ニ終タルノ故ヲ以テ歴史ヲ歪ムル能ハズ……大部ノ新聞ノ論調ニ東條大将ニ同情ナシ一掬ノ寂シサヲ感ズ……

この「日誌」によれば、遠藤は「戦争ハ両成敗ニシテ日本ノミ犯罪者扱ニセラルルハ当タラズ　又敗戦ニ終タルノ故ヲ以テ歴史ヲ歪ムル能ハズ」と指摘し、東京裁判を勝者の一方的な判決として批判したのである。この点では、遠藤でさえ、大日本帝国陸軍軍人の旧い軍国主義思想から完全に脱出していないことが分かる。しかし、彼は勝者による一方的な戦争裁判の不合理性を強調しながらも、これからの日本は二度と戦争により人々が血を流すような悲劇を招来したくない、そのためには「非戦平和」を国是とする新しい日本国の育成に尽力すべきだと認識し始めた。

第三章　出所後の遠藤三郎――「非戦平和」思想の形成

第1節　遠藤三郎の「再軍備反対論」と国際警察の構想

１９４８年1月13日に、いよいよ遠藤は巣鴨拘置所から出所した後、埼玉県入間川町に戻り、農地を開拓し、本格的に入植生活を始めた。しかし、この時、世界の政局はすでに米ソ対立を中心とする東西冷戦構造に入り、アジアでは反共、反ソビエト、反新中国の意識が高揚していた。こうした緊迫した国際情勢に乗じ、日本国内では旧軍人、軍属と保守派の政治家らによる「再軍備論」[10]が盛んになった。当時、遠藤はその「再軍備論」に強く反対し、「再軍備反対論」を主張した。その一例を挙げれば、彼は１９４８年3月4日の「日誌」に次のように記録している。

写真１
1948年、埼玉県入間川町にて農業を始めた遠藤三郎

（一九四八年）三月四日　木　晴
最近米ソ戦近キヲ云フモノアリ　予ハ早々ヨリ其ノ当ラサルヲ説ク　現在ノ冷タキ戦　争ニ勝チツ、アル「ソ」ガ必敗トモ云フベキ武力戦ヲ招来スルガ如キヘマハヤラザルベク　米国モ亦一部国防担当者ハ戦力差ノ大ナル今日ニ於テ武力戦ヲ以テ「ソ」ヲ覆滅センコトヲ希望スルコトアルベキモ　大勢ハ武力戦ヲ避ケツ、アル「ソ」ニ対シ武力戦ヲシカケルガゴトキハ其ノ憲法及平和愛好者ノ世論ヲ無視シ又侵略者ヲ審キシ彼トシテ実施シ得ザル所ナレバナリ……又最近日本ニ国防軍設置問題台頭セルモ　予ハ反対ナリ　所要ニ満タザル国防軍ヲ所有スルガ如キハ火遊ビニ過ギズ　却ッテ危険ナリ　之レ強力ナル空軍ヲ所有セザル限リ強国ノ侵入ニ対シ武力ヲ以テ防止スルガ如キハ絶対不可能ニシテ　寧ロ形ノ上ノ無防禦ニテ心ノ中ノ防備コソ強力ナレバナリ
　但シ国内ノ治安維持ノ為警察軍ノ強化ハ絶対的ニ必要ナリ……

この「日誌」によれば、遠藤は過去の戦争体験に基づき、「米ソ戦近キ」という世論に対して、それを「其ノ当ラサル」ものと判断しながら、当時日本国内の再軍備論者の「日本ニ国防軍設置」という主張に反対し、「形ノ上ノ無防禦ニテ心ノ中ノ防備コソ強力ナレバナリ　但シ国内ノ治安維持ノ為警察軍ノ強化ハ絶対的ニ必要ナリ」と考えている。これにより、遠藤は戦時中彼の戦争責任に対して深く反省し、日本国内における国防軍という名の軍隊を創設する構想を全面的に否定するとともに、その思想を転換し、独自の「非戦平和」思想を形成し始めたのである。

その後、1950（昭和25）年6月に朝鮮戦争が勃発すると、それをきっかけに、日本はアメリカと協力して、再軍備に乗り出し始めた。同年8月、日本の警察予備隊[11]（自衛隊の前身）が発足した。当時、遠藤は日本が再軍備することは絶対に避けられるようと吉田茂首相に意見書を送り出した。彼は7月20日の「日誌」に次のように記している。

（一九五〇年）七月二十日　木　晴
……朝鮮問題ニ関シ日本ニ国防軍再建スベキ論　内外ニアルガ如シ　予ハ断ジテ之ニ反対シ　此ノ機会ニ日本ハ国連ニ加盟シ加盟国ノ義務トシテ国力相応ノ国際警察隊ヲ編成シ加盟諸国ト共ニ国際警察ノ任ニ服シツツ……且ツ加盟国軍隊ヲ国際警察軍タラシムルキッカケトナスベキモノト信ジ　其ノ旨石川（栄一参院議員）氏ニ通信シ　吉田首相ニ進言ヲ依頼ス……

上記の「日誌」を読めば、遠藤は国際紛争を解決するために、国際警察隊を編成すべきだと建議したことが分かる。その国際警察部隊を作る必要性について彼は次のように分析している。

……廿世紀も後半に入らうとする今日、而も極めて貴重なる犠牲を払って世界に魁して戦争を放棄し軍備を廃しました日本が再び前世紀に逆行する様なことを致すべきではありません。元来戦争とは対等の地位にある国と国との野蛮なる争いであり、軍隊とは其の戦争を前提として作られたものであります。ですから国際法規を無視し侵略を敢えてして世界平和を攪乱する様なものに対し国際連合が制裁を加える事は外形上昔の戦争手段を執っても、それは決して戦争ではありません。立派な警察行為であります。従って之れが取締り若くは制裁の為めの武力は軍隊にあらずして警察力であります。此の意味に於きまして国際連合が其の目的達成に必要な警察力を整備するのは恰も各国が国内の治安維持の為め警察力を保持すると同様極めて当然の事であり、憲法に於て戦争を放棄し、軍備を廃した日本と雖も国際連合に加盟してその国際警察力の整備に協力しても何等憲法に違反する事とはならないのであります……そこで此の世界の危局を救う道は一日も早くデモクラシー陣営の諸国が不経済非能率的な各国自の軍隊の建設をやめて之れ等一切の国防力を統合し相協力して国際連合に統一あり且強力にして能率的経済的な国際警察隊を編成し、之れを所要の地点に配置し（之れによって特定国に軍事基地提供等のうるさい問題も解消します）世界平和の攪乱者の野望を未然に防止し得る態勢を整える事であります……[12]

さらに、彼は国際警察の構想について次のように述べている。

一、国際連合加盟国は、現にその保有する軍隊を一先ずそのまま挙げて国連に提供する。ただし、その提供した軍隊に要する経費は差し当たり国連に対する分担の形式において、その固有の国が負担する。
二、国連加盟国は、それぞれ代表を国連に派遣して治安理事会を作り（現在の安全保障理事会を改む）、前項の警察部隊を任務に適合するよう逐次地ならしして改編するとともに、各国の負担を合理的にする。
三、前項理事会の下に総参謀本部のような機関を設け、国際治安保持の計画ならびに必要の場合これが指揮運用の任に当たらしめる。
四、原則として、自国の提供した国際警察は自国に駐在せしめ、自国内の治安維持などに使用の必要ある場合、その国の政府は国連治安委員会の承認（緊急の場合は事後承諾）を受け、これを使用しうる道を開いておく。ただしこの場合、使用のために要した経費はその国の負担とする。[13]

この国際警察の構想は、遠藤がフランス留学時代[14]において、オーストリアの政治学者クーデンホーフ・カレルギー（Coudenhove-Kalergi）の「欧州連合」構想[15]に啓発され、それに基づき、1931年に陸軍参謀本部の上司に提出した「最終的に世界から軍備をゼロにする」という「完全軍縮案[16]」の構想につながっているものであると言えるであろう。

第2節　遠藤三郎の護憲運動と世界連邦建設運動

1946年11月3日に、日本国憲法が公布され、その6か月後の1947年5月3日に施行された。「日本国憲法は、ポツダム宣言の帰結であり、民主主義と平和主義をその基本原理としている[17]」。この日本国憲法の平和主義に対して、当時の遠藤三郎は高く評価し、「……米国の要求に対しては日本国憲法の原案は米軍GHQにおいて作為され極東委員会の承認を経て示されたものであり、我々はこれを正しいものと信じ採用した。これを破ることはできない[18]」と強調した。

しかし、当時日本国内に「憲法を改めて堂々と軍隊を持てる様にすべし[19]」という改憲運動と憲法擁護運動が並行して発生した。「護憲派」の一員としての遠藤は、「改憲派」の「日本国憲法は戦勝国に押し付けられたものであるから、独立した今日自主憲法に改むべきである[20]」という主張に対して、「今日憲法に手をつけると必ず改悪となるから寧ろ押し付けられたことを逆用して、道義的責任を彼ら戦勝国にも負わせ、再軍備強要に対する防波堤に利用することが賢明である[21]」と反論した。さらに、1953（昭和28）年2月、彼は片山哲元総理、有田八郎元外相、風見章元法相などと共に、「平和憲法擁護研究会」（翌年「憲法擁護国民連合」と改称）を組織し、護憲平和運動に専念し始めた。[22]

なお、同年4月遠藤は世界連邦運動の先覚者賀川豊彦、下中弥三郎、稲垣守克などから誘われ、「世界連邦建設同盟」に参加し、常任理事に託され、世界連邦建設運動にも積極的に尽力した。[23] 彼は世界連邦建設の必要性について次のように説明している。

近来世界の人口、資源、公害など地球単位に考えねばならぬ諸問題が山積し更に交通、通信の進歩は地球をいよいよ狭隘なものとし、このまま放任しますと、人類の滅亡も決して遠くなかろうと警告する学者も少なくありません。これは決して黙殺しえない現実の問題と私は思っております。したがって、世界連邦の建設は現下の急務と信じます……[24]

この内容によれば、遠藤は「地球をいよいよ狭隘なものとし、このまま放任しますと、人類の滅亡も決して遠くなかろう」と懸念しながら、「世界連邦の建設は現下の急務」と呼びかけていた。上述したように、彼はフランス留学時代において、すでにクーデンホーフ・カレルギーの汎ヨーロッパ理論を学び、その「欧州連合」構想に関心を持ち始め、世界に向ける視野を大きく広げたのである。戦後になって、彼は再び若き日にフランスで勉強した汎ヨーロッパ理論を復活させ、その「欧州連合」構想を実現できるように尽力していた。

第四章　戦後遠藤三郎の日中友好活動

第1節　戦後遠藤三郎の初めての訪中体験

1955年11月になると、遠藤は戦後初めて訪中団（団長は護憲連合議長、元首相、衆議院議員の片山哲）の団員の一人として新中国を訪問した。1949（昭和24）年新中国が成立して以来、満6年が経過していたが、戦中から遠藤は長い軍人生活を経験したため、反共の意識から抜け切れず、共産主義国家の中国に対しては懐疑的であった。今回の訪中の目的について、彼は次のような3点を挙げている。「第一、人民一般の顔はどうか。第二、指導的地位にある権力者に墜落の兆がないか。第三、中国は日本に対し復讐又は侵略の企図があるかないか[25]」。

この訪中旅行の日程は、11月6日の夜、日航機で羽田発、沖縄経由で、7日朝香港着、九竜に一泊、8日九竜から汽車で中国の国境を通過し、広州着、さらに9日広州から飛行機で漢口を経由し、午後首都北京に到着した。訪中団一行は当時の北京飯店に投宿し、17日まで北京に滞在し、附近の名所を見学した。その間、彼らは北京で周恩来総理や陳毅副総理など新中国の要人らと会見、懇談した[26]。当時の会見の様子について、遠藤は「中国訪問記　自昭和卅年十一月六日至十二月六日」（別冊）に次のように詳しく記録している。

（一九五五年）十一月十三日　日　北京　晴

……午後六時より北京市人民委員会長彭真氏の招宴あり、周（恩来）総理も臨席。予は総理を始め陳毅副主席、傅作義、彭真氏等と親しく話す機会を得、戦争中日本軍人の犯したる過誤に対し遺憾の意を表したるに　何れ

写真２
1955年、北京にて周恩来総理と対談する遠藤三郎（右から２人目）

も過去は問わず将来の友好を語らんと程多くを言わしめず……[27]

（一九五五年）十一月十五日　火　北京　風強し
……午後二時より総理府に移す。周総理と会談……総理談の要旨……平和、独立、民主をモットーとし、武力侵略を認めず、外交は平和的、友好的に解決す。日本の軍国主義化に反対する。護憲運動には共鳴する。武力侵略は必ず失敗する事を語る。武力により紛争を解決せざる事を誓約する……[28]

その後、11月17日の夜、訪中団一行は汽車で北京から出発し、18日午後、旧「満洲国」の奉天（現・瀋陽）に到着した後、鞍山製鉄所、撫順炭坑、農村合作社などを視察し、撫順戦犯管理所の日本人戦犯抑留者たちをも訪問した。22日夜汽車で瀋陽発、23日天津着、引き揚げ準備中の日本人らと会談し、夜北京に帰着した。その後の24日から29日まで彼らは北京に滞在し、所々を見物するとともに、毛沢東国家主席、及び他の中国政府要人らと会談した。30日から北京発の飛行機で上海に移動し、12月4日まで同地に滞在し、その間上海付近並びに無錫、蘇州などを視察し、当時の上海市市長陳毅などと懇談した。5日上海発の飛行機で漢口経由で広州に移動、同地附近を見物した。翌6日汽車で広州発、午後九龍着、7日の朝、日航機で香港発沖縄経由で、夕方羽田空港着、帰国した。[29]

なお、新中国の全般的な印象について、遠藤が作成した訪中記録「元軍人の観たる新中国（昭和三十一年発行）」で詳しく記録されている。この報告書に上述したような三つの疑問点について、次のような所見を書き残している。

毛沢東政権の成否

私（筆者注・遠藤三郎）は毛政権の将来なり共産政権の成否を判断するため次の二つを目安として見て参りました。即ち第一は「権力の存する所必ず堕落あり」の鉄則により強権を有する毛一派に堕落の兆しがないか、第二は共産政権の革命と圧制とにより国民大衆は恐怖し萎縮し暗い影はないのか、であります。形に表われた建設の進捗状況は予め聞いても居りましたし、また直接之を見て其の偉大なる発展に驚いた事も事実であり、其の事自体も毛政権の成功を物語る一つの目安である事は否定し得ないでしょうが、私は特に此の点を取り上げないのは二千数百年の昔既に万里の長城や阿房宮迄造り上げた中国人の事でありますから、今日共産政権の様な強力な政治力を以て六億の民衆を引ずり、無限の資源を利用し、ソ連の技術援助を受けたならば、形而下の建設の如き偉大なる進歩を示すことは当然であると思ったからであります。それで……第一の「権力の存する所必ず堕落あり」の鉄則による試験には彼らは及第点を取って居る様に思われました。それは、彼等の私生活に見、自他の批判に見、且つ刑罰の適用に見るのであります。政府要路の者も民衆と共にあり、その私生活は極めて質素であり常に自粛自戒し且つ他の批判を進んで求めて居ります。そして刑罰の適用は要路の者、特に共産党員に厳しく他の者には寛大であります……[30]

第二の点は民衆の顔色に見ました。私の記憶にある中国人は笑いを失った表情のない諦めの顔、暗い顔でありました。現に英国の統治下にある香港九竜に住む中国人は昔のままでありますが、一歩新中国内に入りますと老も若きも男も女も、都市の人も農村の人も殆んど例外なく明るい顔をして居るのです……即ち彼れ等の進む所不可能なしと云う様な意気軒昂たるものがあり、圧制や脅迫や、密告や、血の粛正を想像させる様な暗い影やおどおどして居る様子は一向見受けられないのであります……彼らの笑顔は決して作り笑いとは思われません。形而下の建設は力を持って造り得ても人の顔の明るさは力を持って作ることは不可能でありましょう。彼らの明るさは、生活に対する不安の除去と明日に対する希望から生れるものであり、民衆の為政者に対する信頼を示すものと見たのであります……[31]

対外武力侵略の可能性

私はこの問題の判断の尺度として外形に表われた戦争準備と国民感情とを採用し、更に直接政府要路の人々にぶつかって見ようとしました……私の見る限りに於ては其の都市の建設にしても重要工場にしても又大発電所等の土木工事にしても防空の見地からすれば、全く落第であります。それ等には少しも防空の事に考慮が払われて居らぬ様に見えます。侵略戦と云っても報復攻撃を受ける事を予想せねばなりませんから防空抜きにして戦争準備はあり得ないと思います。成る程新中国の憲法には徴兵の義務を規定してあり、情報によれば随分沢山の軍隊を持って居る様でありますが、私の見た田舎の地上軍の如き土木作業や農耕等にも協力して居り、軍隊と云うよりは寧ろ建設隊とか作業隊とか云った方が適切の様にさえ思われました。その海軍兵力並に其の船舶数から見ても対外、特に対日武力侵略などと云う事は考え及ばぬものでありました。次ぎに国民感情でありますが到る処国際親善のスローガンを掲げ、幼稚園の児童からそれを注入して居るので人種的偏見や排外思想は見られませんでした。特に我々日本人に対しては深い親愛感を持ち、先に劉寧一氏（中国総工会主席）と話した「仇討」などと云う考えは露程も見受けられなかったのであります。終戦の際蒋介石が全軍に令して、この「恨みに報ゆるに恩（徳）を持ってせよ」と云ったことに対し、私は無限の敬意を表したものでしたが、この言葉は蒋介石一人のものでなく、昔から中国にあった普遍的の格言であり、新中国においても一般にそのように考えられて居る由であります……[32]

今回の中国旅行は上記の三点の発見により、遠藤の新中国観の形成に影響するものとなった。遠藤は中国の人民解放軍が対外侵略を目的とする軍隊ではない、また新中国は他国、特に日本への侵略するような準備と意志を持っていないと判断した。その結果、遠藤一行は周恩来首相と陳毅元帥などとの間において、次のような約束を取り交わした。

……周総理は少なくも軍備なき日本に対し外交問題を武力を以て解決するが如き事は絶対にしないと云う事を誓約すると云う強い言葉を以て表わし、更にそれを文書として私共と交換した程の熱の入れ方であり、毛（沢東）主席も亦此の交換文書に強く同感の意を表して居ります。特に副総理兼国防委員会副主席陳毅元帥とは四時間余に亘り、又現水利部長（建設大臣に相当します）傅作義将軍とは約三時間他人を交えず歯に衣を着せず話し合ったのですが、陳毅元帥は国防、外交、内政、経済等あらゆる面から、又傅作義将軍は特にその担任の建設面から戦争、特に対日戦争の如き絶対に避くべく、中日両国の親善友好関係増進の要を説いたのでありま す……[33]それで私は新中国視察の第二の目的であった対外武力侵略の件は「その虞れなし」と判断する次第であります……

今回の訪中を契機として、遠藤はこれまでの世界観、特に新中国に対する印象と認識を完全に覆して、「毛政権の基礎は確立しているものと確信し、日本は速かにこれと国交を結ぶ必要を感じ、その旨日本政府に進言し国民にも訴えた」[34]のである。

第2節　遠藤三郎の日中友好活動の展開

こうして、遠藤は今回の訪中を通して、毛沢東主席、周恩来総理ら新中国政府の要人から信頼をされた。例えば、11月28日に毛沢東との会見の際、毛は「日本から中国を視察される方々は中国に好意を持って居られる革新的な方が多いようだが、今度は右翼の方々も来られたらよかろう。遠藤さんは軍人だからこの次には軍人を連れて来られるのを歓迎する」[35]と述べた。さらに、周恩来からも「なるべく早い機会に軍人団を作って訪問してほしい」[36]という希望を遠藤に伝えられた。

その誘いを受けた遠藤は、中国から帰国後直ちに旧軍人団を組織し、1956（昭和31）年8月から1972（昭和47）年6月にかけて、日中の国交回復と日中両国の平和を目指し、日中友好の先駆者として合計5回訪中し、独自の日中友好活動を展開した。その内、特筆すべきことは、1956年8月元軍人代表団（第1回）の団長としての彼が、訪中の際、毛沢東主席と会見し、お土産として来国光作の日本刀を毛に贈ったが、毛からはその返礼に斉白石の名画（竹）をプレゼントされた一幕もあった[37]（次頁の写真1を参照）。

しかし、当時の日本政府はアメリカの対ソ「封じ込め政策」[38]に従い、対中政策として、新中国の合法性を承認せず、台湾の中華民国政府（国民党政府）寄りで、蔣介石の中国大陸奪還計画に協力した。これに基づき、旧日本軍人の中の大多数が元来の反共意識から脱却せず、日本政府の「再軍備論」と「反共援蔣」政策に賛同した。さらに、彼らは戦後の1949年に、台湾の蔣介石から大陸反攻の国民党部隊を教育・強化する要請を受け、元「支那派遣軍」総司令官岡村寧次大将が、旧日本軍将校ら83人を招集し、大挙して「白団」（団長は元陸軍少将富田直亮、中国名白鴻亮）と称する反共軍事顧問団を結成して秘密的に台湾に派遣した。この「白団」は1949年暮れから1969（昭和44）年初頭まで約20年間、台湾防衛計画の立案と新兵の軍事教育を中心として、蔣介石と反共軍事同盟を結んで、台湾の国民党軍を指導していた。[39]

写真３
1956年秋、遠藤三郎と毛沢東主席との会見
出所：遠藤三郎『日中十五年戦争と私―国賊・赤の将軍と人はいう』日中書林、1974年。

このような日本国内の厳しい状況下で、遠藤は日本政府の「再軍備論」と「反共援蒋」政策に断固と反対し、その「非戦平和」思想に自信を深め、日中友好活動を継続していた。その結果、彼は1961年8月15日に、戦争を反省し、日中の国交回復を促進しようと念願する元軍人の仲間たちを結束し、戦争を起こすことを防止する運動の一環として、「日中友好元軍人の会」を東京で設立した。その時の「創立宣言」は次のとおりである。

戦争の罪悪を、身をもって体験したわたくしども元軍人は、心から人間の尊厳にめざめ戦争を否定します。わたくしどもは、過去の反省に立脚し、戦争放棄と戦力不保持を明示した日本国憲法を遵守し、真に人類の幸福と世界の平和に貢献せんがため、本会設立の趣意書ならびに会則にのっとり、同志相携えてあらゆる戦争準備を阻止し、戦争原因の剪除に努め、進んで近隣諸国とくに中国との友好関係を進めんとするものであります。ここに終戦の記念日をトして本会を創立するにあたり、万世のため太平を開く決意のもとに日本の更正を誓った当時を追憶し、戦没の万霊に額ずき、ご遺族をはじめ戦争の被害者ならびに軍靴で踏みにじった戦場の住民各位に深く遺憾の意を表しつつ宣言します。[40]

この「創立宣言」に、「あらゆる戦争準備を阻止し、戦争原因の剪除に努め、進んで近隣諸国とくに中国との友好関係を進めんとする」と掲げたが、それは遠藤が主張していた「非戦平和」思想の最終目的であると言ってよいであろう。

また、1968（昭和43）年にこの会の機関紙として、「8・15」が発行された。「その内容は日米安保体制に潜む危険な政局を批判し、一向に新中国との国交回復を促進しない自民党の日本政府の態度をも批判し、さらには暗雲漂う世界の情勢を分析するなど、言論活動中心の紙面構成で、毎号、かならず会の活動状況や会員相互の情報交換をも紹介しながら、日中友好と護憲平和運動の旗印を鮮明に掲げるものであった」[41]。遠藤は自らも毎号論説を発表し、彼の「非戦平和」思想を日本の世間に呼びかけていた。これによって、彼は引き続き妥協を知らず、自分の「非戦平和」思想の主張を貫徹するとともに、日中友好活動を積極的に進めていることになった。

第五章　遠藤三郎の最終結論—「軍備亡国」論

第1節　遠藤三郎と周恩来総理との論争

1972（昭和47）年6月14日に、遠藤は上述した「日中友好元軍人の会」のメンバーを引率し、第5回目の中国訪問の時、日本国内の「自衛論」をめぐって周恩来総理と意見を交換した（下記の写真2を参照）。当時、遠藤は周恩来が主張する日本の「自衛隊容認論」に反対し、その「非武装中立論」の必要性と日本の「再軍備反対論」を力説した。その論争の内容について、遠藤は彼の自伝の中に次のように詳しく記録している。

周恩来総理「日本が真の独立国家になった場合は自衛力を持たれるのは当然であり、その際は中日間に相互不可侵条約を結ぶ事も可能であろう。しかし今日の状態で日本が四次防、五次防と軍備を増強し軍国主義化することには中国は無関心でいるわけには行かない。中、日、米、ソの不可侵条約は不可能であろう」。

遠藤三郎「総理のいわれることは原則として理解できます。しかし自衛力を軍備と解する場合は私は反対であり、従来から私は日本の軍備国防に反対して来ました。日本は避け得ない国の構造上軍備国防は不可能であり却って害があります……日本国憲法も軍隊の保持を禁じており、その制憲議会では当時の総理吉田茂氏は「古

写真４
1972年６月、遠藤三郎と周恩来総理との会見
出所：遠藤三郎『日中十五年戦争と私―国賊・赤の将軍と人はいう』日中書林、1974年、479頁。

来、自衛の名の下に侵略戦争をしております。この憲法は自衛のためにも軍隊は持たないのです」と説明しています。そこで私は総理にお願いがあります。総理が日本の客人に話される時自衛力を則軍備と解されない様にして頂きたいのです。日本の軍備論者は総理のいわれる自衛力をすぐ軍備と解し、あたかも錦の御旗か鬼の首でも取ったかの様に日本に帰って軍備論を吹聴し、また反対に軍備反対論者でもあまり非武装に自信のない人は意気消沈して帰ります。釈迦も人によって法を説けと言いました。総理もその点に御留意を願います[42]」。

この記録によれば、周恩来総理は「日本が真の独立国家になった場合は自衛力を持たれる」こと、即ち日本の自衛隊が存続することに容認した。周恩来のこの意見に対し、遠藤は日本が独立国家として、自衛権を持つことについては同意したが、「自衛力を軍備と解する場合」に対しては強く反対し、「日本は避け得ない国の構造上軍備国防は不可能であり却って害があります」と説明し、その反対の理由も説明した。これにより、遠藤は日本国憲法第9条の平和主義の理念と理想を堅持し、日本国内の軍備論者の仕業に対して常に警戒する必要性を力説した。この時期になって、彼はすでに完全な「非武装」、「非戦平和」主義者に転向することになったと言ってよいであろう。

第2節　遠藤三郎の「軍備亡国」論の形成

2年後の1974年11月、遠藤は自伝『日中15年戦争と私—国賊・赤の将軍と人はいう』を刊行し、自分も指導したアジア太平洋戦争に対して、深く反省を表明した。この自伝に彼は自分の長い軍人体験から日本の軍人と軍隊の欠点をそれぞれ次のように指摘した。

写真5
1974年5月、日本国憲法施行27周年記念集会
において講演中の遠藤三郎

まず、「軍人の特質（通有性）1、人命の軽視（残虐性）2、名誉心（功名心）の過剰　3、好戦性　4、軍人の赤嫌い　5、軍人の単純・頑固・狂信・猪突猛進性　6、軍人のエリート意識過剰[43]」。次に、「軍隊の特質　1、軍隊の膨張（貪欲）性—軍縮の困難性　2、軍隊の残虐性　3、軍隊の閉鎖（秘密）性　4、軍隊と死の商人との密着性（産軍の複合）[44]」。以上の軍人と軍隊の特質に基づき、遠藤は「軍人と軍需産業家の複合体が国を誤る」、もう一つ悪政治家を加え、「産・軍・政の複合体が国を誤る[45]」と力説した。

そのため、遠藤は元軍人仲間から、その思想を豹変したとか、裏切り者と揶揄され、窮地に追い込まれることになった。即ち、「旧軍人や保守的な政治家たちがこぞって遠藤を非難し、ときに誹謗中傷し始めたのである。彼らは新聞・雑誌はもとより、各地で開かれる講演会でも遠藤を露骨に批判し、甚だしいものは遠藤の住む町の自宅周辺にまで乗り込んできて、『国賊遠藤三郎征伐大演説会』を開催したり、宣伝カーで遠藤を誹謗したりする有様であった[46]」。

しかし、遠藤はそれら批判にさらされても、屈服せず、勇気を持って自分の「非戦平和」思想と日中友好活動を貫徹し続けた。例えば、1979（昭和54）年4月、遠藤は自宅に押しかけて来た元軍人仲間と論争し、元軍人仲間の反共・ソ連脅威論（自衛隊の「軍備戸締論」）と対決した[47]。この反共・ソ連脅威論は現代にも通じるものであり、中国脅威論と変身した。その根底にあるのは、元日本陸軍の赤嫌い、即ち中国共産党に対する対抗意識であると考えられる。この意識は今なお多くの日本人の中に流れていて、日本の多数の知識人にも共通する見解であろう。

ところが、戦後の遠藤は妥協を知らない論客として執筆や講演活動に尽力し、「再軍備百害あって一利なし」とか、「軍備亡国」などを訴えた。1980（昭和55）年に「軍備亡国」を『世界　11月号』に掲載し、この「軍備亡国」の思想こそが遠藤の最終結論となった。彼はこの思想について次のように解説している。

軍隊を持って、戦争を阻止しようとすれば、おのずから相手に優る戦力がほしくなります。これが軍備拡張競争の誘因となり、その結果は国を破滅に陥れることを歴史が証明しております。老子も「兵甲堅ければ国必ず亡ぶ」と訓えております……その上、軍備が戦争を抑止するなどということは詭弁にすぎません。反対に軍備はいつも戦争誘発の導火線となっております。とかく、軍備を持ちますとそれを使って見たくなるのは人情の常であります……[48]

有限の地球に人類が永く生存を続けるためには、資源の浪費と自然の破壊を慎まねばならないことは、人類共通の重大かつ緊急の問題となった。今日資源の浪費と自然の破壊の最大元凶である戦争と軍備は絶対に止めるべきでありましょう……軍人出身以来勝つことのみを研究して来ました私は、「真の勝利は相手を暴力を以て打ちのめすことではなく徳を以て相手を友にするにあり」と悟りました。「徳を以て勝つ者は栄え力を以て勝つ者は亡ぶ」、「剣に依って興る者は剣によって亡ぶ」との古訓を信ずるものであります。したがって私は日本の最善の国防策は日本国憲法の示す「非武装親善外交」であることを信じております……[49]

上記の論旨によれば、遠藤の「非戦平和」思想の核心にはこの「軍備亡国」という四文字が輝いている。これは遠藤がアジア太平洋戦争の実体験から生み出した真理であると思われる。世界の歴史を振り返って見れば、遠藤のこの理論がすでに歴史的に証明されたことが分かる。例えば、中国古代の秦王朝（紀元前２２１年～紀元前２０６年）の始皇帝嬴政が中国を統一した当初、彼は最強の軍団を持っていたが、軍備増強に国力を尽くし過ぎたため、秦帝国はわずか15年間ほどで倒された。そして20世紀の近代になると、ヒトラーのナチスドイツの第３帝国（１９３３年～１９４５年）が十数年を経て潰され、また、日本の傀儡国家であった「満洲国」（１９３２年３月～１９４５年８月）もわずか13年半で崩壊した。この過去の歴史上の事実を考察すれば、遠藤の「軍備亡国」論は空想的、幻想的な発想ではなく、過去の歴史を直視する現実的な理論であると考える。

おわりに

以上のような遠藤三郎の戦後の「非戦平和」思想と日中友好活動を考察すれば、１９４５年8月15日の日本の敗戦以来、激動していた歴史の流れの中で、彼の思想と行動がどのように変化したのか、を検証することは大変意義のあることと思われる。その時代に書き残された遠藤の記録、即ち戦後の「遠藤日誌」や彼の自伝、語録、「中国訪問記」などから、日本の元戦争指導者の一人が何故戦後「非戦平和」主義者に転向したのか、その理由が鮮明になってくる。

戦後の遠藤の思想的転向は突然の豹変ではなく、満洲事変以後の約15年のアジア太平洋戦争の体験と深い教養及び読書から培養されたものであったと考える。その理論の根底には、本論で触れたように、彼が初期のフランス留学時代に学んだオーストリアの政治学者クーデンホーフ・カレルギーの「欧州連合」論も1つの原型になると思われる。その理論に基づき、彼は戦後、さらにロシアの文豪レフ・トルストイやインド独立の父と呼ばれているガンジーの「平和、非暴力主義」思想にも感銘を受けるとともに、若き日に世界から軍備をゼロにする「完全軍縮案」を作成し、満洲事変の直前（1931年5月）参謀本部の上層部に提案したことが注目される。当然ながら、その構想は当時の参謀本部内で物議を醸しだし、採用されなかった。しかし、戦後彼の「非戦平和」思想は若き日に構想した「完全軍縮案」が延長したものだと考えられる。その意味では、彼の戦後の「非戦平和」思想は豹変した理論家のものではなく、若き日に持っていたヒューマニズム的な人間性[50]と「非戦平和」思想の復活であったと言い得るであろう。

それにもかかわらず、日本の軍隊は、戦時中まだ遠藤に自由な発想をする余地をほとんど与えなかった。一方、遠藤はアジア太平洋戦争において、日本陸軍の組織に属する軍人であったため、不本意ながら、その職責上、作戦参謀としてその作戦計画を立案し、指導的な役割を果たした。それは軍隊という組織に属するエリート軍人の宿命だったと言ってよいと思われる。その結果、彼は陸軍中枢部の一員として作戦の拡大に翻弄され、時に組織人として新しい作戦計画の立案に従事し、アジア太平洋戦争の泥沼に巻き込まれてしまった。

ところが、彼は元来理想主義的性格が強かったこともあり、日中15年戦争における陸軍上層部の無謀な作戦や日本軍の中国の一般住民に対する無差別殺害などを体験すると、戦争に対する疑念、或いはヒューマニズム的な考え方を再度呼び起こすことになった。こうした彼のヒューマニズム的な考え方が、「遠藤日誌」からも読み取ることができる。軍人としての遠藤は、その生涯を一貫して、ヒューマンな人間性を持っていた。それは典型的には、彼の戦後の「非戦平和」思想の形成や日中友好関係推進のための諸活動として発揮されたと思う。

なお、日中全面戦争及び太平洋戦争が勃発した以降、遠藤がいかに作戦の継続に苦心しながら、各種の作戦案を立案したが、結局その努力も最終的には虚しく水泡に帰してしまったことになる。彼は沖縄決戦での日本軍の大敗北と、最終的にはソ連軍の対日参戦が大日本帝国の敗北に結びつくことを認識していた。その時、遠藤の脳裏には「非戦平和」思想が芽を出し始めたことになる。遠藤が戦時中の戦争指導者から戦後の「非戦平和」主義者に転向した一つの契機はそこにあったと考えられる。その結果、彼は最終的に日本の敗北を認め、戦後日本が武装のない、徳の国になった姿に誇りを持ちながら、自分の独自の「非戦平和」思想を抱き始めることになった。さらに、戦後になって、彼は最終的に軍人仲間から村八分にされ、孤立しながらも、不屈で勇気を持って、その「非戦平和」思想と日中友好活動を継続したのである。

いずれにしても、遠藤の日中15年戦争と太平洋戦争時代の軍人歴は、決して彼の戦後の「非戦平和」思想の形成に無駄ではなかったと思う。この戦争体験は彼がその半生を費やした戦争が誤りであったこと、むしろ戦争の罪悪を反省する素材になり、彼の「非戦平和」思想を形成する背景になることを私は指摘したい。特に、日中15戦争時代において、彼が創立と建設に尽力した「満洲国」とその崩壊、及び大日本帝国の敗北、その歴史の現実が晩年の彼の思想を転換する要因の一つになったものと思われる。勿論、彼の晩年の「非戦平和」思想は最初はその戦争体験から誕生したが、次は巣鴨入所中、『聖書』の勉強、と出所後朝鮮戦争が勃発するとともに、日本国内で「再軍備論」が台頭し始めた現状、及び戦後新中国を訪問した時、新中国の指導者毛沢東主席、周恩来総理などとの出会いと、新中国の一般民衆の姿を見たことなどが、遠藤の「非戦平和」思想の形成にも大きな影響を与えたと言えるであろう。

戦後遠藤三郎が歩んだ日中友好の道は、遠藤が歴史を正しく認識した好事例であると考える。彼は侵略戦争を指導した元エリート軍人でありながら、戦後、侵略戦争の過ちを素直に反省した。遠藤のような軍人は今の日本とアジアの人々に重要な平和のメッセージを投げかけていると言って良いであろう。我々は戦後、遠藤三郎が歩んだ日中友好の道を雑草におおわしむることなく、その道を太くて長い大道にする努力を続けることを強く願望するものである。

注

1　日中15年戦争とは、「1931（昭和6）年9月18日の柳条湖事件を発端としてはじめられ、1945年8月14日のポツダム宣言受諾および9月2日の連合国に対する降伏文書調印によって終結した足掛け15年にわたる一連の戦争を指す。この戦争は31年9月18日以降の満洲事変、37年7月7日の盧溝橋事件を発端とする日中戦争、41年12月8日の真珠湾・英領マレー半島奇襲に端を発するアジア太平洋戦争という三つの戦争＝段階から構成され、その第一段階である満洲事変は33年5月31日の塘沽停戦協定を境として、狭義の満洲事変（31年9月18日～33年5月31日）と華北分離工作（33年6月1日～37年7月6日）という二つの小段階にさらに区分される」ということである。江口圭一『十五年戦争小史（新版）』青木書店、2006年、11頁。

2　遠藤三郎の経歴について、拙稿「元関東軍作戦参謀遠藤三郎と熱河作戦―『遠藤日誌』を中心に―」（『インターカルチュラル　第12号』）風行社、2014年、43～45頁を参照。

3　「遠藤日誌」について、拙稿「遠藤三郎と第一次上海事変―『遠藤日誌』を中心に―」（馬場毅編『多角的視点から見た日中戦争―政治・経済・軍事・文化・民族の相克』集広舎、2015年、58頁を参照。また、「遠藤日誌」は未だ一般に公刊されていないため、引用箇所、頁数を具体的に示すことができない。ただし、その「日誌」に日付が明記されているので、私は「遠藤日誌」そのものを本文で引用した場合は、日付を引用文の頭に付記したが、本文との重複を避けるため、引用文献の注記（「遠藤日誌」とその日付）を割愛した。

なお、私は元名城大学法学部で政治史の講義を担当した非常勤講師吉田曠二先生との個人的な縁故により、「遠藤日誌」及び関係文書のコピーを拝借した。その「日誌」の解読について、吉田先生から個人的な指導をいただき、その結果、漸次難解な「遠藤日誌」の解読を進めることができた。さらに、私は埼玉県狭山市の遠藤家を数回にわたり訪問する機会に恵まれ、「遠藤日誌」の版権の所有者・遠藤家の当主から許可を得て、その「日誌」が寄託されている狭山市立博物館でそれを閲覧する便宜を与えられ、遂に遠藤三郎研究の全体的な基礎資料にアプローチすることができた。

4　日本国憲法第9条「戦争の放棄、戦力及び交戦権の否認」の条文は次の通りである。即ち、「① 日本国民は、正義と秩序を基調とする国際平和を誠実に希求し、国権の発動たる戦争と、武力による威嚇又は武力の行使は、国際紛争を解決する手段としては、永久にこれを放棄する。② 前項の目的を達するため、陸海空軍その他の戦力は、これを保持しない。国の交戦権は、これを認めない」と。菅野和夫ほか編『ポケット六法 平成21年版』有斐閣、2009年、12頁。

5 「遠藤日誌」は1904（明治37）年8月1日から、最後の日付の1984（昭和59）年9月9日まで、明治から大正、昭和の年代にわたり、80年間一日も欠かさず書き続けられたものであり、その冊数は93冊、1万5千頁に及んでいる。

6 遠藤三郎の戦後の経歴については、私は遠藤三郎の自伝『日中十五年戦争と私—国賊・赤の将軍と人はいう』日中書林（1974年、515～516頁）、宮武剛著『将軍の遺言—遠藤三郎日記—』毎日新聞社（1986年、242～243頁）、及び吉田曠二著『将軍遠藤三郎とアジア太平洋戦争』ゆまに書房（2015年、508～512頁）を参考にして、まとめている。

7 「満洲事変以来、日本軍はしばしば『自衛権』の行使という詭弁を利用して、アジア大陸の各地で武力行使を発動し、戦線を拡大してきたが、アジア太平洋戦争の終末において、日本国の最高責任者である天皇の降伏決定の詔勅が発せられてもなお、自衛戦争の認可が参謀総長から発令された。その結果が惨憺たる被害を中国大陸や樺太、千島列島に駐兵する日本兵や民間人にもたらしたことになろう」。吉田曠二『将軍遠藤三郎とアジア太平洋戦争』ゆまに書房、2015年、320～321頁。

8 遠藤三郎『日中十五年戦争と私—国賊・赤の将軍と人はいう』日中書林、1974年、329頁。

9 日中友好元軍人の会『遠藤語録』編集委員会『軍備は国を亡ぼす—遠藤三郎語録』日中友好元軍人の会、1993年、50～51頁。

10 「日本再軍備の出発点は、1945年末からアメリカ軍部が、対ソ全面戦争勃発の場合には、第二次世界大戦モデルすなわち総力戦モデルで戦うという基本方針を持ち、同盟国と占領地域の軍事的資源（基地、工業力、人的資源そして天然資源）を最大限に動員する戦略構想を追及したことに存する。終戦直後におけるトルーマンによる日本を米国勢力圏に組み込む決定は、再軍備の遠因ではあったが、直接的出発点ではない。1946年から、米軍部は日本の軍事的資源を対ソ全面戦争の枠組みに組み込もうとし、日本再軍備の構想はその一端であった」。柴山太『国際政治・日本外交叢書⑪ 日本再軍備への道—1945～1954年—』ミネルヴァ書房、2010年、567頁。

11 「1950（昭25）6月に起こった朝鮮戦争を契機に、在日米軍（占領軍）は「国連軍」として朝鮮に出動した。総司令部最高司令官マッカーサーは、警察力を補うため7万5千からなる警察予備隊の設置を命じ、その結果政府は、政令260号により警察予備隊を設置した」。網中政機『憲法』嵯峨野書院、2006年、93頁。

12　遠藤三郎「軍人生活の体験に基く日本の再軍備反対論（国際警察部隊設置の提唱）昭和二十八年十一月稿」、5～6頁。

13　日中友好元軍人の会『遠藤語録』編集委員会、前掲書、51～52頁。

14　1926（大正15、昭和1）年3月、遠藤三郎は、陸軍参謀本部の上層部からフランス駐在の命令を受け、同年9月13日にフランスへ出発した。その後の10月26日に、彼は遂にパリに到着し、これから約3年数カ月間（1926年9月～1929年12月）フランス駐在武官として留学生活を送ることになった。このフランス留学時代は遠藤の視野を広げる重要な一時期だと思われる。吉田曠二『元陸軍中将遠藤三郎の肖像』すずさわ書店、2012年、72頁。

15　遠藤三郎、前掲書『日中十五年戦争と私―国賊・赤の将軍と人はいう』、374頁によれば、遠藤三郎はフランス駐在武官として、パリの陸軍大学校に在学中の間（1927年11月～1929年12月）、オーストリアの政治学者クーデンホーフ・カレルギーの汎ヨーロッパ理論を学び、欧州連合の構想、即ち「独立国がその主権を絶対のものとして各国が独立の軍隊を持ち互いにいがみ合っていれば各国は必ず共倒れになるであろうから、各国は主権の一部を譲り合い連邦組織を作らねばならぬ」という説に共鳴した。

なお、速記録「将軍は語る―遠藤三郎対談記」（草稿　昭和54年4月）、37～38頁によれば、晩年遠藤はクーデンホーフ・カレルギーの欧州連合構想について、次のように語っている。「フランスに留学させられて、向こうに行って、俺が本当にありがたいことを習ったと思ったのが、クーデンフォーフ・カレルギーの世界連邦の汎ヨーロッパ思想、つまり独立国家がみんな独立の軍隊を持って、いがみあっていたら、必ずこれは滅亡する、共倒れだ。だから、主権の一部分をお互いに譲り合って連邦組織にしなくちゃいかんという思想です。私は非常にそいつに共鳴した。なるほど、そりゃいいや、日本だって徳川時代までは、何百という藩があって、みんな独立の軍隊を持って、それで喧嘩しておった。それを各藩に軍隊を持たせないようにして、中央に集めてうまくいったじゃないか。なるほど、これは連邦組織というのはいいなあと思って、それから連邦のことをうんと研究してすぐ中央にも報告したんだよ……」

16　満洲事変勃発直前の1931（昭和6）年5月、国際連盟は陸海空の全般軍縮会議が国連加盟国全部で行われる予定の際、遠藤は参謀本部からその準備委員の一人に任命された。その際、彼は「平等逓減方式による全世界の軍備全廃」という「完全軍縮案」を作成し、国際連盟に提起すべきだと陸軍の上司に訴えた。この「完全軍縮案」について、遠藤は次のように説明している。「第一回会議においては、あえて軍縮せず、ただ各国が平等の権利として保有しうる軍備の最大限（天井）を各カテゴリーごとに決定するにとどめる。これがため、各国は現有兵力を各カテゴリーごとに報告し、その中の最大のものを各国が権利として保有しうる最大限として認め、いずれの国もそれ以上は保有しないことを約束し、かつそれを視察する機関を設定する、その後、恒例的に二年ないし五年ごとに同様の会議を繰り返し、次第に各カテゴリーごとの天井を低下させ、ついにゼロに到達する」。日中友好元軍人の会『遠藤語録』編集委員会、前掲書、30頁。

17　網中政機、前掲書、70頁。

18　遠藤三郎、前掲書『日中十五年戦争と私―国賊・赤の将軍と人はいう』、359頁。

なお、日本国憲法9条の発案者は誰なのか、憲法は押しつけか否かという議論について、2015年6月3日付『朝日新聞』（夕刊）の連載コラム「新聞と9条（42）　朝鮮戦争と再軍備（13）」で次のような記事が掲載されている。即ち、「1951年4月19日、米議会での退任演説で軍歴を終えたマッカーサーは、5月5日の上院軍事外交合同委員会で、戦争放棄条項誕生の経緯を証言した。日本が憲法草案を作成していたころ、マッカーサーは、首相の幣原喜重郎から戦争放棄をどう思うか、意見を求められた。マッカーサーが幣原に答えた。『世人の嘲笑を切り抜けて行くには非常な精神的な強さを要するであろうし、そして結局は守り得ないことになるかもしれないが、とにかく敢然と進むべきである』。この言葉を受けて幣原は、戦争放棄を憲法に書き込んだ、とマッカーサーは述べた（7日付朝日新聞）。幣原は、この証言の2カ月前に死去。本人への確認は不可能だった。ただし、幣原自身、マッカーサー証言の直前（51年4月）に刊行された遺著『外交五十年』で、戦争放棄、軍備全廃は自分の発案であり、連合国軍司令部（GHQ）に強いられたのではない、と述べていた。その後、63年にはマッカーサーは『回想記』を発表、戦争放棄条項に触れた。日本政府の憲法問題調査委員会（委員長・松本烝治）が草案作りをしていた46年1月24日、自分の事務所を幣原が訪ねてきた。幣原は戦争放棄と軍事機構の不保持を定めたいと提案した。戦争廃止は私の長年の夢でもあった。幣原は涙ながらに言った。『世界は私たちを非現実的な夢想家と笑いあざけるかも知れない。しかし、百年後に私たちは予言者と呼ばれますよ』。マッカーサーはここでも、幣原が提案し自分が同意した、と強調した。法制局長官として憲法制定に関わった入江俊郎は、マッカーサーの上院での証言を踏まえて、マッカーサーだけでも、幣原だけでも『このようなきわめて理想的な憲法の条項』は生まれ得なかった、2人がいてこそ9条だった、と52年に振り返る……」
19　同上書、361頁。
20　同上書、362頁。
21　同上書、362頁。
22　同上書、362頁。
23　同上書、375頁。
24　同上書、378頁。
25　同上書、355頁。
26　遠藤三郎等著『元軍人の見た中共：新中国の政治・経済・文化・思想の実態』文理書院、1956年、25頁。
27　遠藤三郎「中国訪問記　自昭和卅年十一月六日至十二月六日」（別冊）（1955年11月13日付）。
28　同上（1955年11月15日付）。
29　遠藤三郎等著、前掲書『元軍人の見た中共：新中国の政治・経済・文化・思想の実態』、25～26頁。
30　遠藤三郎「元軍人の観たる新中国（昭和三十一年発行）」、26～27頁。
31　同上、27～28頁。
32　同上、29～30頁。
33　同上、31～32頁。
34　遠藤三郎、前掲書『日中十五年戦争と私―国賊・赤の将軍と人はいう』、356頁。
35　遠藤三郎等著、前掲書『元軍人の見た中共：新中国の政治・経済・文化・思想の実態』、35頁。
36　遠藤三郎、前掲書『日中十五年戦争と私―国賊・赤の将軍と人はいう』、356頁。
37　同上書、357頁。
38　「トルーマン・ドクトリンがきっかけとなって、アイディアにしか過ぎなかった『封じ込め』の考え方が政策としてより具体性を帯びてくるようになる。1947年1月に国務長官に任命されたジョージ・マーシャルは、5月はじめに国務省内に政策企画部（PPS）を設置し、ケナンを同部長に抜擢した。彼を中心にして、以後本格的に『封じ込め政策』の立案化が進められるようになった……ケナンの説く対ソ『封じ込め政策』というのは、一言でいうと『非軍事的手段による限定的封じ込め』であった」。有賀貞・宮里政玄編『概説アメリカ外交史―対外意識と対外政策の変遷―（新版）』有斐閣、1998年、145頁。

39 中村祐悦『白団―台湾軍をつくった日本軍将校たち』芙蓉書房出版、1995年、7～11頁。

40 遠藤三郎、前掲書『日中十五年戦争と私―国賊・赤の将軍と人はいう』、356～357頁。

41 吉田曠二、前掲書『将軍遠藤三郎とアジア太平洋戦争』、396頁。

42 遠藤三郎、前掲書『日中十五年戦争と私―国賊・赤の将軍と人はいう』、481～482頁。

43 同上書、430～436頁。

44 同上書、439～447頁。

45 同上書、448頁。

46 吉田曠二、前掲書『将軍遠藤三郎とアジア太平洋戦争』、390～391頁。

47 当時、遠藤が自宅でその「非戦平和」思想で、「軍備国防論」を堅持していた元軍人たちと論争した内容について、前掲速記録「将軍は語る―遠藤三郎対談記」に詳しく記録されている。

48 遠藤三郎、前掲書『日中十五年戦争と私―国賊・赤の将軍と人はいう』、455頁。

49 同上書、458頁。

50 こうした遠藤のヒューマニズム的な人間性が具体的に現れた例として、1923（大正12）年9月関東大震災直後の彼の行動を挙げることができる。即ち、関東大震災が勃発すると、日本国内、特に関東地方では、朝鮮人虐殺事件が相次いで発生し、パニック状態に陥ったが、当時陸軍野戦重砲兵第1連隊の第3中隊長であった遠藤は、軍隊を率いて震災救助と治安維持に従事しながら、全力を尽くして無辜な朝鮮人及び中国人約7000人を積極的に保護し、習志野演習場に送ることになった。宮武剛『将軍の遺言―遠藤三郎日記―』毎日新聞社、1986年、24～25頁。

参考文献：

1、日本語文献

網中政機『憲法』嵯峨野書院、２００６年。

有賀貞・宮里政玄編『概説アメリカ外交史―対外意識と対外政策の変遷―（新版）』有斐閣、１９９８年。

今村均『続・今村均回顧録』（改題『続・一軍人六十年の哀歓』）芙蓉書房、１９８０年。

稲葉正夫ほか編『太平洋戦争への道　別巻　資料編』朝日新聞社、１９６３年。

江口圭一『十五年戦争小史（新版）』青木書店、２００６年。

外務省外交資料館日本外交史辞典編纂委員会『日本外交史辞典』山川出版社、１９９２年。

菅野和夫ほか編『ポケット六法　平成21年版』有斐閣、２００９年。

柴山太『国際政治・日本外交叢書⑪　日本再軍備への道―１９４５～１９５４年―』ミネルヴァ書房、２０１０年。

田原洋『関東大震災と王希天事件―もうひとつの虐殺秘史』三一書房、１９８２年。

角田房子『甘粕大尉』中公文庫、１９７９年。

中村祐悦『白団―台湾軍をつくった日本軍将校たち』芙蓉書房出版、１９９５年。

服部卓四郎『大東亜戦争全史』原書房、１９９３年。

馬場毅編『多角的視点から見た日中戦争―政治・経済・軍事・文化・民族の相克』集広舎、２０１５年。

肥田進『集団的自衛権とその適用問題―「穏健派」ダレスの関与と同盟への適用批判―』成文堂、２０１５年。

村瀬興雄『世界の歴史（15）―ファシズムと第二次大戦―』中公文庫、１９６２年。

2、遠藤三郎関係文献・資料・論文

（１）文献

遠藤三郎『日中十五年戦争と私―国賊・赤の将軍と人はいう』日中書林、１９７４年。

遠藤三郎等著『元軍人の見た中共：新中国の政治・経済・文化・思想の実態』文理書院、１９５６年。

日中友好元軍人の会『遠藤語録』編集委員会『軍備は国を亡ぼす―遠藤三郎語録』日中友好元軍人の会、1993年。

宮武剛『将軍の遺言―遠藤三郎日記―』毎日新聞社、1986年。

吉田曠二『元陸軍中将遠藤三郎の肖像』すずさわ書店、2012年。

吉田曠二『将軍遠藤三郎とアジア太平洋戦争』ゆまに書房、2015年。

（2）資料
遠藤三郎「遠藤日誌」（昭和二十年八月十五日～昭和五九年九月九日）。

同「極秘　昭和二年八月　寿府三国海軍軍備制限会議報告書」（別冊）。

同「軍人生活の体験に基く日本の再軍備反対論（国際警察部隊設置の提唱）昭和二十八年十一月稿」（別冊）。

同「戦争並に戦争準備否協力運動展開に関する提唱」（昭和廿年四月）（別冊）。

同「中国訪問記　自昭和卅年十一月六日至十二月六日」（別冊）。

同「元軍人の観たる新中国（昭和三十一年発行）」（別冊）。

速記録「将軍は語る―遠藤三郎対談記」（草稿　昭和54年4月）（別冊）。

（3）論文
東中野多聞「遠藤三郎と終戦―戦前から戦後へ（附）遠藤三郎関係史料目録」（東京大学大学院人文社会系研究科・文学部日本史学研究室『東京大学日本史学研究室紀要　第7号』）、2003年、95～115頁。

吉田曠二「元日本陸軍将軍・遠藤三郎と第731部隊」（15年戦争と日本の医学医療研究会編『731日本軍細菌戦部隊』）文理閣、2015年、336～360頁。

拙稿「元関東軍作戦参謀遠藤三郎の対ソ戦論と行動―『遠藤日誌』を中心に―」（『名城大学法学論集　大学院研究年報第40集』）、2012年、3～39頁。

同「遠藤三郎と満洲国―『遠藤日誌』を中心に―」（『ICCS現代中国学ジャーナル　第5巻　第2号』）、2013年、35～55頁。

同「元関東軍作戦参謀遠藤三郎と熱河作戦―『遠藤日誌』を中心に―」（『インターカルチュラル　第12号』）風行社、2014年、42～57頁。

同「遠藤三郎と第一次上海事変―『遠藤日誌』を中心に―」（馬場毅編『多角的視点から見た日中戦争　経済・思想・文化・民族の相克』）集広舎　、２０１５年、33～61頁。

3、新聞

「新聞と9条（42）　朝鮮戦争と再軍備（13）」、『朝日新聞』２０１５年6月3日付（夕刊）。

後書き

張　鴻　鵬

筆者は2007年6月に来日以来、名城大学法学部研究生として、さらに同大学院法学研究科修士課程・博士課程を合わせて9年間在籍していた。その間、筆者は元名城大学法学部で政治史の講義を担当した非常勤講師吉田曠二先生の講義に登録し、その講義を通じて、元陸軍中将遠藤三郎の果たした日本軍事史上、特にアジア・太平洋戦争における役割について、深く共鳴するところがあり、修士論文と博士論文の執筆を含めて、約8年間にわたり、遠藤三郎と日中戦争について、その研究を継続してきた。

2010年に筆者は修士論文として、「『満洲国』の歴史的探究：誕生から崩壊への必然性―関東軍作戦主任参謀遠藤三郎日誌を中心に―」のテーマで法学研究科修士号を取得した。この論考で、筆者が参照する資料は1931年9月に日本の参謀本部作戦課員として満洲に赴任し、さらに関東軍作戦主任参謀などの立場で、「満洲国」と深くかかわった日本の一人のエリート陸軍軍人遠藤三郎が書き残した日誌を活用した。彼の書き残した日誌から、どのような軍事機密が姿をあらわすのか、彼は関東軍の作戦を立案しただけでなく、その国家構想がどのようにして現実のものになったのか、そのプロセスについても、興味深い記録を残している。その中から1931年9月の満洲事変以後、彼が満洲に渡ってから、以後、彼が知りえた関東軍の秘密を漸次、軍事行動の拡大、謀略構想、さらには「日満議定書」の締結を経て、「満洲国」をいかなる方法と手段で関東軍が手中に治めたのかについて、そのプロセスを明らかにするとともに、「満洲国」の誕生には歴史的必然性があり、その崩壊もまた歴史的必然性によるものであることを証明した。

なお、筆者は遠藤三郎の人物研究にのめり込んだ動機は二つあった。その第一は、遠藤が11歳から晩年の91歳まで、80年間一日も欠かさず几帳面に日記を書き残していたこと、さらに陸軍参謀本部と関東軍のエリート軍人として、遠藤が軍事上の作戦構想や作戦案、上司への建白書など貴重な文書を自宅に保存していたことを追跡し、それらの文書を自分でも閲読したいと意欲を持ち始めたことである。第二は、大学院修士課程での講義から、遠藤三郎が戦争指導者から戦後は戦争を反省、否定する非戦平和論者に転向した人物であることに興味を覚えたからである。これは中国人留学生の筆者にとっては、日中戦争時において日本陸軍のエリート軍人の中にも、このようなタイプの軍人がいたという大きな発見になった。遠藤三郎研究は日中双方の研究者が追跡した日本のエリート陸軍軍人研究として、戦争史においても、思想史上もユニークな研究成果につながると思う。

その理由は、遠藤三郎が90年にわたるその生涯の約半世紀を、陸軍軍人として戦争を指導した体験を持ち、さらに戦後は戦犯容疑者として約1年弱巣鴨拘置所に入所する苦しい体験を経て、出所後は漸次非戦平和論者に転向した人物でもあったからである。戦争指導者から非戦平和論者への転向について、遠藤は昔の軍人仲間から、厳しく批判されることもあった。しかし、遠藤は元軍人仲間からの孤立を恐れず、千万人といえども我が道を行くという決意と勇気で、開拓農民として、畑で鍬を持ちながら、その非戦平和論を形成し、論客としてその道をひた走っていた。このプロセスは戦争史だけでなく、戦後の日本思想史の研究にも役立つ研究課題ではないか、と考えている。

それ故、筆者は吉田曠二先生との個人的な縁故により、「遠藤日誌」及び関係文書のコピーを拝借した。その「日誌」の解読について、吉田先生から個人的な指導をいただき、その結果、漸次難解な「遠藤日誌」の解読を進めることができた。さらに、筆者は埼玉県狭山市の遠藤家を数回にわたり訪問する機会に恵まれ、「遠藤日誌」の版権の所有者・遠藤家の当主から許可を得て、その「日誌」が寄託されている狭山市立博物館でそれを閲覧する便宜を与えられ、遂に遠藤三郎研究の全体的な基礎資料にアプローチすることができた。その訪問と調査を通じて、戦時中の遠藤が体験した満洲事変以来の「満洲国」建国をめぐる関東軍の秘密文書（「対満要綱」）や、１９３６年に遠藤が陸軍大学で講義した極秘対ソ作戦案、さらにはノモンハン事件直後の関東軍の動きを記録した遠藤の建白書など、今では手に入らない貴重な歴史資料があることも分かった。それらの資料をベースにして、私は博士論文「陸軍中将遠藤三郎と日中戦争—『遠藤日誌』を中心に—」を作成し、2016年3月に遂に博士号を取得した。
しかし、この博士論文は未だ遠藤三郎研究の全体像から見ればただ一部のみである。今後の研究を促進できるように、筆者はさらに戦後の「遠藤日誌」や遠藤三郎の語録、及び遠藤の新中国訪問記録などを主たる手掛かりにして、「陸軍中将遠藤三郎の『非戦平和』思想と日中友好活動」という論文を作成し、本書の巻末に別稿として収録されている。

なお、本書は多数の先生方からのご指導と友人の尽力のお陰を蒙って完成したものである。特に、遠藤三郎研究に対して、長年親しい指導と鞭撻をいただいた吉田曠二先生、名城大学法学部名誉教授肥田進先生に心よりご感謝を申し上げたい。また、博士論文の審査時において、名城大学法学部の教授網中政機先生、谷口昭先生、佐藤一義先生、及び都市情報学部の教授稲葉千晴先生から貴重なご意見とコメントをいただきまして、ここに深く感謝の意をお伝えしたい。「遠藤日誌」や関係資料の閲覧の許可を与えてくれた「遠藤日誌」版権の所有者・遠藤十九子様、及び「遠藤日誌」を所蔵する狭山博物館の職員の方々、その他、日中戦争関係資料を所蔵する東京の防衛庁防衛研究所、名城大学塩釜口キャンパス図書館、愛知大学名古屋キャンパス図書館、名古屋大学附属図書館中央図書館、愛知県図書館の職員の方々にもお礼を申し上げたい。さらに、愛知大学主催の日中戦争史研究会と中国近現代史研究会において、拙論に対して貴重なご意見、ご指摘をいただいた愛知学院大学の教授菊池一隆先生、愛知大学の教授馬場毅先生、森久男先生などにもお礼を述べたい。最後に、今回拙著の出版を薦められた桜美林大学北東アジア総合研究所の教授川西重忠先生、筆者の友人である香港衛星テレビ東京支局長として勤務している李海さんに深く感謝の意を表したい。

『いま甦る遠藤三郎の人と思想』（張鴻鵬著）　出版後記

桜美林大学北東アジア総合研究所、教授　川西重忠

桜美林大学北東アジア総合研究所は２０１６年で創立12年となる。北東アジア地域の政治経済外交の動きに連動して研究調査活動と出版活動が活発に展開された年であった。

北東アジア総合研究所では、毎年多くの著作物が刊行されている。とりわけ日中関係、日韓関係の分野では質量ともに優れた意欲的な話題作が次々と発行された。

その中でも本書『いま甦る遠藤三郎の人と思想』は、当研究所がこれまでに発行してきた80冊の刊行図書の中でも画期的な著作物の一つである。

新進の研究者張鴻鵬氏の本書の出版は、学術的な研究書であるが、遠藤三郎という元陸軍中将という特異な人物を現代に蘇らせたという点において、更には日中間の歴史問題の視点から多くの示唆を私たちに提示した点において出色の著作である。

著者の張鴻鵬氏は近代の日中間に横たわる歴史の深層に迫り、丹念に資料を博捜し実証的な調査研究を続け、八年にわたる年月をかけて本書をまとめ上げた。粘り強い驚嘆すべき努力による成果である。本書は単に学術書の範疇にとどまらず、話題性の高い北東アジアの近現代の国際関係の面からみても資料的価値が高く、今後とも長く記録に残る一級の歴史的刊行物であると思う。出版元代表として、このような労作を発行できたことにまずは関係者各位に祝意を申し述べたい。

『いま甦る遠藤三郎の人と思想』は、北東アジア人物叢書の一冊として企画された。「遠藤三郎」という人物の名前を知る人は、おそらく限られた一部の人を除いては、今の日本では少ないのではなかろうか。張鴻鵬氏は現代史の中に埋もれかかっていた元陸軍中将遠藤三郎を本書の出版を通して現代に蘇らせた。中国人留学生であった著者張鴻鵬氏は、遠藤三郎が書き残した自伝風の書物や資料とともに膨大な「遠藤三郎日記」を丹念に読み込み、遠藤の行跡を追求し、遠藤の来歴と人物像を通して、現代の日中間に横たわる今日的意義を見事に摘出している。張鴻鵬氏の長年にわたる日中戦争と遠藤三郎に対する探求心と努力にまず敬意を表したい。さらに本書を通じて一貫して見られる研究能力と闊達な筆力は日本人研究者となんら遜色ないレベルである。

私が著者張鴻鵬氏を知ったのは、「日中関係学会」が主催する2015年度「宮本賞受賞報告会」であった。宮本賞は日中関係学会の初代会長であった中江要介氏の功績を記念した「中江賞」を引き継ぎ、元駐中国大使宮本雄二氏が三代目に就任したのを機に、内容を一新させ拡大発展した学生対象の賞である。学生の研究論文の中から優秀論文を選び顕彰している。毎年、内外より力作論文が集まり、応募者数も漸次増大し年年盛大になっている。

今春の宮本賞報告会の報告で、張鴻鵬氏の「陸軍中将遠藤三郎の『非戦平和』思想と日中友好活動」の発表を聞き、非常に驚いた。それは、このような研究テーマを研究する中国人若手研究者が今の時代にいたのかという驚きであった。内容も他の論文とは違っていた。会の終了時に張氏と名刺を交換した。その時、張氏の隣に師匠筋の吉田曠二氏がいたのは分かっていたが、大勢の人ごみに紛れ、名刺を交換する機会を失った。そののち研究所の運営委員の李海氏の紹介で両氏と親しく懇談の機会を得た。その時の会食を機に遠藤三郎出版プロジェクトが動き出した。遠藤三郎日記の出版化は最終目標として、まずは張鴻鵬氏の博士論文から着手することとした。

実は「遠藤三郎」は、私自身にとっても若年以来、鮮明な印象に残る忘れがたい名前である。私の長年の畏友に高島敏明という埼玉県の比企郡で地域の総合研究所を主宰している友人がいる。高島氏とは30年以上の付き合いであるが、彼は早くから故郷の誇る偉大な人物として遠藤三郎に傾倒し、しきりに「遠藤三郎は凄い人だ、元陸軍中将で後に反戦平和主義者になった人だが、中国に行けば毛沢東主席や周恩来首相と単独で会うことができる唯一の日本人だ」と夢中になって話していたのが、今も鮮やかに耳朶に残っている。その彼の影響で当時、遠藤三郎の書いたものも何冊か目を通した。元日本陸軍の高級参謀で大変なエリートであった遠藤は、終戦後は一転して反戦主義者として180度の思想転換を行い、中国からも高く評価された。毛沢東主席、周恩来首相と単独会見できる唯一の日本人、というのが私の知っている遠藤三郎の人物像のアウトラインである。

上記経過を辿って今回の出版に至るのであるが、張鴻鵬氏の本書の特徴の一つに、遠藤三郎の人と思想を見事に描き出していることがあげられる。

一人の人物を外見の経歴でなく深いところで理解し且つそれを咀嚼して分りやすく文章に表すことは難しい仕事である。著者はこの点においても見事な力量を発揮している。戦前の軍を指導する陸軍中将から戦後の反戦平和主義者への180度の転向の軌跡についても単なる時系列的な人間の単なる成長記録としてではなく、遠藤三郎は既に軍人時代にその反戦平和の思想を保有していたことを綿密な考証によって見事に証明している。

人の一生は、どのような時代に生まれ、どのような環境下で誰に出会い、どのように人間的成長を図りつつ付与された事業と義務を果たしたかに尽きるのであるが、張鴻鵬氏は遠藤三郎の本質を読み取り、この人物把握に見事に成功している。鮮やかな手際といってよい。遠藤三郎を通じて張鴻鵬自身が成長しているのである。思うに著者は良き師の導きと、良き友に恵まれ、更にそれに応える良い性質と素質に恵まれているのであろう。そのすべてがこの書物の中にたっぷりと含まれている。

著者張鴻鵬氏の今後一層の成長と活躍を祈念してやまない。

著者紹介

張　鴻鵬（ちょう　こうほう）

1976年11月　中国内モンゴル包頭市土黙特右旗に生まれる。
1998年９月　中国内モンゴル大学外国語学部日本語学科に入学、2002年７月卒業。
2007年６月　来日、研究生として名城大学法学部に入学。
2008年４月　名城大学法学研究科国際政治専攻修士課程に入学、2010年３月修了、同大学より法学修士号が授与される。
2010年４月　名城大学法学研究科国際政治専攻博士課程に入学、2016年３月修了、同大学より法学博士号が授与される。
現在、名城大学アジア研究所共同研究員、愛知大学国際問題研究所客員研究員

著書：（共著）内田稔・張鴻鵬『諺で考える日本人と中国人』（ブックショップマイタウン、2014年７月）、（共著）内田稔・張鴻鵬・鈴木義行『随筆　日中諺・成語辞典』（ブックショップマイタウン、2015年８月）。

「いま甦る遠藤三郎の人と思想」
—陸軍高級エリートから反戦平和主義者へ—

2016年12月10日　初版第１刷発行

著　者　張　鴻鵬
発行者　川西　重忠
発行者　桜美林大学北東アジア総合研究所
〒151-0051　東京都渋谷区千駄ヶ谷1-1-12
Tel：03-5413-8261　Fax：03-5413-8912
http://www.obirin.ac.jp
E-mail: n-e-a@obirin.ac.jp
印刷所　株式会社厚徳社

2016 Printed in Japan
ISBN978-4-904794-82-1